lonely planet

ALSACE

ÉDITION ÉCRITE ET ACTUALISÉE PAR

Claire Angot, Jean-Bernard Carillet, Christophe Corbel, Hugues Derouard et Alice Kindmann-Martin

Sommaire

Avant le départ

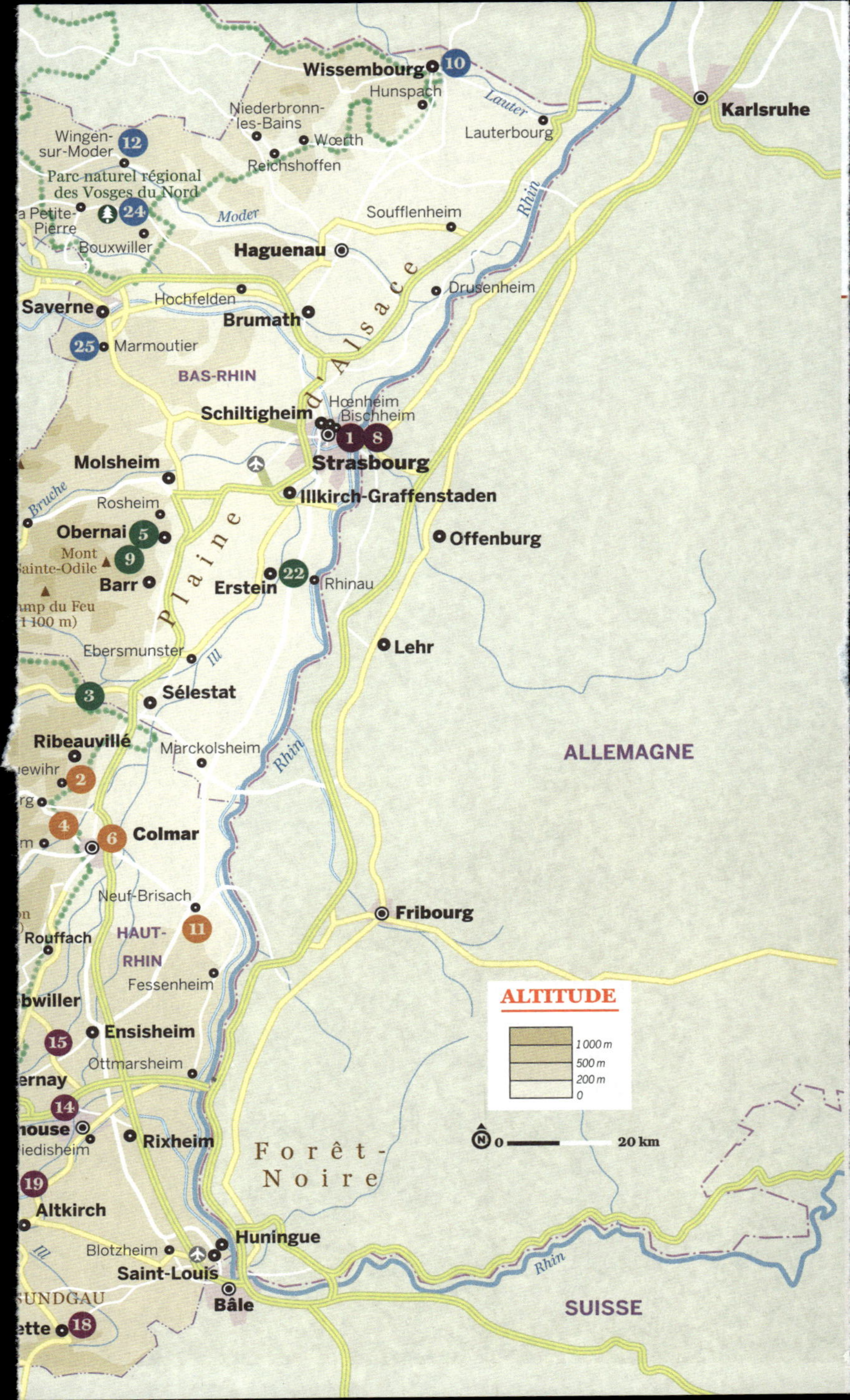

Wissembourg
10
Hunspach
Lauter
Lauterbourg
Karlsruhe
Niederbronn-les-Bains
Wœrth
Reichshoffen
Wingen-sur-Moder
12
Parc naturel régional des Vosges du Nord
24
Moder
Soufflenheim
Rhin
Bouxwiller
Haguenau
Drusenheim
Hochfelden
Saverne
Brumath
25
Marmoutier
Plaine d'Alsace
BAS-RHIN
Hœnheim
Bischheim
Schiltigheim
1
8
Strasbourg
Molsheim
Illkirch-Graffenstaden
Bruche
Rosheim
Obernai
5
Offenburg
Mont Sainte-Odile
9
Barr
22
Erstein
Rhinau
Lehr
Ebersmunster
Ill
3
Sélestat
Ribeauvillé
Marckolsheim
ALLEMAGNE
2
4
6
Colmar
Neuf-Brisach
11
Fribourg
Rouffach
HAUT-RHIN
Fessenheim
ALTITUDE
1 000 m
500 m
200 m
0
Ensisheim
15
Ottmarsheim
14
Rixheim
Forêt-Noire
0
20 km
19
Altkirch
Huningue
Blotzheim
Rhin
Saint-Louis
Bâle
SUISSE
18

Quelques mots sur l'Alsace

L'Alsace, forte de son identité et consciente que son image dépasse les frontières, sait mettre en valeur son patrimoine naturel, culturel et humain, et le fait avec passion. Il en résulte un pouvoir d'attraction unique, qui séduit nombre de visiteurs chaque année.

Mais l'Alsace ne se résume pas à de merveilleux villages fleuris et à des ruines moyenâgeuses miroitant dans un océan de verdure. C'est avant tout un territoire façonné par une multitude d'influences, une région au cœur de l'Europe.

Entre hautes chaumes des sommets vosgiens, prairies humides du Ried, collines boisées du Nord, l'Alsace possède de grands espaces et des sites naturels d'exception. Cela peut paraître incroyable pour cette petite région qui affiche l'une des densités les plus élevées de France. Et pourtant ! Dès que l'on quitte les grandes et belles cités alsaciennes, il suffit de parcourir quelques kilomètres pour se retrouver dans des paysages extraordinairement romantiques et souvent sauvages.

L'Alsace a toujours fait le grand écart. À la fois incroyablement traditionnelle et tellement contemporaine, elle est fière d'une culture ancestrale dont témoignent ses innombrables maisons à colombages et la pratique de l'alsacien, tout en étant à la pointe de la modernité, avec la présence à Strasbourg du Parlement européen, et une intégration transfrontalière sans équivalent en France. Ainsi, l'exploration de son histoire territoriale unique et de son présent ouvert sur le monde tient d'un riche enseignement.

Enfin, l'Alsace est une terre qui développe les sens et les plaisirs. Plaisir de visiter ses innombrables musées et de profiter d'un patrimoine architectural exceptionnel. Plaisir d'une randonnée à pied ou à vélo dans des paysages baignés de lumière dont on ne se lasse pas d'admirer la beauté. Plaisir de savourer une cuisine inventive et copieuse, faite d'influences multiples, et des vins reconnus dans le monde entier. Plaisir de partager des traditions avec les Alsaciens d'origine ou de cœur.

Château du Haut-Koenigsbourg (p. 149)

25 expériences incontournables

1. Petite France, Strasbourg
2. Riquewihr
3. Château du Haut-Kœnigsbourg
4. Route des Vins
5. Obernai
6. Colmar
7. Ballon d'Alsace
8. Cathédrale Notre-Dame de Strasbourg
9. Mont-Sainte-Odile
10. Wissembourg
11. Neuf-Brisach
12. Musée Lalique
13. Marchés de Noël
14. Musées de Mulhouse
15. Écomusée d'Alsace
16. Grand Ballon
17. Déjeuner dans une ferme-auberge
18. Ferrette et le Jura alsacien
19. Canal du Rhône au Rhin
20. Route des Crêtes
21. Hartmannswillerkopf (Vieil-Armand)
22. Grand Ried
23. Randonner dans le PNR des Ballons des Vosges
24. Parc naturel régional des Vosges du Nord
25. Abbaye de Marmoutier

HUGUES DEROUARD ©

VINCENT FROEHLY ©

De gauche à droite : Pensée des Vosges (p. 220) ; Maison natale du poète Nathan Katz, Waldighoffen (p. 281) ; Ponts couverts, Strasbourg (p. 101)

Sommaire

VINCENT FROEHLY ©

Spécialité alsacienne : la choucroute

En savoir plus

Carnet pratique

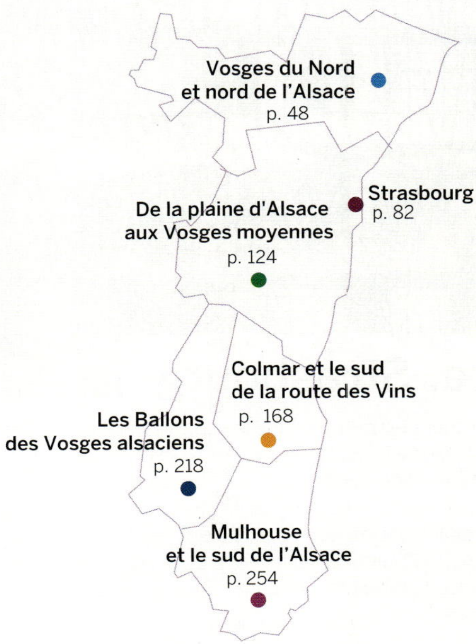

Avant le départ
25 expériences incontournables

VINCENT FROEHLY ©

Petite France, Strasbourg

Si vous ne devez passer que quelques heures dans la capitale alsacienne, vos pas vous mèneront inévitablement vers le quartier de la Petite France (p. 102). Ses ruelles, réservées aux piétons, sont bordées de magnifiques maisons à pans de bois dont certaines se reflètent dans les eaux calmes des canaux de l'Ill. Promenez-vous rue des Dentelles, rue du Bain-aux-Plantes, rue des Moulins... À la tombée de la nuit, l'éclairage des réverbères et des habitations ajoutent encore une bonne dose de romantisme à ce quartier.

1

VINCENT FROEHLY ©

Riquewihr

Riquewihr (p. 199), petite cité fortifiée posée dans un vallon ouvert, entourée des vignes qui font sa prospérité depuis des siècles, est l'une des plus séduisantes de la route des Vins. Certains diront même la plus belle. Elle est protégée par une double enceinte, et son centre historique a conservé des maisons dont certaines datent du XVe siècle, exceptionnellement entretenues et restaurées. Un musée retraçant l'histoire de la ville et son évolution depuis le XIIe siècle a été aménagé dans l'une des anciennes tours de guet de la cité.

2

ANATOLIII/ADOBE STOCK ©

Château du Haut-Kœnigsbourg

Bâti au XIIe siècle, assiégé et pillé pendant la guerre de Trente Ans, le château du Haut-Kœnigsbourg (p. 149), le plus visité d'Alsace, fut magnifiquement restauré à la fin du XIXe siècle. Ses murailles épousent à la perfection le piton rocheux sur lequel il semble posé. Sa visite permet d'imaginer la vie dans un château fort à la fin du Moyen Âge, dont les salles meublées reconstituent fidèlement l'ambiance.

3

SONIA DE ARAUJO ©

Route des Vins

Environ 170 km, des dizaines de vignobles, des centaines de producteurs, 70 villes et villages traversés : la route des Vins d'Alsace (p. 129) est un voyage en soi. Vous pouvez au choix l'explorer au départ de Strasbourg (p. 84) ou de Thann (p. 246), au sud. Elle se parcourt aisément à vélo (électrique pour les moins aguerris), le long de petites routes ou de sentiers interdits aux véhicules à moteur. Hunawihr

4

BORISB17 / FOTOLIA ©

Obernai

À une trentaine de kilomètres de la capitale alsacienne, Obernai (p. 134) est une charmante cité médiévale protégée derrière ses imposants remparts. La ville se découvre à pied en commençant par sa belle place du marché entourée de magnifiques maisons à pans de bois et de bâtiments de style Renaissance datant de l'âge d'or de la cité. À ne manquer sous aucun prétexte : la façade de l'hôtel de ville et sa balustrade de style gothique flamboyant, et la halle au blé avec ses arcades et son toit percé de lucarnes.

5

VINCENT FROEHLY ©

Colmar

Pour les admirateurs de Colmar (p. 172), c'est "la plus belle ville du monde", un véritable musée à ciel ouvert. Quelques historiens et viticulteurs, eux, la désignent comme la "capitale" du vignoble alsacien. Quoi qu'il en soit, il est difficile de résister au charme de ses rues et places bordées d'édifices admirablement conservés. Le clou de la visite de Colmar ? Le musée Unterlinden (p. 176), qui abrite quelques chefs-d'œuvre, dont le retable d'Issenheim, sa pièce maîtresse.

6

CHRISTOPHE CORBEL ©

Ballon d'Alsace

Sommet le plus au sud des Vosges, le Ballon d'Alsace (1 247 m ; p. 252) compte parmi les plus beaux sites de la région. Il offre un saisissant panorama jusqu'aux Alpes et son environnement est particulièrement bucolique. On peut le rejoindre en remontant la verdoyante vallée de la Doller (p. 251), ponctuée de lacs glaciaires. Par temps clair, lorsque le soleil entame sa descente vers l'horizon, le mélange des couleurs du ciel et des paysages est flamboyant.

7

ELISABETH/ADOBE STOCK ©

Cathédrale Notre-Dame de Strasbourg

Trésor de l'art gothique, la cathédrale Notre-Dame (p. 91) fut, avec ses 142 m, l'édifice le plus haut du monde de 1647 à 1874. Apercevoir sa façade majestueuse au détour d'une rue piétonne procure une sensation extraordinaire. Mais les chefs-d'œuvre sont aussi à l'intérieur de l'édifice, à l'instar de son incroyable horloge astronomique ou de son orgue. De sa plateforme, les vues sur les toits de la ville et les alentours sont impressionnantes.

8

Mont-Sainte-Odile

À 763 m d'altitude, le Mont-Sainte-Odile (p. 138) attire de nombreux visiteurs qui viennent admirer le couvent construit à la fin du VIIIe siècle par le duc d'Alsace et restauré au début du XXe siècle. De la terrasse du monastère, vous profiterez de l'une des vues les plus impressionnantes sur le massif des Vosges et la plaine d'Alsace. Au pied du mont, en pleine forêt, un mur païen (p. 139), long d'une dizaine de kilomètres, n'en finit pas d'intriguer visiteurs et historiens.

9

VINCENT FROEHLY ©

Wissembourg

À 2 km de la frontière allemande, Wissembourg (p. 65) est une charmante étape à l'extrême nord de l'Alsace. Grâce à un patrimoine architectural riche et bien conservé (malgré une histoire mouvementée) et des commerces dynamiques, la visite de la ville s'avère un excellent compromis entre plaisirs gastronomiques et découvertes culturelles.

10

VINCENT FROEHLY ©

Neuf-Brisach

Vue du ciel, elle est comme une étoile parfaite surgie de terre ex nihilo, dans la plaine du Rhin. La place forte de Neuf-Brisach (p. 188) est probablement l'œuvre la plus aboutie de Vauban. Pendant 5 années, plusieurs milliers d'artisans et d'ouvriers façonnèrent cet ensemble de fortifications, rigoureux et magnifique à la fois, en grès rose des Vosges. Rien d'étonnant à ce que Neuf-Brisach figure au patrimoine mondial de l'Unesco !

11

CHRISTOPHE CORBEL ©

Musée Lalique

Ce splendide musée (p. 56) est dédié à l'œuvre de René Lalique, l'inventeur du bijou moderne. En s'installant à Wingen-sur-Moder après la Première Guerre mondiale, Lalique profitait ainsi du savoir-faire des artisans et des manufactures de la région. Ce beau musée retrace cette aventure artistique et industrielle. Du musée, on peut également rejoindre l'ancienne manufacture royale à Saint-Louis-lès-Bitche et le musée du Verre et du Cristal à Meisenthal (p. 57), tous deux situés en Moselle.

12

IGOR SCHWING / FOTOLIA ©

Marchés de Noël

En décembre, les rues des grandes villes et des villages s'illuminent, et les places s'animent avec les marchés de Noël. Le plus célèbre est celui de Strasbourg, très fréquenté. Certains marchés sont thématisés : médiéval à Ribeauvillé, pour les enfants à Colmar, sucré à Erstein... Les festivités se terminent par l'embrasement des sapins, sorte de catharsis collective après cette débauche commerciale !

13

Musées de Mulhouse

Mulhouse, ville à la riche histoire industrielle et technique, abrite des musées qui rendent hommage à ce passé. Le plus célèbre est sans conteste la Cité de l'automobile (p. 259), qui réunit 400 modèles de voitures de collection, mais la Cité du train (p. 263), le musée Électropolis (p. 264) ou celui de l'Impression sur étoffes (p. 262) devraient aussi vous intéresser. Enfin, sur une thématique plus environnementale, le parc zoologique et botanique (p. 262) est un incontournable. Cité de l'automobile

14

VINCENT FROEHLY ©

Écomusée d'Alsace

L'écomusée d'Alsace (p. 269) n'a de musée que le nom. Ici, pas de collections à l'abri de vitrines, mais un village reconstitué et animé par des bénévoles et des salariés en costumes d'époque qui donnent vie au site à travers des animations. Des maisons meublées, des ateliers avec des machines et des outils, une ferme avec des animaux, un verger, un potager, bref, tout ce qui fait l'Alsace éternelle, au charme rural.

15

Grand Ballon

Point culminant de l'Alsace (1 424 m), le Grand Ballon (p. 225) est un incroyable balcon pour contempler toute la région. Par temps clair, on peut distinguer les flèches de la cathédrale de Strasbourg, ainsi que la Forêt-Noire, le Jura suisse et le massif alpin, de l'Autriche au Mont-Blanc. Le Grand Ballon se rejoint aisément de Mulhouse en voiture (25 km), mais on peut aussi l'aborder à l'occasion d'une randonnée pédestre d'une journée, au départ de l'une des vallées alsaciennes.

16

CHRISTOPHE CORBEL ©

Déjeuner dans une ferme-auberge

Le label ferme-auberge désigne une exploitation agricole qui propose la restauration, et pour certaines l'hébergement, aux vacanciers. Elles sont disséminées surtout dans le parc régional des Ballons des Vosges (p. 220). N'hésitez pas à y déguster le menu "marcaire", le plus souvent composé de produits locaux.

17

MELLOW10/ADOBE STOCK ©

Ferrette et le Jura alsacien

Au sud de la région alsacienne, à quelques kilomètres de la frontière suisse, Ferrette (p. 282) annonce les contreforts du Jura, territoire de moyenne montagne à la forte tradition rurale. Le bourg, doté d'un riche patrimoine, est comme posé dans un écrin de verdure. Tout comme les autres villages de cette région jurassienne qui cultive ses atouts dans le secret, à l'écart des grandes routes touristiques. Ferrette

18

19

Canal du Rhône au Rhin

Le canal du Rhône au Rhin (p. 278) sillonne le sud de l'Alsace sur 59 km de Montreux-Jeune (à la frontière du département des Vosges) jusqu'à Mulhouse. On peut le suivre à vélo, ou louer un bateau habitable qui se conduit sans permis pour profiter d'un point de vue inédit sur les rives et la campagne environnante. D'autres canaux sont navigables en Alsace, à l'instar du canal de la Marne au Rhin (p. 76) qui offre une escale agréable à Saverne (p. 74), porte d'entrée vers le parc naturel régional des Vosges du Nord (p .52).

20

Route des Crêtes

Les 70 km de cette route (p. 222) qui chemine sur les hauteurs des Vosges, du col du Bonhomme aux hauteurs de Cernay, donnent à voir des paysages à la fois magnifiques et apaisants. Sommets arrondis recouverts d'un manteau herbeux, vallées verdoyantes ponctuées de lacs glaciaires, panorama à 360° sur des dizaines de kilomètres, l'itinéraire vaut à lui seul le voyage. Pour éviter l'affluence, parcourez-le en semaine. Et vérifiez la météo ! Sommet du Hohneck

LEONID ANDRONOV/ADOBE STOCK ©

CHRISTOPHE CORBEL ©

CLAIRE ANGOT ©

Hartmannswillerkopf (Vieil-Armand)

21

Sur la route des Crêtes, l'Hartmannswillerkopf ou le Vieil-Armand (p. 224) est un promontoire rocheux qui s'avance au-dessus de la plaine d'Alsace. Un parcours de 5 km permet d'observer les installations militaires et les cicatrices que les combats ont laissées sur cette montagne vosgienne durant la Première Guerre mondiale. Un mémorial franco-allemand est récemment venu enrichir le site.

SONIA DE ARAUJO ©

Grand Ried

22

Situé au cœur de la plaine d'Alsace, entre Strasbourg et Colmar, le Grand Ried (p. 154) est riche d'une faune et d'une flore exceptionnelles. Mélange de forêts et de prairies humides, cette campagne attachante peut se découvrir à pied, à vélo ou, mieux encore, en barque à fond plat, pour pénétrer dans ce monde unique mais fragile. En août, des cigognes blanches se rassemblent par dizaines avant leur grande migration. N'oubliez pas vos jumelles !

CHRISTOPHE CORBEL ©

Randonner dans le PNR des Ballons des Vosges

23

Il suffit de garer sa voiture et de faire quelques pas pour apercevoir un sentier qui pénètre dans la forêt ou s'en va courir à travers les hautes chaumes. Peut-être longera-t-il un lac glaciaire à la couleur vert émeraude ? Faites une pause dans un chalet forestier ou sur la terrasse ombragée d'une ferme-auberge : ici, la marche est considérée comme un art de vivre, tout autant qu'une activité. Massif du Hohneck

Parc naturel régional des Vosges du Nord

Le parc des Vosges du Nord (p. 52), constitué à 70% de forêts, attire les amoureux de nature. Pays du grès rouge, de l'arbre et de l'eau, son histoire est pourtant passionnante. Il suffit d'évoquer ses dizaines de ruines de châteaux moyenâgeux posés sur des pitons rocheux, le travail du verre ou de l'argile, sans oublier les édifices de la ligne Maginot. Depuis le château de Fleckenstein

24

Abbaye de Marmoutier

Passage obligé sur l'itinéraire de l'Alsace romane, l'église abbatiale de Marmoutier (p. 78) est un trésor d'architecture. Sa façade romano-byzantine originale est mise en valeur par la couleur de sa pierre, mélange de grès rose et jaune. L'intérieur est également remarquable avec sa nef gothique du XIIIe siècle. Le docteur Albert Schweitzer, prix Nobel de la paix, aimait jouer sur son orgue qui date du XVIIIe siècle.

25

Avant le départ
Itinéraire : 7 jours

SANS VOITURE

CHRISTOPHE CORBEL ©

Le Nord de l'Alsace

De l'art et de la nature

C'est un itinéraire à double détente qui chevauche le nord de l'Alsace et le parc naturel régional des Vosges du Nord. Le premier coup pour découvrir les charmantes petites cités patrimoniales, le second pour explorer la nature forestière de cette région attachante. Un parcours à suivre à vélo et à pied, en s'aidant tout de même un peu du train.

❶ Wissembourg (p. 65), Cleebourg (p. 69) et Hunspach (p. 68)

En gare de Strasbourg, prenez le train (50 minutes) pour **Wissembourg**, cité au riche patrimoine d'où se déploie une belle boucle régionale (50 km) à travers les collines de **Cleebourg**, vignoble le plus septentrionale de la route des Vins. L'office du tourisme et un magasin de cycles en ville louent des vélos : route faisant, on découvre les richesses du pays de l'Outre-Forêt et le village typique d'**Hunspach**, une merveille d'harmonie. Retour et nuit à Wissembourg.

❷ Haguenau (p. 69) et Soufflenheim (p. 72)

De bon matin, sautez dans le train (30 minutes) pour **Haguenau**, porte nord de la plaine d'Alsace, pour découvrir son joli centre historique, voire un musée ou deux. L'après-midi, randonnez sur les sentiers de l'une des plus grandes forêts de France ou montez dans le bus (ligne 330, 30 minutes) pour rejoindre **Soufflenheim**, où travaillent certains des meilleurs potiers d'Alsace.

❸ Wœrth (p. 59) et Lembach (p. 60)

Après la nuit à Haguenau, louez un vélo et gagnez Durrenbach où la **véloroute de la Sauer** vous permettra de rejoindre

Arrivée au château de Fleckenstein (p. 60)

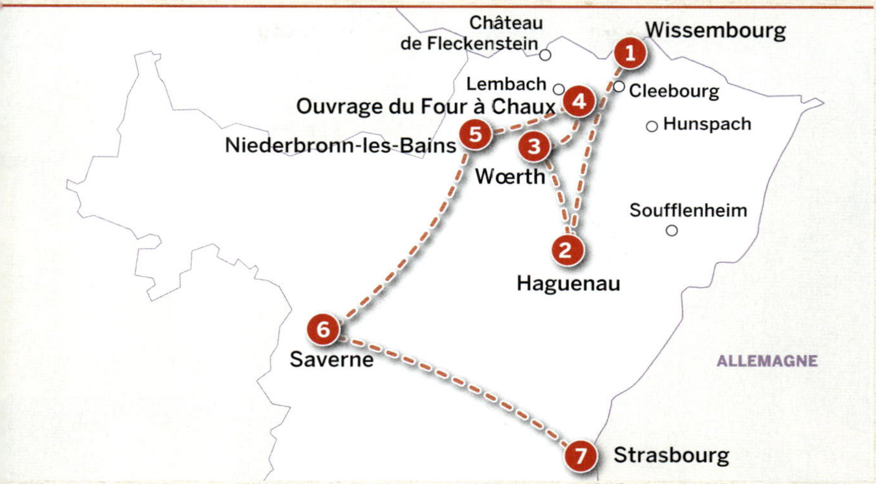

facilement **Wœrth** (18 km en tout). La campagne autour de ce village fut le théâtre d'une bataille décisive en 1870. Suivez le sentier des turcos, qui raconte cet épisode à travers une campagne apaisée. Reprenez la véloroute jusqu'à **Lembach** (9 km) pour y passer la nuit.

❹ Ouvrage du Four à Chaux (p. 62) et château de Fleckenstein (p. 60)

Le lendemain, rejoignez le site de l'**ouvrage du Four à Chaux** (2,5 km), l'infrastructure de la ligne Maginot la mieux conservée. L'après-midi, sortez les chaussures de marche et grimpez jusqu'au **château de Fleckenstein** (12 km aller-retour). Cette merveille de forteresse sur un piton rocheux dévoile un panorama unique.

❺ Niederbronn-les-Bains (p. 57) et le Grand Wintersberg (p. 58)

Après une seconde nuit à Lembach, retournez de bon matin à Haguenau pour rendre votre vélo et prendre le train jusqu'à **Niederbronn-les-Bains** (30 minutes). Cette station thermale est un joli cadre pour la randonnée : gagnez le **Grand Wintersberg** (581 m), une ascension d'une dizaine de kilomètres depuis le centre, de difficulté moyenne. Après la grimpette, le soir, un soin thermal est une bénédiction.

❻ Saverne (p. 74) et château du Haut-Barr (p. 75)

Strasbourg est à 30 minutes de train. Louez-y un vélo et suivez la véloroute du canal de la Marne au Rhin qui serpente jusqu'à **Saverne** (40 km), d'où l'on rejoint le **château du Haut-Barr** (3 km) à pied. Passez la nuit à Saverne.

❼ Strasbourg (p. 84)

Reprenez la véloroute jusqu'à Strasbourg, rendez votre vélo, et consacrez le reste de cette dernière journée à la ville.

Avant le départ
Itinéraire : 7 jours

SANS VOITURE

Le petit tour de l'Alsace à vélo

L'Alsace incontournable

Cette boucle de 190 km est un concentré d'Alsace. Un tour ponctué de châteaux et d'abbayes, de villages viticoles et de collines boisées, de villes dynamiques et de paysages fluviaux. Un itinéraire à suivre à vélo sans forcer avec parfois un peu de marche pour prendre de la hauteur.

❶ Strasbourg (p. 84)

Entre la cathédrale, le quartier de la Petite France et les nombreux musées, la richesse de la capitale alsacienne est telle qu'il vous faut – au moins ! – lui consacrer deux journées. Dans votre programme, n'oubliez pas d'inclure une balade en bateau électrique et un dîner romantique le long des canaux. Si vous n'avez pas votre propre monture, repérez les magasins proposant la location de vélo à la semaine.

❷ Molsheim (p. 130), Rosheim (p. 132), Ottrott (p. 136) et le Mont-Sainte-Odile (p. 138)

Depuis Strasbourg, suivez les panneaux de la véloroute du canal de la Bruche qui rejoint **Molsheim** (21 km) et son beau patrimoine religieux. De là, virez plein sud pour suivre l'itinéraire de la véloroute du Vignoble, dont le tracé suit celui de l'EuroVelo 5. Les kilomètres défilent sans forcer jusqu'à **Rosheim** (8 km de Molsheim). Faites-y une pause le temps d'admirer ses deux joyaux de l'architecture du Moyen Âge : l'église Saints-Pierre-et-Paul et sa maison romane. Quittez alors la véloroute et bifurquez sur la route des Vins, bien signalée par des panneaux routiers marron. À **Ottrott** (6 km de Rosheim), garez votre vélo et suivez le sentier pédestre (4 km) qui rejoint le **monastère du Mont-Sainte-Odile**. Une nuit douillette

Petite Venise, Colmar (p. 182)

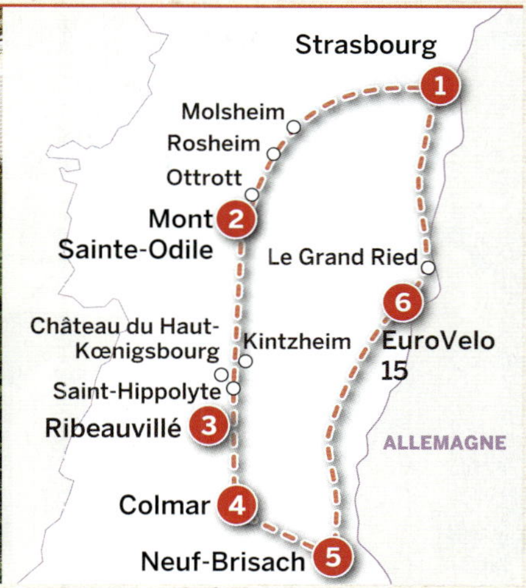

et tranquille vous y attend : l'idéale pour recharger ses batteries !

❸ Saint-Hippolyte (p. 190), Kintzheim (p. 148), le château du Haut-Koenigsbourg (p. 149) et Ribeauvillé (p. 193)

Bien reposé, reprenez votre incursion sur la route des Vins d'Alsace en direction du sud. Au niveau de Saint-Hippolyte (35 km d'Ottrott), rejoignez à pied le **château du Haut-Kœnigsbourg** (9 km aller-retour) – ou faites halte avant à **Kintzheim** (30 km d'Ottrott) si la faune est votre passion. Le soir, arrêtez-vous à **Ribeauvillé** (40 km d'Ottrott), charmante bourgade sur les contreforts des Vosges.

❹ Colmar (p. 172)

Poursuivez sur la route des Vins d'Alsace jusqu'à **Turckheim** (18 km de Ribeauvillé), où cette dernière marque une bifurcation vers **Colmar** (8 km de Turckheim). La ville mérite au moins un jour de visite pour son patrimoine architectural et ses musée.

Le lendemain, flânez un peu en ville avant de remonter en selle en début d'après-midi.

❺ Neuf-Brisach (p. 188)

Suivez la véloroute du canal de Colmar, un itinéraire facile qui mène à Artzenheim en 14 km. On y rejoint l'EuroVelo 15, qui longe le Rhin sur toute sa longueur : prenez plein sud jusqu'à **Neuf-Brisach** (13 km d'Artzenheim). Consacrez le reste de la journée à la découverte des fortifications de Vauban et des œuvres de street art. Passez la nuit dans la campagne alentour.

❻ Canal du Rhin au Rhône, Grand Ried (p. 154) et Strasbourg (p. 84)

Levez-vous tôt pour cette dernière grosse étape, mais au dénivelé négatif : direction plein nord sur la véloroute du canal du Rhin au Rhône (EuroVelo 15), qui vous ramènera à **Strasbourg** en 70 km. N'oubliez pas, en chemin, de faire une pause pour explorer le **Grand Ried** – à pied ou en barque, vous avez le choix.

Avant le départ
Itinéraire : 7 jours

SANS VOITURE

CLAIRE ANGOT ©

Des vallées aux Ballons, tout en douceur

Randonner entre vallées et sommets vosgiens

Explorez les vallées viticoles des contreforts des Hautes-Vosges puis montez admirer la vue depuis les sommets des Ballons vosgiens. Une découverte à faire en privilégiant la marche et en s'aidant des transports en commun pour raccourcir ici et là un tronçon.

❶ Colmar (p. 172)

Débutez cet itinéraire par **Colmar**, véritable musée à ciel ouvert. Difficile de résister au charme de ses rues et places bordées d'édifices remarquables ou à la visite du **musée Unterlinden** qui recèle des chefs-d'œuvre. Au moment de passer à table, optez pour la Table du Brocanteur.

❷ Vallée de Munster

Grimpez dans le train (30 minutes) pour rejoindre **Munster**, étape toujours dynamique quelque soit la saison. Le bourg est au cœur du massif des Hautes-Vosges. Explorer les environs, en particulier le village de **Gunsbach** (3 km) et visitez le musée Schweitzer. Prenez des forces en profitant des bonnes tables de Munster.

❸ Parc des Ballons des Vosges (p. 220), 1er jour

Le lendemain, chaussez vos chaussures de marche pour rejoindre le **col de la Schlucht** par le GR® 531 (11 km environ ou par le bus n°12). Du col, en partant vers le nord sur le GR® 5 vous rejoindrez, selon votre rythme, le **lac Blanc** et le **lac Noir** ou encore la **réserve naturelle du Tanet-Gazon du Faing**, alliance entre forêt de résineux et hautes chaumes. Le soir, installez-vous au **sommet du Hohneck**,

Abbatiale de Murbach (p. 244)

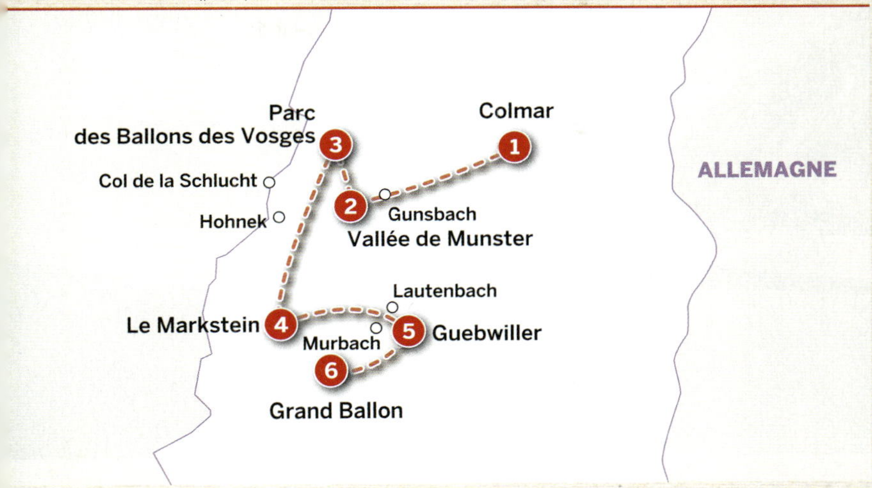

son refuge bien abrité sera votre étape pour la nuit. Le soir et demain à l'aube, la montagne sera pour vous seul.

❹ Parc des Ballons des Vosges (p. 220), 2e jour

Au petit matin, quittez le refuge, et prenez plein sud sur le GR® 5 en direction du **Markstein**. Une belle étape le long des sentiers des Crêtes vous attend (7 heures de marche). Vous pouvez aussi raccourcir la durée en grimpant à tout moment dans la navette des Crêtes (en été). Sur le parcours, des fermes-auberges seront l'occasion de tester la cuisine rurale des Vosges. Au Markstein, grimpez dans le bus (ligne 454 ; 45 minutes) pour rejoindre **Guebwiller**, dans la vallée du Florival.

❺ Guebwiller (p. 242) et la vallée du Florival (p. 240)

Au matin, explorez la petite ville, riche de son passé industriel textile, puis rejoignez à pied **Lautenbach** (6 km) pour contempler sa collégiale Saint-Michel-et-Saint-Gangolphe, ou l'abbatiale de **Murbach** (5 km), trésor de l'art roman, posée au creux d'un adorable vallon. Passez une deuxième nuit à Guebwiller, et prenez des forces.

❻ Le Grand Ballon (p. 225)

Tôt le matin, partez à l'assaut du sommet des Vosges, le **Grand Ballon**, au cours d'une belle boucle de 23 km (fiche et topoguide disponibles à l'office du tourisme de Guebwiller). Du haut de ses 1 424 m, il dévoile un panorama d'exception sur les Vosges, le Jura et les Alpes. Une journée de randonnée toutefois réservée aux bons marcheurs. Vous pouvez raccourcir l'escalade en prenant, en été, la navette des Crêtes, qui passe à Guebwiller). Elle dessert le col du Grand Ballon, d'où il ne vous restera qu'une quinzaine de minutes de marche jusqu'au sommet. Envie de prolonger la découverte de la région ? Du sommet, on peut redescendre à pied dans la **vallée de la Thur** (p. 245). Pour rentrer, reprenez la navette des Crêtes, qui rejoint les gares grandes lignes de Saint-Dié-des-Vosges, Remiremont, Colmar et Mulhouse.

Avant le départ
Itinéraire : 14 jours

SANS VOITURE

HENRYOPZOLDER/FOTOLIA ©

L'Alsace, du nord au sud

Des Vosges du Nord à la route des Crêtes

Cet itinéraire parcourt l'Alsace du nord au sud. Au menu : vignobles, randonnées – à pied et à vélo – et châteaux dans des cadres naturels exceptionnels.

❶ Niederbronn-les-Bains (p. 57) et parc naturel régional des Vosges du Nord (p. 52) et pays de l'Outre-Forêt – 2/3 jours

Entre massifs forestiers et ruines médiévales, le territoire du **parc naturel régional des Vosges du Nord** est une excellente introduction à l'Alsace. Posez vos valises à **Niederbronn-les-Bains** (à 1 heure de train de Strasbourg), ville thermale qui profite de sa position centrale. À pied, vous grimperez les hauteurs perchées d'anciennes citadelles. Aidé d'un vélo électrique, vous rejoindrez **Wingen-sur-Moder** (30 km via la boucle cycliste n°12 puis la véloroute de la vallée de la Moder) et son éclatant musée Lalique, **Lembach** (20 km par la boucle n°12) et les sites de la ligne Maginot, les paysages du **pays de Hanau** (boucle cycliste n°14 de 86 km, accessible depuis Zinswiller, à 6 km de Niederbronn) et ses villages : Bouxwiller, La Petite-Pierre... Ou encore les bourgs ruraux et les vergers de l'**Outre-Forêt** et **Wissembourg** en empruntant une partie de l'itinéraire VTT de la Traversée du massif des Vosges. Une fois votre soif de découvertes "nature" étanchée – comptez au moins 2 ou 3 jours –, retournez à Strasbourg.

Détail des boucles cyclistes sur alsaceavelo.fr

❷ Strasbourg (p. 84) – 2 jours

Son patrimoine culturel d'une grande richesse, sa cathédrale, ses quartiers très pittoresques et ses bonnes tables vous retiendront un moment dans la

Route des Crêtes (p. 222)

capitale alsacienne – 2 jours complets, à tout le moins. La ville compte également nombre de bars sympathiques et de bonnes salles de concerts – la Laiterie est emblématique – pour prolonger la soirée.

❸ Route des Vins (p. 129) – 3/4 jours

Longeant les contreforts des Vosges Alsaciennes, entre Marlenheim et Thann, la route des Vins se déroule sur 170 km. À suivre en priorité à vélo pour s'arrêter à tout moment. De Strasbourg, suivez alors l'EuroVelo 5 qui rejoint le tracé de la véloroute du Vignoble d'Alsace à **Molsheim**. Cette dernière emprunte peu ou prou le même itinéraire que la route des Vins mais pour partie en site propre. Comptez 3 ou 4 jours pour la parcourir en totalité, mais on peut facilement la découper selon ses envies. Entrecoupez la route de visites de caves, de découvertes – château du Haut-Kœnigsbourg, Mont-Sainte-Odile... – et posez votre sac dans les villages viticoles ou les villes d'art qui ponctuent l'itinéraire : Rosheim, Barr, Mittelbergheim, Andlau, Ribeauvillé, Riquewihr, Kaysersberg, Colmar, Eguisheim, Rouffach... Une fois à **Thann**, vous êtes à la porte de la route des Crêtes. Si vous avez loué un vélo à Strasbourg, le TER vous ramène, avec votre monture, dans la capitale alsacienne en 1 heure 20 environ.

❹ Route des Crêtes (p. 222) – 2/3 jours

Avec ses 126 km et 2 560 m de dénivelé, l'itinéraire de cyclotourisme de la route des Crêtes est réservé aux sportifs. Pour les autres, en été, la navette des Crêtes (au départ de Thann notamment) permet de s'épargner les mollets et en dessert les principaux sites : la réserve naturelle du Tanet-Gazon, le Hohneck, le Markstein, le Grand Ballon.... Consacrez 2 ou 3 jours à son exploration, entrecoupée de haltes dans les fermes-auberges du secteur. Arrêtez-vous ensuite à Cernay, d'où le TER gagne Mulhouse en 30 minutes.

❺ Mulhouse et ses environs (p. 258) – 2 jours

La deuxième ville d'Alsace mérite bien une journée pour découvrir sa cité de l'Automobile et celle du Train, sans oublier le Kunsthalle dédié à l'art contemporain. Le lendemain, explorez les villages alentours : **Eschentzwiller** (bus 56, 15 minutes), **Habsheim** (bus 55, 20 minutes), **Landser** (bus 725, 30 minutes), **Ensisheim** (bus 437, 50 minutes)...

❻ Ferrette (p. 282) – 1 jour

Le lendemain, prenez le bus 851 (1 heure 20) jusqu'à **Ferrette** l'un des plus beaux villages du Sungdau, porte ouverte vers le Jura alsacien.

Avant le départ
Itinéraires : 2-3 jours

SANS VOITURE

CLAIRE ANGOT ©

Idées week-end

Petite par la taille mais grande par la diversité des paysages et des ambiances, l'Alsace se prête bien à des week-ends sans voiture... qui vous donneront envie de rester plus longtemps une prochaine fois.

❶ Strasbourg (p. 84) et le nord de la route des Vins (p. 128)

1er jour – La visite de Strasbourg et de son patrimoine exceptionnel mérite une journée pleine. Prévoyez une balade en bateau et pourquoi pas la visite du Parlement européen.

2e et 3e jours – Rejoignez l'un des charmants villages du nord de la route des Vins : Marlenheim, Molsheim ou Rosheim. Facilement accessibles à vélo via l'EuroVelo 5 depuis Strasbourg, ils sont moins connus des touristes. Le lendemain, retour à la capitale alsacienne dans la matinée : l'après-midi, terminez votre exploration de la ville avant de rentrer.

❷ Munster (p. 238), Grand Ballon (p. 225) et vallée de la Thur (p. 245)

1er jour – Facilement accessible en TER depuis Colmar, Munster est une bonne base pour la randonnée.

2e jour – Partez de bon matin pour un sentier pédestre qui vous mènera au Grand Ballon (20 km). Le soir venu, l'hôtel du Club vosgien vous attend au pied du sommet.

3e jour – Redescendez par la vallée de la Thur, direction Thann (15 km). Arrêtez-vous en chemin à l'auberge du Grand Ballon pour déjeuner. Vous arriverez assez tôt pour visiter la collégiale de Saint-Thiébaut. Mulhouse est la gare grandes lignes la plus proche.

❸ Colmar (p. 172) et le sud de la route des Vins (p. 190)

1er et 2e jours – Bien desservie par les TER et les TGV, Colmar est la capitale du vignoble alsacien. Vous n'aurez pas trop

Cigognes, Munster (p. 238)

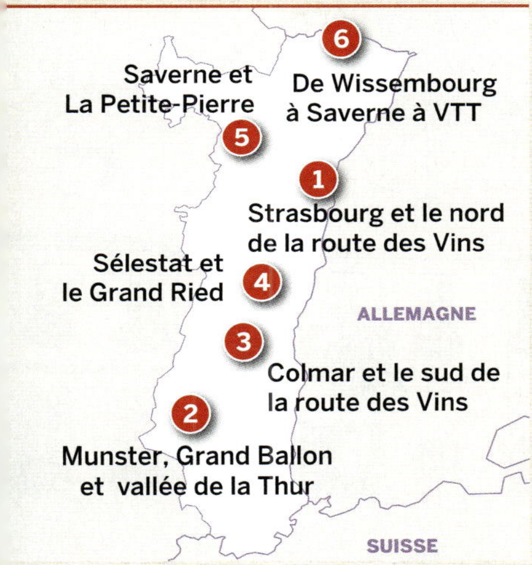

de deux jours pour en découvrir les musées et le beau patrimoine.
3e jour – Louez un vélo et partez le long de la route des Vins pour concilier paysages et dégustation. Si vous optez pour le nord, prenez la direction de Ribeauvillé ; pour le sud, Guebwiller et Cernay.

❹ Sélestat (p. 150) et le Grand Ried (p. 154)

1er jour – Posez votre sac à Sélestat, belle ville parsemée de bijoux d'architecture.
2e jour – À vélo, partez explorer le Grand Ried, à la faune et la flore exceptionnelles. Ne manquez pas la réserve naturelle de l'Illwald. Entre Muttersholtz et Ebermunster, montez dans une barque pour glisser au fil de l'eau. L'absence de relief et les courtes distances autorisent une découverte en famille.

❺ Saverne (p. 74) et La Petite-Pierre (p. 52)

1er jour – Prenez quelques heures pour visiter Saverne en prévoyant une pause gastronomique puis partez visiter le château du Haut-Barr (3 km à pied) et l'abbaye de Marmoutier.
2e jour – Louez un vélo électrique et rentrez dans le vif du sujet en rejoignant La Petite-Pierre (20 km), siège du parc régional naturel des Vosges du Nord. Randonnez jusqu'aux maisons troglodytiques de Graufthal et regagnez votre point de départ en faisant une halte forestière et gastronomique à l'auberge d'Imsthal.
3e jour – Rejoignez sans forcer Wingen-sur-Moder (10 km), qui abrite les éblouissantes créations de René Lalique. Offrez-vous un déjeuner dans sa maison, qui abrite un restaurant gastronomique, avant d'avaler les 30 km à vélo jusqu'à Saverne. La gare grandes lignes la plus proche est celle de Strasbourg, à 30 minutes environ en TER.

❻ De Wissembourg (p. 65) à Saverne (p. 74) à VTT

1er jour – Attention, week-end (très) sportif en vue ! Wissembourg est en effet le point de départ de la Traversée des Vosges (TMV®), itinéraire VTT de 417 km jusqu'à Thann cumulant quelque 9 000 m de dénivelé. Sa portion septentrionale, jusqu'à Saverne, peut se parcourir en 2 jours. Consacrez donc cette première journée à explorer le patrimoine… et couchez-vous tôt !
2e et 3e jours – 140 km (et 2 390 m de dénivelé cumulé) séparent Wissembourg de Saverne, le long des plus beaux sentiers forestiers de cette région souvent délaissée à tort par les visiteurs. Étapes possibles à La Petite-Pierre, Niederbronn-les-Bains, Obersteinbach et Niedersteinbach.
De la gare de Saverne, Strasbourg n'est qu'à 25 minutes de TER.

Avant le départ
Envie de...

Villages

Bergheim Protégé derrière ses remparts, ce village est un bel exemple de cité médiévale fortifiée. (p. 191)

Hunawihr Avec son église fortifiée surplombant des maisons de vignerons des XVIe-XVIIIe siècles, ce village compose un paysage de carte postale. (p. 198)

Eguisheim Cette cité médiévale remplit à merveille son rôle de village idyllique du vignoble alsacien. (p. 212)

Mittelbergheim Au pied du Mont-Sainte-Odile, ce bourg possède de splendides demeures de vignerons. (p. 144)

Hunspach Bienvenue dans l'Alsace des vergers ! Ce village aux dizaines de fermes restaurées dégage un sentiment de bonheur. Et que dire de la campagne environnante ! (p. 68)

Châteaux et fortifications

Neuf-Brisach Une place forte signée Vauban. Peut-être l'une de ses plus abouties. (p. 188)

Château de Wineck, Katzenthal Les ruines de ce château (vers 1200) offrent une vue splendide sur Katzenthal et ses environs. (p. 209)

Fort de Mutzig La visite de la forteresse construite par les Allemands permet de découvrir le quotidien des militaires. (p. 132)

Château du Haut-Andlau Un château fort bien conservé, qui se visite après une courte randonnée. (p. 143)

Château fort de Fleckenstein Une imposante forteresse accrochée à une falaise de grès. (p. 60)

Églises et abbayes

Église et couvent des Dominicains de Colmar Une architecture qui donne le vertige. (p. 178)

Église de Niedermorschwihr Elle amusera les enfants avec son clocher tors, en vrille de 45°. (p. 201)

Église Saint-Maurice d'Ebermunster Majestueuse, elle recèle un magnifique décor baroque. (p. 155)

Église Saints-Pierre-et-Paul, Rosheim L'un des chefs-d'œuvre de l'art roman alsacien. (p. 132)

À gauche : Bergheim. À droite : musée Unterlinden, Colmar

HUGUES DEROUARD ©

Collégiale Saint-Florent de Niederhaslach
Un trésor gothique doté de remarquables vitraux du XIIIe siècle. (p. 166)

Abbaye de Murbach
Dans son écrin de verdure, elle dégage un parfum de romantisme. (p. 244)

Collégiale Saint-Thiébaut, Thann Sa flèche de 78 m se voit de loin, son portail et son chœur s'apprécient de près. (p. 246)

Bonnes tables

La Table du Brocanteur, Colmar L'un des restaurants préférés des Colmariens. (p. 187)

Le Schtampfel, Bœrsch
Fraîcheur et ingrédients de saison. (p. 140)

Auberge Chez Guth, Steige Lumière tamisée, nappes blanches et cuisine gastronomique dans une petite auberge en bois. (p. 161)

Le 7e continent, Rixheim
Une cuisine de haute volée et inventive, aux influences du monde entier. (p. 270)

Rain des Chênes, Orbey
Cette ferme-auberge vaut autant pour son architecture que pour sa cuisine. (p. 232)

La Rochette, Labaroche
Subtilité et raffinement gustatifs sont les maîtres-mots de cette adresse isolée. (p. 236)

L'Orchidée, Altkirch
Cuisine thaïe moderne et étoilée, aux assiettes superbes. (p. 277)

Musées

Musée Unterlinden, Colmar Une collection de peintures et de sculptures prestigieuses, dont le célébrissime retable d'Issenheim. (p. 176)

Espace des métiers du bois et du patrimoine, Labaroche Le bois relève de la passion dans cette région ! (p. 236)

Mémorial d'Alsace-Moselle, Schirmeck
Un musée pour expliquer l'histoire tumultueuse de l'Alsace et de la Moselle entre 1870 et la Seconde Guerre mondiale. (p. 163)

Musée historique, Strasbourg Il met en scène d'une façon attrayante l'histoire de la ville du Moyen Âge jusqu'à nos jours. (p. 96)

Musée du Vignoble et des Vins d'Alsace, Kientzheim
Pour apprécier pleinement la route des Vins. (p. 204)

Découvertes avec des enfants

Musée du Jouet, Colmar Un musée pour petits et grands enfants. (p. 173)

NaturOparC, Hunawihr Rencontre à 7 m de haut avec les cigognes et dans un tunnel vitré avec les loutres. (p. 193)

Le Ried en bateau Pour surprendre les oiseaux et les mammifères aquatiques. (p. 156 et 159)

Sentier pieds nus du lac Blanc Une marche tactile rigolote et des ateliers ludiques ! (p. 235)

Montagne des singes, Kintzheim Des macaques évoluant en liberté ; non loin, le château de Kintzheim abrite la **Volerie des aigles**. (p. 148)

Le Vaisseau, Strasbourg Apprendre en s'amusant. (p. 45)

Mine de Sainte-Marie-aux-Mines Avec un casque, sur les pas des mineurs. (p. 228)

Artisanat

Poteries Deux villages potiers bordent la forêt de Haguenau : Soufflenheim et Betschdorf. Au programme : moules à kouglof, terrines à choucroute, pots de sel en grès... (p. 72)

Pains d'épices Mireille Oster, Strasbourg Cette étonnante boutique est une déclaration d'amour au pain d'épices. (p. 120)

Sabotier Speisser, Rosheim Romain Speisser est, depuis 2012, l'un des derniers sabotiers de France – passion et talent sont au rendez-vous. (p. 134)

Parc de Wesserling, vallée de Thann Les boutiques de l'Écomusée textile de Wesserling proposent des produits artisanaux alsaciens. (p. 248)

Sites naturels

Illwald Une magnifique réserve naturelle avec vue sur le château du Haut-Kœnigsbourg. (p. 152)

Vallée de la Bruche Une Alsace inattendue et montagnarde, paradis des randonneurs. (p. 163)

Petite Camargue alsacienne Un territoire humide à la faune et à la flore très riches. (p. 272)

Forêt d'Haguenau La sixième forêt française par sa superficie. (p. 71)

Vallée de la Doller La plus au sud du massif des Vosges, elle affiche un tempérament sauvage. (p. 251)

Massif du Hohneck Bienvenue dans le pays des hautes chaumes. (p. 223)

Belles randonnées

Les trois châteaux, Ribeaupierre Entre montagnes et vignobles, avec de superbes vues sur la plaine et la vallée, un sentier pour découvrir trois ruines autour de Ribeaupierre. (p. 197)

Sentier viticole, Hunawihr Une boucle de 17 km à la découverte de sept des plus grands crus de la région. Une marche ponctuée de dégustations. (p. 204)

Col du Donon On accède au sommet du massif du Donon en 1 heure 15. Là, un somptueux panorama à 360° sur quatre départements, les Vosges, la Moselle, la Meurthe-et-Moselle et le Bas-Rhin s'offre aux randonneurs. (p. 164)

Circuit du lac Blanc, du lac Vert et du lac des Truites Une douzaine de kilomètres entre forêts et hautes chaumes, ponctués de magnifique lacs glaciaires. (p. 234)

Grand Wintersberg Au départ de Niederbronn-les-Bains, une boucle de 3 km à l'assaut du sommet des Vosges du Nord. (p. 58)

Petit Ballon Moins fréquenté que son grand frère, mais tout aussi beau (p. 241)

Escapades à vélo

Sundgau Les voies réservées aux cyclistes (anciens chemins de halage et anciennes voies ferrées) se comptent en centaines de kilomètres dans cette zone. (p. 278)

Saverne à Strasbourg Au départ de Saverne, l'EuroVélo n°5 rejoint la capitale alsacienne (80 km aller-retour). (p. 77)

Val d'Argent Une boucle de 80 km sur les crêtes qui surplombent Sainte-Marie-aux-Mines attend les cyclistes aguerris. (p. 229)

Vallée de la Thur Au départ de Thann, cette piste cyclable rejoint le lac de Kruth. Les plus sportifs s'élèveront jusqu'au Ballon d'Alsace. (p. 245)

Vallée de la Doller Belle piste cyclable campagnarde entre Masevaux et Sewen (20 km). (p. 251)

Grand Ried Pour pédaler à fleur d'eau. (p. 154)

Avant le départ

L'agenda

SONG_ABOUT_SUMMER/ADOBE STOCK ©

Place Kléber (p. 97) à Noël, Strasbourg

Janvier

Momix

Kingersheim Dans la banlieue de Mulhouse, une quarantaine de compagnies européennes présentent des spectacles pour les jeunes de 7 à 77 ans. (www.momix.org)

Les Sacrées Journées

Strasbourg Sept jours durant, la ville met la musique sacrée du monde à l'honneur. (www.sacreesjournees.eu)

Février

Fest'Impro

Saint-Louis Une dizaine d'équipes s'affrontent dans ce festival d'improvisation. (www.athila.fr)

Fête de la Neige

Champ du Feu Plusieurs milliers de personnes se retrouvent dans cette petite station des Vosges pour un week-end d'animations et d'activités.

Carnaval de Mulhouse

Défilés de chars, élection du couple princier, cavalcade des enfants... le carnaval de Mulhouse est l'une des fêtes les plus courues d'Alsace. (carnaval-mulhouse.com)

Salon des vignerons indépendants

Strasbourg Une occasion de découvrir la plupart des vignobles alsaciens. (www.vigneron-independant.com)

Salon européen de la Brocante et de l'Antiquité

Strasbourg Ce salon offre des occasions de chiner de l'artisanat local ; autres éditions en avril, septembre et novembre.

Mars

Carnaval de Strasbourg

Les rues de la capitale alsacienne sont envahies par les chars, les danseurs et les musiciens. (www.strasbourg.eu)

Carnaval des Machores

Sélestat Personnages travestis, les *machores* défilent dans le quartier des Tanzmatten. Le soir, saucisses et bière à volonté.

Carnaval de Colmar

Le samedi est réservé au défilé des enfants et le dimanche à la famille. (www.carnavaldecolmar.com)

☆ Les Giboulées – Biennale Corps-Objet-Image

Strasbourg Chaque année paire, le TJP, Centre dramatique national, rassemble les meilleurs marionnettistes du monde. (www.tjp-strasbourg.com)

☆ Rencontres de l'illustration

Strasbourg Expositions, ateliers, concerts dessinés... Dix jours autour de l'illustration, en partenariat avec le collectif Central Vapeur (centralvapeur.org) et la Haute École des arts du Rhin.(strasbourgillustration.eu)

Avril

Course aux œufs des conscrits

Écomusée d'Alsace Une course issue d'une tradition du XVe siècle : des équipes s'affrontent autour de jeux qui amuseront les enfants. (www.ecomusee.alsace/fr/)

Mai

☆ Pisteurs d'Étoiles

Obernai Fin avril-début mai, 9 jours de spectacles sous chapiteau ou en plein air pour des performances acrobatiques, humoristiques et poétiques. (www.pisteursdetoiles.com)

Foire éco-bio d'Alsace

Colmar Conférences, concerts, animations, ateliers et exposants représentant la filière bio alsacienne. (www.ecobio.alsace)

Fête de l'Asperge

Hœrdt Elle coïncide avec les premières récoltes d'asperges. À une dizaine de kilomètres au nord de Strasbourg.

☆ Munster Jazz Festival

Une programmation éclectique pour ce festival situé au cœur de la vallée de Munster. (www.jazzmunster.eu)

☆ NL Contest

Strasbourg Ce festival des cultures urbaines programme sur 3 jours et 3 nuits des compétitions sportives (skate, rollers, BMX, etc.), des concerts et des performances diverses : graffiti, break'dance, DJ's... (www.nlcontest.com)

Rencontre internationale des bouviers

Écomusée d'Alsace Professionnels et grand public se retrouvent pour cette foire aux bovins avec présentations et démonstrations. (www.ecomusee.alsace/fr/)

Waldmeisterfest (fête de l'Aspérule)

Dambach Utilisée en infusion, pour parfumer l'eau-de-vie ou la bière, l'aspérule est appelée petit muguet ou reine-des-bois. Rendez-vous dans la forêt de Dambach-la-Ville.

Juin

Les Fous de Nefs

Strasbourg Deux jours de randonnée à la rame ou à la pagaie, dans la ville et ses environs. (www.lesfousdenefs.com)

Mineral & Gem

Sainte-Marie-aux-Mines Une bourse consacrée aux cristaux. (www.sainte-marie-mineral.com)

☆ Festival de chœurs d'hommes

Riquewihr Dans le village médiéval de Riquewihr. (choraleriquewihr.canalblog.com)

Marathon du vignoble d'Alsace

Molsheim Plusieurs circuits à travers les vignobles. (www.marathon-alsace.com)

Carnaval de Mulhouse

Juillet

✩ Festival international de Colmar

Une trentaine de concerts, principalement dans les édifices religieux de la ville. (www.festival-colmar.com)

⁂ Décibulles

Neuve-Église Lancé en 1992, ce festival de musiques actuelles s'affirme année après année. (www.decibulles.com)

⁂ Fête de la Myrtille

Dambach Marché et animations autour de ce fruit, chaque année paire.

✩ Scènes de rue

Mulhouse Des dizaines d'artistes envahissent le centre-ville durant ce festival des arts de la rue (cirque, danse, théâtre...). (www.scenesderue.fr)

✩ Clair de Nuit

Pays de Barr Ce festival gratuit s'installe chaque année dans deux communes différentes du pays de Barr pour six soirées (3 fin juillet et 3 fin août) de concerts et de bonne humeur. (clairdenuit.fr)

✩ Foire aux vins d'Alsace

Colmar Le marché au vin (plus de 300 000 visiteurs en 2019) se double d'une foire plus généraliste et d'un festival de musique orienté pop et rock. (www.foire-colmar.com)

Août

⁂ Corso Fleuri

Sélestat Un week-end début août, des chars couverts de fleurs paradent dans les rues à la nuit tombée – une tradition dont les origines remontent à 1927.

Le mariage de l'ami Fritz

Marlenheim Marlenheim revient au XIXe siècle un week-end durant, à l'occasion d'un (faux) mariage traditionnel. (www.mariage-ami-fritz.fr)

☆ Au Grès du Jazz

La Petite-Pierre Grands noms et artistes locaux se côtoient dans ce festival de jazz ouvert sur tous les styles et tous les pays du monde. (www.festival-augresdujazz.com)

☆ Festival du houblon

Haguenau Un festival musical qui invite des troupes venues des cinq continents. (www.festivalduhoublon.eu)

☆ Festival de musique de Wissembourg

Concerts classiques dans l'ancien couvent des dominicains. (www.wissembourg-festival.com)

Les Crêtes vosgiennes

Orbey-Kaysersberg Maxi-crête (33 km) ou mini-crête (13 km)… quelques sommets et cols attendent les coureurs de pied ferme. (cretes-vosgiennes.jimdo.com)

☆ FARSE – Festival des arts de la rue

Strasbourg Spectacles, déambulations, théâtre dans les rues et sur les places du centre-ville. (farse.strasbourg.eu)

Septembre

Pfifferdaj (fête des Ménétriers)

Ribeauvillé Cette fête médiévale qui se tient le premier dimanche de septembre serait la plus ancienne d'Alsace. (www.menetriers.com)

Fête de l'Oignon

Mulhouse Tarte, soupe, pain… tout est bon avec l'oignon. Bal champêtre le samedi et thé dansant le dimanche.

Carrefour européen du patchwork

Sainte-Marie-aux-Mines Les fans de patchwork se retrouvent dans cette ville. (www.patchwork-europe.eu)

☆ L'Ososphère – Les Nuits électroniques

Strasbourg Quatre nuits durant, la musique électronique agite le quartier de la Laiterie. (www.artefact.org/lososphere)

☆ Festival européen du film fantastique

Strasbourg Dédié au fantastique (horreur, science-fiction…), ce festival s'est fait une place parmi les plus grands. La Zombie Walk réunit près de 4 000 personnes dans les rues de la ville. (strasbourgfestival.com)

Octobre

☆ Musica

Strasbourg Toutes les musiques d'aujourd'hui avec un leitmotiv : création et liberté. (festivalmusica.fr)

Couleurs d'automne à Barr

Un grand jardin d'automne s'installe sur la place de l'Hôtel-de-Ville de Barr (ventes, dégustations et expositions).

Novembre

☆ ST.ART

Strasbourg Deuxième foire d'art contemporain de France. (www.st-art.com)

☆ Jazzdor

Strasbourg Deux semaines en novembre. Un rendez-vous du jazz d'aujourd'hui avec une trentaine de concerts dans différentes salles de Strasbourg et des environs. (www.jazzdor.com)

Décembre

Marchés de Noël

Dans toutes les grandes villes et la plupart des villages, de fin novembre à début janvier. À Strasbourg, plusieurs marchés prennent possession de différents quartiers de la ville.

Nordique des crêtes

Courses et randonnée de ski de fond. (www.nordiquedescretes.org)

Avant le départ

En avant-goût

VINCENT FROEHLY ©

Maquette de Strasbourg, Musée historique de Strasbourg (p. 96)

Films

Malgré-elles (2011). Un film sur les Alsaciennes déportées pendant la Seconde Guerre mondiale.

Les Alsaciens ou les Deux Mathilde (1996). Une saga télévisée sur fond d'histoire franco-allemande de 1870 à 1953.

Baden Baden (2016). Une jeune Strasbourgeoise virevolte et se cherche le temps d'un été.

La Grande Illusion (1936). Le film de Jean Renoir tourné au château du Haut-Kœnigsbourg.

Livres

L'Ami Fritz (Erckmann-Chatrian, 1864). Le quotidien d'un village alsacien.

L'Alsace en torts et de travers (Tomi Ungerer, 1988). L'artiste, disparu en 2019, interroge l'identité alsacienne.

Dictionnaire amoureux de l'Alsace (Gilles Pudlowski, 2010). Le critique gastronomique parle de son Alsace natale.

Les Noëllets (René Bazin, 1890). L'histoire d'une famille dont le fils refuse de reprendre la ferme.

Mort au premier tour (Didier Daeninckx, 1982). Le premier roman de Daeninckx (qu'il a réécrit en 1997) avait l'Alsace des années 1970 pour cadre.

Musique

Coup de Foudre (Jacques Higelin). Cet Alsacien de cœur évoque Sainte-Marie-aux-Mines, où fut enregistré l'album, dans *Bye bye bye*.

Play Kat Onoma (Rodolphe Burger). Le touche à tout colmarien – compère de Bashung et d'Higelin – revisite ses propres classiques.

On n'est pas des indiens, c'est dommage (Dernière Bande). Un album truffé de patois welche, enregistré par Rodolphe Burger.

L'Alsace en musique (Alsace Musique). Une compilation du folklore musical alsacien.

Winter Variations Op. 6 (The Wooden Wolf). De la folk *made in* Sundgau.

Dante (Abd al Malik). Le rappeur rappelle son passé strasbourgeois dans son *Conte alsacien*.

Sites Internet

Tourisme Alsace (www.visit.alsace). Site officiel du tourisme.

Fédération du Club vosgien (www.club-vosgien.eu). Pour préparer ses randonnées.

L'Alsace à vélo (www.alsaceavelo.fr). Tous les itinéraires pour les cyclistes.

Avant le départ

Voyager en famille

VINCENT FROEHLY ©

A priori, la destination séduit surtout les amateurs de culture, de bonne chère et de grands crus. Pourtant, l'Alsace a des atouts pour attirer les familles : parcs, châteaux, musées, lieux de baignade permettent aux petits et aux grands de s'instruire et de s'amuser.

Les animaux

Le zoo de Mulhouse (p. 262) est le seul de la région. C'est un grand parc fleuri où l'accent est mis sur les lémuriens, très amusants à observer. On peut aisément y faire un pique-nique.

S'il est de moins en moins rare d'apercevoir des cigognes en plein vol, posées dans les champs, ou bien dans les nids aménagés dans les villages, vous verrez à coup sûr l'oiseau emblématique de l'Alsace dans les enclos mis en place pour sa réintroduction. Par exemple, au parc de l'Orangerie de Strasbourg (là, les cigognes ont également colonisé les lampadaires des rues alentour), à Betschdorf, Munster, Rouffach, Raedersdorf. À Hunawihr, le NaturOparC (p. 198) plaira aux enfants : il permet notamment d'observer la cigogne blanche, la loutre d'Europe et le grand hamster, dans un environnement ludique et instructif.

Dans le même village, le Jardin des papillons (p. 198) accueille ses visiteurs dans des serres dans lesquelles évoluent 200 espèces de papillons. Un moment inoubliable.

Non loin, à Kintzheim (p. 148), la Montagne des singes est une forêt où vivent en liberté plus de 200 macaques de Barbarie, tandis que la Volerie des aigles organise un spectacle mettant en scène des rapaces. En arrière-plan : les ruines du château médiéval de Kintzheim.

Le Vivarium du Moulin, à Lautenbach-Zell (p. 244) est le meilleur endroit pour observer les "petites bêtes": mygales, fourmis, mantes religieuses, scorpions.

À gauche : Zoo de Mulhouse (p. 262). À droite : Écomusée d'Alsace (p. 269)

VINCENT FROEHLY ©

Les musées

Le Vaisseau (www.levaisseau.com), à Strasbourg, met l'expérience scientifique (au sens large) à la portée des enfants, dès 3 ans. Entrer dans la poche d'un kangourou, se balader dans une fourmilière, construire un igloo, jouer avec l'eau pour comprendre ses propriétés… Les expositions temporaires sont captivantes. Une sortie bienvenue entre la cathédrale (où les automates de l'horloge astronomique devrait quand même les captiver !) et le musée d'Art moderne…

Le planétarium de Strasbourg (p. 105) programme des spectacles spécialement destinés au jeune public pour lui faire découvrir la Lune, le Soleil, les étoiles et les planètes. Un nouveau bâtiment doit voir le jour dans le quartier de la Neustadt en 2021.

Quant au Musée historique (p. 96), qui évoque l'histoire de la ville, sa muséographie a été bien conçue et les enfants devraient se prendre au jeu.

Le top pour les enfants

Montagne des singes, Kintzheim (p. 148)

Musée Tomi Ungerer, Strasbourg (p. 106)

Cité de l'automobile, Mulhouse (p. 259)

Château du Haut-Kœnigsbourg (p. 149)

Écomusée d'Alsace, Ungersheim (p. 269)

Dans la capitale alsacienne toujours, un musée est consacré au célèbre auteur de livres pour enfants Tomi Ungerer (p. 106), disparu en 2019. Attention toutefois, car tout un pan de son œuvre est constitué de dessins érotiques et macabres (au sous-sol).

L'écomusée d'Alsace (p. 269), à Ungersheim, est l'endroit idéal pour découvrir en famille la culture régionale. Un musée vivant où l'on peut courir, entrer dans les maisons et appréhender la vie rurale d'autrefois, caresser les animaux de la ferme et participer à des ateliers.

À Mulhouse, la visite de la Cité de l'automobile (p. 259) et celle de la Cité du train (p. 263) feront rêver petits et grands. La Cité de l'automobile expose, modèles à l'appui, toute l'histoire de la Formule 1, ainsi que des véhicules de légende. À la Cité du train, le parcours met l'accent sur les évolutions techniques, de la vapeur au TGV. Et le public peut monter à bord des wagons et locomotives. Juste à côté, le musée Électropolis (p. 264) propose maquettes ludiques et animations autour de l'électricité statique.

Le musée du Jouet (p. 173), à Colmar, risque d'avoir plus de succès auprès des plus jeunes que le musée Unterlinden. Les enfants y découvriront l'évolution des poupées et des petits trains, ou le carrosse de Cendrillon. Les jouets en accès libre sont toujours très appréciés.

Les curieux et les gourmands seront ravis par la visite de la **Maison du pain** (maisondupain.alsace) à Sélestat. Elle retrace l'histoire du pain dans le monde, à travers des objets et des machines. Mais on y fabrique aussi du pain, des brioches, des biscuits et viennoiseries, devant un public invité à goûter à ces douceurs.

Les châteaux

Vos enfants rêvent de princesses, de chevaliers ? La visite du château du Haut-Kœnigsbourg (p. 149) s'impose. Entièrement restauré entre 1900 et 1908, de manière réaliste et rigoureuse, c'est l'un des dix plus beaux châteaux forts de France. Pendant les vacances scolaires, des visites ludiques pour les familles sont proposées, qui permettent d'imaginer la vie quotidienne au Moyen Âge.

Le Fleckenstein (p. 60) n'a certes pas aussi fière allure, mais le site est de toute beauté et l'aventure médiévale, "le château des défis", qui y est proposée, passionnera les enfants.

Le château du Hohlandsbourg (p. 213) intéressera également les enfants friands de contes et de légendes du Moyen Âge. Des ateliers et animations y sont régulièrement organisés à leur intention, durant les vacances scolaires.

Les parcs

À Strasbourg, la météo estivale (temps chaud et lourd) impose souvent de trouver refuge dans les parcs. Les plus beaux sont celui de l'Orangerie (p. 107) et le jardin des Deux-Rives (p. 108). Le premier offre de beaux espaces ombragés, un petit plan d'eau pour faire des promenades en barque, un circuit où les enfants peuvent conduire des tacots, différentes aires de jeux, ainsi qu'une petite ménagerie. Le second s'étale de part et d'autre du Rhin. Côté strasbourgeois, l'aspect ludique de certains jardins éphémères réjouira les petits. Côté kehlois, sur l'autre rive (reliée par une passerelle piétonne et cycliste), les jeux d'eau originaux (prévoyez un maillot de bain), ainsi que les cabanes et toboggans sont plébiscités. Pour les parents, la buvette est juste à côté.

Non loin de la route des Crêtes, les enfants seront ravis de faire connaissance avec des rennes, dans la Ferme aux rennes du Tanet (p. 223).

Au sud de l'Alsace, les jardins du parc de Wesserling (p. 248) sont extraordinaires, même s'ils ne sont pas particulièrement conçus pour les enfants. De début juin à début octobre, dans le cadre du Festival des jardins métissés, un sentier pieds nus et des jardins éphémères les amuseront et leur feront découvrir les mille et une fantaisies possibles au jardin.

La station du Lac Blanc (p. 235) a également créé un sentier pieds nus. La balade est entrecoupée de jeux d'adresse et de découverte de la nature.

La baignade

Dans le Bas-Rhin, particulièrement, de nombreux plans d'eau sont aménagés. Ils sont équipés de sanitaires et la baignade y est surveillée. Évitez ceux à proximité immédiate de Strasbourg : ils sont surpeuplés.

Si vous préférez opter pour un centre nautique, mettez le cap sur L'Océanide (p. 73) à Saverne ou Nautiland (p. 73) à Haguenau.

Dans le massif vosgien, les lacs ne sont pas surveillés. On se baigne donc à ses risques et périls. Le lac de Kruth-Wildenstein (p. 250), celui d'Alfeld (commune de Sewen, p. 251) et du Forlet (dans la vallée de Munster, p. 236) sont prisés par les amateurs d'eau fraîche.

Les séjours sportifs

Le massif vosgien offre de multiples possibilités de loisirs sportifs pour toute la famille. À la belle saison, c'est le paradis de la randonnée, grâce aux sentiers balisés par le Club vosgien. Un topoguide de randonnée, une carte IGN (où figurent les balisages du club), et c'est parti pour des balades accessibles à tous ! Cerise sur le gâteau : les haltes en ferme-auberge.

En hiver, les petites stations familiales des Vosges sont idéales pour débuter le ski alpin, pratiquer le ski de fond ou simplement la luge. Parmi elles : le Champ du Feu (p. 163), unique station du Bas-Rhin, le Lac Blanc (p. 234) et le Markstein (p. 224), bien équipés, qui offrent une large palette d'activités hivernales, le Gaschney (p. 235), qui possède sept pistes dont cinq rouges et Le Tanet (p. 235), qui dispose de sept pistes pour tous niveaux.

Les parcs aventures se sont bien développés ces dernières années. Le **Natura Parc** (www.naturaparc.com) d'Ostwald est à proximité immédiate de Strasbourg (ligne de bus n°2). Le Parc Alsace Aventure (p. 162), à Breitenbach, propose, outre le parcours dans les arbres, des baptêmes de parapente et des activités liées à sa Tour de l'extrême. Le Parc Arbre Aventure (p. 246), à Kruth, dispose de dix parcours (dès 3 ans) à travers une forêt de chênes bicentenaires, avec de nombreuses tyroliennes. Citons encore le Lac Blanc Parc Aventures (p. 235), équipé de neuf parcours (dès 3 ans) ou le **Parc d'Aventures de Brumath** (www.brumath-aventure.fr) qui se targue d'être le plus grand de la région et tire avantage de sa situation, en bordure d'un plan d'eau.

L'Europa Park

Situé de l'autre côté du Rhin, l'**Europa Park** (www.europapark.de) est un gigantesque parc d'attractions. Il est divisé en quartiers thématiques portant le nom de pays européens. Les points forts : de nombreux manèges à sensations, mais aussi des attractions pour les petits et un site arboré et fleuri. L'accès le plus simple se fait par le bac qui permet de traverser le Rhin, à Rhinau. De là, comptez 20 minutes de route.

Château des Rohan (p. 74), Saverne

VOSGES DU NORD ET NORD DE L'ALSACE

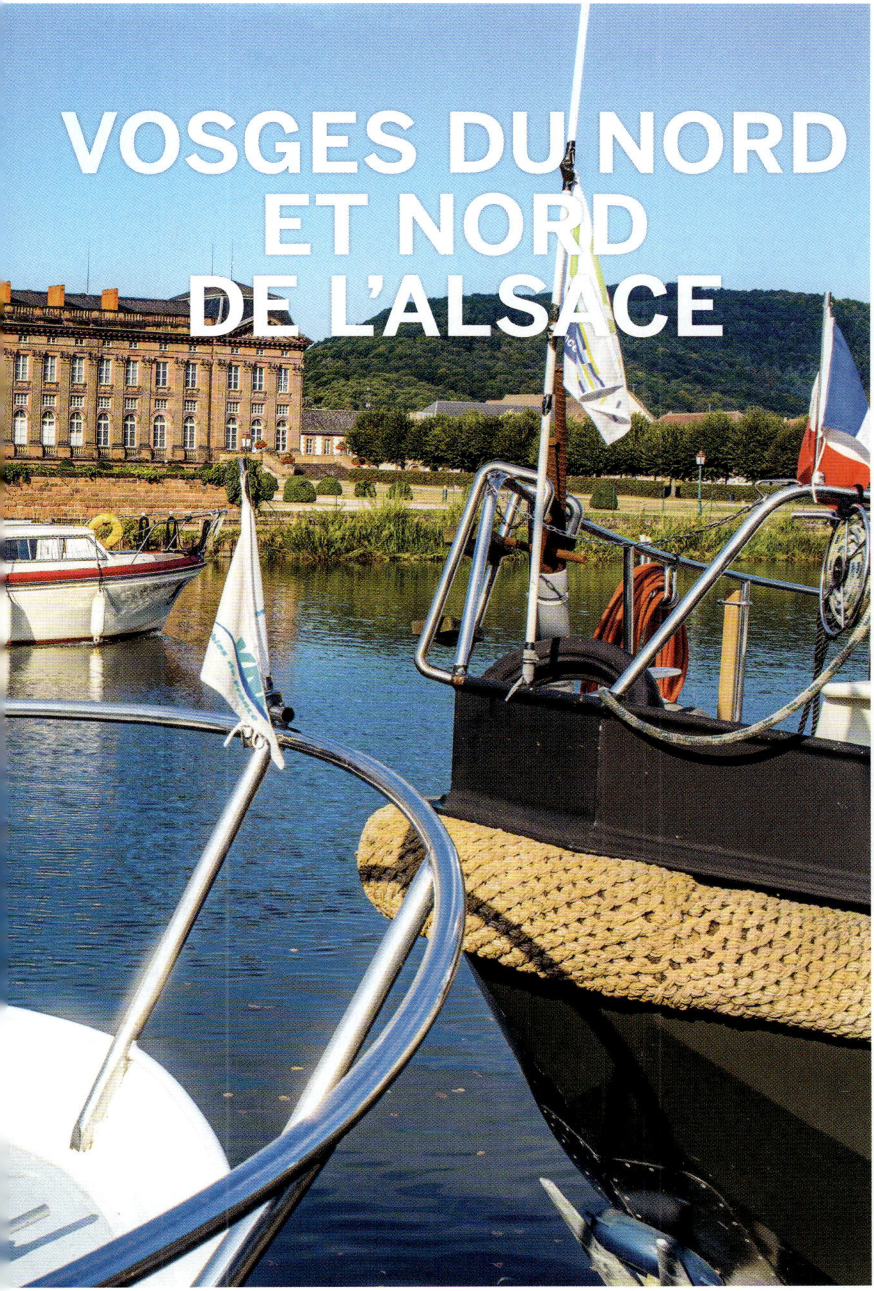

Vosges du Nord et nord de l'Alsace

Pays de la forêt, de l'eau et des châteaux moyenâgeux, les Vosges du Nord correspondent à la partie la plus septentrionale de l'Alsace, à la frontière nord avec l'Allemagne. Ici, l'Histoire se raconte à ciel ouvert, à travers les ruines qui coiffent les pitons rocheux des sommets ou les ouvrages enterrés, témoins des rivalités franco-allemandes passées. Sans oublier les savoir-faire autour du verre et de l'argile qui ont permis la création de produits reconnus dans le monde entier. Au sud, les pays d'Haguenau et de Saverne racontent également, à travers l'architecture, une histoire riche et mouvementée. Accessible en 30 minutes depuis Strasbourg, ce territoire modeste (80 km de long et 30 km de large), souvent dans l'ombre du reste de l'Alsace, est une formidable plongée historique et culturelle dans un cadre naturel étonnamment bucolique.

☑ Dans ce chapitre

À gauche : Bouxwiller (p. 79). À droite : Mirabelles des vergers de Hunspach (p. 68).
CHRISTOPHE CORBEL ©

ALLEMAGNE
Wissembourg (p. 65)
Château de Hohenbourg
Gimbelhof
Château de Fleckenstein
Hirschthal
Obersteinbach
Niedersteinbach
Château de Schœneck
Casemate
Dambach
Château Vieux Windstein
Lembach
Ouvrage du Four à Chaux (p. 62)
Cleebourg
Ouvrage d'artillerie de Schoenenbourg
Steinseltz
Seebach
Lauterbourg
Hunspach
Niederbronn-les-Bains
Wœrth
Kutzenhausen
Hoffen
Hohwiller
Hatten
Abri de Hatten
Casemate d'infanterie Esh
Betschdorf
Rhin
Rastatt
Monsbronn-les-Bains
Forêt de Haguenau
Soufflenheim
Haguenau
BAS-RHIN
La Walck
Huttendorf
Drusenheim
Bischwiller
Brumath
Zorn
Hœrdt
Ill
ALLEMAGNE
Nousseviller-les-Bitche
Bettviller
Bitche
Parc naturel régional des Vosges du Nord
Étang de Hanau
Château de Falkenstein
Rohrbach-lès-Bitche
MOSELLE
Saint-Louis-les-Bitche
Lemberg
Meisenthal
Lichtenberg
Moder
Musée Lalique (p. 56)
Wingen-sur-Moder
Parc naturel régional des Vosges du Nord
Ingwiller
La Petite-Pierre
Bouxwiller
Neuwiller-lès-Saverne
Graufthal
Imbsheim
Printzheim
Hochfelden
Phalsbourg
Château du Haut-Barr (p. 75)
Saverne
MOSELLE
Forêt de Saverne
Saessolsheim
Gougenheim
Marmoutier
Abbaye de Marmoutier
Truchtersheim
D35
D3
D77
D34
D35
D37
D83
D8
D28
D662
D263
D12
D27
D919
D1062
D9
D7
D919
D1063
D178
D1063
D1061
D133
D6
D1340
D29
D139
A4
A4
D421
D140
D37
A35
N4
D38
D132
D98
D218
D1004
0
40 km

PARC NATUREL RÉGIONAL DES VOSGES DU NORD

À cheval sur les départements du Bas-Rhin (Alsace) et de la Moselle (Lorraine), le parc, classé réserve de biosphère par l'Unesco, est constitué de collines boisées entrecoupées de prairies, de villages et de vergers. Recouvert à 60% de forêts de hêtres, d'épicéas et de chênes, ce territoire est ponctué de pitons rocheux dont les habitants se sont servis au Moyen Âge pour édifier des dizaines de forteresses. Aujourd'hui en ruine, ces dernières attirent le visiteur venu pacifiquement percer les mystères qui entourent cette histoire tumultueuse. Parfois, la forêt s'ouvre et, lorsque le soleil s'invite dans le cadre, la nature qui apparaît alors a quelque chose à voir avec le bonheur.

La Petite-Pierre

Cerné par d'épaisses forêts, ce village semble bien isolé lorsqu'il apparaît au détour d'un virage. Autrefois passage stratégique sur la route entre la Lorraine et l'Alsace, le bourg, perché à 320 m d'altitude, a conservé des témoignages prestigieux de ce passé, en particulier son château, aujourd'hui siège du parc naturel régional des Vosges du Nord. Avec quelques hôtels bien équipés et d'excellents restaurants, c'est une porte d'entrée confortable pour randonner dans un environnement préservé.

À voir

Château Musée et Maison du parc

(03 88 01 49 59 ; www.parc-vosges-nord.fr ; rue du Château ; adulte/-12 ans 2,50 €/gratuit, pass famille 7 € ; mer-dim 10h-12h et 14h-18h, fermé jan). C'est au XIIe siècle qu'un premier château défensif est édifié sur un piton rocheux dominant les collines boisées. Il devient la résidence des comtes de Lützelstein, puis de Georges Jean de Palatinat-Veldenz (encadré ci-contre) qui l'aménagera pour s'y installer en famille. En 1681, Vauban fortifie le château et une garnison l'occupe. Aujourd'hui, l'édifice, dont les seuls témoignages originaux sont trois fenêtres romanes et quelques assises

Château de La Petite-Pierre

CHRISTOPHE CORBEL ©

de pierre, héberge le siège fraîchement rénové du parc naturel régional des Vosges du Nord. Une exposition permanente en explore l'écosystème – petite boutique au niveau des caisses. Hormis ces salles, le château ne se visite pas mais le parc qui l'entoure est accessible au public.

Staedtel Vieille ville

Passé le parking de l'office de tourisme, la rue qui rejoint le château est la partie la plus ancienne de La Petite-Pierre. Construites en grès, les maisons datent pour la plupart de la deuxième moitié du XVIIIe siècle. Celle au n°9 indique même 1748. La plupart arborent un linteau de porte symbolisant la profession de son propriétaire (compas, maillet...).

Maison et jardin des Païens Tour

(accès derrière la mairie ; tlj juil à mi-sept 10h-12h et 14h-18h, sam-dim mi-sept à juin). GRATUIT

Cette modeste tour de guet construite en 1534, de style Renaissance, avait un usage militaire. Son nom lui vient des vestiges d'une cave gallo-romaine trouvée sous ses fondations. Le petit jardin qui l'entoure offre quelques bancs pour faire une pause avec les collines boisées comme horizon. Face à la tour, un bâtiment héberge la boutique des **Ateliers de Laforêt** (www.atelier-de-la-foret.fr) qui fabriquent, près de La Petite-Pierre, des articles de maroquinerie.

Activités

Une multitude de **circuits pédestres** partent ou transitent par La Petite-Pierre, dont certains conjuguent utilement patrimoine, histoire et nature. Le sentier des Remparts (30 min) longe les promontoires de grès qui soutiennent les fondations du château. Un sentier est dédié à René Char qui fut mobilisé près de La Petite-Pierre en 1940. Un autre circuit rejoint l'auberge d'Imsthal (à 3 km ; p. 54) ou encore les maisons troglodytiques de Graufthal (7 km par le GR®53 ; p. 55). Comme ailleurs en Alsace, la tique est présente d'avril à octobre, avec des pics au printemps et à l'automne.

Jerri-Hans, un petit seigneur éclairé

Surnommé Jerri-Hans par ses sujets, Georges Jean de Palatinat-Veldenz (1543-1592) fut comte de La Petite-Pierre. Grâce à un mariage richement doté avec la fille du roi de Suède (à l'époque, les Suédois tenaient de nombreuses places fortes dans la région), il modernisa le château médiéval du bourg et le transforma en habitation pour sa famille. Érudit et visionnaire, grand voyageur en Europe, il participa à la fondation de la ville de Phalsbourg et tenta de créer un canal qui préfigurait, deux siècles en avance, celui de la Marne au Rhin. Il créa les prémices d'une industrie métallurgique et lança la construction de routes. Enfin, il modernisa le droit coutumier en y introduisant une touche germanique.

Pour prendre un "bain de forêt nocturne", enlacer un arbre ou réapprendre à marcher pieds nus, adressez-vous à **Manuela Peschmann** (therapie-forestiere.fr), qui fait rimer sophrologie avec balade en forêt.

Avec 150 km répartis sur 8 circuits (de 4 à 40 km), les amateurs de **VTT** et de **cyclotourisme** trouveront leur bonheur à La Petite-Pierre, labellisée station VTT et même station de montagne. Mais il vous faudra amener vos vélos car le loueur de deux roues le plus proche se trouve à Saverne – office de tourisme ou **Sako Vélo** (06 58 29 02 35). Munissez-vous de la carte IGN 3714 ET.

Où se loger et se restaurer

Au Lion d'Or Confort **€€**

(03 88 01 47 57 ; www.liondor.com ; 15 rue Principale ; côté village/vallée 75-95/109-240 €, petit-déj 16 € ; tlj, resto fermé lun ; P). Cette étape confortable propose une large gamme de chambres rénovées et bien équipées. Les plus économiques sont côté rue ou sous les toits ; les plus

INSOLITE !
Deux musées uniques

Installé dans une chapelle construite par Vauban à la fin du XVIIe siècle, le **musée du Sceau alsacien** (03 88 70 48 65 ; www.musee-sceau.com ; 17 rue du Château ; 10h-12h et 14h-18h juil-août mar-dim, mars-juin et sept-déc sam-dim) retrace l'histoire de la région à travers le sceau, qui authentifiait un titre d'identité ou de propriété jusqu'au XVIe siècle. De son côté, le **musée des Springerle** (03 88 70 48 65 ; 11 rue des Remparts ; mêmes horaires) présente une collection amusante de moules servant à décorer ces biscuits alsaciens traditionnels, généralement parfumés à l'anis. Le billet (3 €, gratuit -12 ans) est commun au deux musées.

chères sont des suites luxueuses donnant sur la vallée. Petite piscine couverte ; spa proposant Jacuzzi et soins d'arbrothérapie (30-60 €). La salle de restaurant avec ses grandes baies vitrées dévoile un panorama apaisant du vallon forestier. Accueil familial. En semaine, réduction de 10% sur les chambres.

Aux Trois Roses Hôtel-restaurant **€€**

(03 88 89 89 00 ; www.aux-trois-roses.com ; 19 rue Principale ; d 70-93 €, familiale 123 €, petit-déj 11 €, demi-pension +33 €/pers, menus 24/38/55 €, formule midi 13,50 €, plats 17-26 € ; tlj ; P). Belles chambres dont certaines donnent sur les collines boisées du parc régional. L'autre bonne surprise de cette adresse, c'est son restaurant qui sert une cuisine de qualité, parfois insolite. Superbe terrasse extérieure pour prendre un verre au coucher du soleil.

Auberge d'Imsthal En forêt **€€**

(03 88 01 49 00 ; www.petite-pierre.com ; rte forestière ; plats 19-25 €, menus 27-46 € ; s/d 50-85/66-135 €, petit-déj 11,50 € ; fermé mar et du 11 nov au 1er week-end de déc ; P). Envie de vous endormir au plus près de la forêt ? Laissez-vous tenter par cette adresse, à mi-chemin entre La Petite-Pierre et Graufthal et située au milieu d'une clairière, face à un petit étang. Certes la vue n'est pas très boisée depuis les chambres sur l'arrière et les abords se transforment en parking lorsque le restaurant est ouvert. Mais l'essentiel est là et l'on profite de l'univers apaisant de la forêt. Agréable terrasse extérieure à l'ombre d'un grand marronnier, idéale pour déjeuner (mer-ven ; menu 15 €). Accueil décontracté et souriant.

Au Grès du marché Charme et saveur **€€**

(03 88 70 78 95 ; www.augresdumarche.fr ; 19 rue du Château ; plats 19-25 € ; jeu soir, ven soir, sam-dim midi et soir). Une adresse attachante dans le Staedtel, la ruelle historique de La Petite-Pierre, à deux pas du château. Cuisine du marché savoureuse et joliment présentée à déguster dans une salle accueillante. Quelques tables à l'extérieur. Également trois **appartements** (06 71 82 31 24 ; www.lesappartementsdestelle.fr, 2 pers 50-60 €, de 2 à 6 pers, minimum 2 nuits) dans un bâtiment mitoyen. Petit déjeuner servi en chambre.

Les Jardins d'Utopie Salon de thé **€€**

(14 rue Principale ; plats 8,50/12,50 €, 10h-19h mer-dim). Les tables en devanture le prouve : on peut s'attabler dans cette boutique qui fait à la fois brocante et friperie chic. Ne vous laissez pas refroidir par l'absence de cuisine sur place : cette adresse non conformiste est une belle pause savoureuse, aux suggestions goûteuses – tartes salées, plats du jour et gâteaux. Sans oublier la gentillesse du service.

Renseignements

Office du tourisme du pays de La Petite-Pierre (03 88 70 42 30 ; www.ot-paysdelapetitepierre.com ; 2a rue du Château)

Graufthal

Ce hameau de la commune d'Eschbourg abrite quelques maisons troglodytiques dans un cadre forestier. Un sentier (7 km par le GR®53) relie le site à La Petite-Pierre.

CHRISTOPHE CORBEL ©

Maisons des rochers

À voir

Maisons des rochers — Habitat

(☎ 03 88 70 19 59/16 ; www.maisonsdesrochers-graufthal.fr ; entrée 3 € ; 10h-18h tlj en été, mars à mi-nov lun-sam 10h-12h et 14h-18h, dim et jours fériés 10h-12h30 et 14h-18h30). Des habitations troglodytiques ? Disons trois petites maisons aménagées au XVIIIe siècle dans un surplomb de grès, arborant une belle façade repeinte en bleu lavande. Les intérieurs sont meublés façon maison de poupée, et leur visite amusera les petits et intéressera les grands. L'une d'elles fut habitée jusqu'en 1958.

Où se loger et se restaurer

Au Vieux Moulin — Au calme €

(☎ 03 88 70 17 28 ; www.auvieuxmoulin.eu ; 7 rue du Vieux-Moulin ; s/d/tr 65/80-85/95 € selon confort, demi-pension 71-85 €/pers, petit-déj 12 €, plats 20-29 €, menus 30/33/45 € fermé 1 sem en fév et juin, restaurant ouvert mer-dim midi ;). Ce petit hôtel tenu en famille depuis 3 générations propose une vingtaine de chambres confortables et rénovées. Cependant la vraie surprise de cette adresse est son restaurant. Installé dans une salle toute en rondeur, claire et spacieuse, on profite d'une cuisine de qualité avec une touche originale. La bonne idée est donc d'opter pour la demi-pension ou de profiter de la formule déjeuner (19 €). Une réussite pour ce lieu un peu isolé.

Lichtenberg

Dominant un bourg sans grand intérêt 400 m en contrebas, les ruines du vaste château de Lichtenberg, vieux de neuf siècles, sont un résumé de l'histoire souvent mouvementée des Vosges du Nord. Une ambitieuse réhabilitation lancée il y a quelques années a permis de leur ajouter une dimension culturelle. En été s'y déroulent concerts et pièces de théâtre, ces dernières montées par la troupe amateur des **Narrehewler** (www.theatre-lichtenberg.com, spectacle dînatoire 25 €), les "fous de la colline", qui présentent un repertoire en français, en alsacien ou en allemand, aidés de professionnels.

CHRISTOPHE CORBEL ©

À NE PAS MANQUER

Musée Lalique à Wingen-sur-Moder

Entièrement dédié à l'œuvre du verrier et joaillier René Lalique (1860-1945), ce musée plaira bien sûr aux amateurs d'Art nouveau et d'Art déco mais également à celles et ceux qui aiment les espaces muséographiques contemporains. Les 650 pièces de la collection (dessins, bijoux, objets en cristal et en verre) sont exposées dans des jeux subtils de lumière dans l'ancien site verrier du Hochberg dont la tradition remonte à la fin du Moyen Âge. Une partie de la collection a été prêtée par la société Lalique qui se trouve à environ 2 km du musée et compte encore une unité de production d'articles en cristal. À la fin du parcours, un espace explique les techniques de fabrication.

Considéré comme l'"inventeur du bijou moderne", René Lalique fut l'un des premiers à utiliser des matériaux inédits en bijouterie : verre, émail, cuir, corne, ivoire, pierres semi-précieuses... Artisan renommé et habile industriel, Lalique mit au point des procédés de production en série et déposa de nombreux brevets, mis en œuvre dans l'usine qu'il ouvrit en 1921 à Wingen-sur-Moder.

Infos pratiques

Musée (☎ 03 88 89 08 14 ; www.musee-lalique.com ; rue du Hochberg, Wingen-sur-Moder ; tarif plein/6-18 ans 6/3 €, pass famille 14 € ; 🕒 avr-sept tlj 10h-19h, oct-déc et fév-mars mar-dim jusqu'à 18h, fermé jan). Dans un bâtiment annexe, **Crista'Lion** (☎ 03 88 02 54 04 ; plats 5-10 €, menu 15,50 € ; 🕒 mêmes horaires que le musée) est l'occasion d'une pause déjeuner gourmande (plat du jour, salades, desserts). La terrasse sur pilotis offre un panorama sur la campagne et les jardins. Ancienne propriété du créateur, toujours dans le giron de la société Lalique, la **villa René Lalique** (☎ 03 88 71 98 98 ; villarenelalique.com ; 18 rue Bellevue ; menus à partir de 110 €, plats 40-60 € ; suite à partir de 600 € ; restaurant fermé mar-mer et sam midi) a été convertie en un hôtel luxueux accueillant un restaurant étoilé.

À voir

Château de Lichtenberg — Histoire et culture

(☎03 88 89 98 72 ; www.chateaudelichtenberg.com ; tarif plein/6-18 ans/pass famille 6/3,50/17 € ; ⏲mars et oct mar-dim 10h-17h, avr-mai et sept mar-dim 10h-18h, juin tlj 10h-18h, juil-août tlj 10h-18h30). Résidence des seigneurs de Lichtenberg (1206-1480), le château est transformé en palais à la Renaissance, puis en forteresse militaire sous Louis XIV. Bombardé et incendié lors de la guerre de 1870, il est abandonné pendant plus d'un siècle avant de renaître de ses cendres au début des années 1990. Les murs en grès rose ont été relevés et de nouvelles structures en fer, en verre et en bois ont été ajoutées – celles-ci sont démontables si les prochaines générations décident de rendre au château son aspect d'origine. Visite libre incluant une expo temporaire, généralement sur l'histoire locale.

Où se loger et se restaurer

Au Soleil — Chambres d'hôtes et restaurant €

(☎03 88 89 96 ; www.au-soleil-muhlheim.fr ; 2 pl. de l'Église ; s/d/tr 42/58/81 €, petit-déj 8,50 €, demi-pension 53 €/pers ; plats 14-17 € ; ⏲resto fermé mer). Cinq chambres propres et claires avec accès indépendant sur la place principale du village. Le restaurant dans le bâtiment mitoyen propose une cuisine classique mais goûteuse. Terrasse agréable aux beaux jours.

Niederbronn-les-Bains

Adossée aux contreforts du Grand Wintersberg, Niederbronn-les-Bains est l'une des deux stations thermales d'Alsace (avec Morsbronn-les-Bains, à 15 km au sud-est), dont les fondations remontent à l'époque romaine. Elle attire de nombreux curistes qui s'activent entre le centre thermal, les soins, le casino et le parc arboré. Aux alentours, plusieurs itinéraires permettent de grimper sur les hauteurs coiffées de forteresses en ruine.

SI VOUS AIMEZ... Le verre et le cristal

Le musée Lalique (p. 56) vous a plu ? À une dizaine de kilomètres, en Lorraine, le travail du verre s'explore autour de deux autres excellents musées.

La Grande Place – Musée du Cristal Saint-Louis (☎03 87 06 40 04 ; www.saint-louis.com ; rue Cëtlosquet, Saint-Louis-lès-Bitche ; tarif plein/6-18 ans/pass famille 6/3/14 € ; ⏲10h-18h, fermé mar). La réputation du savoir-faire de la cristallerie de Saint-Louis, ancienne Manufacture royale et aujourd'hui filiale du groupe Hermès, n'est plus à faire. Ce musée construit comme une grande galerie tournante autour d'un majestueux lustre vous le confirmera si besoin. En fin de parcours, une boutique propose des produits à prix d'atelier (avec parfois un défaut). Les **visites guidées** (☎03 87 06 60 15 ; 1 heure 30, tarif plein/réduit 18/11 €) de la manufacture en activité sont sur réservation.

Site verrier – Meisenthal (☎03 87 96 91 51 ; www.site-verrier-meisenthal.fr ; pl. Robert-Schuman, Meisenthal ; adulte/enfant 6/3 € ; ⏲14h-18h, Pâques-oct et mi-nov à déc, fermé mar). Meisenthal retrace l'histoire de l'industrie verrière qui a débuté dans cette région humide et boisée (l'eau et le bois étant indispensables pour la production du verre) en 1704 pour s'arrêter en 1969. Outre le musée, le site comprend un centre d'art verrier où travaillent des créateurs et une salle de spectacles à la programmation éclectique.

À voir

Maison de l'Archéologie des Vosges du Nord — Vestiges

(☎03 88 80 36 37 ; www.musee-niederbronn.fr ; adulte/enfant 2,60/0,85 € ; ⏲mars-oct 14h-17h, fermé mar et sam). Logé dans l'élégant bâtiment qui accueillait autrefois le tribunal, ce musée met en valeur les résultats des fouilles archéologiques

De la forêt et du grès

De quoi la forêt qui couvre la majeure partie des Vosges du Nord est-elle représentative ? De la pauvreté en nutriments du sol et de son acidité ! De bien piètres rendements agricoles ont fait renoncer l'homme à développer l'agriculture ici, et les bois ont donc été préservés. Le grès rose très présent dans le sous-sol est en revanche une roche idéale pour la construction, de par sa très bonne résistance au gel.

locales, attestant la très longue tradition thermale de la ville.

Au départ du musée, le parcours de Janus (3 heures, 8 km) sillonne la ville et la campagne environnante, jalonné de 16 stations avec panneaux d'information sur les paysages et l'histoire locale.

Activités

Grand Wintersberg Randonnée

Culminant à 581 m, le sommet des Vosges du Nord est couronné d'une tour en briques de 25 m construite en 1880 par le Club vosgien. On profite ainsi d'un panorama rare sur la plaine d'Alsace. Comptez 3 heures pour la boucle pédestre au départ du centre bourg (balisage GR© 53). En voiture, prenez la direction de Bitche, puis suivez la source Celtic et le chalet du Club vosgien. Du parking, il faut 15 minutes de marche.

Château de la Wasenbourg Randonnée

Érigé au XIIIe siècle, ce château en ruine est attribué à la dynastie des Lichtenberg. Son originalité réside dans son mur-bouclier en bon état, de près de 4 m d'épaisseur et 22 m de hauteur. Impressionnant ! On peut aussi admirer une fenêtre taillée dans un seul bloc de grès, composée de neuf lancettes surmontées de sept rosaces. À 432 m d'altitude, la vue depuis ce promontoire est aussi imprenable. Comptez 2 heures pour la boucle pédestre depuis le centre-bourg (GR© 53).

De nombreuses autres randonnées pédestres et VTT sont possibles au départ du bourg : consultez www.rando-niederbronn.com.

Centre thermal Remise en forme

(☎03 88 80 30 70 ; www.valvital.fr ; 5 pl. des Thermes ; soins à partir de 30 €, hammam 7 € ; ⏲avr-nov lun-ven 7h-12h et 13h-17h, sam 7h-15h). Les centres thermaux de Niederbronn et de Morsbronn proposent en association aérobain, aquagym, jet et soins au forfait ou à la demi-journée, sur réservation.

Casino Jeux de hasard

(☎03 88 80 84 88 ; 10 pl. des Thermes ; ⏲tlj 10h30-2h). Après la cure, l'ennui s'installe vite ! Direction le casino, où machines à sous et jeux de table sont à votre disposition. Le bâtiment abrite 3 restaurants dont l'un est doté d'une agréable terrasse ouverte sur le parc.

Où se loger

Ferme Mellon Chambres d'hôtes €

(☎03 88 09 26 10 ; www.lafermemellon.com ; rte de Jaegerthal ; d 55 €, petit-déj 10 € ; ⏲fermé 2 sem fin août). Votre envie de nature sera comblée dans ces chambres d'hôtes logées dans un ancien corps de ferme en lisière de forêt et de vergers. Les deux chambres en rez-de-jardin sont équipées d'une vaste salle de bains avec douche à l'italienne. Accueil chaleureux et restauration sur place (menu déjeuner 12 €, plats 9-17 €, fermé lun-mar et le mer oct-avril).

Hôtel-restaurant Le Bristol Central €€

(☎03 88 09 61 44 ; www.lebristol.com ; 4 pl. de l'Hôtel-de-Ville ; d nov-avr/mai-oct 72-77/77-82 €, petit-déj 10 € ; ⏲fermé fév ; P 📶). Un grand établissement situé juste à côté de l'office du tourisme. Des chambres avec une bonne literie mais avec un décor variable. Celles donnant sur la place sont lumineuses et jouissent d'un balcon, tandis que celles côté parking sont plus communes. Direction familiale et restaurant ouvert tous les jours. Petit-déjeuner quelconque.

Grand Hôtel Filippo Hôtel-restaurant €€
(☎03 88 80 84 48 ; grand-hotel-filippo.net ; 14-16 av. Foch ; d classique basse/haute saison 70-110 € petit-déj inclus ; 📶 🅿). Cet établissement dans un bâtiment récent propose une soixantaine de chambres irréprochables. Parking gratuit. Bon buffet petit-déjeuner.

Où se restaurer

Zuem Buerestuebel Winstub €€
(☎03 88 80 84 26 ; 9 rue de la République ; plats 12-22€, plat du jour sem 8 € ; ⏲fermé lun-mar, 2 sem en jan et 2 sem fin juin-début juil). Fatigué des adresses "néoalsaciennes" kitsch ? Cette "Chambre paysanne" sert l'une des meilleures cuisines régionales des Vosges du Nord : cervelas poêlé, quenelle de foie, *fleischschnacka*... Réservez ou tentez votre chance aux seconds services (13h30 et 21h).

Renseignements

Office du tourisme de Niederbronn-les-Bains
(☎03 88 80 89 70 ; www.niederbronn-les-bains.fr ; 6 pl. de l'Hôtel-de-Ville)

Depuis/vers Niederbronn-les-Bains

Strasbourg est à 1 heure par le **TER** (www.ter.sncf.com/grand).

CHRISTOPHE CORBEL ©

VAUT LE DÉTOUR
Étang de Hanau

De l'eau et des arbres : c'est le programme de ce plan d'eau de 18 ha dans la partie lorraine du parc des Vosges du Nord, sur la commune de Philippsbourg. Aménagé en base de loisirs, il est bordé d'une plage où la baignade est surveillée en été. On peut y louer des **pédalos** (10 €/heure ; ⏲tlj avr à mi-sept). Depuis la rive, un agréable sentier botanique (1 km) sur ponton sillonne un marais tourbeux (départ du parking devant le restaurant La Voile Blanche). Visible depuis les rives de l'étang, la **grande arche de l'Erbsenfelsen** se dresse au milieu de la forêt, témoin du lent travail de l'érosion. De la géologie à ciel ouvert ! De l'étang, de superbes balades permettent de gagner les ruines des châteaux de Falkenstein (p. 60) et de Waldeck (à 2 km), et le rocher du **Grand Steinberg**. La carte IGN 3713 ET est la plus précise pour suivre ces itinéraires. Restaurant, hôtel et camping voisinent avec l'étang.

Wœrth et environs

À une quinzaine de kilomètres au nord d'Haguenau, en bordure du parc régional, Wœrth serait sans doute tombé dans l'oubli si, en août 1870, la campagne alentour n'avait été le théâtre de la bataille qui permit à l'Allemagne d'occuper l'Alsace et la Lorraine... Traversé par la Sauer et doté de quelques belles maisons à colombages, le bourg possède un certain charme.

À voir

Musée de la Bataille du 6 août 1870 Histoire militaire
(☎03 88 09 30 21 ; 2 rue du Moulin ; 5 €, gratuit -18 ans ; ⏲avr-sept mer-jeu et sam-dim 14h-18h). La bataille dite de Reichshoffen (ou Froeschwiller pour l'armée française et Wœrth pour l'armée prussienne), suivie de la défaite française, a ouvert aux troupes de Bismarck la route des Vosges, puis celle de Paris et le rattachement de l'Alsace-Lorraine à l'Allemagne. Le musée, rénové en 2016 (ne vous fiez pas à l'aspect extérieur) retrace la bataille du 6 août 1870 à partir de documents et d'objets militaires retrouvés sur place ainsi que de centaines de figurines en étain.

Situé dans une jolie campagne, le champ de bataille, ponctué de monuments, se trouve près de Froeschwiller (2 km). Le site www.6aout1870.fr regroupe les itinéraires d'interprétation. L'un d'entre eux (7 km) rend hommage aux turcos, des tirailleurs algériens engagés dans la bataille.

Musée du Pétrole Histoire industrielle
(☎03 88 80 91 08 ; www.musee-du-petrole.com ; 4 rue de l'École, Merkwiller-Pechelbronn ; tarif plein/réduit/-10 ans 5/4 €/gratuit ; ⌚juil-août mar-dim 14h30-18h, avr-juin et sept-oct mer-ven et dim 14h30-18h). L'Alsace, sans être un eldorado, a produit jusqu'à 5% des besoins français en pétrole dans les années 1920. Exploité dès le XVIIIe siècle, Pechelbronn est considéré comme un site précurseur de l'industrie pétrolière en Europe, tant pour le forage que pour le raffinage. Lilliputien, ce musée n'intéressera toutefois que les férus de géologie ou d'histoire économique. À 6 km à l'est de Wœrth.

Où se loger et se restaurer

Le Palais Gourmand Hôtel-restaurant €€
(☎03 88 09 42 74 ; www.restaurant-palais-gourmand.com ; 220 rue du Moulin, Liebfrauenthal, Gœrsdorf ; s/d 63/86 € ; petit-déj 6-11 €, plats 12,50-20,50 €, menus 32-60 € ; ⌚fermé jeu soir en été et lun-mar sept-juin). À 2 km de Woerth, posé presque au milieu des champs, cet hôtel-restaurant est apprécié des habitants des environs qui viennent y déguster une cuisine maison savoureuse. Les chambres sont des petits nids douillets orientés, pour la plupart, plein sud. Bon accueil des propriétaires. Réservation conseillée le week-end et en saison.

Lembach et environs

Lembach profite de sa position centrale dans le parc régional et de sa proximité avec le château de Fleckenstein et l'ouvrage du Four à Chaux, témoignage de la ligne Maginot (encadré p. 62).

À voir

Château de Fleckenstein Ludique
(☎03 88 94 28 52 ; www.fleckenstein.fr ; château fort adulte/enfant 4,50/3 €, château des défis 9,50/8 €, P'tit Fleck 4,50/4 € ; ⌚fin mars à début nov tlj 10h-17h30, jusqu'à 18h en juil-août, jan-mars dim 12h-16h). Ne manquez pas les ruines de cette forteresse médiévale plantée sur un promontoire au-dessus des collines, ne serait-ce que pour le panorama. Les vestiges sont ponctués d'informations sur l'histoire du bâtiment. Pour les enfants, le parcours "château des défis" (3 heures) est organisé façon jeu de piste. À l'entrée du site, l'espace d'exposition le P'tit Fleck traite de façon pédagogique les thèmes de la forêt et du grès – en famille, prévoyez la demi-journée.

Du parking à l'entrée du site, le petit sentier des Charbonniers (15 min) explique le processus de création du charbon de bois. Toujours depuis le parking on peut rejoindre l'auberge de Gimbelhof (p. 61) par un sentier pédestre facile à travers forêt et prairie (1,3 km, 20 min).

Activités

Circuit des quatre châteaux Balade
Cette boucle de 3-4 heures au départ du parking du Fleckenstein rejoint à travers la forêt trois autres ruines : le **Loewenstein**, le **Hohenbourg** et le **Wegelnburg**. Plus d'infos avec la carte de randonnée IGN 3814 ET. Pour les bons randonneurs, il existe également une boucle transfrontalière menant à 8 châteaux dont 2 sont en Allemagne (33 km).

Une **piste cyclable** relie Lembach à Haguenau via Wœrth (24 km).

Chemin des Cimes Canopée
(www.chemindescimes-alsace.fr ; Drachenbronn-Birlenbach ; adulte/6-14 ans 10/6 € ; ⌚9h30-19h mai-sept, 9h30-17h avr et oct, 9h30-16h nov-mars). Installé sur les hauteurs de Drachenbronn-Birlenbach, ce parc propose un vaste parcours forestier à une vingtaine de mètres du sol. Le clou du dispositif est une tour de 30 m de haut équipée d'un toboggan. Ouverture prévue à l'été 2020.

Château de Fleckenstein

Où se loger et se restaurer

Ferme du Moulin des 7 fontaines Ferme-auberge €

(☎ 03 88 94 50 90 ; www.auberge7fontaines.com ; Drachenbronn-Birlenbach ; s/d/tr/qua 54-58/68-72/88-92/105-110 € ; demi-pension 20 € en sus/pers ; plats 14-20 € ; ⏲ resto fermé lun et jeu). À 7 km de Lembach, cette ferme-auberge du XVIIIe siècle est entourée de forêt et de champs. Le restaurant sert des plats traditionnels alsaciens à savourer dans une salle au rez-de-chaussée ou dans la cour, sur de grandes tablées familiales. Sur la carte, les produits issus de la ferme sont indiqués. Lapins, chèvres, chevaux et vaches distrairont les enfants en attente de leur plat. Réservation conseillée. Des chambres sont situées au 1er étage d'un bâtiment indépendant.

Hôtel Au Heimbach Familial €€

(☎ 03 88 94 43 46 ; www.hotel-au-heimbach.fr ; 15 rte de Wissembourg ; d/qua 65-88 135 € ; petit-déj 10 € ; ⏲ tte l'année). Accueil tout en gentillesse de la propriétaire dans cet hôtel qui compte une vingtaine de chambres, toutes différemment aménagées et décorées. Le petit-déjeuner, copieux, est servie dans une salle rénovée. Vous pourrez également y déguster – voire acheter – la production de la distillerie Hoeffler (p. 63).

À l'Arbre Vert Restaurant €€

(☎ 03 88 94 42 56 ; 2 rue de Wingen ; menus 17-30 €, plats 13-22 € ; ⏲ fermé mer-jeu). Une bonne adresse traditionnelle qui ne révolutionne pas la cuisine locale mais la respecte, élaborée à partir de produits frais. On préférera s'attabler le midi dans la salle du bistrot où trône un joli poêle en fonte (la grande salle du soir mériterait un bon coup de peinture). Quant aux portions servies, elles sont à même de satisfaire les plus grandes faims.

Le Gimbelhof Hôtel-restaurant €€

(☎ 03 88 94 43 58 ; www.gimbelhof.com ; lieu-dit Gimbelhof, à 7 km de Lembach par la D3, puis la D525 ; d 60-77 € ; petit-déj 8 €, plats 10-24 € ; ⏲ fermé lun-mar, hôtel fermé mi-nov à mi-déc et 10 jours en fév). Accessible en voiture via le col du Litschhof (à 6 km de Lembach)

CHRISTOPHE CORBEL ©

À NE PAS MANQUER

Ouvrage du Four à Chaux

Édifiée à partir des années 1930, la ligne Maginot devait protéger la frontière française de la Manche jusqu'à la Méditerranée au moyen de centaines de constructions, de la simple casemate à l'abri, en passant par la forteresse souterraine hébergeant des centaines de soldats. Faute de crédits, elle ne fut achevée que sur sa partie nord-est. Les ouvrages les plus aboutis sont ceux qui sont situés le long de la frontière allemande. Un seul fort pouvait en théorie sécuriser jusqu'à 20 km de territoire. En juin 1940, la plupart des forteresses restèrent invaincues malgré l'intense bombardement des Allemands, mais ces derniers finirent par percer par les Ardennes belges. Le 22 juin 1940, à la signature de l'armistice, les garnisons de la ligne Maginot acceptèrent de se rendre sur ordre du Haut Commandement français.

Parmi les sites de la ligne Maginot de la région, le Four à Chaux est l'un des plus passionnants. Au-delà de l'aspect militaire, le défi technique était aussi de faire vivre, travailler, dormir et manger plusieurs centaines d'hommes à 50 m sous terre. Ravitaillement, chauffage, ventilation, soin : chaque opération soulevait des problématiques complexes car la grande crainte des militaires était les attaques au gaz à l'instar de celles de 1914-1918. La visite est menée par des guides bénévoles qui font partager leur passion de l'Histoire et leurs connaissances. Hors saison, elle se fait parfois en deux langues : français et allemand. Tout un symbole. Songez à emporter un pull et des chaussures de marche : la température moyenne est de 13°C et certains passages sont humides.

Infos pratiques

☏ 03 88 94 48 62 ; www.lignemaginot.fr ; à 3 km de Lembach ; visite guidée 1 heure 30 ou 2 heures si 2 langues ; tarif plein/étudiant/enfant 7/5,50/4,50 €, billet combiné avec le château de Fleckenstein tarif plein/enfant 9,50/6,50 € ; 🕒 fin mars-avr 14h et 15h, mai-sept 10h30, 14h et 16h

ou à pied depuis le parking du Fleckenstein (20 minutes), cette ferme transformée en hôtel-restaurant fait carton plein grâce aux randonneurs et aux familles venus profiter du panorama. Dans une salle à manger à la déco traditionnelle, on peut se restaurer avec des plats honnêtes, sans plus, servis avec le sourire, tandis que dans un bâtiment annexe, un self-service propose salades et en-cas à prendre sur des tables extérieure. Également une dizaine de chambres pour passer la nuit. On regrette le parking anarchique des voitures et des motos dans un endroit qui met en valeur, à juste titre, son éloignement de la route…

Auberge du Cheval Blanc Luxe €€€

(☎03 88 94 41 86 ; www.au-cheval-blanc.fr ; 4 rue de Wissembourg ; d 240/300 €, petit-déj 18 € ; menus 135/198 €, plats 46-56 € ; 🕒restaurant fermé lun-mar et ven midi). C'est l'une des adresses prestigieuses de la région, installée dans un ancien relais de poste du XVIIIe siècle, dont l'atmosphère se revèle dès le porche passé. Les 14 chambres conjuguent beaux volumes et mise en valeur des matériaux, pour un résultat sobre et luxueux. La moitié des chambres sont dotées de baignoires-spa de belles dimensions (soins sur demande). Côté restaurant, c'est la grande classe avec le chef Pascal Bastian, originaire de la région, formé chez Philippe Etchebest et doublement étoilé. L'idéal pour un week-end en amoureux.

Achats

Distillerie Hoeffler Eaux-de-vie

(☎03 88 80 45 79 ; www.distillerie-hoeffler.com ; rue des Jardins, Lobsann ; 🕒lun-sam). Le propriétaire de cette distillerie artisanale, installée dans le quartier résidentiel de Lobsann (5 km au sud-est de Lembach), vous expliquera avec enthousiasme les différentes étapes de la distillation durant la visite de son installation. La distillerie propose une trentaine de parfums, de la quetsche à l'églantine en passant par l'aspérule ou la fleur de sureau. Certains fruits viennent

SI VOUS AIMEZ…
Le patrimoine militaire

Après la découverte du Four à Chaux (encadré ci-contre), visitez d'autres ouvrages de la ligne Maginot :

- **Ouvrage d'artillerie de Schœnenbourg** (☎03 88 80 96 19 ; www.lignemaginot.com ; à 3 km de Hunspach par la D249 ; visite guidée 2 heures, adulte/enfant 8/5 € ; 🕒9h30-11h et 14h-16h en été, 14h-16h sept-oct et avr-juin et vacances scolaires). Plus grand ouvrage de la ligne Maginot ouvert au public en Alsace, ce fort connut des combats acharnés en mai-juin 1940 et résista jusqu'à l'armistice.
- **Casemate de Dambach-Neunhoffen** (☎03 88 09 21 46 ; casemate.neunhoffen.free.fr ; à 10 km au nord de Niederbronn-les-Bains ; visite guidée 2 heures, adulte/enfant 2/1 € ; 🕒mi-juin à mi-sept 1er dim du mois 14h-17h, reste de l'année sur rdv pour les groupes). Cette casemate défendait la vallée du Schwarzbach avec deux fusils-mitrailleurs sous cloches blindées. À l'intérieur, visite des installations.
- **Abri de Hatten** (☎03 88 80 14 90 ; www.abrihatten.fr ; de Haguenau, prendre direction Hoffen par la D263, puis Hatten par la D28 ; visite guidée 2 heures adulte/enfant 7/4 € ; 🕒mi-juin au 11 nov tlj 10h-18h, mars à mi-juin fermé lun-mer). L'abri, d'une capacité de 220 hommes, compte plusieurs salles ouvertes à la visite et qui font office de musée thématique. À l'extérieur, on peut également voir du matériel militaire utilisé lors de la Seconde Guerre mondiale.
- **Casemate d'infanterie Esch** (☎03 88 80 96 19 ; www.lignemaginot.com ; à 1 km à l'est du village de Hatten ; visite guidée 30 min, adulte/enfant 3/1 € ; 🕒mai-sept dim 10h-12h et 13h-18h). Ce modeste ouvrage pouvant accueillir une trentaine d'hommes était équipé de canons et de mitrailleuses.

VAUT LE DÉTOUR
Citadelle de Bitche

Posée à 365 m sur une élévation herbeuse, la **citadelle de Bitche** (☎03 87 96 18 82 ; www.citadelle-bitche.com ; visite + parcours adulte/7-18 ans/pass famille 4 pers 10/8/30 €, jardin pour la Paix 5/3 € ; ⏲été tlj 10h-19h, fin mars-juin et sept-oct jusqu'à 18h lun-sam, jusqu'à 19h dim, dernier accès 1 heure 30 avant la fermeture, fermé nov-fév) est un témoin de l'histoire militaire de la région. Construite par Vauban en 1680 à partir d'un château fort préexistant, elle fut assiégée quatre fois au XIXe siècle. Le dernier siège, celui de 1870, vit l'armée française résister durant 230 jours aux offensives des Prussiens. Cet épisode est retracé lors d'un parcours cinématographique dans les souterrains de la citadelle. Les spectateurs (par groupe de 30) sont équipés de casques audio et se promènent à travers l'espace et l'histoire de cette bataille. Un musée classique complète cette présentation scénarisée. Dans la chapelle militaire, on peut voir un plan-relief de la citadelle à l'époque de sa construction. Ne manquez pas le chemin de ronde de la citadelle, transformé en jardin pour la paix. En saison, de belles mises en scène végétales vous y attendent.

Bitche est situé dans la partie lorraine du parc naturel régional des Vosges du Nord, à 20 km à l'ouest d'Obersteinbach.

de la région, comme la mirabelle, mais la plupart sont récoltés en Europe centrale. La visite se termine par une dégustation. Les eaux-de-vie ne sont pas moins chères que dans le commerce (30-50 € les 70 cl), mais vous serez assuré de choisir parmi l'ensemble de l'assortiment.

Renseignements

Office du tourisme (☎03 88 94 43 16 ; www.ot-lembach.com ; 2 rte de Bitche)

Obersteinbach et Niedersteinbach

Ces deux bourgs mitoyens, en bordure de la frontière allemande, sont situés dans une vallée bucolique à souhait. Ce sont d'excellentes bases pour partir explorer, sac sur le dos, les doux paysages alentour (cartes IGN 3713 ET et 3814 ET).

À voir

Maison des Châteaux forts des Vosges du Nord Histoire

(☎03 88 09 50 98 ; maisondeschateauxforts.blogspot.com ; 42 rue Principale, Obersteinbach ; adulte/enfant 2/1,50 € ; ⏲avr-oct dim et jours fériés 14h-17h30). Pourquoi les châteaux forts sont-ils aussi nombreux dans les Vosges du Nord ? Pourquoi et comment étaient-ils construits sur des pitons rocheux ? Comment était organisée la vie dans ces forteresses ? Pour répondre à ces questions, rendez-vous dans ce petit musée.

Ferme du Steinbach Produits frais

(☎03 88 09 57 42 ; www.fermedusteinbach.fr ; 6 rue de la Rohrmatt, Obersteinbach ; ⏲sur rdv). Pour tout savoir sur la production du fromage de chèvre et repartir avec quelques souvenirs à consommer sans trop tarder.

Où se loger et se restaurer

Au Cheval Blanc Hôtel-restaurant **€€**

(☎03 88 09 55 31 ; www.hotel-cheval-blanc.fr ; 11 rue Principale, Niedersteinbach ; s/d/tr/qua 50-90/78-90/105-165/125-165 €, petit-déj 14 €, demi-pension 77-101 €/pers ; menus 31-61 €, plats 18-30 € ; ⏲fermé 2 sem juin-juil, 2 sem nov-déc et fév, restaurant fermé jeu ; 🏊📶P). Impossible de passer à côté de ce grand établissement planté au centre de Niedersteinbach. Il attire du monde, tant pour son restaurant que pour son hôtellerie. Ses atouts : piscine, sauna, salle de billard, jardin, une trentaine de chambres agréables, quelques appartements et même une roulotte-

Quai d'Anselmann, Wissembourg (p. 66)

chambre... Plus chaleureuse qu'intime, l'adresse est appréciée des groupes qui profitent des forfaits thématiques (vélo, golf, détente, cuisine...) bon marché. Réductions sur les chambres en semaine et en réservant sur le site Internet.

Anthon Hôtel-restaurant, cabanes **€€**

(03 88 09 55 01 ; www.restaurant-anthon.fr ; 40 rue Principale, Obersteinbach ; s/d/qua 65/85-110/159 €, petit-déj 12 € ; menus 26/54 €, formule suggestion 4 plats + vin 70 €, plats 21-29 € ; fermé jan et restaurant hors saison mar-jeu). Une belle adresse mitoyenne de la maison des Châteaux forts, qui séduit par son caractère intimiste : une douzaine de chambres installées dans un élégant bâtiment et dans une grange réhabilitée. Côté cuisine, la séduction opère avec deux formules (petit ou grand appétit) dont les propositions vont à l'essentiel, tandis que la salle, habillée de panneaux en bois et percée de grandes fenêtres, donne envie de prolonger la pause. Agréable jardin à l'arrière et vue sur les collines boisées, où des cabanes écolochics ont récemment poussé.

Alsace Village Naturel **€€**

(03 88 09 50 59 ; www.alsacevillage.com ; 49 rue Principale, Obersteinbach ; d 52/69 €, demi-pension 60 €/pers, petit-déj 8-12 € ; menu 26 €, plats 16 € ; restaurant ouvert ven-sam soir et veille jours fériés, fermé jan-fév). Une adresse atypique qui a plus les traits d'une maison d'hôtes que d'un hôtel. Dans la maison principale, cinq chambres joliment décorées (avec baignoire ouverte sur la pièce) et, dans une annexe habillée de bois, une dizaine de petits appartements (avec cuisine). La maison donne sur un jardin avec potager. En cuisine, c'est la ruche. Ici, on prépare des produits locaux et ça se sent dans les assiettes. Adresse labellisée "Hôtel au naturel". Vélos à disposition.

Wissembourg

À l'extrême nord de l'Alsace, dernière ville avant la frontière, Wissembourg est connue localement comme la capitale de l'Outre-Forêt, petit territoire ondulant de cultures situé derrière la vaste forêt de Haguenau – d'où son nom. Son vaste centre historique témoigne de son passé

CHRISTOPHE CORBEL ©

Maison du Sel

prospère et mouvementé, marqué par l'arrivée de la Réforme en France… et les guerres qui suivirent. Y déambuler permet d'associer découverte patrimoniale et plaisir gastronomique. Une étape à ne pas manquer dans les Vosges du Nord.

À voir

La ville, protégée par des **remparts** (boucle à pied d'une heure) s'est développée autour de l'**abbatiale Saint-Pierre-et-Saint-Paul**, deuxième plus grand monument gothique d'Alsace après la cathédrale de Strasbourg. Les vitraux du chœur et les rosaces datent du XIIIe siècle. À l'intérieur, on peut admirer une fresque de saint Christophe (11 m de hauteur tout de même) ainsi que le plus grand orgue baroque d'Alsace datant de 1766. Un clocher-tour de l'époque romane est accolé à l'édifice. Face à l'entrée de l'abbatiale, l'ancienne sous-préfecture héberge aujourd'hui une grande partie des collections du musée Westercamp d'art et de traditions populaires en attente de rénovation (entrée 2 € ; dim 14h-18h). Tout proche, le **quai Anselmann** (puis le faubourg de Bitche), qui s'enroule autour de la Lauter canalisée, abrite quelques magnifiques demeures, dont la **maison Vogelsberger** (1540) et l'**Ancienne Couronne** (1491) dont la famille Bartholdi, celle du célèbre sculpteur, fut propriétaire à la fin du XVIIIe siècle. En arrière du quai, sur la place Martin-Bucer se dresse l'**église luthérienne Saint-Jean** dont le clocher roman date du XIIIe siècle. Un peu plus loin, la **maison de l'Ami Fritz**, ancienne demeure de tanneurs, est ornée d'un bel oriel (fenêtre en encorbellement). De retour dans le centre, face à la **grange aux Dîmes**, vous remarquerez l'insolite toiture de la **maison du Sel** qui date du milieu du XVe siècle. D'abord hôpital, ses combes abritaient une immense salle des malades dont on voit les ouvertures horizontales. Plus tard, le bâtiment abrita un abattoir et un dépôt de sel. Sur l'élégante **place de la République** trône l'imposante mairie. Au-dessus du cadran de l'horloge, l'inscription "Sous le règne de Louis XV, je me suis relevé de mes cendres" fait référence au terrible incendie du 25 janvier 1677 qui détruisit en partie Wissembourg.

Où se loger

Du Côté des Remparts Chambres d'hôtes €€

(03 88 93 82 14/06 30 46 81 31 ; maisondhotesdesremparts@gmail.com ; 10 fossé des Tilleuls ; d 100-120 €). C'est la maison d'hôtes et de charme qui manquait à Wissembourg. Logée dans une solide bâtisse du XIXe siècle, dans le quartier de Saint-Bruch (derrière l'abbatiale), cette adresse propose 3 chambres claires et joliment décorées, au rez-de-chaussée. Le petit-déjeuner se prend au 1er étage, occupé par la famille Fridli, nombreuse, recomposée et sympathique. Le grand jardin est une aubaine pour se détendre, soit sur la grande terrasse ensoleillée, soit à l'ombre des grands arbres.

Au Cygne Hôtel-restaurant €€

(03 88 94 00 16 ; www.hostellerie-cygne.com ; 3 rue du Sel ; d 75-90 €, petit-déj 12,50 € ;). Dans une demeure élégante du centre historique de Wissembourg, un peu en retrait de la rue Principale, cet hôtel propose un large éventail de prix et de confort avec des chambres doubles basiques, tandis que d'autres dans une dépendance (À l'Écrevisse) sont équipées de bains "balnéo" et proposées à des tarifs de trois-étoiles (d 120-230 €).

Moulin de la Walk Hôtel-restaurant €€

(03 88 94 06 44 ; www.moulin-walk.com ; 2 rue de la Walk ; s/d/tr/qua 75-92/106/112/132 €, petit déj 12,50 € ; plats 17,50-28 € ; P). À l'extérieur des remparts, dans un parc, cette adresse conviendra aux amateurs de verdure et aux voyageurs en quête de calme. Les chambres, très agréables, sont logées dans un bâtiment récent, à l'écart du restaurant. À 10 minutes à pied du centre.

Où se restaurer

Le Carrousel Bleu Raffiné €€

(03 88 54 33 10 ; www.le-carrousel-bleu.fr ; 17 rue Nationale ; plats 16-22 €, plat du jour 9,20 € ; lun-ven midi). Ce petit restaurant discret cache derrière ses rideaux une salle colorée et confortable. En cuisine, c'est une réussite, autour d'un plat du jour ou de quelques suggestions à piocher à la carte. Uniquement le midi.

Le Petit Dominicain Qualité €€

(03 88 94 90 87 ; 36 rue Nationale ; plats 16,50-24,50 €, menus 28/30 € ; fermé lun-mar). Ce dominicain a fait le vœu d'une gastronomie solide et sans paillettes. Civet de lapin, selle de veau, filet de sandre sur choucroute... les assiettes, sans être d'une originalité folle, ont du caractère et tout est cuisiné maison et servi avec le sourire. Quelques tables le long du trottoir

Un ex-roi de Pologne, duc de Lorraine et de Bar

Après la défaite de son protecteur Charles XII, roi de Suède, Stanislas Leszczynski, roi de Pologne de 1704 à 1709, s'exile à Wissembourg et y vit de 1719 à 1724. Sans cour et sans argent, le monarque déchu s'y ennuie ferme. Pourtant, sa famille va faire un retour spectaculaire sur la scène royale européenne. À Paris, le duc de Bourbon, principal conseiller du jeune Louis XV, est chargé de trouver une épouse au roi qui a fêté ses 15 ans. Il faut faire vite car le monarque de santé fragile doit assurer sa descendance par un héritier mâle. Parmi de nombreuses candidates, c'est Marie, la seconde fille du roi détrôné de Pologne, qui est l'heureuse élue. À 22 ans, elle est en âge de procréer. Malgré son faible rang, la nouvelle reine est plutôt bien acceptée par la cour de Versailles. Elle donne naissance en 1729 à un dauphin, Louis-Ferdinand. Ce dernier ne régnera pas, mais sera le père de trois rois de France : Louis XVI, Louis XVIII et Charles X. Quant à l'ancien roi de Pologne et nouveau beau-père du roi de France, il sera nommé duc de Lorraine et de Bar. Aidé par une confortable pension octroyée par la monarchie, il consacrera sa vie à embellir Nancy et Lunéville, son Versailles lorrain.

Hans Trapp

À Wissembourg, vos enfants se tiendront à carreau ! Le père Fouettard, Hans Trapp pour les Alsaciens, aurait vécu dans les environs. Grande barbe et visage inquiétant, armé d'un martinet et équipé d'un sac de toile, Hans Trapp est le méchant, tandis que saint Nicolas fait office de gentil. Alors que ce dernier distribue des jouets à l'enfant obéissant, Hans Trapp corrige le mouflet insolent, n'hésitant pas à le faire disparaître dans son sac. En Alsace, la légende de ce personnage remonterait au chevalier Hans von Trotha (1450-1503), maréchal des princes électeurs du Palatinat rhénan, qui entra en conflit avec le cloître de Wissembourg – la querelle prit une telle tournure que le maréchal aurait détourné le cours de la Lauter et inondé la ville. Son château se trouve à Berwartstein (Allemagne) à 15 km de Wissembourg.

malgré une circulation un peu bruyante ; salle agréable.

Restaurant de l'Abbaye — Cour €€
(03 88 63 84 30 ; 5 quai du 24 novembre ; menu midi 12 €, plats 8-15 € ; fermé mer-jeu). Par beau temps, les terrasses du centre sont prises d'assaut. Vous trouverez plus de calme dans ce restaurant qui occupe une jolie courette à l'arrière de la cathédrale. Menu du jour imbattable et service souriant. Grande salle à l'intérieur, si toutefois la terrasse était pleine.

Achats

Au Petit Kougelhopf — Sucré €
(03 88 94 00 56 ; 20 rue Nationale ; mer-dim 7h-18h). Croquant au chocolat, forêt-noire, mille-feuille, saint-honoré et surtout des gâteaux à la génoise fourrés d'une crème vanille et garnis de fruits frais… À déguster sur la petite terrasse ou en s'installant sur l'un des bancs dans les jardins de Wissembourg, près de la cathédrale.

Renseignements

Office du tourisme (03 88 94 10 11 ; www.ot-wissembourg.fr ; 11 pl. de la République)

Depuis/vers Wissembourg

Accès depuis Strasbourg par le **TER** (www.ter.sncf.com/grand ; 50 minutes).

Hunspach

Avec ses grandes fermes à colombages identiques qui semblent défier le temps, ce village affiche le décor type de l'Alsace rurale. Le cadre verdoyant où s'épanouissent de nombreux vergers invite à la promenade et à la découverte de l'Outre-Forêt.

À voir

Le **verger** qui jouxte l'église de Hunspach est un bon exemple de ces champs d'arbres fruitiers appelés "haute tige" qui étaient plantés autour de chaque village de cette région. Refuge pour de nombreuses espèces animales, les branches du haute tige ne sont pas rabattues ou coupées. La tradition voulait que l'on plante un arbre à la naissance d'un enfant. Fragilisés par la monoculture, l'urbanisation et la baisse de l'activité agricole, les vergers d'Alsace sont en sursis. Des communes associées au parc régional ont lancé des actions de sensibilisation auprès des propriétaires de vergers pour qu'ils les entretiennent.

Où se loger et se restaurer

Maison Ungerer — Chambres d'hôtes €
(03 88 80 59 39 ; www.maison-ungerer.com ; 3 rte de Hoffen ; ch 66-110 € avec petit-déj ;). Installée dans une ancienne ferme joliment restaurée, cette adresse est soutenue depuis 20 ans par la communauté de communes de Wissembourg, qui y tient un petit office du tourisme. On y trouve trois chambres d'hôtes et cinq gîtes avec salon et coin cuisine, ces derniers proposés hors saison à la nuitée. À l'arrière du

bâtiment, un jardin et quelques transats permettent de prendre le soleil. Petit déjeuner dans la *stub*, la salle commune habillée de meubles rustiques. Produits locaux à la vente et location de vélos électriques.

Chambres d'hôtes Sabine Billmann Dans le bourg **€**
(☎ 03 88 54 76 93 ; www.gite-billmann.fr ; 7 rue de l'Ange ; d à partir de 2 nuités 62-66 €, gîte 320-410 €/sem selon saison). Quatre chambres logées au cœur du village dans une charmante maison-ferme à colombages. Une adresse idéale pour les familles : les enfants de 4 à 10 ans paient moitié prix.

Au Cerf Restaurant **€€**
(☎ 03 88 80 41 59 ; 5 rue de la Gare ; menu 22 €, plats 13-28 € ; fermé mar soir et mer). Dans l'unique restaurant du village, la salle manque un peu de gaîté et de fraîcheur mais la cuisine, sans faire des éclats, est honnête. Le menu du midi (11 €) s'avère copieux et goûteux. Quand le soleil est de la partie, on s'installe dans le jardin à l'arrière.

HAGUENAU ET SES ENVIRONS

La quatrième ville d'Alsace est située en lisière du plus grand massif forestier de la région, qui borde le sud du pays de l'Outre-Forêt (p. 65). Son centre-ville largement piéton se parcourt aisément, ponctué de quelques monuments remarquables et de bons restaurants. En revanche, il faut rejoindre la périphérie pour profiter d'une hôtellerie digne de ce nom.

À voir et à faire

Partez de l'office du tourisme, logé dans l'**ancienne Chancellerie médiévale** restaurée au XXe siècle. Ce bâtiment héberge le **Musée alsacien** (☎ 03 88 73 30 41 ; 1 pl. Joseph-Thierry ; tarif plein/14-18 ans 3/1,50 € ; mer-dim 10h-12h30 et 13h30h-17h30, sept-juin fermé le matin) qui offre une exploration minutieuse de l'art de vivre alsacien à partir d'objets, de mobilier et de costumes. Un atelier de potier est reconstitué à côté d'un intérieur avec sa cuisine et sa *stub* (pièce principale et la seule chauffée en hiver dans une maison).

CHRISTOPHE CORBEL ©

VAUT LE DÉTOUR

Vignobles de Cleebourg

Entre Wissembourg et Hunspach, les vignes de Cleebourg sont les plus septentrionales d'Alsace et s'étendent sur près de 200 hectares. La **cave vinicole de Cleebourg** (☎ 03 88 94 50 33 ; www.cave-cleebourg.com ; rte du Vin ; lun-sam 8h-12h et 14h-18h, dim et jours fériés à partir de 10h) regroupe 200 viticulteurs, et vous serez assuré de trouver l'ensemble de la production, du pinot noir au pinot gris en passant par le sylvaner et le gewurztraminer. Plusieurs itinéraires pédestres au départ de la cave de Cleebourg parcourent le vignoble (4 km) ou la campagne arboricole (10 km). Pour plus d'infos, consultez la carte IGN 3814 ET.

Si vous souhaitez dormir chez un viticulteur, 2 chambres (capacité 4 adultes et 2 enfants) vous attendent dans la **Maison Jülg** (☎ 03 88 94 79 98 ; www.vins-julg.fr ; 116 rue des Églises ; s/d/tr 35/55/75 € ; fermé Noël-Nouvel An) chez un couple de viticulteurs bio installé dans une maison à colombages, dans le bourg de Seebach. Leur cave est ouverte à la visite le jeudi et le vendredi de 14h à 17h et le samedi de 9h à 12h et de 13h à 18h.

Ancienne Chancellerie médiévale (p. 69)

En remontant vers la rue de la Moder, on aperçoit les vestiges d'un **ancien moulin** et, sur la gauche, le bâtiment des **anciennes douanes**. En le contournant sur la gauche on découvre les bâtiments de l'**hôpital Bourgeois**, plusieurs fois détruits et reconstruits, puis la **fontaine aux Dauphins**. Empruntez ensuite la rue Saint-Georges qui vous permettra d'admirer une succession de monuments : les **hôtels Barth et Hoffmann**, l'**église Saint-Georges** et la **fontaine aux Abeilles**, puis le **presbytère Saint-Georges**. En poursuivant par la rue du Maréchal-Foch on rejoint rapidement le **théâtre italien** en grès rouge et la place du Maire-Guntz bordée de façades élégantes. Plus loin s'élève une petite **église protestante** dominée par l'imposant **Musée historique** (03 88 90 29 39 ; 9 rue du Maréchal-Foch ; 2 € pour tous jusqu'en 2021, puis 4 € ; tlj 10h-12h et 14-18h, fermé mar, sam matin et dim matin). Ce bâtiment de style néo-Renaissance de 1905, orné d'un campanile, doit sa construction à l'un des maires de la commune, Xavier Nessel, grand collectionneur d'antiquités et féru d'archéologie. Plusieurs salles du musée, en rénovation (mais accessibles jusqu'en 2021), sont consacrées à l'histoire de Haguenau depuis sa fondation au XIIe siècle. Une collection de faïences rappelle que les meilleurs artisans faïenciers du XVIIIe siècle travaillèrent à Haguenau. Après avoir contourné le musée sur la gauche, poursuivez par la rue du Sel et le quai des Pêcheurs. Vous apercevrez la **tour des Pêcheurs**, vestige de l'ancienne enceinte de la ville. Sur le chemin du retour vers l'office du tourisme, empruntez la rue du Marché-aux-Poissons et la Grand'Rue où se niche la **maison Zuckmantel** qui date de 1565.

Musée du Bagage — L'appel du voyage

(03 88 93 28 23 ; www.museedubagage.com ; 5 rue Saint-Georges ; tarif plein/14-18 ans 4/2 € ; mer-dim 10h-12h30 et 14h-17h30 juil à mi-sept, fermé le matin reste de l'année). Unique en Europe, cette collection a été rassemblée par un couple d'artisans restaurateurs de malles de voyage. Dit ainsi, le projet peut sembler ennuyeux,

pourtant, ce musée, logé au rez-de-chaussée de l'ancienne Banque de France, explore une facette de l'histoire du voyage, celui de l'explorateur-voyageur de la fin du XIXe-début du XXe siècle. Une époque où les plus fortunés qui exploraient le monde ne voulaient surtout pas se priver de leur confort et faisait fabriquer des meubles et des équipement qui devaient tenir dans des malles. Malle-bureau, secrétaire à chaussures, malle-lit ou malle-courrier... Grâce à une mise en scène astucieuse, ce musée est une invitation à voyager dans le temps.

Forêt d'Haguenau — Balades

Sixième forêt française par sa superficie (20 000 ha), le massif ferme au nord la plaine d'Alsace. Elle s'est développée sur un sol sableux et peu accidenté qui est planté surtout de pins sylvestres et de chênes pédonculés. Au centre de la forêt, le **Gros Chêne** est un impressionnant tronc de 2,40 m de diamètre et de 25 m de hauteur, foudroyé le 13 novembre 1913. L'intérieur de l'arbre a été rempli de ciment pour le maintenir debout et chapeauté par un toit métallique. Il est le point de départ de nombreux itinéraires faciles de promenades pédestres, de circuits à vélo et de parcours de santé. Pour les mycologues amateurs ou avertis, la forêt compte près de 1 000 variétés de champignons. Le secteur est couvert par la carte de randonnée IGN 3814 ET.

La Fabrique à Bretzel — Visite et dégustation

(☎ 03 88 72 91 16 ; boehli.fr ; 14 rue des Genêts, Gundershoffen ; plein tarif/6-14 ans 4/3 € ; ⌚ mar-ven 10h-12h et 14h-18h, dim 14h-18h). Allemand ? Italien ? Alsacien ? L'origine du célèbre petit gâteau salé n'est pas vraiment établie... Mais tous ses autres secrets vous seront révélés dans cet espace ludique de la société Boehli, fondée en 1952. Dégustation de rigueur ! À mi-chemin entre Haguenau et Niederbronn-les-Bains.

VAUT LE DÉTOUR

Les villages fleuris

Hohwiller, **Drusenheim**, **Seebach**, **Steinseltz**, **Lauterbourg** mais aussi **Hoffen** et **Betschdorf** sont autant de villages pittoresques au nord-est du Bas-Rhin avec leurs imposantes fermes à colombages, identiques et à l'alignement millimétré. Comme ailleurs en Alsace, les propriétaires se font un devoir de fleurir balcons et fenêtres. Le géranium, grâce à sa résistance à la chaleur et sa faible consommation en eau, se taille la part du lion. Autre avantage lorsque l'hiver vient, il est rangé dans les caves au sec pour ressortir après les saints de glace.

Dans le hameau de **Kuhlendorf**, sur la commune de Betschdorf (à 6 km au nord sur la D28 en passant par Rittershoffen), se dresse une remarquable **église** à l'architecture à pans de bois qui date du début du XVIIIe siècle. Servant d'oratoire et d'école, c'est le seul exemple en Alsace d'un édifice religieux à l'architecture rurale. Hormis son clocher, rien ne la distingue d'une maison d'habitation.

À **Kutzenhausen**, la **Maison rurale de l'Outre-Forêt** (☎ 03 88 80 50 00 ; www.maison-rurale.fr ; 1 pl. de l'Église, Kutzenhausen ; tarif plein/enfant-étudiant/pass famille 6/4/14 € ; ⌚ mai-sept mar-dim 11h-18h, oct-avril mer-jeudi 11h-17h, sam-dim et jours fériés 14h-18h) est logée dans un ancien corps de ferme datant du XVIIIe siècle. Ce musée met en scène la vie paysanne au début du XXe siècle. La maison et ses pièces meublées et décorées se visitent (dont la *gross stub* et la *klein stub*) mais également les dépendances agricoles et les bâtiments d'élevage. Enfin, une salle d'école des années 1930 est reconstituée et devrait faire le bonheur des enfants. Pendant l'été, expositions thématiques liées à la vie rurale et aux savoir-faire locaux.

CHRISTOPHE CORBEL ©

VAUT LE DÉTOUR

Les villages potiers

Soufflenheim et **Betschdorf**, deux villages en lisière de la forêt d'Haguenau, produisent des poteries mondialement connues mais dont l'usage est bien différents. À Soufflenheim, grâce à l'argile ferrugineuse, il s'agit d'une poterie vernissée ou poterie de terre, employée pour la cuisson d'aliments (en particulier pour la choucroute). À Betschdorf, les artisans élaborent une poterie dite dure, appelée aussi poterie de grès au sel, reconnaissable à sa couleur grise rehaussée de motifs bleu de cobalt et qui ne supporte pas la chaleur du four.

Commencez votre visite par le village de Betschdorf, plus attachant. L'agréable petit **musée de la Poterie** (photo ci-dessus ; ☎03 88 54 48 07 ; musee.betschdorf@orange.fr ; 2 rue de Kuhlendorf ; tarif plein/enfant-étudiant/-10 ans 3,50/1 €/gratuit ; ⏲avr à sept mar-sam 10h-12h et 13h-18h, dim 14h-18h), logé dans une charmante ferme à colombages du XVIIIe siècle, présente une riche collection de poteries au grès de sel. Le musée dispose d'un atelier de potier reconstitué et d'une salle consacrée à l'histoire d'une famille d'artisans issue de Betschdorf. En parcourant le village, vous apercevrez quelques boutiques. En revanche, la plupart des ateliers se trouvent en dehors du village (visite sur rendez-vous).

Soufflenheim, pour sa part, compte une bonne quinzaine d'artisans potiers. La plupart sont situés le long de la Grand'Rue et rue de Haguenau. Une petite plaquette disponible à l'office du tourisme indique les artisans qui ouvrent leur atelier au public.

Pour être certain d'acheter un produit conçu en Alsace, vérifiez la présence du certificat d'authenticité et du poinçon "potiers d'Alsace" (www.potiers-alsace.com) sur les articles en vente.

Où se loger

Europe Hôtel Confort €€

(03 88 93 58 11 ; www.europehotel.fr ; 15 av. du Professeur-Leriche ; d selon jour de la semaine 59-100 € ; plats 15,50-24 €, formule midi 15,80 € ; resto fermé dim soir ; P). Situé à environ 1 km du centre-ville d'Haguenau, cet hôtel d'une cinquantaine de chambres attire randonneurs, voyageurs... et fonctionnaires du Parlement européen : il est tout particulièrement recommandé de réserver pendant la session parlementaire (4 jours par mois). Chambres claires et rénovées, avec vue agréable côté entrée et un peu tristounette côté parking. L'adresse dispose d'un restaurant (Chez Ernest) avec une belle terrasse extérieure. Spa en projet lors de notre dernière visite.

Où se restaurer

L'Essentiel Bistrot chic €€

(03 88 73 39 45 ; www.lessentiel-haguenau.fr ; 2 pl. du Marché-aux-Bestiaux ; plats 21-29 €, menus 35/38 €, formule déj 16 € ; fermé lun soir, sam midi et dim). Un petit restaurant à l'allure de bistrot chic qui ravira les amateurs de viande rouge. Les tartares et carpaccios sont la spécialité de la maison, qui sait également cuisiner le poisson avec délicatesse. Excellent foie gras d'oie et desserts à l'avenant. La formule déjeuner est d'un excellent rapport qualité/prix, servie avec décontraction mais professionnalisme. À l'ombre de l'élégante tour des Chevaliers.

L'Insolente Restaurant €€

(07 68 20 62 78 ; www.linsolente.alsace ; 1 pl. d'Armes, accès par le parking Vieille Île ou impasse de la Brebis d'Or ; plats 16-20 €, formule déj 16 € ; mar-sam). Logé dans une ancienne quincaillerie qui a gardé quelques témoignages de cette époque, ce restaurant réalise avec bonheur des mariages de saveurs parfois inattendus. Côté desserts, le résultat est plus classique et moins réussi. On profite d'une terrasse extérieure qui donne sur un parking mais avec des beaux couchers de soleil.

SI VOUS AIMEZ... Les loisirs en famille

Voici quelques idées pour alterner, en famille, avec les balades en forêt et les visites de châteaux en ruine.

- **Nautiland** (03 88 90 56 56 ; www.nautiland.net ; 8 rue des Dominicains, Haguenau ; adulte/enfant 7,60/6,20 € ; lun-mar et jeu-ven 12h-21h, mer 10h-21h, sam 9h-20h, dim et jours fériés 9h-19h). Des bassins et des toboggans pour se rafraîchir quand le thermomètre monte en flèche, mais également des activités et un espace détente (sauna, hammam, adultes uniquement).
- **L'Océanide** (03 88 02 52 80 ; www.loceanide.fr ; 10 rue du Centre-Nautique, Saverne ; adulte/3-17 ans 6/4,50 € ; été et vacances scolaires lun-dim 10h-20h). Centre nautique avec bassins et toboggans en extérieur, sauna et Jacuzzi.
- **Didi'Land** (03 88 09 46 46 ; www.didiland.fr ; 1 rte de Gunstett, Morsbronn-Les-Bains ; tarif plein/réduit 21/19-19,50 € ; juil-août tlj 10h-18h, avr-juin et sept mer, sam-dim, ponts et vacances scolaires). Une centaine de manèges et d'attractions pour rire ou se faire peur, des spectacles pour petits et grands et des espaces restauration et pique-nique.

Renseignements

L'**office du tourisme** (03 88 06 59 99 ; www.visithaguenau.alsace ; 1 pl. Joseph-Thierry) propose des visites guidées de la ville (1 heure 30) le mercredi à 10h de mi-mai à mi-septembre.

Comment s'y rendre et circuler

Haguenau est à 30 minutes de Strasbourg par le **TER** (www.ter.sncf.com/grand-est). À la gare, **Ritmo** (03 88 93 60 35 ; 1 bis pl. Désiré Brumbt ; 5 €/24 heures ; lun-ven 9h30-12h30 et 14h30-18h15, sam 9h30-12h30) loue des vélos.

SI VOUS AIMEZ... Les jardins

Plusieurs jardins autour de Saverne permettent de prolonger la visite de la roseraie.

Jardin public interreligieux (angle rte de Paris et rue des Églises ; 8h-20h avr-oct). GRATUIT Dans le centre de Saverne, ce jardin témoigne d'une volonté de faire vivre les religions monothéistes en bonne intelligence.

Jardin botanique du col de Saverne (03 88 91 80 47 ; jardin-botanique-saverne.org ; à 2 km de Saverne par la D1004/N4 ; tarif plein/-12 ans 2,50/gratuit ; mai-août tlj 10h-18h, avr et sept sam-dim 14h-18h). Un jardin de 3 ha qui comprend un arboretum, un pré à orchidées indigènes – une rareté en France –, une tourbière et une zone humide. Accessible à pied du centre de Saverne (pont du canal de Saverne, suivre cercle bleu, 45 minutes).

Jardin alpestre de la grotte Saint-Vit (tte l'année). GRATUIT Un jardin en terrasses situé sur un promontoire rocheux. À 1 km au sud de Saverne.

Sentier sylvicole Suivez ce parcours de 3,5 km pour découvrir 34 espèces d'arbres et d'arbustes. Départ du parking de l'hôtel-restaurant Clos de la Garenne (au niveau du carrefour entre la rue du Général-Leclerc/D171 et la rue du Haut-Barr), à moins de 2 km du centre.

PAYS DE SAVERNE

Saverne

Porte d'entrée sud du parc naturel régional des Vosges du Nord, entre Alsace et Lorraine, Saverne possède un riche patrimoine issu de son ancien statut de capitale de l'évêché de Strasbourg. Après avoir visité son centre historique, grimpez à pied jusqu'à château du Haut-Barr ou pédalez le long du canal de la Marne au Rhin.

À voir

Château des Rohan Néoclassique

Construit à la fin du XVIIIe siècle sur les ruines d'un édifice médiéval, le château des Rohan ne fut jamais terminé, à cause de l'implication de son propriétaire dans l'affaire du collier de la reine (encadré p. 77) et de la Révolution. Abandonné pendant la première moitié du XIXe siècle, il fut transformé sous le Second Empire en logement pour veuves de guerre. Après la guerre de 1870, le bâtiment accueillit une garnison militaire. Pour profiter de la plus belle façade de ce château, abordez-le par le nord, côté port de plaisance. Aujourd'hui, le bâtiment abrite une auberge de jeunesse, une école et un **musée** (03 88 91 06 28 ; pl. du Général-de-Gaulle ; tarif plein/-16 ans 3,50 €/gratuit ; mi-juin à mi-sept tlj sauf mar 10h-12h et 14h-18h, mi-sept à mi-juin tlj sauf mar 14h-18h) qui présente deux sections : l'une sur archéologique et l'histoire locales et l'autre consacrée aux beaux-arts. Dans le même bâtiment, la donation Louise Weiss (dont la famille était originaire de La Petite-Pierre) illustre le parcours de la journaliste, féministe, résistante et eurodéputée. À travers ses engagements, c'est la construction européenne qui est expliquée. Superbe vue sur Saverne et les alentours depuis le toit du bâtiment (+1 €).

Roseraie Autour de la rose...

(03 88 71 83 33 ; www.roseraie-saverne.fr ; rte de Paris ; tarif plein/- 16 ans 2,50 €/gratuit ; tlj 10h-19h juin-août, 14h-18h sept). Saverne et les roses, c'est une histoire d'amour. Créée en 1898, cette roseraie est l'une des plus anciennes de France. Elle compte 8 500 plants et plus de 550 variétés. Quelques produits – à la rose évidemment – sont proposés à la vente (savon, vin, sirop, thé...). Chaque année, le concours des Roses nouvelles se tient à la fin du mois de juin. Dommage que la route passe si près de la roseraie – pour prolonger la balade, empruntez cette dernière sur 3 km environ pour gagner le jardin botanique du col de Saverne (encadré ci-dessus).

CHRISTOPHE CORBEL ©

À NE PAS MANQUER

Château du Haut-Barr

Posées sur trois pitons rocheux, à 470 m d'altitude, les ruines du château du Haut-Barr occupent une position stratégique entre la vallée de la Zorn et la plaine d'Alsace. L'Œil de l'Alsace, comme on le surnomme, fut édifié en 1583 par l'évêque Jean de Manderscheid. Aujourd'hui, il ne subsiste que quelques ruines, des escaliers et une impressionnante passerelle (le pont du diable) qui relie des escarpements rocheux perchés à 30 m au-dessus du sol. S'il n'y a rien à visiter, en revanche, le panorama est magnifique. La plaine d'Alsace est bien visible ainsi que les collines des Vosges du Nord et la Forêt-Noire. Par temps clair on distingue même la flèche de la cathédrale de Strasbourg.

Avant le parking du château se dresse la **tour du télégraphe Chappe** (03 88 52 98 99 ; adulte/pass famille 2/5 € ; mar-dim 13h-18h mi-mai à mi-sept). Un petit musée explique le fonctionnement de ce télégraphe aérien en activité de 1798 à 1852. Deux bras en bois permettaient à un opérateur d'envoyer des messages codés grâce à 98 figures géométriques. Cette tour se trouvait sur la ligne Strasbourg-Paris. À l'époque, le télégraphe Chappe permettait de transmettre des informations d'un point à l'autre de la ligne en quelques heures. Le système avait pourtant des inconvénients. Il ne fonctionnait pas la nuit, ni par mauvais temps, et demandait beaucoup de personnel. Il fut supplanté par le télégraphe électrique.

Infos pratiques

Le château du Haut-Barr (entrée libre) se rejoint facilement par un sentier pédestre balisé depuis l'écluse de Saverne (8 km en boucle, carte à l'office de tourisme). Le restaurant **Là-Haut** (03 88 91 17 61 ; www.restaurant-lahaut.fr ; menus 35/39 €, plats 17-23€ ; fermé mar soir, mer et sam midi) est logé dans une maison du XIXe siècle située à l'entrée du site. Sa cuisine est appréciée des habitants. Terrasse extérieure agréable.

Roseraie, Saverne (p. 74)

Pour acheter des rosiers, rendez-vous à la **Roseraie Barth** (☎ 03 88 71 40 51 ; www.roseraiebarth.com ; 67 rue des Prés, Lochwiller), à 10 km au sud de Saverne.

Maison Katz — Façade

(80 Grand'Rue). Difficile de manquer cette belle façade ouvragée (en face de l'office du tourisme et à côté de l'hôtel de ville), dans le plus pur style alsacien (poutres sculptées de personnages, fruits et autres motifs). La maison a été construite en 1605 par Henri Katz, receveur général de l'évêché. Elle héberge aujourd'hui un restaurant (p. 77).

Église Notre-Dame-de-la-Nativité — Art roman

(Grand'Rue). On accède à cet édifice par une belle tour-porche romane en grès rouge du XIIe siècle. À l'intérieur, plusieurs éléments décoratifs des XVe et XVIe siècles, dont des fresques révélées lors d'une restauration.

Cloître des Récollets — Religieux

(rue Poincaré ; gratuit ; ⏲ tte l'année). Ce cloître du XIVe siècle est construit en grès rose. Les galeries étaient pavées de sépultures dont quelques-unes sont encore visibles. Sous les arcs, on peut voir des peintures murales inspirées de l'esprit de la Contre-Réforme. Certaines du XVIIe siècle en recouvrent d'autres plus anciennes, sans doute du XVe siècle. Au milieu du cloître, des petits jardinets s'étendent autour de la fontaine.

Activités

Pour des balades dans les environs, procurez vous la carte IGN 3715 OT.

Canal de la Marne au Rhin — Au fil de l'eau

Creusé il y a 150 ans, ce canal navigable relie Vitry-le-François à Strasbourg en 314 km et coupe Saverne en deux. L'été, un restaurant saisonnier ouvre ses portes (vendredi et samedi soirs), assurant l'ambiance et distribuant en-cas, salades et tartes flambées. Un port de plaisance d'une cinquantaine de places a été aménagé ; on peut y louer des petits bateaux électriques (pas de permis requis) pour naviguer sur le canal. Renseignements à la **capitainerie** (☎ 07 81 88 04 29 ; 1 heure/1 journée 38/178 €).

Pour longer le canal à vélo (par exemple jusqu'à Strasbourg, 40 km), adressez-vous à **Cycles Ohl** (☎03 88 91 17 13 ; 10 pl. Saint-Nicolas ; fermé dim-lun), à la capitainerie (ci-avant) ou à l'office du tourisme (p. 78).

Où se loger

Chez Jean Hôtel-restaurant €€
(☎03 88 91 10 19 ; www.chez-jean.com ; 3 rue de la Gare ; s/d/tr/q 70-97/90-135/145/166 €, petit-déj 10,70 € ; fermé semaine de Noël ; wifi, P). Un bel et grand établissement à deux pas de la gare. Les chambres sont claires et spacieuses et certaines bénéficient d'un balcon donnant sur la rue et de grandes salles de bain. Quelques chambres climatisées récemment aménagées et un restaurant confortable au rez-de-chaussée.

Le Bois Doré Chambres d'hôtes €
(☎03 88 03 18 91 ; www.boisdore.com ; 3a rue des Hiboux, Haegen ; s/d 65/75 €, à partir de 2 nuits 55/65 € ; wifi). Barbara et Franck proposent deux chambres dans leur maison écologique en bois. Le petit-déjeuner maison (pain, confitures et yaourts) se prend dans une salle aux larges baies vitrées ouvertes sur la vallée. Une étape nature en lisière de forêt, à 4 km de Saverne en direction de Marmoutier.

La Ferme de Sophie Chambres d'hôtes €
(☎03 88 70 87 22/06 08 76 15 75 ; www.lafermedesophie.fr ; 13 rue de l'église, Kleingoeft ; s/d/tr 65/70/100 € ; wifi, P). Trois belles chambres dans une magnifique ferme du milieu du XIXe siècle située dans le petit bourg de Kleingoeft, à environ 10 km au sud de Saverne. Les chambres sont toutes de grande dimension (35 m^2) et on profite de la gentillesse du couple de propriétaires. Déco alsacienne et excellent petit-déjeuner.

Où se restaurer

Le Caveau de l'Escale Restaurant €
(☎03 88 91 12 23 ; www.escale-saverne.fr ; 10 quai du Canal ; menus 20,50-33 €, plats 15-24 € ; fermé mar soir, mer et sam midi). Pourtant en retrait du centre-ville, ce restaurant près du port de plaisance ne désemplit pas. Il occupe de belles salles voûtées qui, à l'origine, devaient être les caves du château avant le percement du canal. Les assiettes sont toujours de qualité, composées avec des produits frais. La carte évolue selon les saisons. Déco traditionnelle et service complice.

Le cardinal et le collier de la reine

Popularisée par le roman d'Alexandre Dumas, l'affaire du collier de la reine est une escroquerie qui permit à l'entourage de Marie-Antoinette de soutirer un bijou d'une valeur inestimable. La victime collatérale de ce vol n'est autre que le cardinal Louis de Rohan (1734-1803), archevêque de Strasbourg, grand aumônier de France et propriétaire du château de Saverne. Il fut arrêté à Versailles dans la galerie des Glaces, devant la cour frappée de stupeur. Louis XVI confia le jugement de cette affaire au parlement de Paris qui, contre tout attente, acquitta le cardinal. Sous la pression de la reine, il fut exilé pendant quelques années avant de regagner son diocèse de Strasbourg en 1788, quelques mois avant la Révolution.

Taverne Katz Alsacien €€
(☎03 88 71 16 56 ; www.tavernekatz.com ; 80 Grand'Rue ; plats 17-26 €, menus 45-56 € ; fermé mar). Cette adresse est logée dans un bâtiment de 1605 à la belle façade ouvragée. Le confortable intérieur est une plongée dans le décorum alsacien pur jus sans être kitsch. Une annexe, posée sur la rue piétonne, prend des airs plus intimistes le soir. En cuisine, des plats traditionnels ou de saison bien présentés et servis avec le sourire.

Staeffele Gastronomique €€€
(☎03 88 91 63 94 ; 1 rue Poincaré ; menu 62 €, plats 29-32 € ; fermé lun-mar et dim soir). De la gastronomie et de la discrétion : voilà en résumé ce restaurant sans vitrine installé dans une maison jouxtant le cloître

des Récollets. Barbue coulis de petits pois et mélisse, mignon de veau condiment au gewurztraminer… tout y est subtil et surprenant. Deux formules au déjeuner (26 ou 35 €) permettent de savourer l'étendue des talents du chef à moindre coût.

Renseignements

Office du tourisme (03 88 91 80 47 ; www.tourisme-saverne.fr ; 37 Grand'Rue). Location de vélos électriques de Pâques à la Toussaint.

Depuis/vers Saverne

Strasbourg est à 20 minutes par le **TER** (www.ter.sncf.com/grand-est). Certains TGV Paris/Strasbourg s'arrêtent à Saverne.

Marmoutier

Sur la route de l'Alsace romane, l'église de Marmoutier, joyau d'architecture, est un passage incontournable.

À voir

Abbatiale Saint-Étienne de Marmoutier Patrimoine religieux
(9h-17h mai-oct, 9h-11h30 et 13h30-16h30 nov-avril, entrée libre). Fondée au VIe siècle par un disciple du moine irlandais saint Colomban, l'abbaye a alterné prospérité et déclin jusqu'à sa confiscation à la Révolution. La façade occidentale, en grès rose et jaune, se présente comme une forteresse avec trois tours, de style romano-byzantin. L'intérieur est remarquable avec sa nef gothique du XIIIe siècle qui compte quatre travées. Dans le chœur, on peut admirer de très belles boiseries en chêne sculpté du XVIIIe siècle. L'orgue, sur lequel Albert Schweitzer aimait à s'entraîner, est l'un des plus célèbres d'Europe. Construit en 1707 par André Silbermann, il a traversé les siècles sans modification. On en découvre le son en juillet et en août lors des concerts du dimanche (17h) – gratuits mais sur réservation auprès de l'office du tourisme.

La **crypte archéologique** (2 €) se visite. Des fouilles ont mis au jour les fondations d'une église mérovingienne et des sarcophages en bois et en grès.

De retour sur le parvis de l'église, vous remarquerez les bas-reliefs qui décorent la façade du bâtiment. L'un d'eux affiche un drôle de monstre à trois têtes qui semble tenir entre ses jambes d'autres personnages : il s'agirait de Brigit la déesse-mère, patronne des druides. Dans la mythologie celte, elle symbolise la fécondité et règne sur les arts, la guerre, la magie et la médecine.

Point d'Orgue Centre d'interprétation
(03 88 71 46 84 ; www.cip-pointdorgue.fr ; 50 rue du Couvent ; tarif plein/6-18 ans/pass famille 5/3/13 € ; juil-août mer-dim 10h-17h30, sept-déc et 15 fév-juin mer-dim 14h30-17h30 mais fermé 1 week-end sur 2). Ouvert en 2017, ce centre d'interprétation initie à l'univers et la musique de l'orgue et des instruments à souffle, dont la pièce maîtresse est l'Organum XXI, un orgue éclaté qui dissèque au propre et au figuré l'instrument. Le centre est en visite libre (3 étages, dont 1 exposition thématique) tandis que la visite de l'Organum est guidée (45 min environ, à 14h30 et 16h30). Manifestations et ateliers pendant l'été.

Musée du Patrimoine et du Judaïsme alsacien Culture
(03 88 02 36 30 ; www.museedemarmoutier.fr ; 6 rue du Général-Leclerc ; tarif plein/-14 ans 4 €/gratuit ; mer-ven et dim 10h-12h et 14h-18h juil-sept, mai-juin et oct dim, fermé le reste de l'année). Dans une charmante maison de la fin du XVIe siècle, un petit musée pour découvrir le patrimoine du judaïsme rural.

Où se restaurer

L'Aura Restaurant et bar à vins **€€**
(03 88 02 32 11 ; www.restaurant-legourmet.fr ; 8 rue du Général-Leclerc ; plats 17-21 €, menu 28 € ; fermé mer-jeu). Cette adresse pimpante donne un coup de jeune au bourg assoupi. Les recettes sont classiques mais les assiettes avenantes. Belle carte de vins.

CHRISTOPHE CORBEL ©

Chœur de l'abbaye de Marmoutier

Renseignements

Bureau d'information (www.tourisme-saverne.fr ; 50 rue du Couvent). Au Point d'Orgue.

PAYS DE HANAU

Recouvrant une part de l'ancien comté de Hanau-Lichtenberg, ce territoire se déploie autour de Bouxwiller, siège de cette seigneurie fondée au XVe siècle qui se maintint jusqu'à la Révolution.

Bouxwiller

Petite localité à 15 km au nord-est de Saverne, Bouxwiller est, depuis l'ouverture de son musée, une belle étape pour découvrir culture et histoire locales, le tout à proximité du parc régional.

À voir

La ville garde peu de traces de son passé de capitale du comté de Hanau-Lichtenberg – le château du XVe siècle, notamment, fut démoli à la Révolution. Un itinéraire historique d'une vingtaine d'étapes parcourt les ruelles de la ville.

Musée du Pays de Hanau Régionalisme
(03 88 70 99 15 ; www.museedupaysdehanau.eu ; 3 pl. du Château ; tarif plein/réduit/pass famille 4,50/2,50/14 € ; mer-dim 14h-18h, également mer-ven 10h-12h30 juil à mi-sept, fermé jan). Logé dans une ancienne grange à blé et une orangerie, ce musée élégant détaille sur 3 étages le patrimoine, la culture et l'écologie du pays de Hanau, qui représente une section boisée et humide du parc naturel des Vosges du Nord.

Musée judéo-alsacien Ancienne synagogue
(03 88 70 97 17 ; judaisme.sdv.fr/today/musee/; 62a Grand'Rue ; tarif plein/8-12 ans 6/3 € ; tlj sauf lun et sam 10h-12h et 13h-18h mars à mi-nov, sur rdv le reste de l'année, fermé pendant les fêtes juives). Pour comprendre la culture et l'histoire de la communauté juive alsacienne hors des grandes villes et vingt siècles de cohabitation entre juifs et catholiques. Pour en savoir plus, un itinéraire (48 km) permet de découvrir le

INSOLITE !

Trapues, poilues, cornues

Au gré de vos balades, vous tomberez peut-être nez à nez avec elles. Massives, une tête courte en forme de triangle, des yeux cachés sous de longs poils, d'impressionnantes cornes pointées vers le haut (ou horizontales pour les mâles)… Les sympathiques vaches highland, issues de la région écossaise éponyme, furent introduites ici en 1991. Elles entretiennent les espaces abandonnés par l'agriculture, en particulier les vallées peu accessibles. On en compte près de 200 et, malgré leur vie semi-sauvage, elles sont douces et craintives.

patrimoine juif à Ingwiller, Weiterswiller… Renseignements à l'office du tourisme.

Activités

Un sentier (6 km) s'évade du bourg pour raconter l'histoire géologique des paysages à travers 14 stations. Des sortes de petits *chorten* (constructions de pierres) sont érigés le long de cet agréable parcours.

Le point information du musée du Pays de Hanau vend un livret regroupant 16 circuits élaborés par le Club vosgien. Vous pouvez également vous reporter à la carte IGN 3713 ET.

Où se loger et se restaurer

La Cour du Tonnelier Hôtel-restaurant **€€**
(☎03 88 70 72 57 ; www.courdutonnelier.fr ; 84a Grand'Rue ; d 63-107 €, petit déj 9,50 € ; plats 11,50-17 € ; restaurant fermé sam-dim ; wifi, P). À l'entrée nord du village, cette adresse familiale est le seul hôtel de Bouxwiller. Chambres claires et agréables avec néanmoins des salles de bains un peu exiguës. On préfèrera celles donnant sur l'arrière. Agréable restaurant attenant dans une salle refaite, prisé des habitants. Avantageuse formule déjeuner (9,50 €).

S'Bastberger Haxe Stuewel Auberge **€€**
(☎03 88 70 73 85 ; 25 rue Principale, Imbsheim ; menus 20,50/22/32,80 €, plats 13,50-22,50 € ; tlj sauf lun et mar soir). Partant pour tester le plat de la sorcière (omelette au foie de volaille) ? Rejoignez cette adresse dans le hameau endormi d'Imbsheim (4 km au sud-ouest de Bouxwiller par la D6). Spécialités locales (choucroute paysanne 16,50 €) et tartes flambées salées ou sucrées cuites au feu de bois (4,50-9,90 €) vous attendent dans la belle salle à la déco très alsacienne ou sur la petite terrasse d'été à l'ombre. Si vous ne conduisez pas, concluez avec une eau-de-vie ! L'une des meilleures adresses pour goûter la cuisine alsacienne dans les Vosges du Nord. Accueil souriant de l'équipe et de la famille Reixel.

Au Fil du Temps Maison d'hôtes **€€**
(☎03 88 70 23 48, 06 83 49 44 54 ; aufildutemps67.com ; 45 rue de l'École, Imbsheim ; s/d/tr/qua 65-70/85-90/95-139/135-140 € ; wifi). Dans une grande et belle ferme à colombages en U, la sympathique famille Regnauld propose trois chambres, vastes et chaleureuses, avec entrée indépendante. Elles peuvent être utilisées en suite et donnent sur un agréable salon. Petit-déjeuner copieux.

Renseignements

Point d'information touristique dans le musée du Pays de Hanau (p. 79)

Office du tourisme du Pays de Hanau et du Val de Moder (☎03 88 89 23 45 ; www.tourisme-hanau-moder.fr ; 89 rue du Général-Goureau, Ingwiller)

Depuis/vers Bouxwiller

Depuis Strasbourg, la gare **TER** (www.ter.sncf.com/grand-est) la plus proche de Bouxwiller se trouve à Obermodern-Zutzendorgf, d'où un bus rejoint Bouxwiller.

Neuwiller-lès-Saverne

La visite de son patrimoine religieux est la principale raison de se rendre dans ce bourg né de la fondation d'une abbaye bénédictine au VIIIe siècle. Vestige de l'ensemble monastique, l'**église abbatiale Saints-Pierre-et-Paul** (☎03 88 70 00 18 ; ⏲9h-19h, visite guidée à 14h30 et 18h30 de mi-juil à fin août, sur rdv reste de l'année) est l'exemple parfait d'une compilation de trois styles : roman, gothique et baroque. Dans l'une des chapelles sont exposées de remarquables tapisseries de la fin du XVe siècle qui racontent la vie de saint Adelphe, évêque de Metz au Ve siècle, dont les restes auraient été transférés ici au IXe siècle. Tissés en fils de chanvre, de lin et de soie, les quatre panneaux évoquent la vie de 165 personnages. Juste à côté, l'**église Saint-Adelphe** (⏲tlj 8h-20h avr-oct), de style roman, fut construite pour accueillir les pèlerins venus adorer les reliques du saint. C'est aujourd'hui un édifice dédié au culte protestant. Autour de ces deux églises se tiennent d'autres bâtiments remarquables, en particulier des maisons des XVIe et XVIIIe siècles.

Où se loger et se restaurer

Hôtel-restaurant du Herrenstein Belle étape **€€**

(☎03 88 70 00 53 ; www.herrenstein.fr ; 20 rue du Général-Koenig ; s/d 57-65/67-72 €, petit-déj 9,50 € ou offert si réservation en direct ; plats 19-24 €, formule déj 15 €, menu 35 € ; ⏲fermé 1er-15 jan et fin août-début sept ; restaurant fermé lun-mar midi ; wifi P). Cette ancienne maison canoniale de 1762 (propriété d'un général d'Empire au XIXe siècle) héberge aujourd'hui un hôtel-restaurant de qualité. On accède aux chambres vastes et agréables par un escalier en bois impressionnant. Quelques chambres sont situées dans une annexe récente. Le jeune couple qui dirige cette adresse met le visiteur à l'aise, lui en cuisine (pour des assiettes savoureuses) et elle à la réception et en salle, joliment décorée.

Église abbatiale Saints-Pierre-et-Paul, Neuwiller-lès-Saverne

CHRISTOPHE CORBEL ©

VINCENT FROEHLY ©

Cathédrale Notre-Dame (p. 91)

STRASBOURG

Strasbourg

Un pied dans le passé, un pied dans l'avenir, Strasbourg étonne par la richesse de son patrimoine et de sa vie culturelle. Si les maisons à pans de bois, clichés de l'Alsace éternelle, sont bien réelles, les atouts de la ville dépassent largement le cadre de la culture régionale.

Outre les institutions européennes, qui lui confèrent un indiscutable prestige, la ville est sans doute celle qui répond le mieux aujourd'hui au titre de "capitale de l'Europe". Elle est d'ailleurs engagée dans un grand projet d'extension vers la frontière, et tend à ne faire plus qu'une avec Kehl, sa voisine allemande.

Ici, l'art de vivre alsacien est toujours vivant. Et il suffit de pousser la porte d'une winstub pour comprendre le sens du mot "heimlich" (intraduisible : à la fois "intime" et "convivial"). À taille humaine et écolo, Strasbourg a très tôt développé une politique de piétonnisation. Son centre-ville permet toutes les flâneries, à pied ou, encore mieux, à vélo !

☑ Dans ce chapitre

À gauche : Place des Orphelins à la Krutenau. À droite : Balade en bateau sur l'Ill
VINCENT FROEHLY ©

➡ Strasbourg en deux jours

Commencez votre balade dans la ville par la découverte de la **cathédrale Notre-Dame** (p. 91) et des ruelles qui l'entourent. Déjeunez dans une winstub, puis enchaînez avec la visite du **Musée historique** (p. 96). Flânez dans les rues autour de la **place Saint-Étienne** (p. 97) avant de prendre un verre **place du Marché-Gayot** (p. 97).

Le lendemain, levez-vous tôt pour découvrir l'incontournable **Petite France** (p. 102) avant l'arrivée des cars de touristes et déjeunez sur le pouce à **Pur etc.** (p. 114). L'après-midi, visitez le **Musée alsacien** (p. 100), promenez-vous le long du **quai des Bateliers** (p. 103), puis plongez dans l'ambiance bobo du quartier de la **Krutenau** (p. 103), où les bonnes adresses pour dîner et/ou prendre un verre ne manquent pas.

➡ Strasbourg en quatre jours

Le matin, direction la **Neustadt** (p. 104), le quartier construit pendant le rattachement de la ville à l'empire allemand. L'après-midi, embarquez pour une croisière jusqu'aux **institutions européennes** (p. 108), flânez dans le **parc de l'Orangerie** (p. 107) puis prenez l'apéro au **Café Brant** (p. 117).

Le dernier jour, promenez-vous autour de la **place Kléber** (p. 97) ou repérez les œuvres de street art du **quartier de la gare** (p. 99). Déjeunez au **Café potager** (p. 113) avant d'explorer la **presqu'île André-Malraux** (p. 104) ou le **jardin des Deux-Rives** (p. 108).

Ci-dessus : L'Ill depuis le pont Sainte-Madeleine
VINCENT FROEHLY ©

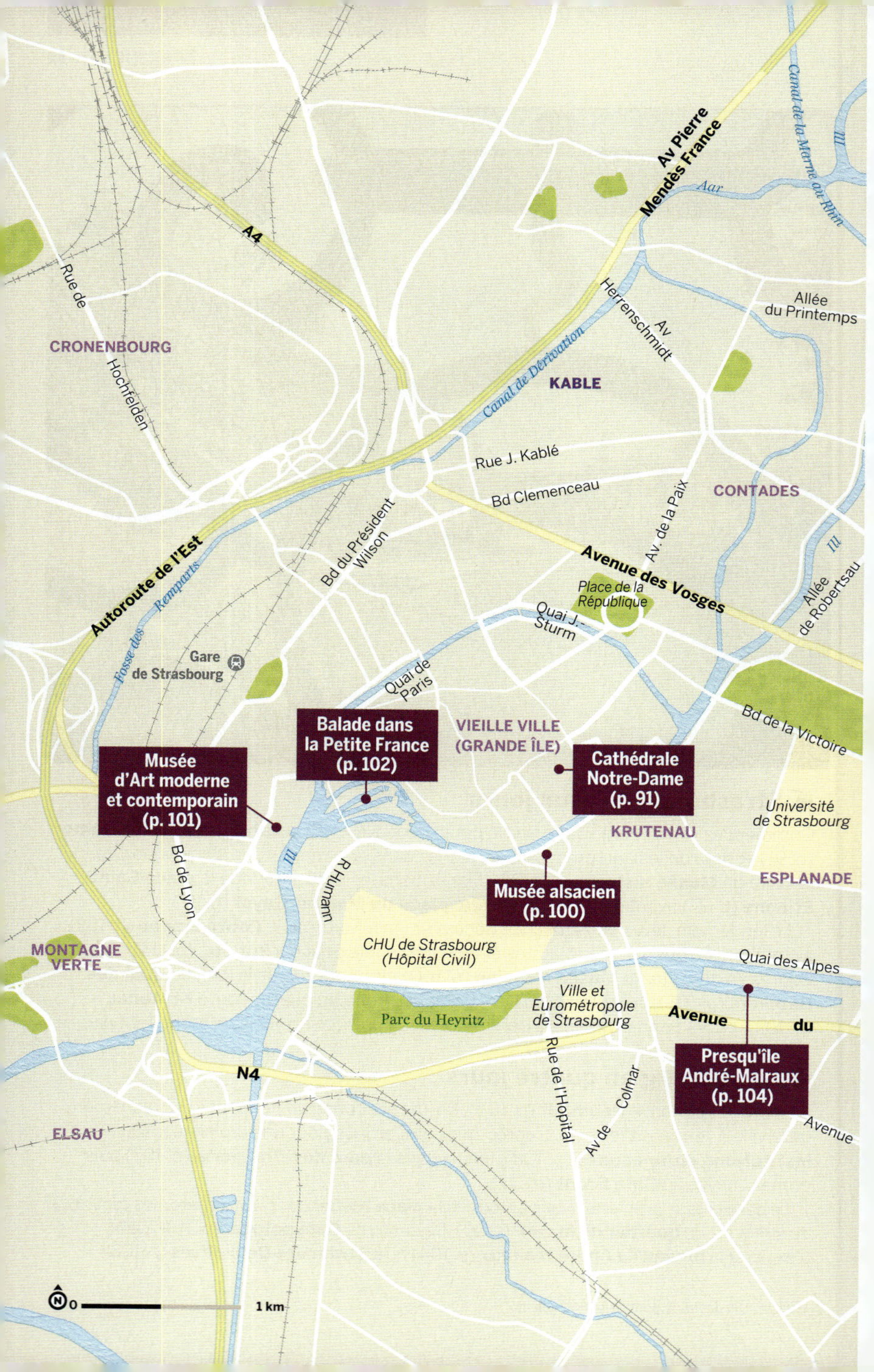

A4
Av Pierre Mendès France
Canal de la Marne au Rhin
Ill
Aar
Rue de Hochfelden
CRONENBOURG
Herrenschmidt
Av
Allée du Printemps
Canal de Dérivation
KABLE
Rue J. Kablé
Bd Clemenceau
CONTADES
Av. de la Paix
Bd du Président Wilson
Autoroute de l'Est
Fossé des Remparts
Avenue des Vosges
Place de la République
Quai J.-Sturm
Allée de Robertsau
Gare de Strasbourg
Quai de Paris
Bd de la Victoire
Balade dans la Petite France (p. 102)
VIEILLE VILLE (GRANDE ÎLE)
Cathédrale Notre-Dame (p. 91)
Musée d'Art moderne et contemporain (p. 101)
Université de Strasbourg
KRUTENAU
Bd de Lyon
Ill
R Humann
Musée alsacien (p. 100)
ESPLANADE
MONTAGNE VERTE
CHU de Strasbourg (Hôpital Civil)
Quai des Alpes
Ville et Eurométropole de Strasbourg
Parc du Heyritz
Avenue du
Rue de l'Hopital
Av de Colmar
N4
Presqu'île André-Malraux (p. 104)
Avenue
ELSAU
N
0
1 km

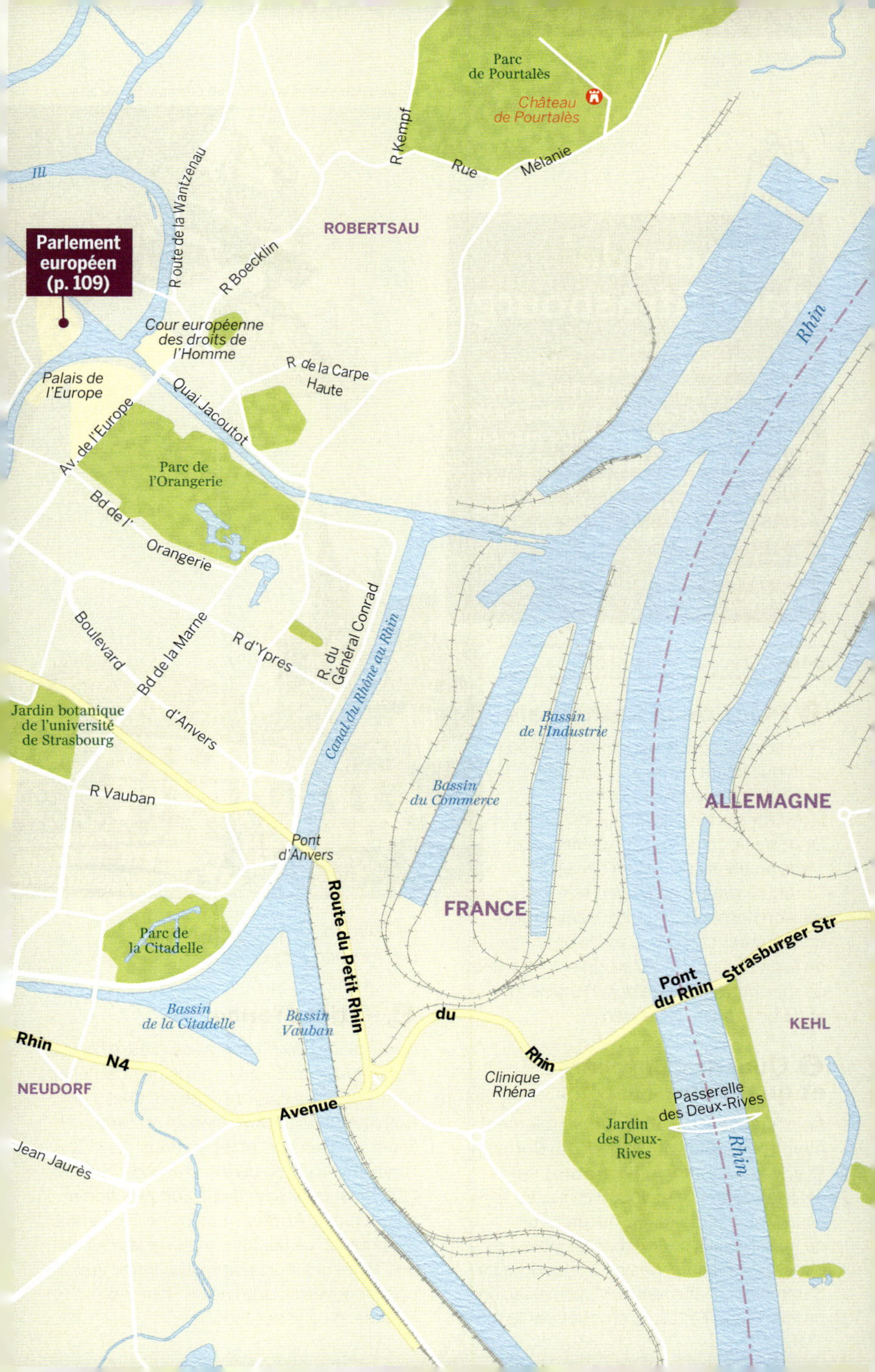

Parc de Pourtalès
Château de Pourtalès
R Kempf
Rue Mélanie
Ill
ROBERTSAU
Parlement européen (p. 109)
R oute de la Wantzenau
R Boecklin
Cour européenne des droits de l'Homme
R de la Carpe Haute
Palais de l'Europe
Quai Jacoutot
Av. de l'Europe
Parc de l'Orangerie
Bd de l'Orangerie
Rhin
Boulevard d'Anvers
Bd de la Marne
R d'Ypres
R. du Général Conrad
Canal du Rhône au Rhin
Bassin de l'Industrie
Jardin botanique de l'université de Strasbourg
R Vauban
Bassin du Commerce
ALLEMAGNE
Pont d'Anvers
Route du Petit Rhin
FRANCE
Parc de la Citadelle
Pont du Rhin
Strasburger Str
Bassin de la Citadelle
Bassin Vauban
Avenue du Rhin
KEHL
Rhin
N4
Clinique Rhéna
NEUDORF
Passerelle des Deux-Rives
Jardin des Deux-Rives
Jean Jaurès

Vue sur le Musée historique et la cathédrale depuis le Musée alsacien

Promenade dans Strasbourg

Cette balade dans le cœur historique commence par le joyau médiéval de Strasbourg, la cathédrale Notre-Dame, passe devant de magnifiques maisons de la Renaissance avant d'explorer l'incontournable quartier de la Petite France pour s'achever à l'entrée de la Neustadt, le quartier allemand.

Distance 4 km
Durée 2 heures 30

Départ Place de la Cathédrale

❶ Place de la Cathédrale

Prenez le temps de découvrir ce bijou gothique avant de vous intéresser aux belles maisons qui lui font face : l'ancienne pharmacie du Cerf (XVIe siècle ; angle de la rue Mercière) – ses arcades et voûtes à ogives à l'intérieur datent du Moyen Âge – ; la maison Kammerzell (1589), désormais un restaurant réputé. Dans le prolongement de la place, la rue du Maroquin est bordée de maisons à pans de bois Renaissance… et de boutiques de souvenirs.

❷ Quai des Bateliers et quai Saint-Nicolas

Au n°1 du quai des Bateliers, totalement piéton, l'ancienne hostellerie du Corbeau (XVIe siècle) est magnifique avec ses galeries de bois, ses tourelles et ses escaliers. C'est aujourd'hui un hôtel de luxe, mais la cour est accessible. Les superbes maisons des nos 23-25 du quai Saint-Nicolas abritent le Musée alsacien, passionnant. Faites un crochet par la porte de l'Hôpital, un des rares vestiges des fortifications (1200-1250).

❸ Petite France

Sur la place Saint-Thomas se dresse l'église du même nom. Gagnez la rue des Dentelles : au n°9, dans la cour de l'ancien hôtel Rathsamhausen (XVIe siècle), remarquez le bel escalier à vis et les arcades. Au n°10, l'ancienne maison du tanneur Hans Schenk (1575) est une magnifique construction à colombages. Arrêtez-vous place Benjamin-Zix pour la vue sur les canaux et la maison des Tanneurs, puis poursuivez jusqu'aux ponts couverts via la rue du Bain-aux-Plantes et celle des Moulins.

❹ Grand'Rue

Parcourez cette rue commerçante les yeux bien ouverts : c'est un véritable livre d'architecture à ciel ouvert ! Débutez au n°6 par la maison Renaissance dite "À la roue de la Fortune", et allez jusqu'au n° 120, l'ancien hôtel Zorn-de-Bulach, remarquable pour son bel oriel coiffé d'un toit.

❺ Place Kléber et place Broglie

La place Kléber, point de rendez-vous des Strasbourgeois, accueille beaucoup d'événements. Elle est bordée de beaux bâtiments, dont L'Aubette, aujourd'hui un centre commercial. La petite rue de la Mésange mène à la place Broglie : un autre monde par rapport au quartier de la cathédrale, avec des rues très parisiennes et de beaux hôtels particuliers.

❻ Place de la République

Le dépaysement se poursuit place de la République, au cœur de la Neustadt. Ce quartier construit par les Allemands après la guerre de 1870 est ponctué de bâtiments majestueux. Attardez-vous devant les façades du palais du Rhin, de la Bibliothèque nationale universitaire et du théâtre national de Strasbourg.

Arrivée Place de la République

Strasbourg Pass

La plateforme de la cathédrale et la découverte de l'horloge astronomique, la visite d'un musée au choix et une promenade en bateau (Batorama) : ces quatre activités sont incluses dans ce **pass** (adulte/13-17 ans/4-12 ans 22/15/10 €) valable 3 jours, qui donne également droit à des réductions sur d'autres activités. En vente à l'office de tourisme de Strasbourg (p. 120) et dans certains hôtels.

À voir

Il est facile de s'orienter dans Strasbourg. Le centre historique, classé au patrimoine mondial, est entouré par l'Ill et forme la "Grande Île", où se concentre la majeure partie des sites. La cathédrale, toujours visible, est le meilleur des points de repère.

Les autres quartiers intéressants sont tous à proximité. Au sud, Finkwiller et la Krutenau ; au nord, la Neustadt ; les institutions européennes, à l'est ; et la gare à l'ouest. Plus au sud encore, la presqu'île Malraux, aménagée sur une ancienne zone portuaire, mérite une balade. Plus loin, le jardin des Deux-Rives s'étend de part et d'autre du Rhin, mi-français mi-allemand, hors frontières, comme un symbole. À pied, à vélo ou en tram, circulez, il y a tout à voir. D'un quartier à l'autre, vous changerez d'ambiance et d'époque.

Cathédrale et place Gutenberg

Demeures médiévales et Renaissance entourent la superbe cathédrale. À deux pas, dans les ruelles moins touristiques autour de la place Gutenberg, hôtels particuliers et maisons à pans de bois créent une ambiance romantique. L'été, cap sur les terrasses de la rue des Tonneliers.

Maison Kammerzell Renaissance
(16 pl. de la Cathédrale). Construite en 1589, cette étonnante demeure séduit par ses pans de bois sombres, méticuleusement ouvragés, et ses sculptures profanes et sacrées. Attardez-vous sur le poteau d'angle, aux trois figures féminines symbolisant les vertus théologales (Charité, Foi et Espérance). Percée de 75 fenêtres, la façade cache aujourd'hui un hôtel et un restaurant.

Le 5e lieu Architecture, urbanisme, culture
(03 88 23 84 65 ; 5elieu.strasbourg.eu ; 5 pl. du Château ; 11h-19h mar-sam, 11h-17h dim). GRATUIT Ce tout nouveau lieu est entièrement dédié à Strasbourg – son histoire, son architecture, ses habitants... Vidéos, maquettes, photos et objets à manipuler replacent la ville dans son contexte transfrontalier et mettent en avant ce qui fait sa particularité : une passionnante introduction à la visite de la ville. Des balades commentées et des ateliers sont également proposés. Le bâtiment, superbe, offre un beau point de vue sur la place de la cathédrale. Une billetterie spectacles se trouve au rez-de-chaussée.

Musée de l'Œuvre Notre-Dame Art sacré
(03 68 98 50 00 ; musees.strasbourg.eu ; 3 pl. du Château ; tarif plein/réduit 6,50/3,50 €, gratuit -18 ans ; 10h-18h mar-dim). Complément indispensable à la visite de la cathédrale, ce musée exceptionnel est logé dans deux bâtiments (un gothique, l'autre Renaissance) reliés par des galeries et un splendide escalier à vis (1580). Ses collections d'art médiéval et Renaissance, particulièrement riches, apporte un éclairage sur l'importance du foyer artistique strasbourgeois dans l'Empire germanique du XIIIe au XVIe siècle. Dans la superbe salle du Jubé sont regroupés les originaux des statues de la cathédrale, déposés ici pour les protéger de la pollution et des intempéries. Au 3e étage se trouvent les salles consacrées aux dessins des architectes de la cathédrale : une collection exceptionnelle qui, pour des raisons de conservation, ne peut être exposée. Seuls quatre dessins sont présentés par roulement les dimanches matin à 11h pour une durée de 30 minutes. L'ensemble de la collection peut toutefois être consulté sous forme numérique dans la salle d'interprétation.

VINCENT FROEHLY ©

À NE PAS MANQUER

Cathédrale Notre-Dame

Du haut de ses 142 m, la cathédrale domine toute la ville. Il est même rare de ne pas pouvoir apercevoir sa silhouette sombre et asymétrique… Il aura fallu quatre siècles pour construire ce majestueux édifice tel qu'on le découvre aujourd'hui depuis la rue Mercière. Les premiers travaux remontent à 1015. L'édifice est d'abord une cathédrale romane, qui sera agrandie et modifiée au fil des siècles. Pollution oblige, la plupart des statues qui décorent la façade sont des copies ; les originaux ont été transférés au musée de l'Œuvre Notre-Dame (p. 90). Mais le charme reste total. On est frappé par la taille de la rosace achevée en 1318 (12 m de diamètre) et par sa composition en 16 pétales géminés. Elle chapeaute un autre chef-d'œuvre : le portail central, qui relate la Passion du Christ (tympan) et évoque des scènes de l'Ancien et du Nouveau Testament (voussures).

L'intérieur est tout aussi impressionnant. La nef, de style gothique (1485), est remarquable pour sa verticalité et sa finesse. Côté nord, la chaire est un superbe exemple du gothique tardif. Cherchez, en bas de son escalier, le petit chien couché avec la tête posée sur ses pattes avant. Juste à côté, le buffet d'orgue est orné de curieux personnages. Et puis levez la tête pour admirer les magnifiques vitraux gothiques. Dans le croisillon sud, juste devant la fameuse horloge astronomique, se trouve le pilier des anges illustrant le Jugement dernier. L'horloge astrologique est la grande attraction de la cathédrale. Si le jeu de ses automates est ce qui retient l'attention (de petits personnages s'animent tous les quarts d'heure ; l'ensemble des automates à 12h30), cette horloge construite entre 1547 et 1574 puis transformée au XIXe siècle possède en fait une mécanique exceptionnelle. Elle est capable de calculer de façon ultra précise la position de la Lune et du Soleil (et les éclipses), ainsi que la position des étoiles.

L'ascension à la **plateforme** (330 marches ; tarif plein/réduit 8/5 € ; 9h30-20h avr-sept, 10h-18h oct-mars) permet d'avoir une vue époustouflante sur la ville.

Infos pratiques

Cathédrale (cathedrale-strasbourg.fr ; pl. de la Cathédrale ; 8h30-11h15 et 12h40-17h45 lun-sam, 13h30-17h30 dim). **Horloge** (3 €/adulte, 2 €/+ 6 ans ; 12h30 ; vente des tickets aux deux stands de cartes postales de la cathédrale jusqu'à 11h, puis au portail Saint-Michel à partir de 11h30).

Strasbourg

A
B
C
D
1
2
3
4
5
6
Rue Georges Wodli
Rue de Bouxwiller
Boulevard du Président Poincaré
Boulevard du Faubourg de Pierre
Rue du Fossé des Treize
Rue Finkmatt
Rue
41
29
Tunnel Wodli-Sébastopol
Rue du Travail
Rue des Bonnes Gens
Rue des Halles
Wilson
Rue du Marais Vert
Rue de Sébastopol
Rue des Mineurs
Quai Finkmatt
Bd du Président
Place des Halles
Rue de la Toussaint
Rue du Fg de Saverne
20
Quai Kellermann
10
Rue de la Nuée Bleue
Rue du Tribunal
Rue Moll
Rue du Feu
Ancienne Synagogue Les Halles
Quai Kléber
Pont de Paris
Place Saint-Pierre-le-Jeune
Gare centrale
91
Rue Thiergarten
Rue Kageneck
Rue Kuhn
Quai de Paris
Homme de Fer
Place de la Gare
Rue du Maire Kuss
Pont de Saverne
Place de l'Homme-de-Fer
Place des Étudiants
Bd de Metz
Quai Desaix
R. du Vieux Marché aux Vins
1
Place Kléber
Quai Saint-Jean
48
43
Rue des Tanneurs
Rue du Coin Brûlé
R. des Francs Bourgeois
Rue des Grandes Arcades
Place du Temple-Neuf
Pont Kuss
Alt Winmärik
40
R du 22 Novembre
14
72
Rue Sainte-Hélène
57
Rue du Faubourg National
Faubourg National
60
Q. Ch. Altorfer
Q. Turckheim
R. A. Seyboth
Grand' Rue
Rue du Fossé des Tanneurs
R. du Bain aux Plantes
Rue des Drapiers
Rue de la Lanterne
75
69
73
Langstross - Grand'Rue
Rue Sainte Marguerite
Pont du Faisan
74
Grand' Rue
Rue Gutenberg
36
55
89
Rue du Boucher
63
Rue Cordonniers
Rue des Serruriers
R. de
Square Louise Weiss
Square des Moulins
Rue des Moulins
Rue des Dentelles
87
Place Hans-Jean-Harp
Rue de la Division Leclerc
Petite France
Musée Vodou (200 m)
Rue de Molsheim
Ponts Couverts
Pont St-Martin
Rue Martin Luther
44
Rue du Puits
Rue de l'Ail
25
Barrage Vauban
13
Rue de Wasselonne
Rue Finkwiller
Quai Finkwiller
Pont St-Thomas
Quai Saint-Thomas
Musée d'Art Moderne
Quai Marc Bloch
Hôtel du Département
Rue du Cygne
Quai Charles Frey
Quai
FINKWILLER
Rue des Frères Matthis
78
Rue des Glacières
Rue Kirschleger
Rue Sainte-Elisabeth
49
17
L'Ill
La Laiterie (450 m)
Rue Humann
Rue de Saales
Hôpital Civil
Pont Pasteur
Quai Louis Pasteur

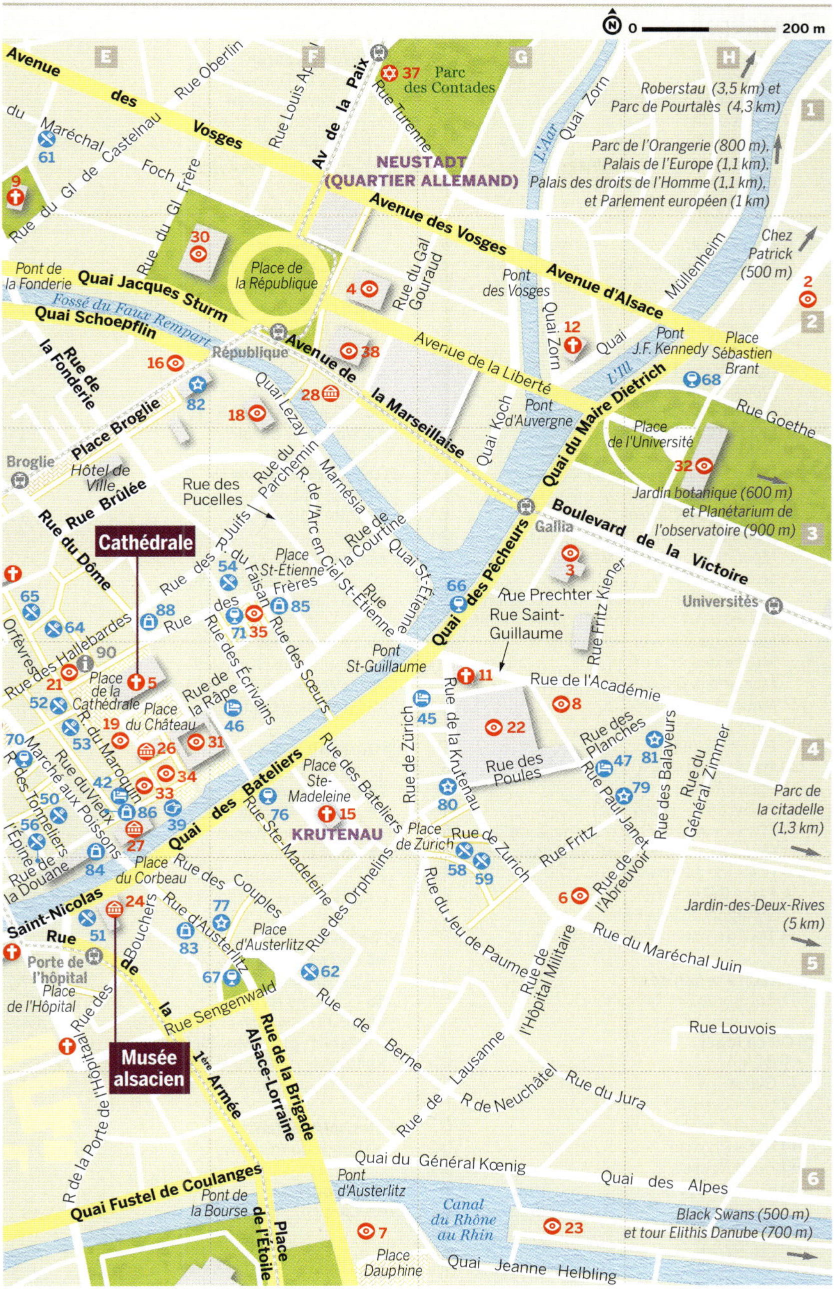
200 m
NEUSTADT (QUARTIER ALLEMAND)
KRUTENAU
Cathédrale
Musée alsacien
Avenue des Vosges
Avenue d'Alsace
Avenue de la Liberté
Avenue de la Marseillaise
Quai Jacques Sturm
Quai Schoepflin
Fossé du Faux Rempart
Place de la République
Place Broglie
Hôtel de Ville
Place de l'Université
Quai du Maire Dietrich
Quai des Pêcheurs
Boulevard de la Victoire
Quai des Bateliers
Rue du Maréchal Juin
Quai Fustel de Coulanges
Rue de la Brigade Alsace-Lorraine
Rue de la 1ère Armée
Quai du Général Kœnig
Quai des Alpes
Quai Jeanne Helbling
Canal du Rhône au Rhin
Parc des Contades
Roberstau (3,5 km) et Parc de Pourtalès (4,3 km)
Parc de l'Orangerie (800 m), Palais de l'Europe (1,1 km), Palais des droits de l'Homme (1,1 km), et Parlement européen (1 km)
Chez Patrick (500 m)
Jardin botanique (600 m) et Planétarium de l'observatoire (900 m)
Parc de la citadelle (1,3 km)
Jardin-des-Deux-Rives (5 km)
Black Swans (500 m) et tour Elithis Danube (700 m)
République
Broglie
Gallia
Universités
Porte de l'hôpital
Place de l'Hôpital
Place Sébastien Brant
Place de la Cathédrale
Place du Château
Place du Corbeau
Place d'Austerlitz
Place Ste-Madeleine
Place de Zurich
Place St-Étienne
Place Dauphine
Place de l'Étoile
Pont de la Fonderie
Pont des Vosges
Pont J.F. Kennedy
Pont d'Auvergne
Pont St-Guillaume
Pont d'Austerlitz
Pont de la Bourse
Rue Saint-Guillaume
Rue des Pucelles
Rue Prechter
Rue de l'Académie
Rue des Poules
Rue Goethe
Rue Louvois
Rue du Jura
Rue Sengenwald
Rue de Berne
Rue de Lausanne
R de Neuchâtel
Rue du Jeu de Paume
Rue de l'Hôpital Militaire
Rue de la Krutenau
Rue de Zurich
Rue des Orphelins
Rue Ste-Madeleine
Rue des Bateliers
Rue des Couples
Rue d'Austerlitz
Rue des Bouchers
Rue des Hallebardes
Rue du Dôme
Rue Brûlée
Rue de la Fonderie
Rue Oberlin
Rue Turenne
Rue Louis Apffel
Av de la Paix
Quai Zorn
Quai Koch
Quai Lezay Marnésia
Quai St-Étienne
L'Aar
L'Ill
Saint-Nicolas
R. de la Porte de l'Hôpital

Strasbourg

À voir

1 L'Aubette D3
2 Allée de la Robertsau H2
3 Bains municipaux G3
4 Bibliothèque nationale universitaire F2
5 Cathédrale Notre-Dame E4
6 Centre européen d'action artistique contemporaine (CEAAC) G5
7 Cité de la musique et de la danse F6
8 École supérieure des Arts décoratifs G4
9 Église catholique Saint-Pierre-le-Jeune ... E1
10 Église protestante Saint-Pierre-le-Jeune. D2
11 Église Saint-Guillaume G4
12 Église Saint-Paul G2
13 Église Saint-Thomas D5
14 Église Saint-Pierre-le-Vieux B3
15 Église Sainte-Madeleine F4
16 Fontaine de Janus E2
17 Hôpital civil D5
18 Hôtel du Préfet F2
19 Le 5e Lieu E4
20 Les Halles C2
21 Maison Kammerzell E4
22 Manufacture des Tabacs G4
23 Médiathèque André-Malraux G6
24 Musée alsacien E5
Musée archéologique .... (voir 31)
25 Musée d'Art moderne et contemporain ... B5
26 Musée de l'Œuvre-Notre-Dame E4
Musée des Arts décoratifs .... (voir 31)
Musée des Beaux-Arts .... (voir 31)
27 Musée historique E4
28 Musée Tomi Ungerer F2
29 Palais de justice D1
30 Palais du Rhin E2
31 Palais Rohan E4
32 Palais universitaire H3
33 Place du Marché-aux-Cochons-de-lait E4
34 Place du Marché-aux-Poissons E4
35 Place-du-Marché-Gayot F3
36 Place Gutenberg D4
37 Synagogue de la Paix F1
38 Théâtre national de Strasbourg F2

Circuits organisés

39 Batorama (embarcadère) E4

Où se loger

40 BOMA C3
41 Ciarus D1
42 Hôtel des Arts E4
43 Hôtel Kaijoo C3
44 Hôtel Patricia D4
45 Hôtel Roses G4
46 Hôtel Suisse F4
47 La Célestine G4
48 Le Graffalgar A3
49 Les Haras C5

Où se restaurer

50 Au Petit Tonnelier E4
51 Au Pont Corbeau E5
52 Aux Douze Apôtres E4
53 Christian E4
54 La Binchstub F3
55 La Corde à linge C4
56 La Hache E5
57 Le Café Potager D3
58 Le Purgatoire G4
59 Le Rutsch G5
60 Le Tigre B4
Les Haras .... (voir 49)
61 Les Innocents E1
Maison Kammerzel .... (voir 21)
62 May F5
63 Pur etc. D4
64 S'Burjertuwel Chez Yvonne E3
65 Winstub Le Clou E3

Où prendre un verre

66 Café Atlantico G3
67 Café Bâle F5
68 Café Brant H2
69 Le Café des sports D4
70 Jeannette et les Cycleux E4
71 Le Gayot F3
72 Le Meteor C3
73 Le Trolleybus D4
74 Troquet des Kneckes C4
75 Salon de thé Grand'Rue C4
76 Sébastien Gillmann F4

Où sortir

77 FAT F5
78 La Choucrouterie D5
79 La Salamandre G4
80 Le Café des Anges G4
81 Le Living-Room H4
82 Opéra national du Rhin E2
Théâtre national de Strasbourg ..... (voir 38)

Achats

83 Fortwenger E5
84 La Nouvelle Douane E4
85 Le Village de la Bière F3
86 Mon Oncle Malker de Munster E4
87 Pain d'Épices Mireille Oster C4
88 Poterie d'Alsace E3
89 Un Noël en Alsace C4

Renseignements

90 Office du tourisme E4

Transport

91 Gare A3

Palais Rohan Architecture classique

(☎03 68 98 50 00 ; musees.strasbourg.eu ; 2 pl. du Château ; ⏲10h-18h, fermé mar). Après le rattachement de Strasbourg à la France en 1681, on construisit des édifices célébrant le classicisme à la française – d'où la ressemblance avec un grand hôtel particulier parisien. Une fois franchi un portail monumental, on découvre une façade sur cour aux lignes sobres et classiques. Admirez le fronton, surmonté des figures de la Force et de la Prudence. Le palais abrite aujourd'hui 3 musées.

Musée archéologique (tarif plein/réduit 6,50/3,50 €, gratuit -18 ans). Ce superbe musée consacré à l'archéologie régionale est installé dans les sous-sols du palais. La préhistoire et la protohistoire sont particulièrement bien mises en valeur. Sont également exposées de belles pièces remontant à l'âge du fer, dont un vase en céramique en forme d'oiseau. Attardez-vous sur la reconstitution du char funéraire d'un prince celte (salle 6). La vie à Strasbourg à l'époque gallo-romaine est illustrée à travers un ensemble de stèles funéraires et d'objets de la vie quotidienne. De la période mérovingienne, on retiendra des pièces d'armement dont un magnifique casque d'apparat (VIe siècle).

Musée des Arts décoratifs (tarif plein/réduit 6,50/3,50 €, gratuit -18 ans). Au rez-de-chaussée, ce musée se compose de deux sections : les appartements du roi et des princes-évêques de Rohan – superbes témoignages de l'art de vivre princier sous la monarchie –, et les collections d'arts décoratifs strasbourgeois, de 1681 au milieu du XIXe siècle. Ne manquez pas les céramiques Hannong, famille de manufacturiers du XVIIIe siècle.

Musée des Beaux-Arts (tarif plein/réduit 6,50/3,50 €, gratuit -18 ans). Un beau panorama de la peinture occidentale, du Moyen Âge au XIXe siècle, dont un ensemble remarquable de natures mortes, de toutes les écoles et de toutes les époques, notamment *Vanité* de Simon Renard de Saint-André (1613-1677) et *Les Cinq Sens au paysage* de Jacques Linard (1597-1645). La peinture italienne est aussi bien représentée, des primitifs au XVIIIe siècle. *Judith et la Servante* du Corrège (vers 1510) est à voir absolument. Les peintres français sont peu présents, mais ne manquez pas *La Belle Strasbourgeoise* (1703) de Nicolas de Largillière.

Palais Rohan

INSOLITE !

Le coq et la poule

Trait d'union entre les quais nord et la place Broglie, la rue de la Nuée-Bleue est bordée de plusieurs édifices qui valent le coup d'œil. À commencer par la maison de style Art nouveau qui fait l'angle avec la place, dotée d'un bel oriel et de ferronneries ouvragées. Au n°25, l'ancien hôtel d'Andlau (1734) possède une belle façade aux lignes classiques, dans le style Régence. Au n°11, l'ancien hôtel de police (1872) surprend par sa façade néogrecque – sa transformation en hôtel 5-étoiles est en cours. Mais voici ce que vous n'attendiez pas : à midi pile, chaque jour, une basse-cour se réveille au n°17, siège des *Dernières Nouvelles d'Alsace*, le quotidien régional. Le passant est tout d'abord surpris par le cri strident d'un coq installé sur la façade. Une poule blanche lui répond par un caquètement tout aussi tonitruant. Située en face, elle couve dans un nid, à l'intersection de la rue de la Nuée-Bleue et de la place Saint-Pierre-le-Jeune. Un manège que les deux volatiles répètent depuis plus d'une quinzaine d'années !

Musée historique — Histoire de la ville

(03 68 98 50 00 ; musees.strasbourg.eu ; 2 rue du Vieux-Marché-aux-Poissons ; tarif plein/réduit 6,50/3,50 €, gratuit -18 ans ; 10h-18h mar-dim). Installé dans l'ancienne Grande Boucherie de Strasbourg (1588 ; admirez le bâtiment depuis le pont du Corbeau ou le quai des Bateliers), ce musée présente l'histoire de la ville depuis le Moyen Âge, du point de vue de l'urbanisme, de la politique, de la culture et de la société. Le parcours, très ludique et conçu de manière interactive, débute avec Strasbourg ville libre du Saint-Empire romain germanique et se termine en 1949 avec la création des institutions européennes. Occupant une salle entière, une maquette de la ville, réalisée en 1727, représente Strasbourg fortifiée, les environs immédiats de la ville, le Rhin et la citadelle de Kehl.

Place du Marché-aux-Poissons — Architecture

De jolies demeures du XVIIIe siècle donnent sur cette place, notamment au n°2 (maison "Au Blaireau") et aux n°3 et n°4 (maison du négociant Zollikoffer, avec ses remarquables mascarons sur la façade côté Ill).

Place du Marché-aux-Cochons-de-Lait — Architecture

Cette placette touristique est entourée de plusieurs demeures de caractère : au n°1, une maison à colombages (1602-1617) dotée de galeries extérieures ; au n°8 la winstub Muensterstuewel occupe une demeure Renaissance à pans de bois ouvragés ; au n°10 l'hôtel des Arts est installé dans une jolie maison bourgeoise du XVIIIe siècle, décorée de têtes de femme au-dessus des fenêtres (typique du rococo strasbourgeois).

Place Gutenberg — Architecture

Cette place fut longtemps le centre politique et économique de la ville libre, mais la plupart des bâtiments de prestige (Monnaie, hôtel de ville,...) ont été détruits au XVIIIe siècle. La façade de la **Neubau** (1583-1585 ; aujourd'hui la Chambre de commerce et d'industrie) est une synthèse harmonieuse de différents styles (colonnades de plusieurs ordres antiques, typiques de la Renaissance). Admirez la toiture, l'une des plus belles de la ville, aux tuiles traditionnelles dites "en queue de castor". Sur la place, la **statue de Gutenberg** (1840, œuvre de David d'Angers pour le 400e anniversaire de la première imprimerie à Strasbourg) rappelle que c'est ici qu'il développa l'imprimerie.

Place Broglie et place Saint-Étienne

Les rues autour de la place Broglie sont bien plus "parisiennes" que la plupart des rues de la vieille ville, en raison des hôtels particuliers du XVIIIe siècle. L'atmosphère est ici encore un peu aristocratique... Passé la rue des Juifs et ses boutiques, on se sent au contraire comme dans un village dans le quartier (branché) autour de la place Saint-Étienne.

Place Broglie Architecture XVIIIe

C'est sur cette grande place rectangulaire que se déroulaient les tournois de chevalerie au Moyen Âge. En 1740, le maréchal de Broglie, alors en poste à Strasbourg, la fait transformer en une belle promenade plantée, prisée de la bourgeoisie de l'époque. Elle sera peu à peu encadrée de bâtiments prestigieux. Superbe exemple du style Régence, l'**hôtel de ville** occupe depuis 1806 l'ancien hôtel particulier d'une grande famille alsacienne, les Hanau-Lichtenberg. L'entrée principale donne dans la rue Brûlée, à l'arrière. À l'extrémité ouest, l'**Opéra national du Rhin** (1821 ; p. 118) se distingue par son péristyle à colonnes ioniques surmonté de statues symbolisant les six muses. L'immeuble de la **Banque de France** (1925), dont le style imite celui de L'Aubette (p. 98), est bâti à l'endroit où aurait été chantée pour la première fois *La Marseillaise* de Rouget de Lisle.

Hôtel du Préfet Architecture XVIIIe

(Quai Lezay-Marnésia). La majestueuse façade de cet hôtel particulier donne sur les quais. Dans la rue Brûlée, le portail d'honneur (1747) est, avec ses lions sculptés, tout aussi magnifique.

Église protestante Saint-Pierre-le-Jeune Gothique

(pl. Saint-Pierre-le-Jeune ; 12h-18h mer-dim). Trois églises ont été construites successivement sur le site de cette surprenante église gothique. Le bâtiment actuel date principalement des XIIIe et XIVe siècles. Passez le porche ouvragé pour en découvrir toute la splendeur. Le beau jubé (clôture séparant la nef du chœur), de style gothique, date du XIVe siècle. Remarquez les quatre évangélistes qui y sont peints. À l'opposé, le fond de la nef est décoré d'une fresque inspirée de *La Navicella* de Giotto : elle représente saint Pierre et sa barque, et Jésus marchant sur l'eau. Le très beau cloître, reconstruit à la fin du XIXe siècle, conserve des colonnettes du XIe siècle et des pierres tombales anciennes.

Place Saint-Étienne Architecture XVIIe

Cette place est bordée de jolies maisons à colombages du début du XVIIe siècle. Entre la rue des Pucelles et la rue de l'Arc-en-Ciel se trouve la statue du "Meiselocker", le charmeur de mésanges, don de la ville de Munich. Juste avant le début de la rue des Frères se dresse le FEC (Foyer de l'étudiant catholique) installé dans un superbe bâtiment datant de 1598.

Place du Marché-Gayot Terrasses

On ne peut que tomber sous le charme de cette placette – "PMG" pour les Strasbourgeois – pavée et arborée, entourée de petites maisons colorées à colombages. L'été, c'est un lieu de rendez-vous prisé et les terrasses des nombreux bars et restaurants sont prises d'assaut.

Place Kléber, les Halles et quartier de la gare

La place Kléber, entourée de beaux bâtiments, est le rendez-vous des Strasbourgeois qui apprécient, l'été venu, ses fontaines et ses bancs. Sur l'autre rive de l'Ill, le quartier des Halles est vivant mais dénué de charme. À l'ouest, le secteur de la gare est la partie la plus multiculturelle du centre-ville. Artistes et jeunes couples s'y sont installés et de nouvelles adresses tendance ouvrent – mais certaines rues sont à éviter une fois la nuit tombée.

Place Kléber Point de repère

Au centre de cette grande place trône une statue du général Kléber (ses cendres sont conservées dans le socle), natif de la ville, qui s'illustra lors de la campagne d'Égypte aux côtés de Bonaparte. Debout, Kléber tient dans une main la lettre de l'amiral anglais Keith qui lui enjoint de quitter l'Égypte. La place est entourée d'édifices d'époques et de styles divers et accueille de nombreux événements. Au n°30, le bâtiment en pierre de taille (1748), maison du célèbre orfèvre Jean-Louis Imlin, est un bel exemple du rococo strasbourgeois.

De l'ambitieux programme d'urbanisation proposé au XVIIIe siècle par l'architecte Jacques-François Blondel

Place Kléber

(1705-1774), seul l'**Aubette** (31 pl. Kléber), au nord de la place, fut achevé. Cet édifice aux lignes néoclassiques (1770) avait à l'origine pour fonction d'abriter le corps de garde, qui recevait les ordres à l'aube (d'où son nom). À partir de 1868, il accueillit le premier musée municipal de peinture, détruit lors d'un incendie en 1870. Des médaillons de musiciens célèbres furent ajoutés sur la façade en 1875. Dans les années 1920, l'architecte Theo Van Doesburg et les artistes Sophie Taeuber-Arp et Hans (Jean) Arp transformèrent l'aile droite en un complexe dédié aux loisirs (salle de danse, bar, cinéma...), aménagé d'après les théories esthétiques du mouvement De Stijl. Les décors, trop avant-gardistes, furent recouverts à la fin des années 1930... avant d'être restaurés. On peut aujourd'hui visiter l'**Aubette 128** (☎ 03 68 98 50 00 ; musees.strasbourg.eu ; entrée via le passage Sophie-Taeuber-Arp ; audioguide gratuit ; 14h-18h mer-sam) GRATUIT, qui permet de voir les aménagements d'origine. Le reste du bâtiment est occupé par un petit centre commercial.

Place de l'Homme-de-Fer Architecture

Cette place recouverte en partie par une rotonde de verre et de métal est un des nœuds du réseau de transports en commun de la ville. Au n°2 se dresse un bel hôtel particulier en pierre de taille (XVIIIe siècle), orné de décors sculptés et de mascarons. Remarquez l'homme en armure sur la façade de la pharmacie : cet "homme de fer" a donné son nom à la place (c'est une copie : l'original est conservé au Musée historique, p. 96). Bâtiment emblématique du carrefour, le **Printemps** a été rénové en 2013 par l'architecte alsacien Christian Biecher, qui a orné sa façade d'une structure de verre et de métal évoquant un plissé drapé – un peu comme les créations du couturier japonais Issey Miyake.

Église Saint-Pierre -le-Vieux Église bicéphale

(pl. Saint-Pierre-le-Vieux ; église catholique 10h-18h tlj, temple protestant 12h-17h mar-sam). Cet édifice composé de deux bâtiments perpendiculaires est bien singulier : une partie est catholique (la plus récente et massive), l'autre protestante. Dès le début du Moyen Âge, un sanctuaire s'élevait sur ce site. Durant les XIVe et XVe siècles, une église fut construite, qui passa à l'Église réformée protestante en 1529. Sous Louis XIV, les catholiques purent disposer du chœur ; les protestants de la nef. Puis, en 1867, l'actuelle église catholique fut construite, alors séparée du temple par un mur détruit en 2012. Désacralisé, le temple est désormais dédié à des projets solidaires. Le bâtiment conserve l'ancienne nef, une sacristie et l'un des derniers jubés d'Alsace.

Gare de Strasbourg — Architecture

(pl. de la Gare). Construite en 1883 par les Allemands, la gare fut le premier grand bâtiment à voir le jour après la guerre de 1870. À l'occasion du réaménagement en 2007 de la gare pour la venue du TGV Est, l'architecte Jean-Marie Duthilleul a imaginé une grande verrière (150 m de long sur 23 m de large), plaquée contre la façade historique. Elle est régulièrement décorée par des artistes.

Château musée Vodou — Art vaudou

(☎ 03 88 36 15 03 ; www.chateau-vodou.com ; 4 rue de Koenigshoffen ; tarif plein/réduit/enfant 14/11/8 € ; 🕑 14h-18h mer-dim). Ce petit musée privé, hébergé dans un ancien château d'eau (1878), présente la collection d'art vodou de Marc Arbogast. Le musée propose depuis peu une immersion dans une cérémonie grâce à un casque de réalité virtuelle (sur réservation, 8 €). Attention, le musée est excentré et le prix d'entrée un peu élevé. Pour les passionnés donc !

Petite France, Grand'Rue et Finkwiller

La Petite France a un charme fou avec ses maisons à colombages, ses rues pavées et ses canaux. Les touristes y sont évidemment nombreux, mais parfois, au détour d'une ruelle, on se croirait dans un conte de fées. Au nord, le quartier est délimité par la Grand'Rue (la "Langstross") où sont alignés boutiques, bars et restaurants. Au sud, le quartier de Finkwiller est dominé par l'hôpital civil, sorte de ville dans la ville.

SI VOUS AIMEZ...
L'art dans la ville

Des œuvres sont disséminées un peu partout dans la ville... Petite sélection.

○ Quartier de la gare Fresques, collages, tags..., réalisés pour certains par des street-artistes célèbres, sont recensés sur la carte strasbourg.streetartmap.eu. Le site propose un parcours dans le quartier (ainsi qu'à la Krutenau et Schiltigheim) et plein d'infos sur les artistes.

○ Place Broglie (Square Markos-Botzaris, angle pl. Broglie et quai Schoepflin). *La Fontaine de Janus*, réalisée par Tomi Ungerer (p. 106) pour le bimillénaire de Strasbourg (1988), représente un fragment d'aqueduc en brique, à trois travées. Au pied du pilier central, la double tête en bronze figure Janus, tourné vers l'est et l'ouest, symbole de la double identité alsacienne.

○ Petite France Pour fêter les 20 ans du MAMCS (p. 101), le duo d'artistes new-yorkais Faile a réalisé une fresque géante sur la façade. Cette œuvre, qui doit rester au moins jusqu'en 2021, est un poème épique mettant en scène des figures de l'histoire locale, par exemple Marie-Antoinette.

○ Place Saint-Pierre-le-Vieux *Le Bar des plantes* (2006) de Jean-Luc Vilmouth est une petite serre qui abrite **Le Kiosque** (🕑 8h-17h lun-ven, 9h30-18h sam), un café géré par la micro-brûlerie strasbourgeoise **Omnino** (omnino.fr).

○ Les Halles Sur le parvis du centre commercial, *La Femme qui marche vers le ciel*, sculpture signée Jonathan Borofsky (1994), apporte une note de fantaisie au quartier.

○ Place de la République *La spirale Aby Warburg* ou "monument aux vivants" de Bert Theis est un hommage aux intellectuels juifs de culture allemande.

VINCENT FROEHLY ©

À NE PAS MANQUER

Musée alsacien

Cet exceptionnel musée des arts et traditions populaires vaut autant pour ses collections que pour la remarquable architecture des bâtiments qui l'abritent. Installé dans d'anciennes demeures reliées par une série d'escaliers, de cours et de coursives en bois, il rassemble dans ses salles et recoins des meubles et des objets qui témoignent de la vie quotidienne en Alsace aux XVIIIe et XIXe siècles.

Au fil du parcours, on entre dans l'intimité de familles paysannes et bourgeoises, grâce aux reconstitutions de pièces d'habitation et d'ateliers. La chambre à coucher au lit douillet (ici, l'hiver est rude) ; la *stube*, pièce commune où l'on se réchauffait autour de la *kunscht* (un poêle secondaire alimenté par le poêle principal, dans la cuisine), assis sur la banquette qui la prolongeait ; la cuisine avec son billot et ses poteries de Soufflenheim et Betschdorf. Admirez les magnifiques armoires polychromes et les chaises délicatement sculptées. La visite permet aussi de découvrir les traditions alsaciennes à toutes les étapes de la vie ainsi que les pratiques religieuses, qu'elles soient catholiques, protestantes ou juives. Il ne faut pas manquer non plus la collection de jouets en bois et de moules à gâteaux, ni la pharmacie digne de l'antre d'un sorcier !

Infos pratiques

☎ 03 88 52 50 00 ; www.musees.strasbourg.eu ; 23-25 quai Saint-Nicolas ; tarif plein/réduit 6,50/3,50 € avec audioguide et livret explicatif, gratuit -18 ans ; ⏲ 10h-18h, fermé mar

Église Saint-Thomas — Gothique alsacien

(☎ 03 88 32 14 46 ; 11 rue Martin-Luther ; ⏲ 10h-17h lun-sam nov-mars, 10h-18h lun-sam avr-oct, 12h-17h dim ; fermée 1-15 février). Facilement repérable à ses deux tours aux toits pentus, près de l'Ill, cette église est surnommée "la cathédrale du protestantisme alsacien". Dans sa forme actuelle, elle remonte à 1196. Dominée par une tour-porche, la façade intègre des caractéristiques gothiques (rosace, ouvertures en arc brisé) et des réminiscences romanes (arcature lombarde). À l'intérieur, on découvre une superbe église-halle (la nef centrale et les nefs latérales sont de même hauteur), typique de l'influence gothique germanique.

Ponts couverts Remparts

Impossible de ne pas remarquer les trois tours carrées qui ponctuent les ponts de l'Ill et ferment le quartier de la Petite France à l'ouest. Vestiges des remparts (XIIIe siècle), les tours – quatre, à l'origine – étaient reliées par des ponts en bois, couverts de toits de tuiles. Ils furent remplacés par des modèles en pierre au XIXe siècle.

Barrage Vauban Architecture militaire

La "grande écluse" – son autre nom – est un long bâtiment en grès de 13 arches, jeté sur toute la largeur de l'Ill. Il fut bâti selon les plans de Vauban à partir de 1681 pour compléter le système défensif des ponts couverts, jugé inopérant. Le système était ingénieux : une fois fermées, les vannes des arches condamnaient l'accès à la ville et inondaient l'arrière-pays. La terrasse panoramique aménagée en 1967 offre l'une des plus belles vues sur la Petite France.

Musée d'Art moderne et contemporain XIXe-XXIe siècle

(MAMCS ; ✆03 68 98 51 55 ; www.musees.strasbourg.eu ; 1 pl. Hans-Jean-Arp ; tarif plein/réduit 7/3,50 € ; ⏲10h-18h tlj sauf lun). Spectaculaire, le bâtiment en verre et grès rose, au bord de l'Ill, s'organise sur deux étages autour d'une gigantesque nef vitrée formant une "rue intérieure". Une partie des 18 000 œuvres du fond est présentée le long d'un parcours thématique à travers les grands courant de l'art moderne et contemporain. Si l'on s'arrêtera devant les œuvres de Rodin, Monet, Gauguin, Braque ou Picasso, comme devant celles d'artistes contemporains célèbres (par exemple *L'Araignée* d'Alain Séchas), il ne faut surtout pas oublier celles du peintre, dessinateur et illustrateur strasbourgeois Gustave Doré (1832-1883). Autre enfant de la ville, Hans (Jean) Arp a fait partie des avant-gardes du début du XXe siècle ; le MAMCS possède un grand nombre de ses œuvres. Superbe vue sur la vieille ville depuis la terrasse.

Grand'Rue Architecture

Cette ancienne voie militaire romaine, aujourd'hui l'une des principales rues commerçantes de la ville, est un livre d'architecture à ciel ouvert. Au n°6 s'élève une maison à colombages de 1614 ; au n°8 une maison de 1672, également à pans de bois, avec une façade ornée de masques sculptés. Aux nos 71, 75 et 77, on trouve de belles maisons bourgeoises du début du XIXe siècle. Au n°79, l'ancien hôtel particulier du négociant Ferrier (1760) possède de jolies ferronneries. Les nos 96-98 sont occupés par des maisons de style rococo strasbourgeois ; remarquez les mascarons au-dessus des ouvertures et l'enseigne de l'ours, sculptée. Au n°120, arrêtez-vous pour admirer un bel immeuble aristocratique (1540) avec un oriel rectangulaire couvert d'une toiture. Rouget de Lisle (p. 305) aurait habité en 1792 dans la maison de style rococo strasbourgeois (1765) située au n°126.

Hôpital civil Architecture

L'hôpital civil (45 bâtiments sur plus de 23 ha) est une vraie ville dans la ville. Le premier élément de ce vaste ensemble que l'on découvre en arrivant par la rue Saint-Nicolas est un édifice tout en hauteur : la **porte de l'hôpital** (XIIIe siècle, remaniée au XVIIe siècle). Sur le côté, remarquez la fresque figurant une crucifixion (XIVe siècle). Une fois passé la porte, on peut voir l'impressionnant bâtiment principal, long de 150 m, qui date du XVIIIe siècle. Il se distingue par son toit pentu percé de 4 étages de lucarnes et surmonté d'un beau clocheton élancé. Tout au long du XIXe siècle, l'hôpital ne cessera de s'agrandir avec de nouveaux bâtiments. Mais depuis 2008, ces derniers sont progressivement délaissés au profit du nouvel hôpital civil, moderne, construit dans le même périmètre. La **cave des Hospices de Strasbourg** (✆03 88 11 64 50 ; www.vins-des-hospices-de-strasbourg.fr ; 1 pl. de l'Hôpital ; ⏲8h30-12h et 13h30-17h30 lun-ven, 9h-12h30 sam), créée en 1395, se trouve sur ce même site. Une quarantaine de viticulteurs alsaciens continuent d'y élever une partie de leurs récoltes dans d'impressionnants foudres, dont certains sont vieux de plus de cinq siècles.

VINCENT FROEHLY ©

À NE PAS MANQUER

Balade dans la Petite France

Au Moyen Âge, le quartier de la Petite France regroupait les tanneries, connues pour leurs effluves nauséabonds, et les meuniers. Au XVIe siècle, on y construisit un hospice pour soigner les malades atteints de la syphilis, que l'on appelait alors le "mal français". L'hôpital, surnommé "Zum Französel" ("Aux petits Français"), a donné son nom au quartier. Aujourd'hui, c'est un endroit magnifique en toutes saisons, que même les Strasbourgeois fréquentent assidûment.

Promenez-vous **rue des Dentelles**. Voie d'accès à la Petite France quand on vient de la place Saint-Thomas, cette agréable ruelle piétonne se distingue par quelques belles maisons : l'ancien hôtel de Rathsamhausen (XVIe siècle) au n°9, et l'ancienne maison d'un tanneur (1565) au n°10. Faites ensuite une pause **place Benjamin-Zix**, l'endroit le plus photogénique de Strasbourg ! Puis poursuivez dans la **rue du Bain-aux-Plantes**, le cœur de l'ancien quartier des meuniers et des tanneurs, dont les ateliers occupaient les superbes demeures à colombages bâties en encorbellement qui bordent la rue. La plupart datent des XVIe et XVIIe siècles (Renaissance alsacienne) ; elles ont été restaurées au XIXe siècle. C'est le cas de la maison des Tanneurs (n° 42) et de la maison Lohkaes (n° 25), aujourd'hui des restaurants. Prenez le **pont du Faisan** ou "pont tournant" pour rejoindre la **rue des Moulins**, qui traverse les canaux de l'Ill. Elle réserve de magnifiques points de vue sur le quartier et sur le pont Saint-Martin. Au n°5 se trouvait les anciennes glacières de la ville, aujourd'hui dans les sous-sol d'un hôtel de luxe. En face, les deux petits espaces verts (avec une aire de jeux) sont très agréables pour une pause.

Krutenau

Autrefois quartier des bateliers et des pêcheurs, la Krutenau est aujourd'hui investie par les étudiants et les bobos, attirés par ses beaux bâtiments, la proximité du centre-ville et la qualité de vie. Au sud, la place d'Austerlitz est littéralement cernée par les bars et les restaurants. Plus à l'est, le campus universitaire s'intègre dans le très impersonnel quartier de l'Esplanade, construit dans les années 1960. Avec ses hautes tours, il n'intéressera que les passionnés d'architecture moderne.

Quai des Bateliers — Architecture

Après deux ans de travaux, l'ancien fief des pêcheurs, des constructeurs de bateaux et des bateliers est une zone totalement piétonne où il fait bon se balader ou faire une pause sur un des pontons flottants. Au n°1, dissimulée derrière une façade neutre, l'ancienne hostellerie du Corbeau, qui fit office de relais postal de 1528 au milieu du XIXe siècle, possède une magnifique cour pavée, dotée d'un ensemble à colombages, de galeries, de tourelles d'escalier et de passerelles. À l'issue d'une longue restauration, ce monument historique a été transformé en un hôtel de luxe. Au n°9, attardez-vous devant la façade (d'origine, vers 1750) de l'ancien siège de la corporation des bateliers (dit "L'Ancre").

Église Sainte-Madeleine — Néobaroque

(4 pl. Sainte-Madeleine). La structure originelle de cette église date de la fin du XVe siècle, mais un incendie détruisit la plus grande partie de l'édifice en 1904. Seul le chœur survécut, qui fait aujourd'hui office de chapelle et renferme plusieurs fresques du XVe siècle. La nouvelle église (1911), de style néobaroque, abrite un remarquable chemin de croix, au style très réaliste, œuvre du peintre alsacien René Kuder (1882-1962). L'édifice, réservé à la prière, n'est ouvert que durant les offices (sam 18h, dim 10h30).

Enceinte médiévale — Vestige

Derrière l'église, le long de la rue du Fossé-des-Orphelins, on peut voir le seul tronçon de l'enceinte médiévale (XIIIe siècle) qui subsiste. Le portail, de style Renaissance (1576), provient d'un hôtel particulier de la rue Brûlée, détruit au début du XXe siècle. L'ensemble vient d'être rénové.

Église Saint-Guillaume — Gothique

(1 rue Munch ; 15h-16h30 lun, mer-jeu). Cette église élancée, au clocher légèrement décentré, se détache des autres bâtiments. Érigée au début du XIVe siècle, elle passe au culte protestant au XVIe siècle. En 1667, le pasteur luthérien décide de transformer la façade (un étage percé de trois fenêtres ogivales surmontées de trois pignons) pour créer un clocher classique. Le charpentier sera condamné à la bastonnade : son clocher était de guingois. L'église vaut le coup d'œil pour ses vitraux des XIVe et XVe siècles, le tombeau à gisants des comtes de Werd (dans l'abside ; XIVe siècle) et le buffet d'orgues Silbermann (1728). La restauration de l'église, en cours, est autofinancée par l'organisation d'événements : concerts, projections de films et même un *escape game* !

La Krutenau en travaux

L'imposant bâtiment en grès rose de la **manufacture des Tabacs** (7 rue de la Krutenau) se déploie sur tout un pâté de maison dans le quartier de la Krutenau. Achevé en 1863, il accueillait une usine de fabrication de cigares jusqu'en 2010. Racheté par la Société d'aménagement et d'équipement de la région de Strasbourg, il est en complète reconversion et doit, à l'horizon 2022, accueillir une partie de l'université de Strasbourg et de la Haute École des arts du Rhin. Une auberge de jeunesse, un incubateur de start-up, un espace événementiel ainsi que deux restaurants (dont un végane) et une épicerie bio devraient aussi y voir le jour. Un projet attendu avec impatience : une fois terminé, il pourrait bien changer profondément le visage du quartier...

VAUT LE DÉTOUR
Presqu'île André-Malraux

Ce nouveau quartier, baptisé Deux-Rives, s'inscrit dans le projet d'extension de la ville jusqu'à la frontière. Amarré à la Krutenau et à l'Esplanade par des passerelles, il fait la jonction entre le centre historique et les faubourgs sud (le Neudorf). Cette ancienne friche portuaire est déjà un vrai lieu de vie, à l'aspect singulier avec les silhouettes des deux grues à portique, souvenirs d'une époque révolue... La **Cité de la musique et de la danse** (☎03 68 98 51 00 ; www.conservatoire-strasbourg.fr ; 1 pl. Dauphine ; ⏲lun-ven 8h-22h, sam 8h-20h), un des premiers bâtiments à avoir vu le jour (2006), abrite le conservatoire de Strasbourg et un auditorium. Sa façade de grès rose fait écho à la cathédrale. La **médiathèque André-Malraux** (☎03 88 45 10 10 ; 1 presqu'île André-Malraux ; ⏲12h-19h mar et jeu, 10h-19h mer et sam, 12h-20h ven) a donné son nom à la presqu'île. Aménagé dans un silo à céréales accolé à une halle de stockage, le bâtiment en impose ! Les briques rouges d'origine ont été recouvertes d'une peinture métallique et de citations d'écrivains. Le long du quai sont amarrées des péniches-restaurants. Remarquez les lettres-miroirs qui, en se reflétant, écrivent sur l'eau "*Strossburi isch bombisch*" (Strasbourg c'est cool). La **tour Seegmuller**, un ancien silo à grains, accueille la Maison universitaire internationale. Les **entrepôts Seegmuller** ont été transformés en bureaux, commerces et logements. C'est là que se trouve **Le Shadok** (www.shadok.strasbourg.eu) programmant expositions et ateliers autour des nouvelles technologies. Encore plus loin, les trois tours noires baptisées **Black Swans** rappellent les cygnes présents sur les canaux. En face, la **tour Elithis Danube** est la première tour d'habitation à énergie positive du monde.

Haute École des arts du Rhin — Art nouveau

(1 rue de l'Académie ; ⏲jardin 6h-19h30 lun-ven sauf pendant les vacances de Noël et 1-15 août).
L'école des arts déco, rebaptisée depuis sa fusion avec le conservatoire et les arts déco de Mulhouse, occupe un bâtiment de 1892 entouré de végétation. Seul le jardin est accessible, mais la façade vaut le coup d'œil avec ses céramiques réalisées d'après les dessins d'Anton Seder, directeur de 1889 à 1916, et ses motifs Art nouveau (*Jugendstil*). Petit espace d'exposition, **La Chaufferie** (☎03 69 06 37 67 ; 5 rue de la Manufacture-des-Tabacs ; ⏲ ven-sam 14h-18h) GRATUIT.

CEAAC — Centre culturel

(☎03 88 25 69 70 ; ceaac.org/fr/ ; 7 rue de l'Abreuvoir ; ⏲mer-dim 14h-18h, fermé août). GRATUIT Le Centre européen d'actions artistiques contemporaines programme jeunes talents et grands noms de l'art. L'édifice Art nouveau (un ancien magasin de vaisselle) vaut à lui seul le détour pour ses décors peints par Adolphe Zilly et son escalier en fer forgé.

Parc de la citadelle — Plein air

(accès par la rue de Boston ou le quai des Belges).
Ce parc de 12,5 ha, entre le quartier de l'Esplanade et le quai des Belges, a été aménagé sur l'ancienne citadelle de Vauban. Il fait bon se promener le long des douves peuplées de cygnes, de canards et de nénuphars. Joliment fleuri à la belle saison, le parc comporte quelques terrains de sport en libre accès et de nombreux jeux pour les enfants, dont une aire aquatique de 500 m² (partie est du parc).

Neustadt (quartier allemand)

Contrastant avec le lacis de ruelles du centre historique, la "nouvelle ville", inscrite au patrimoine mondial, fut construite durant le rattachement de l'Alsace à l'Allemagne. Promue capitale du Reichsland d'Alsace-Lorraine, Strasbourg devait incarner la victoire de 1870. De grandes avenues furent tracées, de nombreux bâtiments et monuments à la gloire de la germanité érigés : la surface de la ville tripla.

Palais de justice Néoclassique
(6 quai Finkmatt). Tout rappelle l'Antiquité dans cet édifice néo-hellénique (1894-1897) : le portique à colonnes ioniques, le fronton triangulaire, le décor sculpté inspiré de la Grèce antique.

Église catholique Saint-Pierre-le-Jeune Néogothique
(7 rue Saint-Léon ; lun-ven 8h30-19h30, sam 9h-20h, dim 9h-13h). L'église Saint-Pierre-le-Jeune (p. 97) étant devenue trop petite pour accueillir protestants et catholiques, on construisit entre 1889 et 1893 cette grande église en grès rose néogothique. Elle est repérable à sa grosse coupole néo-Renaissance encadrée de deux tours.

Place de la République Monumental
L'ex-*Kaiserplatz* (place de l'Empereur), conçue comme le lieu du nouveau pouvoir, rassemblait les bâtiments officiels. Elle est donc encadrée de bâtiments monumentaux et constitue le point de rencontre de deux grands axes perpendiculaires (avenue de la Paix et celle qui rejoint le palais universitaire). Au centre se trouve un petit jardin à la française où sont plantés des *Gingko biloba* (offerts par l'empereur du Japon à Guillaume II). Le monument aux morts (1936), sculpture de Léon-Ernest Drivier, est une allégorie du destin de l'Alsace : une *mater dolorosa* (Strasbourg) tient ses deux fils mourants sur ses genoux, après qu'ils ont combattu l'un contre l'autre. Dans leur ultime soupir, ils se donnent la main, symbole de leur réconciliation.

Palais du Rhin Éclectique
(2 pl. de la République). Ce colossal rectangle en grès (1883-1888) était destiné à loger le Kaiser (l'empereur Guillaume Ier), puis ses successeurs, lors de leurs séjours strasbourgeois ; il devait aussi symboliser de manière éclatante l'implantation du IIe Reich en l'Alsace. Bel exemple de l'éclectisme germanique, le style est inspiré de la Renaissance florentine, du baroque et de l'Antiquité (des atalantes soutiennent le balcon à colonnades corinthiennes). Centre administratif, il ne se visite pas.

SI VOUS AIMEZ...
L'architecture XIXe

Pour poursuivre l'exploration de la Neustadt...

- **Église Saint-Paul** (1 pl. du Général-Eisenhower ; mer 12h-17h, sam 14h-17h). Cette église, construite (1889-1892) dans le style néogothique sur une pointe séparant l'Ill et l'Aar, servait au culte protestant de la garnison allemande.
- **Palais universitaire** (9 pl. de l'Université ; 7h30-19h30 lun-ven, 7h45-12h sam). Inauguré en 1884, cet édifice fait écho au palais du Rhin, auquel il est relié par un axe monumental. Sur la place, une statue rappelle que Goethe étudia à Strasbourg de 1770 à 1771. De style Renaissance italienne, l'édifice abrite une cour couverte d'une verrière.
- **Jardin botanique de l'Université** (03 68 85 18 65 ; jardin-botanique.unistra.fr ; accès par le 28 rue Goethe et le 22 rue de l'Université ; 14h-18h tlj mars-avr et sept-oct, 14h-19h mai-août, 14h-16h nov à déc, fermé déc à fin fév). GRATUIT Plus de 6 600 espèces sont réunies dans ce jardin inauguré en 1884. Serre tropicale de plus de 450 espèces.
- **Planétarium de l'observatoire** (03 68 85 24 50 ; jardin-sciences.unistra.fr/planetarium ; 13 rue de l'Observatoire ; coupole tarif plein/réduit/-14 ans 4/3/2 €, planétarium 6/5/4 € ; visite de la coupole mer et dim 14h et 16h, spectacle du planétarium mer et dim 14h30 et 16h30, horaires élargis durant les vacances). On peut combiner la visite de la coupole de l'observatoire (20 minutes) à un spectacle projeté sur l'écran hémisphérique du Planétarium.
- **Bains municipaux** (10 bd de la Victoire). L'imposant bâtiment à la façade rouge, emblématique de la Neustadt, a été construit au début du XXe siècle dans un style néoclassique et néobaroque. Il est en travaux : rénovation des deux bassins et du bain romain Art nouveau, création d'un spa et d'un bassin extérieur.

VAUT LE DÉTOUR

Robertsau et parc de Pourtalès

Dans le nord-est de la ville, le quartier de la Robertsau, aujourd'hui essentiellement résidentiel, était jusqu'au XIXe siècle un coin de campagne avec des cultures maraîchères. Son principal intérêt pour le voyageur est le beau **parc de Pourtalès** (161 rue Mélanie ; 24h/24), à l'anglaise, dont les allées arborées révèlent çà et là des sculptures contemporaines (cherchez l'étonnant *Les Arbrorigènes* d'Ernest Pignon-Ernest et les grandes oreilles de bronze de Claudio Parmiggiani). Au cœur du parc, le château du même nom, érigé au XVIIIe siècle pour l'entrepreneur des ouvrages du roi Joseph Guérault, abrite aujourd'hui un **hôtel** (03 88 45 84 64 ; www.chateau-pourtales.eu ; s/d 84-140/104-170 €). Remarquez les tourelles et la jolie toiture d'ardoise percée de lucarnes.

Le parc se confond peu à peu avec la forêt de la Robertsau (près de 500 ha), dont le classement en réserve naturelle est en cours. Adossée au Rhin, elle constitue un vestige de la forêt primaire rhénane : avant la canalisation du fleuve, elle bénéficiait de ses crues. Chênes pédonculés, frênes, peupliers, saules, ormes, pommiers sauvages, lianes, lierre et vignes sauvages... sont le reflet d'une nature exubérante. Des itinéraires pédestres et cyclables, ainsi que des panneaux didactiques jalonnent cette forêt périurbaine où l'eau est omniprésente.

Si vous cherchez une adresse dans le quartier pour dîner, allez au **Sandkischt** (03 88 41 90 60; www.sandkischt.fr ; 23 rue de la Carpe-Haute; 11h30-14h30 et 18h-23h30, fermé mer) : cadre typique et cuisine au top ! On peut faire son choix les yeux fermés parmi les spécialités alsaciennes ou, le soir uniquement, goûter aux excellentes tartes flambées (à partir de 8,50 €). L'été, la terrasse est très agréable.

Bibliothèque nationale universitaire

Néoclassique

(03 88 25 28 00 ; www.bnu.fr ; 6 pl. de la République ; lun-sam 11h-19h, dim 14h-19h, fermé dim en été). La BNU date de la même époque (fin XIXe siècle) que le TNS, voisin, et fut construite dans un style identique, par les mêmes architectes (August Hartel et Skjold Neckelmann). La façade est ornée de médaillons sculptés aux effigies de personnalités du monde des lettres et des sciences. Sur le fronton de l'avant-corps central, notez les sculptures allégoriques figurant la Photographie, la Lithographie et l'Imprimerie. L'intérieur contraste par sa modernité. Un escalier monumental en acier et en bois dessert les 4 niveaux, baigné par la lumière descendant du dôme. C'est la deuxième bibliothèque de France par l'importance de son fonds. Sans carte de lecteur, on peut monter jusqu'au 2e étage (expositions au 1er étage). Des visites (3 €, sur inscription contact@bnu.fr) ont lieu le samedi.

Théâtre national de Strasbourg

Néoclassique

(7 pl. de la République ; www.tns.fr). Érigé entre 1888 et 1892 dans le style néoclassique, l'ancien Landtag (parlement ou diète) d'Alsace et de Lorraine accueille aujourd'hui le seul des cinq théâtres nationaux français implanté en région, ainsi que l'École supérieure d'art dramatique. Représentations de grande qualité (p. 118).

Musée Tomi Ungerer

Centre international de l'illustration

(03 68 98 50 00 ; www.musees.strasbourg.eu ; Villa Greiner, 2 av. de La Marseillaise ; tarif plein/réduit 6,50/3,50 € ; 10h-18h, fermé mar). Artiste prolifique, Tomi Ungerer (1931-2019) a fait don de 14 000 œuvres à sa ville natale, rassemblées dans ce musée. Sur 3 niveaux sont présentés ses illustrations pour enfants (rez-de-chaussée), ses dessins satiriques et affiches publicitaires (1er étage) et son œuvre érotique (sous-sol). Les œuvres exposées tournent tous les 4 mois environ et une exposition temporaire se tient toujours au 1er étage.

Musée Tomi Ungerer

Tomi Ungerer se passionne très tôt pour le dessin. À 25 ans, il débarque à New York. Deux ans plus tard, alors qu'il est déjà *cartoonist* pour les plus célèbres revues américaines et le *New York Times*, son premier livre pour enfants connaît le succès. Provocateur, anticonformiste, l'artiste n'hésite pas à publier *The Party* (1966), critique virulente de la haute société new-yorkaise, et *Fornicon* (1969), où il dénonce la mécanisation de la sexualité. Il quittera New York pour l'Irlande en 1976, où il vivra jusqu'à sa mort. Artiste engagé, il s'est mobilisé contre le nucléaire ou en faveur de la lutte contre le sida et, surtout, pour l'amitié franco-allemande.

Synagogue de la Paix Rationaliste

(03 88 14 46 50 ; cibr.fr ; angle av. de la Paix et rue René-Hirschler). Incendiée par les nazis en 1940, la synagogue du quai Kléber fut remplacée, en 1954, par cet imposant édifice en béton, aux formes anguleuses, de style rationaliste. Remarquez l'immense candélabre à six branches sur l'auvent de béton soutenu par 12 colonnes – une pour chaque tribu d'Israël. La synagogue donne sur le **parc du Contades**, principal espace vert du secteur, muni d'une aire de jeux.

Quartier de l'Orangerie et quartier de l'Europe

À quelques pas du centre historique, le cossu quartier de l'Orangerie doit son nom à son parc, poumon vert de Strasbourg. S'y alignent de belles demeures. Le quartier européen se trouve juste de l'autre côté de l'avenue de l'Europe.

Parc de l'Orangerie Plein air

(av. de l'Europe ; 7j/7 24h/24). Ce havre de paix, cher au cœur des Strasbourgeois, s'étend sur 26 ha. C'est un bon endroit pour un pique-nique et un lieu de promenade parfait pour les familles– minizoo, miniferme, manège, aires de jeux, lac avec barques... Le temple de l'Amour, au bout de l'allée de l'Orangerie-Joséphine, est très romantique. Le café-restaurant Le Jardin de l'Orangerie abrite un **bowling** (03 90 41 68 00 ; jardinorangerie.fr ; 3,30 €/pers, chaussures 1,70 € ; lun-jeu 13h30-2h, ven-sam 10h-3h, dim 9h-3h).

VAUT LE DÉTOUR
De l'autre côté de la frontière

Pour les Strasbourgeois, il est tout à fait naturel d'utiliser les deux rives du Rhin. La ville tend d'ailleurs à ne faire qu'une avec sa voisine allemande, Kehl, que l'on peut rejoindre en tram en quelques minutes. Symbole de l'amitié franco-allemande, le **jardin des Deux-Rives** (rue des Cavaliers ; ligne D arrêt Port-du-Rhin) s'étend de part et d'autre de la frontière. Français et Allemands se croisent sur la magnifique passerelle au-dessus du Rhin (réservée aux piétons et cyclistes) conçue par l'architecte Marc Mimram. Depuis la plateforme, au milieu de la passerelle, la vue est superbe. Le côté allemand du parc est plus convivial et plus familial que le côté français. Il y a une belle aire de jeux – la partie aquatique ne désemplit pas en été. Au niveau des premières habitations de Kehl se trouve le *biergarten* **Rheinschneck** ((00 49) 7851 2807 ; Gustav-Weis-Strasse 19, Kehl ; mars-oct mar-sam 11h-22h et dim 11h-21h, nov-fév ven 15h-21h, sam 11h-21h et dim 11h-20h). Si ce n'est pas la meilleure adresse pour manger, c'est l'endroit idéal pour boire une bière ou un *apfelschorle* (mélange d'eau gazeuse et de jus de pomme), avec ou sans enfant ! Toujours côté allemand, les 210 marches de la **tour panoramique** (tte l'année) GRATUIT, haute de 44 m, mènent à une superbe vue, quelle que soit la saison. La région est ici résumée tout entière : d'un côté les Vosges, de l'autre la Forêt-Noire, et au milieu une immense plaine coupée par le Rhin. Par temps clair, on voit la flèche de la cathédrale de Strasbourg – et aussi le pont de l'Europe et sa circulation incessante. Kehl n'a que peu d'intérêt. Les Strasbourgeois n'y vont que pour acheter les produits qui y sont moins chers qu'en France : produits de beauté et d'entretien, alimentation bio...

Allée de la Robertsau Architecture

Trait d'union entre la Neustadt et le quartier de l'Europe, l'allée de la Robertsau est bordée de beaux édifices. Au n°20 et au n°39, remarquez les deux villas de style néo-Renaissance, datant de la fin du XIXe et du début du XXe siècle. L'immeuble au n°56 (1903), de style Art nouveau, possède une façade très décorée (motifs végétaux, ferronneries). Au n°64, l'ancienne villa Schlief (1894) évoque un petit château néo-Renaissance. L'allée se termine en apothéose au n°76 par la magnifique villa Schützenberger (1900), Art nouveau.

Palais de l'Europe Institution

(03 88 41 20 29 ; www.coe.int ; av. de l'Europe ; visites guidées lun-ven sur réservation). GRATUIT Le siège du Conseil de l'Europe a été inauguré en 1977. La structure, un quadrilatère évoquant une forteresse, abrite plus de 1 000 bureaux. Les drapeaux des 47 États-membres flottent à son entrée. Le rôle du Conseil de l'Europe (créé en 1949) est de promouvoir la démocratie et de protéger l'État de droit et les droits de l'Homme en Europe. Il est possible de visiter le conseil durant les séances plénières (sur réservation ; calendrier sur le site).

Palais des Droits de l'Homme Institution

(03 88 41 20 18 ; www.echr.coe.int ; allée des Droits-de-l'Homme ; audiences publiques inscription obligatoire via le formulaire en ligne). GRATUIT Face au Conseil de l'Europe, sur la rive opposée du canal de la Marne, le Palais des droits de l'Homme (1995) est l'œuvre de Richard Rogers. Le bâtiment a un peu vieilli mais son architecture, tout en symboles, mérite le coup d'œil. Le hall, cylindrique et vitré, représente l'accessibilité de la Cour. Il est flanqué de deux tours sur pilotis habillées de métal et figurant les deux plateaux d'une balance (la Justice). Ce bâtiment accueille la Cour européenne des droits de l'Homme, créée en 1959, qui veille au respect de la liberté d'expression, de pensée, de religion et du droit à la vie. Elle peut être saisie par les États comme par les particuliers.

Parlement européen – bâtiment Louise-Weiss Institution
(☎03 88 17 40 01 ; www.europarl.europa.eu ; 1 allée du Printemps ; ⏲lun-jeu 11h30 et 15h-17h, ven 11h30 et 13h-17h, sam 9h30-12h et 13h-17h). GRATUIT La façade en verre du bâtiment principal, en forme d'ellipse (qui abrite l'hémicycle), borde les berges de l'Ill et enserre en partie la tour circulaire, haute de 60 m, qui abrite les bureaux. Une passerelle au-dessus de l'Ill relie ce bâtiment moderne (1999) aux anciens locaux datant des années 1980. C'est ici que se réunissent les 751 eurodéputés de l'Union européenne. La visite du bâtiment se fait avec un audioguide (environ 1 heure). Il est possible d'effectuer la visite durant les séances plénières (sur réservation ; le calendrier des séances est publié sur Internet). À l'entrée, il faut présenter une pièce d'identité valide et passer des contrôles de sécurité.

Circuits organisés

L'office du tourime (p. 120) propose une soixantaine de visites guidées thématiques (tarif plein/réduit 8,50/5 €), dont "l'incontournable", de la cathédrale à la Petite France. Un audioguide (1 heure 30, tarif plein/réduit 5,50/2,75 €) permet de visiter en autonomie le centre historique. Un petit train fait le tour des principaux sites.

Batorama Circuits en bateau
(☎03 69 74 44 04 ; batorama.com ; 18 pl. de la Cathédrale ; adulte/enfant/- 4 ans 10,30-13,50/6,20-7,80 €/gratuit ; ⏲tlj 9h-18h). Plusieurs circuits sont proposés : le plus court fait le tour de la Grande Île (45 min), les autres passent par les institutions européennes ou la Neustadt (environ 1 heure). Un commentaire est diffusé dans des casques individuels (piste audio spéciale pour les enfants). L'embarquement se fait au niveau de la place du Marché-aux-Poissons ; les billets s'achètent à la boutique, à l'embarcadère ou sur internet. En haute saison, réservez ! Batorama propose également l'appli POP guide (4 €) et un audioguide (5 €) pour découvrir la cathédrale.

Au fil de l'eau

Ces bateaux électriques sans permis permettent de découvrir la ville depuis les canaux à son propre rythme. Mais si l'on veut faire un grand tour, la formule se révèle assez onéreuse.

○ Marin d'eau douce (☎09 70 71 40 60 ; marindeaudouce.fr ; 5 quai du Woerthel ; 40-70 €/1 heure, 140-220 €/4 heures, 200-300 €/6 heures ; ⏲avr-oct tlj 9h-22h). Plusieurs itinéraires possibles, "nature" ou "architecture" ou "Petite France", d'une durée de 1 à 6 heures, mais en 1 heure, on ne va pas bien loin... Possibilité de commander un pique-nique ou un panier apéro.

○ Captain Bretzel (☎06 28 69 83 25 ; captainbretzel.eu ; quai du Bassin-Dusuzeau, au pied de la tour Elithis ; 35-65€/1 heure, 105-210 €/4 heures, 125-280 €/jour ; ⏲avr-oct tlj 10h-22h). Itinéraires autour de Strasbourg. Panier apéro sur demande.

Happy Strasbourg Circuits pédestres
(☎0652 653 527 ; happy-strasbourg.eu ; ⏲sam-dim janv-mars, tlj avr-déc). Pas de réservation, prix libre et possibilité de joindre ou de quitter le groupe à tout moment : voici le principe des "Happy Free Tours". Les guides se postent avec une grande pancarte à l'angle de la place de la Cathédrale et de la rue Mercière. Différents circuits sont proposés, de 1 heure 15 à 3 heures.

Où se loger

Très fluctuants, les tarifs s'envolent – et les chambres s'arrachent – durant les sessions parlementaires (12 périodes de 4 jours par an, calendrier sur le site Internet du Parlement) et le marché de Noël (fin novembre-fin décembre). Le reste du temps, vous obtiendrez généralement une réduction en réservant en direct avec l'hôtel. Les prix indiqués dans ce chapitre s'entendent "à partir de".

Ciarus — Auberge de jeunesse €

(03 88 15 27 88 ; ciarus.com ; 7 rue Finkmatt ; dort à partir de 29 €/pers, d/tr/qua 60/90/150 € ; petit-déj 8,90 €). Cet établissement de 309 lits est un excellent compromis entre une auberge de jeunesse et un hôtel. On peut y séjourner en dortoir de 3 à 6 personnes, ou en chambre (toutes ont une sdb). Très bon restaurant-buffet, jeux à disposition et parking (30 €/24h). À pied, il faut moins de 10 minutes pour rejoindre la place Broglie.

Hôtel Patricia — Historique €

(03 88 32 14 60 ; www.hotelpatricia.fr ; 1A rue du Puits ; s/d/tr sans sdb 43/57/64 €, d/tr avec sdb 66/76 € ; réception lun-sam 8h-11h et 14h-19h, dim 8h-11 ;). Un bâtiment du XVIe siècle dans une ruelle tranquille, un monumental escalier de bois, des chambres dépouillées (pas de télé), des prix démocratiques... Une bonne affaire ! Seul bémol : il n'y a qu'une seule sdb pour l'ensemble des chambres les moins chères. Certaines ont vue sur une jolie cour. Accès par code en dehors des heures d'ouverture de la réception.

Hôtel Roses — Hôtel €

(03 88 36 56 95 ; www.hotelroses-strasbourg.com ; 7 rue de Zurich ; s/d/tr/ste 55/70/85/139 € ; petit-déj 10,50 € ;). Un hôtel bien tenu, où chaque chambre est décorée différemment des autres. La suite peut accueillir 5 personnes. Les petits plus : le sauna (payant), la salle de fitness et un emplacement idéal. Parking des Bateliers (20 €/jour) juste en face.

Hôtel des Arts — Central €

(03 88 37 98 37 ; www.hotel-arts.fr ; 10 pl. du Marché-aux-Cochons-de-Lait ; s/d/tr 78/88/98 € ; petit-déj 6,50 € ;). Une situation idéale sur la pittoresque place du Marché-aux-Cochons-de-Lait : les monuments, les winstubs les plus connues et l'embarcadère des bateaux-mouches sont à proximité immédiate. Les chambres et les salles de bains sont petites, tout comme celle du petit-déjeuner, mais l'ensemble vient d'être rénové et l'hygiène est irréprochable. Le personnel, sympathique, a négocié un tarif préférentiels avec les parkings d'Austerlitz et des Bâteliers : 17 €/jour.

Parlement européen (p. 109)

VINCENT FROEHLY ©

Le Graffalgar Arty €€
(03 88 24 98 40 ; graffalgar.com ; 17 rue Déserte ; s/d/tr/qua 80/100/110/120 € ; petit-déj 12€ ; P). Les 38 chambres de cet hôtel ont chacune été décorées par un artiste différent. Le résultat ? Des univers singuliers, sobres ou colorés, pop, street art ou conceptuels... La très graphique chambre 207, des Ateliers BAH, et la 108, un petit nid d'oiseaux imaginé par Missy, sont nos préférées. Sdb fonctionnelles, clim dans certaines chambres et parking sur réservation (15 €/24h). Au rez-de-chaussée et ouverte à tous, **La Graffateria** (mer-dim brunch et déj) concocte de bons plats locavores avec options véganes.

Hôtel Kaijoo Urbain €€
(03 88 32 37 12 ; hotel-kaijoo.com ; 20 rue du Jeu-des-Enfants ; d/tr/ste 90/120/170 € ; petit-déj 14 € ; P). Un hall plein de plantes vertes sépare la rue de la réception de cet hôtel chic, dont certaines chambres viennent d'être refaites. Bois clair, parquet en chêne huilé et sdb spacieuses composent un cocon chaleureux – si possible, optez pour celles donnant sur la place du Vieux-Marché-aux-Vins, lumineuses et sans vis-à-vis. Les enfants adoreront les suites avec un système de lits cabanes ! Possibilité de parking (25 €/24h). Agréable café, aux chaises et canapés dépareillés.

La Célestine Chambres d'hôtes €€
(06 48 13 14 75 ; la-celestine.fr ; 2A rue des Planches ; s/d/tr/qua 110/115/185/200 €, prix famille 185 €). Coup de cœur pour cette adresse en plein quartier de la Krutenau, où Fabienne et Claude vous accueillent dans la maison familliale – ils vivent aux 4e et 5e étages. Chaque chambre évoque un thème lié à l'histoire du quartier ; grandes sdb modernes. Petit-déjeuner maison.

Hôtel Suisse Charme €€
(03 88 35 22 11 ; www.hotel-suisse.com ; 2-4 rue de la Râpe ; s/d/tr et qua 80/115/155 € ; petit-déj 12,90 €). L'ambiance douillette ferait presque oublier le monde extérieur... s'il n'y avait les cloches de la cathédrale, toute proche, pour le rappeler ! Toutes les chambres doubles ont (jolie) vue sur cette dernière. Accueil chaleureux ; agréable salon-bar au rez-de-chaussée.

BOMA Urbain chic €€€
(03 90 00 00 10 ; boma-hotel.com ; 7 rue du 22-Novembre ; ch 110-170 € ; petit-déj buffet 18 €, formule express 7,50 € ; P). Un hôtel-concept à l'ambiance ethno-chic, très bien situé. Les chambres sont décorées dans des tons chauds et bien équipées (minibar et VOD offerte). La chambre Waouh a une vue magnifique sur la cathédrale mais il faut mettre le prix... Ouvert à tous de 7h à minuit, le bar est l'un des lieux de rendez-vous du quartier. Cinq places de parking à 24€/jour, tarif négocié aux parkings Kléber et des Tanneurs à 18 €/jour. Salle de fitness.

Les Haras Luxe €€€€
(03 90 20 50 00 ; www.les-haras-hotel.com ; 23 rue des Glacières ; d/tr 165/230 € ; petit-déj buffet 24 € ; P). Cet hôtel de luxe est installé dans un site superbe : les anciens haras de la ville, classés monuments historiques. Le bâtiment et les chambres, très design, font la part belle au bois et au cuir, deux matériaux inspirés de l'univers équestre. Le petit-déjeuner est servi dans les anciennes écuries magnifiquement mises en valeur. Le service est à la hauteur des lieux : *room service* 24h/24, pressing, soins de beauté... Restaurant sur place (p. 114).

Où se restaurer

Cathédrale et place Gutenberg

Christian Salon de thé, pâtisserie €
(03 88 22 12 70 ; 10 rue Mercière ; plat du jour 8,90 € ; restaurant 11h30-14h, salon de thé 7h30-18h lun-sam). Une des rares adresses du quartier pour bien manger à petit prix, avec une carte pour tous les goûts (salades, pâtes, spécialités régionales...). On terminera évidemment par une pâtisserie, parmi les meilleures de la ville, un chocolat chaud (la spécialité de la maison) ou, en été, une bonne glace. Service parfois un peu lent. Autre adresse au 12 rue de l'Outre, derrière la place Kléber, avec moins de propositions salées.

Winstub Le Clou Alsacien **€€**

(03 88 32 11 67 ; le-clou.com ; 3 rue du Chaudron ; plats 15,90-26,90 € ; tlj 11h45-14h et 17h30-minuit). La winstub qui met d'accord tous les Strasbourgeois ! Un univers familial et convivial, à deux pas de la cathédrale, et une cuisine rabelaisienne qui ne déçoit jamais : rognons de veau sauce moutarde, *fleischkiechele* (galettes de viande), *waedele* (jarret de porc braisé, une petite merveille), *presskopf* (fromage de tête)… Marqueteries et bibelots typiquement alsaciens, grande table commune et petites tables composent un cadre chaleureux. Dans l'escalier, les photos des stars ayant franchi la porte de la maison (et il y en a beaucoup !). Le midi, on peut déjeuner pour 18,50 €.

La Hache Brasserie **€€**

(03 88 32 34 32 ; www.la-hache.com ; 11 rue de la Douane ; plats 14-23 €, menu gourmet 35 € ; tlj 12h-1h30). Une des rares adresses strasbourgeoises où l'on peut être servi en continu de midi à minuit ! Rien que pour ça, les Strasbourgeois l'adorent et s'y donnent rendez-vous après un ciné ou une pièce de théâtre. Le cadre est moderne et élégant, et la cuisine, de type brasserie, est bien réalisée. Nos plats préférés ? La salade César et le *fish & chips*. Au déjeuner, formules à 12 € (un plat), 17 € (plat et entrée ou dessert) et 22 € (menu complet).

Au Petit Tonnelier Cuisine du marché **€€**

(03 88 32 53 54 ; www.aupetittonnelier.com ; 16 rue des Tonneliers ; plats 14,90-21,90 €, plat du jour lun-ven/sam 10,90/12 €, formules déj 2/3 plats 16,90/21,90 € ; lun-sam 12h-14h et 19h-22h). Ici, le maître mot, c'est la cuisine de saison, classique, avec parfois une touche alsacienne comme pour le sauté de bœuf au munster, un classique de la maison. Les amateurs de viande apprécieront l'adresse. Jolie déco épurée, où alternent noir et blanc virginal, complétée d'expositions d'artistes locaux. Intéressantes formules au déjeuner. Des concerts sont parfois proposés le mardi soir.

Aux Douze Apôtres Bistronomie **€€€**

(03 88 32 08 24 ; aux12apotres.com ; 7 rue Mercière ; plats 17-28 €; tlj 7h30-23h). Une adresse au pied de la cathédrale, mais fréquentée depuis toujours par les Strasbourgeois. Le restaurant vient de faire peau neuve et, des murs à la carte, tout est réussi ! Les spécialités régionales revisitées se savourent dans une salle spacieuse, joliment décorée de miroirs et de luminaires en cuivre (grande salle voûtée en sous-sol). On peut aussi opter pour une planche à partager, accompagnée d'une des 17 bières à la pression. Le midi, plat du jour à 9,90 € ; *happy hour* de 17h à 20h. Le petit-déjeuner se prend jusqu'à 11h… et en cuisine, on turbine toute la journée.

S'Burjerstuwel – Chez Yvonne Alsacien **€€€**

(03 88 32 84 15 ; www.restaurant-chez-yvonne.net ; 10 rue du Sanglier ; plat 14,30-27,90 €, menus 21-36 €, avec boissons 33-52 € ; tlj 11h45-14h15 et 18h-23h30). Les années passent, la célèbre Yvonne Haller n'est plus là, mais cette winstub fondée en 1873 n'a pas dit son dernier mot. Bien sûr, l'adresse est un peu touristique, mais on aime quand même les petites *stub* (pièces) intimes, comme dans une maison de poupée, les belles boiseries et la cuisine à base de produits régionaux. À la carte, tous les classiques alsaciens – les pommes de terre sautées, qui accompagnent nombre de plats, sont divines. Très bon foie gras d'oie.

Maison Kammerzell Choucroute **€€€**

(03 88 32 42 14 ; www.maison-kammerzell.com ; 16 pl. de la Cathédrale ; plats 18,50-25,90 € 12h-17h, carte réduite de 14h30 à 17h, et 19h-22h30 tlj, carte réduite 14h30-17h). On vient ici pour le cadre (fenêtres typiques en cul-de-bouteille, fresque aux murs réalisées en 1904 par le peintre alsacien Léo Schnug) et pour la choucroute aux trois poissons (25,90 €), création du chef Guy-Pierre Baumann, qui a fait la notoriété du restaurant. Bien sûr, l'endroit est touristique, mais le lieu est magique, les assiettes sont copieuses, faites maison, et toujours aussi bonnes.

VINCENT FROEHLY ©

Terrasses de la place du Marché-Gayot

Place Broglie et place Saint-Étienne

La Binchstub Tartes flambées €€
(09 82 35 50 30 ; binchstub.fr ; 28 imp. de l'Écrevisse ; mar-dim 12h-14h30 et 18h30-1h30). C'est ici, caché dans une impasse, que vous mangerez les meilleures tartes flambées (à partir de 9,50 €) de la ville, déclinées en une dizaine de variétés salées et trois sucrées. Le patron a choisi chacun des ingrédients avec soin : le fromage blanc vient de la ferme Lindgrube, la crème de la ferme Durr, le lard de Rombach-le-Franc... Quelques salades et une bière artisanale strasbourgeoise.

Une autre **adresse** (03 88 13 47 73 ; 6 rue du Tonnelet Rouge ; tlj 18h30-1h) voisine la place du Marché-Gayot. Plus exiguë, elle n'est ouverte que le soir – réservez.

Place Kléber et quartier de la gare

Le Café potager Fast-good €
(03 88 32 52 41 ; lecafepotager.com ; 5 rue des Francs-Bourgeois ; lun-sam 9h-19h, dim 10h-17h). Ici, on aime tout ! Le lieu : de grandes baies vitrées, des plantes vertes, des banquettes et tables en bois clair et un grand comptoir pour passer commande. Dans les assiettes, des plats sains, frais et variés, parfois véganes, préparés sur place à partir de produits locaux. Il faut absolument goûter les desserts (tarte chocolat caramel, cheesecake mangue chocolat blanc...) ! Même les boissons sont préparées avec soin – et le sourire. Brunch (22 €; classique ou véganes) le dimanche.

Le Tigre Brasserie historique €€
(03 90 23 21 58 ; 5 rue du Faubourg-National ; lun-ven 7h-1h30, sam-dim 11h30-1h30). Ancienne propriété de la famille Hatt, les fondateurs de Kronenbourg, cette brasserie a rouvert après avoir été pendant quarante ans un restaurant universitaire ! On sirote dans le bar une Tigre Bock brassée sur place accompagnée d'une petite planche à partager ; sous la coupole Art déco du restaurant, on croque dans une excellente tarte flambée au feu de bois (8,40 €-14,50 €) et, aux beaux jours, on profite de l'immense terrasse à l'arrière. Un lieu redevenu mythique !

Petite France, Grand'Rue et Finkwiller

Pur etc. — Sain et bon €

(09 83 78 38 79 ; pur-etc.fr ; 122 Grand'Rue ; plats 7,60-9,80 €, brunch 9,90-14,50 € ; lun-sam 11h30-20h45, dim 10h-20h, brunch jusqu'à 15h). Dans ce "fast-good", on mange frais, de saison, local et en limitant les déchets (bocaux consignés, remises pour ceux qui apportent leur contenant). Cake de pois chiche, *pad thai* végétarien… sont à déguster sur place ou à emporter. Les jus frais (dans lesquels on peut rajouter des super-aliments) sont excellents, comme les desserts. Notre préféré : le carré d'avoine nappé de chocolat noir. Trois autres adresses : place des Halles, place Saint-Étienne et Presqu'île Malraux.

La Corde à linge — Traditionnel €€

(03 88 22 15 17 ; lacordealinge.com ; 2 pl. Benjamin-Zix ; tlj 10h30-minuit, jusqu'à 1h ven-sam). L'emplacement est parfait, sur une place au cœur de la Petite France, et la vue aussi ! En été, l'immense terrasse, sous les arbres, est idyllique… et prise d'assaut. Mais l'intérieur du restaurant est aussi très agréable, avec une déco d'inspiration industrielle. Côté assiettes, des plats simples et savoureux (plat du jour 9,50 €). Goûtez au *späetzles*, des pâtes épaisses aux œufs, typiquement alsaciennes. Elles sont proposées avec différentes sauces (12,50-13,50 €). Service continu jusqu'à 23h.

Au Pont Corbeau — Alsacien €€

(03 88 35 60 68 ; 21 quai Saint-Nicolas ; lun-ven 12h-14h30 et 19-23h, dim 19h-23h ; ouvert tlj pendant le marché de Noël). L'une des rares winstubs authentiques de la ville. Aux murs, des boiseries alsaciennes et des œuvres de Tomi Ungerer ; dans les assiettes, une cuisine familiale qui tient au corps (galettes de pommes de terre, tête de veau vinaigrette, jambonneau grillé, salade de viande de pot-au-feu), à prix honnêtes. Formule déjeuner, avec 5 entrées et 5 plats au choix à 13,50 €. Ambiance de cantine, bruyante et animée. Belle carte des vins et terrasse dans une cour intérieure.

Les Haras — Brasserie chic €€

(03 88 24 00 00 ; les-haras-brasserie.fr ; 23 rue des Glacières ; menus du jour midi lun-ven/sam-dim 25-31/30-36 € ; tlj 12h-14h et 19h-22h). Un cadre chic et chaleureux pour cette somptueuse brasserie qui a trouvé sa place dans les anciens haras de Strasbourg. Cuisine ouverte sur la salle, escalier en bois monumental, fauteuils en cuir et superbe charpente apparente à l'étage… La carte, qui veut rester abordable (au regard de la qualité), est signée Marc Haeberlin, le chef triplement étoilé de l'Auberge de l'Ill. En fin de journée, on peut profiter du bar en grignotant des tapas. Belle terrasse et hôtel sur place (p. 111).

Krutenau

May — Vietnamien €

(09 86 20 24 53 ; 1 rue de Berne ; mar-sam 12h-14h et 19h-22h). Le restaurant a plusieurs fois changé d'adresse pour se réinventer. Désormais, on déguste dans un cadre très zen des plats cuits à la vapeur pour garder tout le croquant et les vitamines des légumes. Les *bò bún* (10,90 €) et les rouleaux de printemps (4,20 €) sont vraiment divins… et le reste de la carte aussi, avec des options végétariennes. Attention, il y a peu de places, donc mieux vaut réserver ou arriver tôt !

Le Purgatoire — Bar à vin €€

(03 88 35 62 87 ; 34 rue de Zurich ; tlj 11h30-1h30). Ce magnifique bar à vin, installé dans une ancienne chapelle du XVe siècle, propose pas moins de 150 références de vin au verre (5-9 €, la carte change toute les semaines) ou à la bouteille. Il y en a pour tous les goûts et toutes les bourses, d'un pauillac 2011 à 32 € à un grand cru riesling 2017 à 200 €. Les assiettes sont à la hauteur du décor. Excellent rapport qualité prix au déjeuner pour les 3 entrées (4,90 €) et 3 plats (10,90 €) proposés. À partir de 18h, on partage de petites planches (19,90-29,90 €) que l'on compose soi-même à partir des suggestions de la carte. Grande et très agréable terrasse en été. Des ateliers dégustations sont régulièrement organisés.

VINCENT FROEHLY ©

Parc de l'Orangerie (p. 107)

Le Rutsch Alsacien €€€

(☎03 88 25 20 20 ; le-rutsch.fr ; 9 rue du Renard-Prêchant ; plats 16,50-28,50 € ; ⌚mar-sam 12h-14h et 19h-22h). Le Rutsch tient son nom du petit verre typiquement alsacien dans lequel on servait le vin, le *rutscherle* (littéralement "qui glisse doucement"), que l'on retrouve ici sur les tables. Avec ses nappes en *kelsch* et ses luminaires tendance, cette winstub réussit à marier le moderne et le traditionnel sans faute de goût. Dans les assiettes, les plats régionaux sont bien exécutés. Goûtez l'excellente choucroute garnie (19,50 €) et, s'il vous reste de la place, craquez pour la tarte au citron destructurée ou le vacherin glacé maison, deux délices ! Formule à 14 € le midi. Terrasse en été.

Neustadt

Les Innocents Bistronomie €€

(☎03 88 24 63 01 ; les-innocents.fr ; 4 rue Paul-Muller-Simonis ; plats soir 15-26 € ; ⌚mar-ven 12h-14h et 19h-23h, sam 19h-23h). Sur les murs, des bandits australiens ; dans la salle, un beau zinc et une prison pour conserver les flacons... Ambiance prohibition à Chicago ! La cuisine – fine et de saison – est concoctée à quatre mains par deux chefs coupables de gourmandise. À midi, seule la formule est proposée ; elle est d'un rapport qualité/prix imbattable (entrée + plat 17 €). Le soir, les prix montent, mais vous ne serez pas déçu. Brunch un dimanche par mois (39 €, 12h-16h), consultez le site.

Orangerie et quartier de l'Europe

Chez Patrick Salon de thé €

(☎03 88 35 43 67 ; 53 allée de la Robertsau ; ⌚7h15-19h lun-sam, 7h15-18h dim). Une adresse un peu vieillotte mais qui ne désemplit pas de la journée et qui fait office de cantine pour les employés des institutions européennes voisines. Un plat différent (8,80 €) est proposé chaque jour le midi, ainsi que des salades et des sandwichs. C'est simple, parfois un peu lourd, mais on vient ici pour l'ambiance et les petits prix. Les millefeuilles sont succulents, les petits gâteaux de Noël (*bredele*) aussi !

Où prendre un verre

Jeannette et les Cycleux — Bar, cocktails

(03 88 23 02 71 ; 30 rue des Tonneliers ; lun-jeu 11h30-1h30, ven-sam 11h30-2h30, dim 11h30-0h30). Si la terrasse de ce bar, dans une belle rue piétonne, est idéale pour un cocktail l'été – on recommande tout particulièrement le mojito –, c'est aussi une bonne adresse le reste de l'année ! Bon choix de bières, dont 6 à la pression, et de boissons en tous genres (10 milk-shakes) à accompagner d'une petite restauration en continu (soupes, quiches et planchettes). Le baby-foot met de l'animation durant l'*happy hour*, tous les jours de 17h à 20h. Un spot connu de tous les Strasbourgeois !

Le Gayot — Bar-terrasse

(03 88 36 31 88 ; pl. du Marché-Gayot/18 rue des Frères ; tlj 11h-1h30, fermé dim en hiver). Dans le quartier, la place du Marché-Gayot (p. 97) est incontournable à l'heure de l'apéro et, sur la place, Le Gayot l'est tout autant. On y vient entre amis pour un verre de vin, une bière ou un cocktail et grignoter. Clientèle locale, plutôt branchée.

Le Meteor — Brasserie géante

(03 88 65 66 30 ; 10 rue du 22-Novembre et 27 Grand-Rue ; 7h-1h30 tlj). Ouverte en octobre 2019, ce bar-restaurant-brasserie est l'adresse strasbourgeoise du dernier brasseur alsacien historique à être toujours indépendant : Meteor. Ici, tout frôle le gigantisme : un bar long de 12 m, plus de 400 places assises, 4 citernes de 1 000 litres sur place et 13 bières à la pression dont des recettes éphémères. Si l'on y vient plutôt pour prendre un verre, on peut aussi y grignoter et même y manger des spécialités alsaciennes.

Le Café des sports — Bar

(03 67 97 83 46 ; 16 rue Sainte-Hélène ; mar-sam 17h-1h30). Un petit nouveau rapidement devenu un incontournable ! À la tête de ce bar à la déco rétro chic, où dominent boiseries et banquettes vertes, deux passionnés qui proposent une sélection rigoureuse de 8 bières artisanales et pas moins de 60 vins nature. Baby-foot, fléchettes et écran les soirs de match. *Happy hour* de 17h à 20h.

Haute École des Arts du Rhin (p. 104)

Le Trolleybus — Bar

(03 88 32 47 96 ; 14 rue Sainte-Barbe ; lun-ven 11h-1h30, ven-sam 11h-4h, dim 14h-1h30). Un Q.G. de la jeunesse branchée, tout près de la place Kléber, dans une rue piétonne et calme. À l'intérieur, en revanche, c'est franchement animé, surtout le week-end. Grande terrasse, prix légers et déco sympa.

Troquet des Kneckes — Bar-brasserie

(03 88 22 57 45 ; troquet-kneckes.alsace ; 112 Grand' Rue ; lun-ven 11h-1h30, sam-dim 10h-1h30). Ne vous fiez pas à la devanture en bois sombre, un peu triste, de cette ancienne brasserie : à l'intérieur, tout est résolument contemporain, avec de nombreuses touches de couleur, et la clientèle, essentiellement estudiantine, se charge de l'animation. Un baby-foot, une dizaine de bières pression, des petits plats pas chers... les raisons pour s'attarder ne manquent pas.

Salon de thé Grand'Rue — Salon de thé

(03 88 32 12 70 ; salondethegrandrue.fr ; 80 Grand'Rue ; mar-sam 8h30-18h30, ouvert dim pendant le marché de Noël). Thé glacé maison l'été, chocolat chaud aux épices en hiver et, dans tous les cas, un buffet de gâteaux absolument irrésistible (attention, les parts sont gargantuesques !). Ce salon de thé cosy, boisé de rouge, est le lieu parfait pour une pause gourmande. Toutes les boissons chaudes sont servies avec une grosse meringue, craquante à l'extérieur, fondante à l'intérieur... on ne viendrait que pour ça ! Bon choix de petits-déjeuners.

Café Atlantico — Café, bar

(03 88 35 77 81 ; cafe-atlantico.net ; quai des Pêcheurs ; lun-sam 7h-1h30, dim 7h-minuit). Ambiance un brin alternative et consos à petits prix font de cette péniche à quai sur l'Ill une adresse à consommer sans modération à toute heure de la journée (même si le plat du jour, le midi, n'est plus aussi bon qu'avant...) ! Le matin, on prend son café sur la coursive extérieure, en regardant les cygnes. Le soir, on vient y boire un dernier verre. Le brunch (10h-15h, 11,90 €), le week-end, fait l'unanimité.

Sébastien Gillmann — Salon de thé, pâtisserie

(03 88 36 47 05 ; 20 quai des Bateliers ; lun-mar et jeu-ven 7h30-19h, sam 9h30-19h, dim 7h30-18h). Sébastien a fait des études d'histoire, puis a décidé de reprendre la pâtisserie de son père. S'il a gardé les excellentes matières premières (ici, pas de sucre raffiné ni de gélatine), il a relooké gâteaux et déco. On y vient pour boire un café ou un chocolat chaud, et on craque pour une pâtisserie, par exemple le "chocofleur" (génoise chocolat sans farine et mousse chocolat, 4 €). Depuis la terrasse ou derrière les grandes baies vitrées, on a une vue imprenable sur le palais Rohan. En été, les glaces sont excellentes et à un prix raisonnable.

Café Bâle — Bar

(03 88 25 53 82 ; cafebale.com ; 24 rue d'Austerlitz ; tlj 7h30-1h30). Resté dans son jus pendant de longues années, ce bar n'était fréquenté que par des gens du quartier et quelques rares habitués. Entièrement rénové et redécoré dans un style industriel très réussi, il est devenu l'une des adresses les plus branchées de Strasbourg. Aux beaux jours, la terrasse est prise d'assaut et le dimanche, le brunch affiche toujours complet ! Le service n'est pas toujours très rapide et ni très souriant, mais ça reste une excellente adresse.

Café Brant — Café

(03 88 36 43 30 ; www.cafe-brant.fr ; 11 pl. de l'Université ; lun-ven 7h-20h, sam 7h-19h, dim 8h-19h). Un beau café de style viennois, très agréable à toute heure de la journée, avec une grande terrasse aux beaux jours. L'ambiance est chic mais pas guindée, le service impeccable. On aime y prendre un café le matin, entre les habitués qui lisent le journal, les hommes d'affaires qui y tiennent leur premier rendez-vous et quelques touristes devant une formule petit-déjeuner (servie jusqu'à midi). À midi, on y mange plutôt bien.

[redacted]

Où sortir

La Laiterie Concerts, club

(03 88 23 72 37 ; artefact.org ; 13 rue du Hohwald). La salle emblématique de Strasbourg (la plus grosse après le Zénith), installée dans une ancienne laiterie à l'écart du centre, offre une programmation tous azimuts : hip-hop, soul, funk, reggae, rock, punk, blues, world music... Têtes d'affiches et artistes locaux s'y succèdent. Également des soirées thématiques – électro, techno, house, trip-hop... – avec DJ aux platines. La salle est au cœur de l'Ososphère (p. 42).

La Choucrouterie Théâtre-cabaret

(03 88 36 07 28 ; theatredelachouc.com ; 20 rue Saint-Louis ; spectacles semaine 20h30, dim 17h). Fondé par le chansonnier Roger Siffer, ce théâtre-cabaret très alsacien occupe une ancienne fabrique de choucroute – évidemment. Les spectacles, légers et humoristiques, sont présentés presque simultanément en alsacien et en français. Le restaurant attenant ne tient malheureusement pas ses promesses.

Le Café des Anges Club

(5 rue Sainte-Catherine ; 23h-5h mer, 23h-7h jeu-sam).Il y a souvent beaucoup de monde au Café des Anges. Il faut dire que c'est le seul club à Strasbourg où l'entrée est totalement gratuite... Autres raisons de son succès : bonne musique généraliste, consos à prix raisonnables et physios pas trop stricts. La clientèle est jeune (beaucoup d'étudiants) et l'ambiance au top jusqu'au petit matin.

La Salamandre Club

(03 90 41 87 27 ; www.lasalamandrestrasbourg.com ; 3 rue Paul-Janet ; 23h-7h jeu-sam). Cette boîte de 400 m², qui a vu défiler plusieurs générations d'étudiants, n'arrête pas de muer. Le décor kitsch et rétro a laissé la place à un cadre contemporain, plus branché mais plus passe-partout. Musique généraliste à tendance électro. Au "BionicBar", c'est un robot qui se charge de la préparation de votre cocktail.

FAT Bar, club et concerts

(03 88 16 25 60 ; 3 rue Klein ; 18h-4h tlj). Récemment rénové, cet incontournable des nuits strasbourgeoises reste un lieu décalé, un brin underground, où étudiants et trentenaires viennent siroter un bon rhum ou de la vodka vieillie en fût de chêne. Au sous-sol, concerts et soirées DJ électro, hip-hop, soul, mais aussi rock et disco. *Happy hour* de 18h à 21h.

Le Living-Room Club

(03 88 24 10 10 ; 11 rue des Balayeurs ; 22h-4h mer-sam). Haut lieu des nuits "branchées" à Strasbourg, cette boîte/bar dansant occupe le rez-de-chaussée d'un immeuble quelconque. Dedans, l'ambiance monte de plusieurs crans en fin de semaine lorsque la clientèle, qui se la joue VIP – triée sur le volet par le portier –, se trémousse sur de l'électro-house. Plus lounge en semaine.

Théâtre national de Strasbourg Théâtre

(03 88 24 88 00, billetterie 03 88 24 88 24 ; www.tns.fr ; 1 av. de La Marseillaise ; spectacles mar-sam 20h et dim 16h, billetterie lun-sam 13h-19h). Un élément phare du paysage culturel strasbourgeois, au répertoire de qualité, classique et contemporain. Une quinzaine de spectacles sont présentés chaque saison, dont plusieurs créations et coproductions par la troupe de comédiens permanents. Des événements gratuits, sans aucun lien avec les spectacles, sont programmés tout au long de l'année dans le cadre de "L'autre saison".

Opéra national du Rhin Spectacles

(réservations 0825 84 14 84 lun-ven 10h30-12h30 ; www.operanationaldurhin.eu ; 19 pl. Broglie ; billetterie lun-ven 12h30-18h30 et 1 heure avant les représentations). Tous les grands classiques de l'opéra et du ballet, ainsi que de la musique de chambre, des récitals et du théâtre en alsacien. Une vingtaine de productions sont présentées chaque année : les grands classiques de l'opéra et du ballet, des représentations jeune public, mais aussi des productions plus avant-gardistes et des récitals.

VINCENT FROEHLY ©

Opéra national du Rhin

Achats

La Nouvelle Douane — Épicerie locale

(03 88 38 51 70 ; www.lanouvelledouane.com ; 1A rue du Vieux-Marché-aux-Poissons ; mar-ven 9h30-19h30, sam 8h-18h30). L'adresse incontournable pour les locavores strasbourgeois. Au rez-de-chaussée du beau bâtiment de l'ancienne douane, 22 producteurs de la région proposent leurs produits en vente directe, certains à emporter sous vide : fruits et légumes, viandes et charcuteries, truite, foie gras, fromages, yaourt, vins… Il y a aussi un stand boulangerie.

Mon Oncle Malker de Munster — Produits alsaciens

(03 69 96 76 28 ; malker.fr ; 4 pl. de la Grande-Boucherie ; tlj 10h30-19h30). Cette très jolie boutique 200% alsacienne est loin d'être l'attrape-touriste auquel on pourrait s'attendre dans le quartier. Ici, tous les produits sont sélectionnés avec rigueur et passion par une équipe qui saura vous orienter parmi des spécialités parfois méconnues… On rapportera chez soi de la confiture d'églantine, un pot de raifort, des *fleischschnakas* sous vide, de la crème de munster au marc de gewurztraminer ou encore du pesto à l'ail des ours.

Le Village de la Bière — Bières

(03 88 36 90 04 ; 22 rue des Frères ; lun 14h-19h30, mar-ven 10h-12h30 et 14h30-19h30, sam 10h-19h30). Un choix de plus de 400 bières, pour beaucoup issues de petites brasseries locales, et des nouveautés tous les mois. Impossible donc de ne pas trouver son bonheur dans ce temple des breuvages maltés, d'autant plus que le personnel est de bon conseil…

Poterie d'Alsace — Poteries

(03 88 32 23 21 ; www.poterie-alsace-strasbourg.eu ; 3 rue des Frères ; lun 14h-19h, mar-sam 10h-19h). Une jolie petite boutique où les plus belles poteries traditionnelles d'Alsace sont bien mises en valeur : celles de Betschdorf (gris et bleu) et celles de Soufflenheim (ocre vernissé). Moules à *kougelhopf*, plats à *baeckeoffe*… mais aussi tasses, bols, plats et petits objets de décoration.

Un Noël en Alsace Décorations de Noël
(☎03 88 32 32 3 2; www.noelenalsace.fr ; 10 rue des Dentelles ; ⏰lun-sam 10h30-18h30, dim 14h-17h30, déc tlj 10h-19h, fermé 15 jan-15 fév). Pour se plonger dans l'ambiance du Noël alsacien, même hors saison, c'est l'adresse parfaite. Petits sujets en bois, décorations en étain peintes à la main, dentelles traditionnelles, crèches et personnages, calendriers de l'avent à l'ancienne... difficile de trouver boutique plus exhaustive.

Pain d'Épices Mireille Oster Pains d'épices
(☎03 88 32 33 34 ; mireille-oster.com ; 14 rue des Dentelles et 17 rue des Moulins ; ⏰tlj 9h-19h). Une véritable institution à Strasbourg ! Mireille Oster régale les Strasbourgeois et les touristes de ses délicieux pains d'épices artisanaux confectionnés à partir d'ingrédients choisis avec grand soin – on peut même acheter les 12 miels utilisés dans les recettes. Dans ces petites boutiques tout de blanc et de bois, on a envie de goûter à tout ! Laissez-vous tenter par le pain d'amour ou l'incontournable "7 épices" (9 € le sachet de 200 g).

Fortwenger Douceurs
(☎03 88 35 40 22 ; fortwenger.fr ; 10 rue d'Austerlitz ; ⏰mar-ven 9h30-18h30, sam 9h30-18h, lun, dim et jours fériés 10h-18h, fermé 3 semaines jan). Une fabrication artisanale... mais à grosse échelle – Fortwenger est le premier fabricant en France de pains d'épices. Le rapport qualité/prix est excellent et le choix très large : des pains d'épices au miel tranchés aux bretzels recouvert de chocolat en passant par les étoiles à la cannelle. Ne partez pas sans un paquet (voire deux !) de la spécialité de la maison, les *leckerlis* (petits pains d'épices aux raisins et écorces d'orange, 4 € les 225 g).

Renseignements

Office du tourisme (☎03 88 52 28 28 ; www.otstrasbourg.fr ; 17 place de la Cathédrale ; ⏰9h-19h tlj). On y trouve les informations et brochures habituelles. On peut y louer un audioguide (p. 109), réserver une visite guidée (p. 109) et s'y procurer le Strasbourg Pass (encadré p. 90), qui offre de nombreuses réductions.

Gare de Strasbourg (p. 99)

VINCENT FROEHLY ©

Depuis/vers Strasbourg

AVION

L'**aéroport de Strasbourg** (03 88 64 67 67 ; www.strasbourg.aeroport.fr) est situé à Entzheim, à 10 km de Strasbourg par l'autoroute. Une navette-train (jusqu'à 5/heure, 8 minutes, 2,80 €, 4,50 € billet tram + train) relie l'aéroport à la gare, d'où l'on rejoint rapidement le centre-ville à pied, en bus ou en tram. Des taxis stationnent devant l'aéroport jusqu'à l'arrivée du dernier vol. **Air France** (3654 ; www.airfrance.com) propose des vols directs pour Biarritz, Lyon, Pau, Rennes et Toulouse. La compagnie espagnole low cost **Volotea** (0899 232 050 ; www.volotea.com) assure une liaison directe depuis la Corse, Bordeaux, Marseille, Montpellier, Nantes, Nice et Toulouse. Des vols low cost **RyanAir** (0892 562 150 ; www.ryanair.com) relient Bordeaux et Marseille. Lille est desservi par **Twin Jet** (0892 707 737 ; www.twinjet.fr). **Brussels Airlines** (01 73 23 10 71 ; www.brusselsairlines.com) assure deux vols directs quotidiens en semaine (lun-ven) entre Strasbourg et Bruxelles.

L'**aéroport de Bâle-Mulhouse** (03 89 90 31 11 ; euroairport.com) est facilement accessible en train et en navette depuis Strasbourg et propose plus de vols, notamment longs courriers. Les Strasbourgeois utilisent aussi beaucoup les aéroports allemands, comme celui de **Karlsruhe-Baden-Baden** (baden-airpark.de), de **Stuttgart** (stuttgart-airport.com) et même de **Francfort** (frankfurt-airport.com).

TRAIN

Strasbourg est relié par le **TGV** à Paris (1 heure 46, environ 20 AR/jour), Bordeaux (5 heures 30), Rennes (4 heures 15), Nantes (5 heures) et Lille (3 heures). Liaison directe avec Lyon (à partir de 3 heures 45) et Marseille (à partir de 5 heures 35) ; un train de nuit dessert Nice. Deux TGV directs par jour pour Bruxelles (4 heures), pour le Luxembourg via Metz et Thionville (1 heure 46). L'Allemagne est également bien desservie : Munich (3 heures 50), Stuttgart (1 heure 20) et Karlsruhe (40 min). Il est facile d'aller à Bâle en Suisse (environ 1 dép/30 min, 1 heure 20). Informations et réservations sur www.oui.sncf ou au 3635.

Les trains low cost **OUIGO** desservent à petits prix Colmar (1 AR/jour, 30 minutes), Lorraine TGV (1 AR/jour, 35 minutes) et Paris (3 AR/jour, 1 heure 50 à 2 heures 20). Informations et réservations sur ouigo.com.

La gare de Strasbourg est située à 5 minutes à pied du centre-ville. Elle est desservie par les lignes A, C et D du tram, et par plusieurs lignes de bus.

VOITURE

Strasbourg est reliée à Paris (via Metz et Reims) par l'autoroute A4 (490 km, 5 heures environ) et à Mulhouse puis Bâle par l'A35 (gratuite). La vallée du Rhône et les Alpes sont facilement accessibles par l'autoroute en suivant la direction de Besançon et de Beaune (A36) depuis Mulhouse. En venant de l'ouest de la France, il faut passer par Paris ; et du Sud et de Marseille, par Lyon. Du Nord, il faut transiter par Reims. Depuis la Suisse, une solution rapide consiste à passer par Bâle, puis à rejoindre Kehl ou Offenbourg, en Allemagne, par l'autoroute ; ensuite, il n'y a plus qu'à franchir le Rhin par l'une des voies rapides (attention, il y a souvent beaucoup de circulation). Depuis la Belgique, suivez l'autoroute E411 jusqu'à Luxembourg, puis l'A31 jusqu'à Metz et l'A4 pour Strasbourg ou, si vous avez un peu de temps, depuis Sarrebruck vers Haguenau, empruntez la N61 et la D919.

Le stationnement est problématique dans le centre historique, et rares sont les hôtels dotés de places de parking. Les parkings situés dans la Grande Île pratiquent des tarifs prohibitifs (46 €/24 heures) et son souvent complets. Préférez le parking des Bateliers et d'Austerlitz (à la Krutenau), le parking Sainte-Aurélie (à côté de la gare), celui de la Petite France et celui des Halles-Sébastopol, moins chers (20 €/24 heures) et à 5 minutes à pied du centre-ville. Plus économiques encore, les **parkings Relais-Tram** (03 88 77 70 70 ; cts-strasbourg.eu) gérés par la compagnie de transports en commun CTS : avec le paiement du parking (4,20-4,70 €/24 heures), chaque occupant du véhicule reçoit un ticket permettant de faire un aller-retour en tram. Pour plus d'informations et les tarifs : **Parcus** (03 88 27 09 09 ; www.parcus.com), **Indigo** (0810 26 3000 ; www.parkindigo.com).

Tous à vélo !

Vélhop (03 88 18 00 40 assistance 24h/24 ; www.velhop.strasbourg.eu), c'est le vélo partagé strasbourgeois. Pour louer un vélo (avec panier et cadenas), il y a deux possibilités. Le plus simple est de se rendre dans une boutique Vélhop avec une pièce d'identité (une caution de 150 € par carte bancaire vous sera demandée). On peut louer des vélos classiques et des vélos enfants (6 €/jour, 18 €/7 jours), ainsi que des vélos électriques, des tandems et des vélos-cargos (12 €/jour, 42 €/7 jours). Si vous possédez un téléphone ou une carte bancaire, vous pourrez aussi prendre un vélo en station automatique. Pour cela, appelez le 09 69 39 36 67 ou rendez-vous dans une station équipée pour les cartes bancaires pour obtenir un code. Saisissez ce code et suivez les instructions : les clés sont conservées dans un boîtier que l'on ouvre grâce au code ; prenez la clé dans l'emplacement lumineux, puis cherchez le vélo correspondant au numéro de la clé. La location du vélo est limitée à 3 jours et le retour doit se faire dans la station d'origine (5 €/demi-journée, 10 €/jour).

Il y a trois **boutiques** (03 67 70 70 70) au centre : **Gare** (gare centrale, niveau -1 de la grande verrière ; basse saison lun-ven 8h-19h, sam 9h30-12h30 et 14h-17h30 ; haute saison lun-ven 8h-19h, sam-dim 9h30-19h) ; **Centre** (3 rue d'Or ; basse saison lun-ven 8h-19h, sam 9h30-12h30 et 14h-17h30 ; haute saison lun-ven 8h-19h, sam-dim et fêtes 9h30-19h) ; **Université** (23 bd de la Victoire ; basse saison lun-ven 9h-12h30 et 13h30-18h30 ; haute saison lun-ven 9h-18h30).

Il y a une vingtaine de **stations automatiques** (ouvertes 7 jours/7 et 24h/24) réparties dans l'agglomération. On en trouve notamment aux parkings Austerlitz (rue des Bœufs) et Broglie (place Broglie), à la gare, au n°3 rue d'Or (accolée à la boutique Vélhop), boulevard de la Victoire (au croisement du boulevard de la Victoire et de la rue de l'Université), place Arnold, au terminus de tram Robertsau-Boecklin, place d'Islande, au Neudorf...

Comment circuler

TRANSPORTS EN COMMUN

Pour tout renseignement sur les réseaux de bus et de tram, contactez la **CTS** (Compagnie des transports strasbourgeois ; 03 88 77 70 70 ; www.cts-strasbourg.fr ; lun-ven 7h30-19h, sam 8h30-12h15 et 13h15-17h15). Les tarifs sont identiques dans les bus et les trams ; les titres de transport sont valables sur les deux réseaux et permettent d'aller jusqu'à Kehl en Allemagne. Les tickets s'achètent et se compostent à l'extérieur des trams. Ils coûtent 2 € le ticket à l'unité (1,70 € pour un billet dématérialisé, voir site Internet) ; 14,10 € le carnet de 10 ; 4,60 € le ticket 24h Solo (nombre de voyages illimité) ; 6,90 € le ticket 24h Trio (pour 2-3 personnes, nombre de voyages illimité).

Bus

La CTS exploite 34 lignes de bus couvrant toute l'agglomération strasbourgeoise. Elles complètent le réseau du tram, mais ne sont pas indispensables pour les visiteurs de passage – le tram suffit largement, surtout depuis que ce dernier permet de se rendre en Allemagne et au jardin des Deux-Rives. Les bus circulent de 5h30 à 23h30. Au-delà de ces horaires, le Hibus prend le relais les jeudi, vendredi, samedi et les jours fériés : 3 lignes spéciales (N1, N2 et N3) circulent entre 23h30 et 5h30 (1 dép/h).

Tramway

Moderne, rapide et silencieux, c'est, outre le vélo, le moyen de transport idéal pour circuler. Le réseau compte 6 lignes identifiées par des lettres (de A à F). Toutes desservent le centre-ville. La station Homme-de-Fer est le cœur du réseau : 5 des 6 lignes s'y arrêtent. Seule la ligne E, qui dessert les institutions européennes, n'y passe pas. La ligne D relie Strasbourg au centre-ville de Kehl en Allemagne.

Tram de Strasbourg, place de l'Homme-de-Fer

Le tram circule du lundi au samedi de 4h30 à 0h30, le dimanche et les jours fériés de 5h30 à 0h30. La fréquence des passages varie de 5 à 15 minutes.

VÉLO

Strasbourg est la ville française la mieux équipée en matière de pistes cyclables (plus de 600 km !). Le réseau, qui couvre toute la ville, rend son exploration très facile (et très économique), même avec des enfants. Et il s'étend même bien au-delà, ce qui permet de visiter agréablement la magnifique campagne environnante et les villages à portée de bicyclette. Si vous ne venez pas avec votre propre vélo, il est facile de louer un **Vélhop** (encadré p. 122). Sachez également que les vélos sont autorisés dans le tram (gratuitement) et dans certains trains du réseau TER-Alsace en dehors des heures de pointe (interdit entre 6h et 9h puis entre 16h et 19h).

TAXI

La société **Taxi 13** (☎ 03 88 36 13 13 ; www.taxi13.fr) assure un service 24h/24 et 7 jours/7.

À PIED

Le centre historique de Strasbourg n'est pas très étendu, donc la meilleure façon de le visiter reste encore la marche...

Façades d'Obernai (p. 134)

DE LA PLAINE D'ALSACE AUX VOSGES MOYENNES

De la plaine d'Alsace aux Vosges moyennes

Des vignes des contreforts vosgiens aux prairies humides du Ried en passant par de magnifiques vallées vertes, la région du sud de Strasbourg possède une étonnante diversité de paysages aux identités très marquées. Le nord de la route des Vins, tout d'abord, qui traverse les collines sous-vosgiennes. Dominés par le Mont-Sainte-Odile, ses villages de vignerons typiques aux maisons à colombages fleuries de géraniums regorgent de petits bijoux d'architecture médiévale et Renaissance. Plus hostile, situé au cœur de la plaine d'Alsace, entre Sélestat et Strasbourg, le Grand Ried s'étend à perte de vue. Riches d'une faune et d'une flore exceptionnelles, ses prairies humides aux allures de bayou se découvrent lors d'escapades à pied ou en barque à fond plat. Enfin, sur les hauteurs, les Vosges moyennes abritent de pittoresques villages de montagne. Le val de Villé et la vallée de la Bruche sont des terres bénies pour les adeptes du tourisme vert.

☑ Dans ce chapitre

À gauche : Marqueterie d'art Spindler (p. 140). À droite : Hôtel de ville de Dambach-la-Ville (p. 145)

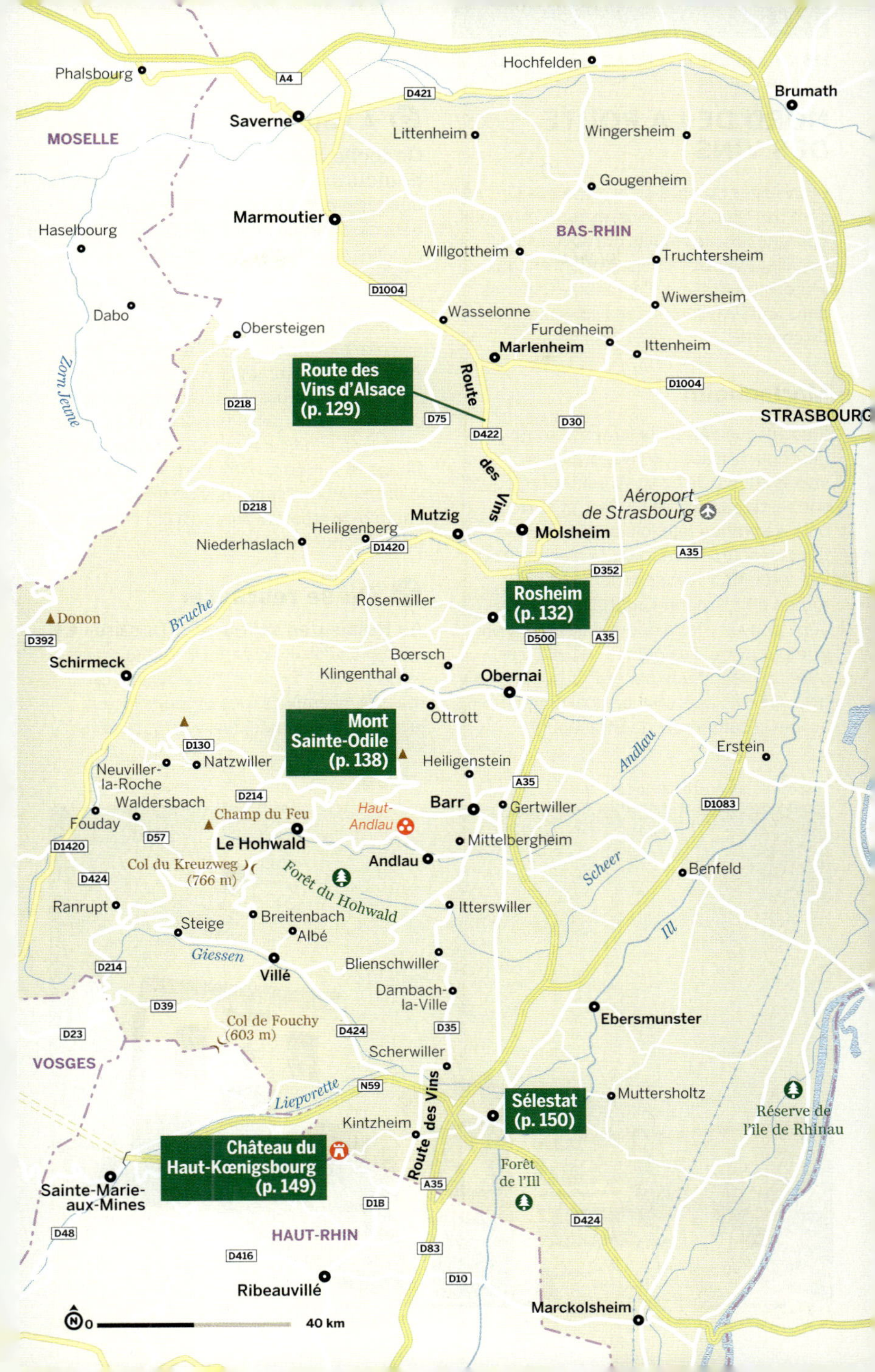
Phalsbourg
A4
D421
Hochfelden
Brumath
Saverne
MOSELLE
Littenheim
Wingersheim
Gougenheim
Marmoutier
Haselbourg
BAS-RHIN
Willgottheim
Truchtersheim
D1004
Wiwersheim
Dabo
Wasselonne
Obersteigen
Furdenheim
Marlenheim
Ittenheim
Zorn
Jenne
Route des Vins d'Alsace (p. 129)
Route
D1004
D218
D75
D422
D30
STRASBOURG
des
Vins
Aéroport de Strasbourg
D218
Mutzig
Heiligenberg
Molsheim
Niederhaslach
D1420
A35
D352
Rosenwiller
Rosheim (p. 132)
Donon
Bruche
D392
D500
A35
Bœrsch
Schirmeck
Klingenthal
Obernai
Ottrott
Mont Sainte-Odile (p. 138)
D130
Andlau
Erstein
Neuviller-la-Roche
Natzwiller
Heiligenstein
A35
D214
Waldersbach
Barr
Gertwiller
D1083
Champ du Feu
Haut-Andlau
Fouday
D57
Le Hohwald
Mittelbergheim
D1420
Col du Kreuzweg (766 m)
Andlau
Scheer
Benfeld
D424
Forêt du Hohwald
Ranrupt
Itterswiller
Ill
Steige
Breitenbach
Albé
Giessen
D214
Villé
Blienschwiller
Dambach-la-Ville
D39
Ebersmunster
Col de Fouchy (603 m)
D23
D424
D35
VOSGES
Scherwiller
N59
Muttersholtz
Lieporette
Route des Vins
Sélestat (p. 150)
Réserve de l'île de Rhinau
Kintzheim
Château du Haut-Kœnigsbourg (p. 149)
Forêt de l'Ill
Sainte-Marie-aux-Mines
A35
D1B
D424
D48
HAUT-RHIN
D83
D416
D10
Ribeauvillé
Marckolsheim
N
0
40 km

NORD DE LA ROUTE DES VINS

Les villages du nord de la route des Vins ne sont pas les plus connus, et l'on s'en réjouit. Épargnés par les foules qui envahissent les villages haut-rhinois, ils s'offrent aux visiteurs au travers d'agréables flâneries dans leurs ruelles, aux maisons pleines de charme.

Marlenheim

C'est ici que débute la fameuse route des Vins d'Alsace. Ce village, avec ses vignes à flanc de collines, est réputé pour son restaurant étoilé Le Cerf, et surtout pour sa grande fête folklorique qui se tient en août : "le mariage de l'ami Fritz", interprétation grandeur nature d'un roman d'Erckmann-Chatrian (p. 315). Vous pouvez y faire une escale rapide pour grimper jusqu'à sa petite chapelle, qui offre un magnifique panorama sur la plaine d'Alsace. Les plus chanceux distingueront au loin la cathédrale de Strasbourg.

À voir

Chapelle de la Vierge douloureuse — Chapelle

Son toit à bulbe recouvert d'ardoises et son petit clocheton sont visibles depuis l'entrée du village. La chapelle a été construite en 1683 à la demande de Bartholomé Sieger, le curé de Marlenheim. Selon la légende, elle aurait été érigée à l'emplacement d'un oratoire bâti au XIVe siècle par trois frères. Piégés par une tempête, ces Marlenheimois auraient fait vœu, s'ils en réchappaient, d'élever une chapelle dans leur village. Pour accéder à l'édifice, empruntez la rue de la Chapelle. À côté du cimetière, découvrez la première des stations d'un très beau chemin de croix baroque. Il a été financé par de riches vignerons.

Où se restaurer

Au Relais des saveurs — De saison **€€**

(03 88 87 50 05 ; relais.fr ; 1 pl. du Kaufhaus ; plats 18-23 € ; mar-dim). Une cuisine du marché inventive et des produits locaux joliment mis en musique, voici la recette

Chapelle de la Vierge douloureuse

SONIA DE ARAUJO ©

SONIA DE ARAUJO ©

À NE PAS MANQUER

Andlau (p. 142)

Route des Vins d'Alsace

De Marlenheim à Thann, la route des Vins d'Alsace (www.route-des-vins-alsace.com) s'étend sur plus de 170 km. Elle traverse 70 villes et villages alsaciens typiques, aux maisons à colombages fleuries. Le Haut-Rhin compte les plus emblématiques : Riquewihr, Ribeauvillé, mais aussi Colmar. Moins touristiques, les villages du Bas-Rhin ne sont pourtant pas dépourvus de charme. Barr, Mittelbergheim ou Andlau ont notre préférence.

Tout au long de ce parcours, quelque 1 000 producteurs vous ouvriront la porte de leur cave pour vous faire découvrir leurs précieux nectars : le léger sylvaner, le riesling plus sec, le muscat fruité, le gewurztraminer doux et floral ou encore le pinot blanc, noir ou gris et le crémant. On compte 51 AOC Alsace Grands Crus ! Un annuaire en ligne (www.vinsalsace.com) recense les entreprises viticoles accueillant les particuliers. Les meilleures périodes sont juin et septembre. Évitez le pic d'affluence du 15 août et réservez vos dégustations, pour mieux vous organiser.

Prenez le temps de flâner dans les ruelles de chacun des villages et découvrez leur riche patrimoine architectural : les remparts et les châteaux forts, les églises romanes ou gothiques, les somptueuses demeures Renaissance. Presque toutes les communes proposent aux visiteurs de parcourir les vignes via de courts sentiers jalonnés de panneaux d'information. La plupart offrent de beaux points de vue comme celui de Dambach. Enfin, le musée de Kientzheim propose d'en apprendre plus sur la vie du vigneron alsacien.

La route des Vins se découvre également au travers des nombreuses manifestations organisées de juin à octobre : fêtes du vin, des vignerons, des vendanges, du pinot noir, etc. Un calendrier est disponible sur le site de la route des Vins. Celles de Mittelbergheim et d'Eguisheim font partie des plus belles.

Les plus sportifs n'hésiteront pas à enfourcher leur vélo : une Véloroute balisée relie Marlenheim à Thann. Elle emprunte en majorité des pistes non motorisées. Consultez www.alsaceavelo.fr.

du chef. Foie gras ou escargots à l'alsacienne en entrée, suprême de poulet ou pluma de cochon ibérique à tomber se savourent en terrasse l'été, au son du clapotis de la fontaine. La salle est chic et sobre, décorée dans des tons beige et brun. On est loin de la déco surchargée des winstubs omniprésentes sur la route des Vins, et ça fait du bien. Tartes flambées le soir.

Le Cerf Gastronomique **€€€**
(03 88 87 73 73 ; www.lecerf.com ; 30 rue du Général-de-Gaulle ; menus 48/89/119 € ; fermé mar-mer). L'institution du village. Le chef Joël Philipps (1 étoile au guide Michelin) revisite avec finesse les grands classiques de la cuisine alsacienne comme la choucroute ou la bouchée à la reine. Une valeur sûre qui a son prix : comptez entre 35 et 45 € le plat.

Renseignements

Office du tourisme (03 88 87 75 80 ; www.laporteduvignoblealsace.fr ; 42 av. du Général-de-Gaulle)

INSOLITE !

Le mythe Bugatti

On peut se demander pourquoi c'est à Molsheim que le constructeur milanais Ettore Bugatti a fait construire son usine en 1909. C'est qu'il avait fait ses premiers pas avec De Dietrich à Reichshoffen : lorsqu'il lança sa propre marque, il resta donc en Alsace. Des ateliers de Molsheim sortirent de luxueuses autos, la Roland-Garros et la Royale. Les passionnés d'automobiles emprunteront le **circuit découverte** à travers Molsheim, Dorlisheim et Duppigheim. En 10 étapes, il retrace la vie de la famille Bugatti. Découvrez le château Saint-Jean où Bugatti accueillait ses richissimes clients, l'usine, qui fut active de 1909 à 1956, et, bien sûr, trois Bugatti, exposées à la fondation Bugatti. Renseignements à l'office du tourisme.

Depuis/vers Marlenheim

Les bus **Fluo Grand Est 67** (09 72 67 67 67 ; www.fluo.eu) rallient Strasbourg en 25 minutes (ligne 230) et Molsheim en 25 minutes (ligne 235).

Molsheim

Au XVIe siècle, Molsheim a été un centre important de la Contre-Réforme. Résistant au protestantisme, la cité épiscopale a accueilli plusieurs ordres religieux chassés de Strasbourg : les jésuites en 1580 et les chartreux en 1598. Elle a conservé de cette époque ce qui fait aujourd'hui son principal attrait : sa magnifique église des jésuites et sa Chartreuse. Il est agréable de flâner dans son centre cossu, pour découvrir, au détour d'une rue, l'hôtel de la Monnaie (1573) ou encore la porte des Forgerons, entrée principale de la cité érigée au XIVe siècle.

À voir

Metzig Renaissance
(1 pl. de l'Hôtel-de-Ville). Au cœur de la ville, cette belle maison Renaissance fut construite en 1525 pour la Corporation des bouchers de Molsheim. Admirez sa tourelle à bulbe, son double escalier joliment façonné et son horloge Jacquemart – deux angelots sonnent les heures. Le rez-de-chaussée, qui a longtemps servi d'abattoir, est aujourd'hui un restaurant (ci-contre). L'intérieur voûté en arcades est magnifique.

Église des Jésuites Style gothique
(rue Notre-Dame ; mars-oct lun-ven 10h-12h et 15h-17h, sam-dim 14h-18h, reste de l'année lun-ven 10h-12h et 14h-16h, sam-dim 14h-18h). La plus grande église d'Alsace après la cathédrale de Strasbourg. Remarquez son étonnante et minuscule tourelle à bulbe. À l'intérieur, une nef majestueuse et d'impressionnants hauts murs frappent d'emblée le visiteur. Deux chapelles latérales richement ornées de stucs et un lumineux chœur surélevé distinguent aussi l'édifice, qui possède un orgue Silbermann de 1781. En sortant, notez à gauche le groupe sculpté du Mont-des-Oliviers, initialement installé à la Chartreuse.

SONIA DE ARAUJO ©

Metzig

Chartreuse Ancien monastère

(☎03 88 49 59 38 ; 4 cour des Chartreux ; tarif plein/réduit 4/2 € ; 🕐mi-juin à mi-sept lun et mer-ven 10h-12h et 14h-18h, sam-dim et jours fériés 14h-17h, début mai à mi-juin et mi-sept à mi-oct tlj sauf mar 14h-17h ; visites guidées sur rdv). C'est l'unique chartreuse (1598-1792) installée au cœur d'une ville. Les moines de l'ordre fondé en 1084 en Isère par saint Bruno n'avaient jusqu'alors bâti leurs couvents que dans des lieux isolés. Détruit en grande partie au cours de la Révolution, le monastère situé sur 3 ha est, depuis plus de 25 ans, rénové à la force du poignet par un groupe de bénévoles. De l'église ne restent que des vestiges de fondations. En revanche, une partie du cloître et des 18 cellules monacales a été restaurée. Optez pour une visite guidée, pour mieux saisir le quotidien des religieux. Elle s'achève dans une cellule de chartreux entièrement réaménagée qui permet d'embrasser en un regard la vie d'un moine : le *cubiculum* (la pièce de vie), le *studium* dédié à l'étude, l'atelier et le jardinet. Le musée de la ville installé sur le site ne présente que peu d'intérêt.

Où se loger

Villa Diana Appart-hôtel €

(☎03 88 38 51 59 ; www.villa-diana.fr ; 14 pl. de la Liberté ; app 89-130 €). Cette bâtisse du XIXe siècle a été transformée en appart-hôtel par les gérants de la Villa Diana. Les appartements, spacieux et modernes, comprennent une kitchenette et une agréable salle de bains. Idéal pour découvrir à pied le centre-ville.

Où se restaurer

La Metzig Winstub chic €

(☎03 88 38 26 24 ; www.restaurant-lametzig-molsheim.fr ; 1 pl. de l'Hôtel-de-Ville ; menus 25-32 € ; 🕐fermé mar-mer). Superbe, ce restaurant installé dans l'ancienne Corporation des bouchers n'est, pour notre plus grand plaisir, pas pris d'assaut uniquement par les touristes. Parmi les spécialités, optez pour le délicieux fromage blanc que l'on assaisonne à son goût, le fameux *bibeleskas*, accompagné de pommes sautées, jambon blanc et fumé, ou encore le jarret rôti à la bière, suivi d'une bonne tarte maison. Agréable terrasse.

VAUT LE DÉTOUR
Fort de Mutzig

Ce **fort** (☎06 08 84 17 42 ; www.fort-mutzig.eu ; 18 bd Clemenceau, Mutzig ; ; plein tarif/6-16 ans 12/6 €) utilisé pendant la Première Guerre mondiale est méconnu. À tort ! Construite par l'empereur Guillaume II sur la colline de Mutzig, entre 1893 et 1916, c'était à l'époque la plus grande place forte au monde, qui devait barrer la plaine du Rhin et empêcher toute offensive française en Alsace, alors allemande. Il aura fallu plus d'un demi-million de tonnes de béton pour bâtir cette forteresse de 254 ha, qui possède une capacité de tir de 6,5 tonnes d'obus à la minute. Des passionnés l'ont retapée et organisent des visites guidées. Leur durée (2 heures 30) peut freiner le visiteur et pourtant, vous ne verrez pas le temps passer. Le long des galeries humides, on découvre le quotidien des 7 000 militaires qui ont occupé les lieux en août 1915, visitez les dortoirs, les communs, les salles des machines mais aussi l'hôpital ou la boulangerie.

À la Ville de Paris Cuisine française €
(☎03 88 04 97 32 ; www.alavilledeparis-molsheim.fr ; 16 pl. de l'Hôtel-de-Ville ; plats 16-24,50 € ; ⏲mar-sam). Que l'on aime ou pas les chaises en trompe l'œil, imitation cuir capitonné, ou les lustres en bois blanc, on y profitera de bons petits plats façon bistrot – faux-filet grillé, escalope de veau panée, etc. – ou alsaciens – munster frit, etc. Les parts de tartes faites maison sont pantagruéliques. Petite terrasse l'été.

Renseignements

Office du tourisme (☎03 88 38 11 61 ; www.ot-molsheim-mutzig.com ; 19 pl. de l'Hôtel-de-Ville)

Depuis/vers Molsheim

Le **TER** (www.ter.sncf.com/grand-est) relie Strasbourg à Molsheim en 17 minutes (direct).

Rosheim

Moins touristique que sa voisine Obernai, cette petite ville dans un vallon typique des collines sous-vosgiennes a un cachet indéniable. Dès l'entrée dans la "ville à la rose" – son emblème – les portes monumentales, vestiges des anciennes fortifications, impressionnent. Étape incontournable de la route romane, elle abrite deux joyaux de l'architecture du Moyen Âge et déploie, sous ses faux airs de ville-rue, de nombreuses ruelles.

Rosheim possède une délicieuse spécialité culinaire sucrée : la *ropfkueche*, tarte briochée recouverte de noix, d'amandes moulues, de sucre, de cannelle et de crème. Vous en trouverez de fameuses chez **Rohmer** (☎03 88 50 41 73 ; 104 rue du Général-de-Gaulle), qui serait la plus ancienne boulangerie de France.

À voir

Église Saints-Pierre-et-Paul Art roman
(rue du Général-de-Gaulle ; ⏲tlj 9h-18h, 10h-17h hiver). Cette église du XIIe siècle, en grès rouge et jaune, est le chef-d'œuvre de l'art roman alsacien. Son clocher octogonal, construit à la fin du XIIIe siècle, est, lui, de style gothique. Sur la façade extérieure, remarquez les animaux et les monstres sculptés, symboles des tentations et des dangers menaçant la population : un ours grignote une galette, un lion repose ses pattes sur les épaules d'un homme ou encore un chevalier libère un compagnon attaqué par un dragon ailé. À l'arrière, sur l'abside richement décorée, l'ange, l'aigle, le taureau et le lion représentent les évangélistes. À l'intérieur, la sobriété des proportions et la discrétion des décorations, dont un fameux chapiteau à 21 têtes auréolées, sont remarquables.

Maison romane (maison païenne) Art roman
(☎06 32 29 60 67 ; 23A rue du Général-de-Gaulle ; gratuit ; ⏲avr-oct sam-dim 15h-18h). Cette maison en pierre, l'une des plus vieilles bâtisses civiles d'Alsace, a été

construite en 1154. Avec ses petites fenêtres et sa structure carrée, elle a des allures de tour fortifiée. Notez son bel escalier en bois qui permet d'accéder au 1er étage, la pièce à vivre. Plusieurs maisons du même type ont été construites à Rosheim au Moyen Âge. Y logeaient des personnalités importantes, des chevaliers ou de riches marchands. Un petit musée y a été aménagé : des panneaux retracent l'histoire du bâtiment et donnent un aperçu de la vie quotidienne à l'époque.

Portes Fortifications

Contrairement à Obernai, les portes de la ville, vestiges des deux enceintes médiévales, n'ont pas toutes été détruites. Quatre des cinq accès originels subsistent. La tour de l'Horloge (Zittgloeckel en alsacien), près de l'hôtel de ville, avenue du Général-de-Gaulle, et, dans son prolongement, la tour de l'École, ont été érigées au XIIIe siècle avec le premier rempart. De la seconde fortification (XIIIe-XIVe siècles), seules les portes Basse à l'est et celle du Lion au nord sont sur pied.

La guerre des caves de Rosheim

Parfois surnommés les *Rosemerschnacke* (les "escargots"), les Rosheimois ne sont pourtant pas du genre à se laisser faire, comme le confirme la légende de la "guerre des caves". Au XIIIe siècle, le duc de Lorraine fit gage à Frédéric II de ses biens à Rosheim. À la mort du duc, l'empereur prit possession de ce qui lui revenait de droit. Une décision qui déplut fortement à Thiebault de Lorraine, fils et héritier du défunt, qui chargea alors Lambycin d'Arches de s'emparer de Rosheim. Ce qui fut chose faite. Avec son armée, il pénétra dans la ville, pendant que les habitants travaillaient dans les champs. Sûrs de leur victoire, les envahisseurs lorrains s'en donnèrent à cœur joie, pillèrent les habitations, entrèrent dans les celliers et... s'enivrèrent. Les Rosheimois, menés par le chevalier Otto de Rodesheim, prirent alors les armes et décimèrent leurs ennemis, déjà vaincus par l'ivresse.

Où se loger

La Rose d'Alsace Chambres d'hôtes €

(☎ 03 89 49 81 19 ; www.larosedalsace.com ; 10 rue de l'Église ; d/ste 75-85/125-145 €, petit-déj inclus ; wifi). Un cadre idyllique pour profiter de Rosheim et de ses environs. Dans un ancien corps de ferme retapé, Estelle Oehri propose quatre chambres spacieuses aménagées avec beaucoup de goût, immaculées et romantiques. Délicieuses confitures maison le matin.

Où se restaurer

Auberge du Cerf Cuisine de saison €€

(☎ 03 88 50 40 14 ; 120 rue du Général-de-Gaulle ; formules déj 14-21 €, menus 29-50 € ; midi lun-ven et dim, soir ven-sam). Voici une jolie auberge à colombages située sur l'axe principal de Rosheim, tenue par un jeune couple, Élodie et Arnaud Collet. Les menus du midi sont d'un bon rapport qualité/prix mais on leur préfère les plats à la carte, notamment les poissons, l'une des spécialités du chef, à l'exemple du raffiné carpaccio mariné de Saint-Jacques et courgettes. Terrasse agréable en été, déco des plus simples à l'intérieur, rehaussée de quelques touches écarlates.

Le Rosenmeer Winstub Cuisine traditionnelle €€

(☎ 03 88 50 43 29 ; www.le-rosenmeer.fr ; 45 av. de la Gare ; menu 35 €, plats 12-28 € ; fermé dim soir et lun). Le chef étoilé Hubert Maetz a eu l'ingénieuse idée d'accoler une winstub à son hôtel-restaurant Le Rosenmeer. On s'y régale d'une cuisine moins onéreuse mais tout aussi délicieuse : filet de barbue aux girolles, bœuf au pinot noir, etc. Une réussite, malgré la déco un tantinet impersonnelle et l'emplacement (à proximité d'une belle gare en grès mais à 3 km du centre-ville).

VAUT LE DÉTOUR
Le cimetière juif de Rosenwiller

Au cœur de la forêt, des centaines de stèles en pierre bientôt envahies par la végétation… Sur les hauteurs du village de Rosenwiller, à 3 km de Rosheim, se trouve le plus vaste cimetière juif d'Alsace – l'un des plus anciens également. Créée vers 1350, cette nécropole n'était qu'un champ ; les tombes, elles, n'étaient signalées que par des planches de bois. Aujourd'hui, après plusieurs agrandissements successifs, notamment au XVIIIe siècle, elle s'étend sur plus de 4 ha et compte 6 470 tombes répertoriées. Sur certaines, des symboles sont gravés dans la pierre. La partie la plus ancienne est située au fond à droite. Les membres d'une vingtaine de communautés juives des alentours et de nombreux rabbins y reposent. Accès par le chemin communal Neuestrasse. Fermé samedi, jour du shabbat.

Achats

Sabotier Speisser — Artisanat
(03 88 68 99 93 ; 2 rue du Coin ; lun-jeu 9h-12h et 13h30-17h, sam 9h-12h et 13h30-16h). Romain Speisser est l'un des derniers sabotiers de France. Après avoir travaillé dans le commerce, il fabrique depuis 2012 ses chaussures de bois dans le respect des traditions. Intarissable passionné (vous voilà prévenu), ce trentenaire natif de Geispolsheim sait comme nul autre parler de son artisanat et émaille son discours d'amusantes expressions alsaciennes. Comptez entre 35 et 50 € pour une paire adulte. Pas de site Internet mais une page facebook.

Renseignements

Office du tourisme (03 88 50 75 38 ; www.mso-tourisme.com ; 94 rue du Général-de-Gaulle)

Depuis/vers Rosheim

Rosheim est à 7 minutes d'Obernai et à 25 minutes de Strasbourg en **TER** (www.ter.sncf.com/grand-est). Gare à 3 km du centre-ville.

Obernai

Ce ne sont pas les charmants villages qui manquent sur cette portion de la route des Vins d'Alsace. Pourtant, Obernai a, au fil des ans, tiré son épingle du jeu en devenant la deuxième ville touristique du Bas-Rhin après Strasbourg. Certes, cette cité médiévale de la plaine d'Alsace possède certains atouts : de jolis remparts bien conservés à découvrir à pied, une adorable place du Marché, des monuments Renaissance, des restaurants étoilés qui en font une destination de choix pour les gastronomes. Mais Obernai ne parvient pas complètement à nous séduire. Sans doute en raison des nombreux cars de touristes et de l'omniprésence de la voiture.

À voir

Place du Marché — Renaissance
Cette très belle place est entourée de superbes édifices de style Renaissance, datant de l'âge d'or d'Obernai. Au XVIe siècle, l'artisanat et la viticulture y étaient prospères. L'hôtel de ville (de 1523, agrandi en 1848) se reconnaît à ses jolies façades peintes et à sa balustrade de style gothique flamboyant. La halle aux blés (1554) dispose d'arcades et d'un toit percé de lucarnes. Elle est occupée par un restaurant : c'est aujourd'hui l'une des tables appréciées des visiteurs. Sa façade est ornée de deux têtes de bovins et des armoiries de la ville. Se trouve également sur cette place la fontaine Sainte-Odile (1904), un hommage rendu à la patronne de l'Alsace. Le livre ouvert et deux yeux symbolisent sa guérison miraculeuse (encadré p. 136).

Beffroi (Kapellturm) — Clocher
(Pl. du Beffroi). Ce clocher est l'un des derniers vestiges de la chapelle de La Vierge (construite vers 1285 et détruite

en 1873) avec son chœur gothique. Culminant à plus de 59 m, il a également servi de beffroi et de tour de guet à la ville. Remarquez, à son pied, la dague creusée dans la pierre. Elle indiquait la taille maximale des armes tolérées. Une toise permettait, elle, de mesurer ses achats. Malheureusement, l'intérieur du beffroi est si dégradé qu'il est inaccessible au public.

Puits aux Six Seaux (Sechseimerbrunnen) Renaissance
(Rue du Chanoine-Gyss). Situé sur un trottoir, à proximité de l'hôtel de ville, le *Sechseimerbrunnen* est l'un des plus beaux puits Renaissance de la région. Symbole de la richesse de la ville à l'époque, il a été construit en 1579 par des artisans strasbourgeois. Admirez la finesse et le détail des sculptures : les caissons à motifs végétaux sur la margelle, l'ange qui porte les armes des Habsbourg sur la corniche. Sur le baldaquin, supporté par trois colonnes à base torsadée, figurent des extraits en allemand de l'Évangile selon saint Jean. Détruit accidentellement en 1970, le puits a été reconstruit à l'identique deux ans plus tard.

Remparts Fortifications
Vers 1240, Obernai s'est affranchie de la tutelle monastique pour accéder au rang de ville libre. Ce statut lui a permis de se doter d'une organisation judiciaire et fiscale, de tenir un marché mais aussi d'ériger d'impressionnantes fortifications. Une double enceinte a été construite, constituée d'une quarantaine de tours et de douze accès. Si les portes ont toutes été détruites, il est possible aujourd'hui d'effectuer une très agréable promenade le long de ces remparts, encore bien conservés.

Où se loger

La Diligence Hôtel central €
(☎ 03 88 95 55 69 ; www.hoteldiligence.fr ; 23 pl. du Marché ; d/tr/qua 65-100/95-115/120 €, lit suppl 15 € ; wifi). Son principal atout : on ne fait pas plus central. Cerné par l'hôtel de ville, le beffroi et la halle au blé, cet établissement propose une magnifique vue sur la place du Marché. Bien entretenu, il a gagné en standing, passant à trois étoiles après avoir entièrement refait ses chambres. Exit les rideaux fleuris et les dessus-de-lit assortis qui faisaient mal aux yeux. La déco est plus moderne et passe-partout. Le petit plus ? L'ascenseur. Garage fermé (9,50 €) et petit-déj buffet (9,50 €).

Le Gouverneur Hôtel de charme €
(☎ 03 88 95 63 72 ; www.hotellegouverneur.com ; 13 rue de Sélestat ; s/d/tr/qua 55-85/65-110/78-135/88-150 € ; wifi P). Cette très belle demeure historique du XVIe siècle a été rénovée en 2010. On est conquis dès l'entrée par sa magnifique cour fleurie et ses colombages. La déco moderne et (très) colorée des chambres se décline en fonction des quatre saisons. Très bon rapport qualité/prix. Bémol : les tarifs grimpent en haute saison. Et l'été, l'absence de climatisation dans les chambres rend la chaleur difficile à supporter, malgré les ventilateurs mis à disposition.

VAUT LE DÉTOUR
En route vers le bonheur !

Une voie verte baptisée "Portes Bonheur, le chemin des carrières" a ouvert en juillet 2019 entre Rosheim et Saint-Nabord. Ses 11,5 km tracés sur une ancienne voie ferrée permettent de faire escale à Bœrsch, Obernai, Ottrott et Bernardswiller. La diversité de paysages que vous y apercevrez (forêts, paysages viticoles, et vues sur les crêtes vosgiennes) en fait un agréable concentré d'Alsace. Quelques œuvres architecturales ponctuent le chemin. Idéal en famille ! Des vélos à assistance électrique sont proposés à la location à l'office de tourisme de Rosheim (à partir de 25 € la journée). Tracé et informations sur le site portes.mso-tourisme.com

---

La légende d'Odile de Hohenbourg

La légende murmure que sainte Odile, la patronne de l'Alsace, serait née à Obernai, plus précisément rue Athic, dans une bâtisse en pierre (qui abrite aujourd'hui la Maison de la musique et des associations). Nous sommes en 660. Son père, Étichon, duc d'Alsace, attend avec impatience la naissance de son premier enfant. Mais sa déception est grande. En guise d'héritier, il découvre une petite fille aveugle. Furieux, il décide de la faire tuer. Son épouse contrecarre ses plans et sauve l'enfant. Recueillie par une abbesse, la petite est élevée dans un couvent en Bourgogne, jusqu'au jour où un événement inattendu se produit. Lors de son baptême, l'enfant recouvre la vue. Un miracle ! On l'appelle alors Odile, fille de lumière. Cette dernière décide de consacrer sa vie à Dieu. De retour chez elle, elle se voit confier le château de Hohenbourg par son père. Elle y fonde un couvent de femmes (encadré p. 138) avant de mourir en 720. Elle sera canonisée au XIe siècle.

Où se restaurer

La Stub du Parc Winstub €

(03 88 95 50 08 ; www.hotel-du-parc.com ; 169 rte d'Ottrott ; plats 17-24 € ; mar-sam 12h-14h). Légèrement excentré, cet élégant hôtel-spa dispose d'une adorable *stub*. Marc Wucher, le propriétaire, a créé cette pièce cosy, avec ses boiseries, ses vieux moulins à café chinés et ses photos d'époque, en l'honneur de sa grand-mère. L'accueil est chaleureux. Les plats familiaux, d'une belle fraîcheur, sont bien exécutés.

Le Freiberg Winstub €€

(03 88 95 53 77 ; www.le-freiberg.com ; 46 rue du Général-Gouraud ; menus 29/36/45,50 €, plats 11,50-28,50 € ; fermé mer). Nappes à carreaux, boiseries, petits cœurs rouges sur les coussins... Voilà une table typique, située à deux pas du cœur historique. Aux commandes, le chef Sacha Bender, qui a fait ses armes dans de nombreux restaurants étoilés. À la carte, on retrouve les incontournables de la cuisine régionale. Le *bibeleskas* (fromage blanc alsacien aux herbes), le munster frit, la choucroute ou encore la tête de cochon sauce gribiche... On a tout testé. Bon et copieux ! Tartes flambées le soir et excellente meringue glacée maison en dessert.

Achats

Distillerie Lehmann Eaux-de-vie

(03 88 50 41 29 ; www.distillerielehmann.com ; ch des Peupliers ; bouteille 12,50-53 € ; lun-ven 9h-12h et 14h-18h, sam 9h-12h et 14h-16h). À la sortie de la ville, en direction de Bischoffsheim, caché derrière Heineken, la distillerie familiale d'Yves Lehmann est labellisée Entreprise du Patrimoine Vivant. Depuis 1850, on y concocte de père en fils des eaux-de-vie remarquables mais aussi du whisky alsacien dans de vieux alambics en cuivre. Visite guidée, dégustation et vente sur place. Accueil chaleureux.

Renseignements

Office du tourisme (03 88 95 64 13 ; www.tourisme-obernai.fr ; pl. du Beffroi)

Depuis/vers Obernai

Obernai est à 35 minutes de Strasbourg en **TER** (www.ter.sncf.com/grand-est).

Ottrott

Petit village fleuri au pied du Mont-Sainte-Odile (encadré p. 138), Ottrott prospère aujourd'hui grâce à son hôtellerie de luxe et à sa viticulture. Point de départ du sentier des pèlerins menant au Mont-Sainte-Odile, la commune abrite les vestiges des châteaux forts de Rathsamhausen et de Lutzelbourg, rouverts à la visite depuis peu. **Rathsamhausen** (amchott.fr ; mar

SONIA DE ARAUJO ©

Obernai

9h-12h, sam 9h-18h) possède un donjon-palais unique en Alsace et plutôt bien conservé, permettant d'appréhender le mode de vie de ceux qui l'habitèrent.

Les marcheurs et les VTTistes s'y rendront en empruntant le circuit " À la découverte des châteaux d'Ottrott" au départ de l'office de tourisme.

Où se loger et se restaurer

Hostellerie du Mont-Sainte-Odile Calme et confort €
(03 88 95 80 53 ; www.mont-sainte-odile.com ; s/d/tr/qua 70/75/95/125 € ; fermé qq semaines en jan et fév). Une expérience unique dans un lieu d'exception. Passé 18h, une fois les touristes partis, sérénité et quiétude enveloppent le Mont-Sainte-Odile et son hôtel. Fonctionnelles et confortables, les 80 chambres ont presque toutes été remises à neuf – coup de cœur pour la Sainte-Odile, avec son lit à baldaquin, son joli secrétaire et ses vitraux. Ici, pas de TV, mais le Wi-Fi quand même. Le Mont-Sainte-Odile dispose en outre de quatre salles de restaurant. La demi-pension ou la pension complète sont possibles. Ouvert à tous, pèlerins comme touristes.

Chez Christine Chambres d'hôtes €
(06 18 48 82 32 ou 03 88 95 97 10 ; www.giteottrottchezchristine.com ; 15 rue des Bergers ; d 65-95 € petit-déj inclus ;). Christine et son mari proposent 4 petites chambres simples et douillettes avec quelques touches de décoration alsacienne distillées avec parcimonie. La plus chère, la Cœur d'Alsace, possède sa terrasse privée. L'accueil est discret tout en étant chaleureux. Location de gîte également.

L'Ami Fritz Cuisine traditionnelle €€€
(03 88 95 80 81 ; www.amifritz.com ; 8 rue des Châteaux ; plats 22-30 €, menus 33-75 € ; fermé mer). Cette institution sur les hauts du village propose une cuisine régionale copieuse dans un cadre alsacien chic. La choucroute traditionnelle 7 garnitures est parfaitement réalisée, tout comme le soufflé glacé à la vieille prune. Hébergement possible dans la **Maison de Sophie**, charmante demeure comprenant chambres et suites douillettes.

SONIA DE ARAUJO ©

Mont-Sainte-Odile

Étape sur le chemin de Compostelle, le Mont-Sainte-Odile attire de nombreux pèlerins venus se recueillir devant le tombeau de sainte Odile et profiter de la quiétude des lieux.

Perché à 763 m d'altitude, le monastère a été fondé au début du VIIIe siècle par Odile, fille du duc d'Alsace (encadré p. 136). Après la mort de la sainte, l'abbaye prospéra jusqu'en 1546, date à laquelle un terrible incendie obligea les religieuses à quitter le mont. Sous l'impulsion de l'évêque de Strasbourg, des moines prémontrés rebâtirent l'église et une partie de l'ancien couvent, et contribuèrent à forger le culte de sainte Odile, avant d'être expulsés en 1790 lors de la Révolution. En 1853, l'évêque de Strasbourg racheta le site et entreprit sa restauration. L'hôtel et le restaurant furent créés. D'importants travaux de rénovation ont été menés de 2008 à 2011.

Ne manquez pas, dans l'église du couvent, le magnifique chemin de croix en marqueterie signé Charles Spindler (1865-1938, fondateur de l'atelier éponyme ; p. 140), la colonne aux mains dans la chapelle de la Croix mais aussi la chapelle des Anges, perchée sur son rocher (XIe-XIIe siècle), et celle des Larmes, où Odile venait prier pour son père. Puis dirigez-vous vers la belle terrasse du monastère qui propose l'une des plus impressionnantes vues sur les Vosges.

Infos pratiques

Monastère (☎ 03 88 95 80 53 ; www.mont-sainte-odile.com ; entrée libre, audioguide 5 €/pers ; 🕗 tte l'année 8h30-19h30). Le calendrier des célébrations est disponible sur le site Internet. La ligne de bus 257 du réseau **Fluo Grand Est 67** (🕗 sam-dim du dim de Pâques au 1er nov ; tlj juil-août) dessert le Mont-Sainte-Odile, depuis Strasbourg ou Obernai, en passant par Bœrsch et Ottrott. Pour qui veut faire l'ascension à pied, le sentier des pèlerins part de ce dernier village.

Le Clos des Délices Gastronomique €€€
(03 88 95 81 00 ; www.leclosdesdelices.com ; 17 rte de Klingenthal ; menus midi 49 €, autres menus 59-89 € ; tlj). À la sortie d'Ottrott, cet ancien couvent des sœurs bénédictines a été transformé en un très chic hôtel-spa. Baies vitrées ouvertes sur la nature, mobilier design, service soigné, le **restaurant Le Châtelain** veut jouer dans la cour des grands. Dans les assiettes, une cuisine jeune et inventive, des produits de saison et du terroir. Si vous ne résidez pas à l'hôtel, pensez à réserver : les clients sont prioritaires. Plusieurs formules sont proposées. Notre préférée : la formule brunch et spa à 45 €/pers avec accès à l'espace bien-être jusqu'à 14h.

Achats

Fritz-Schmitt Vin
(03 88 95 98 06 ; www.fritzschmitt.com ; 1 rue des Châteaux ; tlj 9h-12h 13h-18h, jan-mars fermé mer et dim après-midi). Inenvisageable de visiter Ottrott sans goûter le "rouge d'Ottrott", le fameux pinot noir fruité aux arômes de cerise noire et myrtille, cultivé sur le ban de la commune. Sa spécificité par rapport aux autres vins d'Alsace ? Il tire son nom de son terroir et non de son cépage. Catherine, sympathique épouse du viticulteur, est en charge de la dégustation de ce breuvage.

Pâtisserie Scherer Gourmandises
(03 88 48 14 81 ; www.patisseriejenniferscherrer.fr ; 20 route de Klingenthal ; mar-mer 14h-18h jeu-dim 10h-18h). Un salon de thé raffiné où vous dégusterez d'excellentes pâtisseries et des chocolats au fameux rouge d'Ottrott.

Renseignements

Office du tourisme (03 88 50 75 38 ; www.mso-tourisme.com ; 46 rue Principale)

Bœrsch

Cette petite ville au nord-ouest d'Obernai est préservée et séduisante, avec son hôtel de ville Renaissance, ses remparts et ses trois portes médiévales abritant un réseau de ruelles pentues et quelques-unes des plus jolies maisons à colombages de la région. Le charme suranné qui se dégage de l'ensemble mérite qu'on s'y attarde.

SONIA DE ARAUJO ©

INSOLITE !

Le mur païen

Aucun historien ni archéologue n'est parvenu à percer le mystère de la création de cette étrange muraille en pierre. Long d'une dizaine de kilomètres, situé en contrebas du Mont-Sainte-Odile, au cœur de la forêt, ce mur bien préservé fascine. Une atmosphère étrange se dégage du site, construit entre le néolithique et le Moyen Âge. Plusieurs hypothèses ont été avancées quant à sa fonction. Selon la première, il s'agirait d'une fortification contre d'éventuels envahisseurs, mais aucune trace d'habitation n'a été trouvée. Selon la deuxième, ce serait un enclos de pâturage. Problème, aucun point d'eau ne figure dans ce périmètre. Enfin, troisième hypothèse, la plus vraisemblable : le mur aurait entouré un temple celte. Mais là encore, aucune preuve ne vient étayer cette théorie.

Pour découvrir ce site étonnant, empruntez le sentier de randonnée, une boucle de 10 km qui longe le mur, extrêmement bien balisée par le Club vosgien (détails sur www.alsacerando.com). Accès depuis le parking P3 du Mont-Sainte-Odile.

VAUT LE DÉTOUR

Maison de la manufacture de Klingenthal

Ce musée présente l'histoire fascinante de l'un des plus jeunes villages de la région : Klingenthal. En 1730, Louis XV décida de créer, dans la vallée de l'Ehn, une manufacture d'armes blanches. Elle employait à l'origine une dizaine d'ouvriers, mais ils furent rapidement plus d'une centaine à fabriquer les lames des sabres et des épées des troupes françaises. La manufacture se fit village. Rachetée en 1840 par la famille Coulaux, l'entreprise ferma en février 1962. Sur trois niveaux, à l'aide d'une belle muséographie didactique, la **Maison de la manufacture** (03 88 95 95 28 ; www.klingenthal.fr ; 2 rue de l'École, Klingenthal ; adulte/8-18 ans/famille 5,50/3,50/13 € ; mars-déc mer-dim et jours fériés 14h-18h, fermé 1er mai et 25-26 déc) montre, étape par étape, la fabrication de ces fines lames. Des démonstrations sont effectuées chaque premier dimanche du mois. Klingenthal est situé au pied du Mont-Sainte-Odile, sur la commune de Bœrsch.

À voir

Marqueterie d'art Spindler Artisanat

(03 88 95 80 17 ; www.spindler.tm.fr ; 3 cour du Chapitre, Saint-Léonard ; sur rdv, fermé dim et jours fériés). GRATUIT Pour accéder à l'atelier, il faut quitter Bœrsch en direction du hameau de Saint-Léonard. Niché au cœur de l'ancienne abbaye de Saint-Léonard, la marqueterie d'art Spindler, réputée dans le monde entier, se visite, mais attention, les ateliers ne sont pas ouverts au public. Les visiteurs se contenteront de s'émerveiller devant les œuvres exposées dans la galerie : les fameuses scènes de vie de la campagne alsacienne qui ont fait la célébrité de la famille Spindler depuis le XIXe siècle, et d'autres plus modernes et abstraites.

Où se restaurer

Le Schtampfel Cuisine du marché €

(09 82 20 06 26 ; www.leschtampfel.fr ; 1 rue des Remparts ; plats 11,50-21,50 € ; fermé lun soir, mar midi et soir, sam midi et dim soir). Hervé (en cuisine) et Fanny (en salle) Fuchs ont repris l'ancienne poste du village. Fraîcheur et produits de saison, voici leur credo. La formule du midi vaut le détour : bruschetta de poisson mariné et raie au beurre citronné, câpres et amandes avec son écrasé de pommes de terre… On ne s'attendait pas à autant d'originalité à ce prix : 11,50 € ! Réservez.

Barr

Ce petit bourg paisible, longtemps spécialisé dans la tannerie, est l'un de nos coups de cœur. Barr jouit d'une situation exceptionnelle, au pied du vignoble. Partez à la découverte de son joli centre, de ses rues pentues qui mènent toutes à la place de l'Hôtel-de-Ville. Depuis la Grand'Rue, l'axe commerçant, des ouvertures permettent d'avoir un joli point de vue sur les vignes et le château d'Andlau. Une base de choix pour découvrir les environs.

À voir

La vieille ville est agréable à découvrir à pied. Débutez par l'adorable **place de l'Hôtel-de-Ville**, entourée de belles maisons à colombages fleuries et embellie d'une fontaine. Construit à l'emplacement de l'ancien château fort, l'hôtel de ville possède un balcon et un oriel de style Renaissance. Pénétrez ensuite dans la cour pour observer l'escalier monumental où les seigneurs de Strasbourg recevaient les bourgeois. À droite de l'hôtel de ville, des marches mènent à l'**église protestante Saint-Martin** et à sa belle tour romane (1180). Au bas de la rue de l'Église se trouve la très colorée **rue Neuve**, dont les remarquables maisons à colombages ont été construites après un incendie en 1678. Toutes possèdent de belles cours pavées et d'agréables jardins. S'ils sont présents, les propriétaires des n°28 et n°20 se feront un plaisir de vous les montrer. De nombreux tanneurs étaient installés le long de la **rue Kirneck** et on y distingue la tour de la tannerie Gustave Degermann, la dernière encore en activité.

Musée de la Folie Marco Arts décoratifs
(03 88 08 94 72 ; 30 rue Dr-Sultzer ; tarif plein/réduit 5/2 €, gratuit -16 ans ; mai-sept tlj sauf mar 10h-12h et 14h-18h, reste de l'année sur rdv à partir de 10 pers auprès de l'office du tourisme). Cette magnifique demeure construite par le bailli Louis Félix Marco au XVIIIe siècle a été transformée en un musée rénové en 2019. Dans les différentes pièces sont exposés du mobilier alsacien du XVIIe au XIXe siècle, des faïences et de la porcelaine. Le jardin attenant est très agréable.

Où se loger et se restaurer

Hôtel Le Manoir Hôtel de charme €€
(03 88 08 03 40 ; www.hotel-manoir.com ; 11 rue Saint-Marc ; s/d/tr 72/82-92/102-112 € ; P). Un décor Belle Époque à deux pas du centre. Moulures, cheminée, lit à baldaquin... les chambres sont résolument romantiques. Cette maison de maître dispose en outre d'un agréable et lumineux salon où prendre le petit-déjeuner, ainsi que d'une terrasse et d'un grand jardin pour se détendre après une longue balade.

Charvet & Co Gastronomique €€
(09 80 42 57 44 ; www.charvetandco.fr ; 29 Grand'Rue ; menus 20-45 €, plats 15-19 € ; jeu-lun midi et soir). L'adresse idéale pour un dîner chic en tête à tête. La déco est contemporaine et épurée, avec tables en bois brut et chaises en cuir. Attaché à travailler les plus beaux produits et à respecter les saisons, le chef Benoît Charvet change sa carte toutes les deux semaines. Sa cuisine est inventive et gourmande : brochettes de gigot d'agneau à la menthe, viande maturée au beurre verveine, brandade de poissons et infusion de chorizo... En salle, sa compagne Sophie Hauser assure un service discret et efficace.

VAUT LE DÉTOUR
Lips

Comme sortie d'un conte, la petite **Maison du pain d'épices** (03 88 08 93 52 ; www.paindepices-lips.com ; 110 rue Principale ; 3 € dégustation incluse, gratuit -13 ans ; magasin lun-ven 8h-12h et 13h30-18h30, sam 8h-12h et 14h-18h, dim 9h-12h et 14h-18h ; musée lun-ven 8h30-12h et 14h-18h, sam 8h-12h et 14h-18h, dim 9h-12h et 14h-18h) vert anis de Michel Habsiger ne passe pas inaperçue à Gertwiller avec ses trompe-l'œil. C'est l'un des deux derniers fabricants du village, qui en comptait auparavant une petite dizaine : un touchant personnage qui accueille les visiteurs dans son atelier et leur explique les étapes de préparation. Collectionneur compulsif, il a également accumulé de vieux outils et ustensiles, des meubles et des vêtements qu'il expose à l'étage. Un musée fourre-tout.

Au Potin Brasserie €
(03 88 08 88 84 ; www.aupotin.com ; 11 rue du Général-Vandenberg ; plats 8-19 €, menu midi 12 € ; mer-dim). Une adresse surprenante, qui mêle ambiance jazzy et décor de brasserie. Préférez la cuisine du marché, concoctée par Jérôme Marquart. Parmi les suggestions : carré de veau et polenta croustillante, filet de dorade royale et risotto au potiron. Bon point pour la carte des vins, avec des propositions bio à prix doux.

Achats

Klipfel Cave
(03 88 08 08 63 ; www.klipfel.com ; 1 rue Rotland ; tlj 10h-12h et 14h-18h). Les Klipfel bichonnent leurs 40 ha de vignes depuis six générations. Prisé, le caveau renferme leurs grands crus kastelberg, wiebelsberg, kirchberg et leurs vendanges tardives.

Renseignements

Office du tourisme (03 88 08 66 65 ; www.paysdebarr.fr ; 1 pl. de l'Hôtel-de-Ville)

Centre de Barr

Depuis/vers Barr

Le **TER** (www.ter.sncf.com/grand-est) dessert Strasbourg en 1 heure, Sélestat en 20 minutes.

Andlau

Traversé par la rivière éponyme, qui prend sa source au Champ du Feu, ce village pittoresque de la route des Vins s'enorgueillit de posséder trois grands crus de riesling : le moenchberg, le kastelberg et le wiebelsberg. Possédant déjà deux beaux châteaux forts sur les hauteurs, une abbatiale fameuse et de belles maisons médiévales et Renaissance, Andlau est également doté d'un très bon centre d'interprétation du patrimoine, mine d'information sur les trésors de la région.

À voir et à faire

Abbatiale Saints-Pierre-et-Paul Église

(Rue Deharbe). Fondée au IXe siècle par l'impératrice Richarde (encadré ci-contre), cette ancienne abbaye bénédictine de femmes a connu de nombreuses modifications au cours des siècles. Les différents styles (roman, gothique, baroque) s'entremêlent pourtant harmonieusement. Avant de franchir le seuil, admirez, sur la façade, la remarquable frise sculptée, typique de l'art roman. De 30 m de long, elle comporte 48 panneaux qui sont tout autant de saynètes. Cette frise mène jusqu'au portail richement sculpté (XIIe siècle) représentant le Saint-Sauveur, entouré de saint Pierre et saint Paul. L'intérieur de l'édifice est, lui, baroque, avec ses grandes tribunes, ses fenêtres amples et ses balustrades. Au fond, une chapelle (1707) conserve le sarcophage de sainte Richarde.

Ateliers de la Seigneurie Centre d'interprétation

(03 88 08 65 24 ; www.paysdebarr.fr/ateliers-de-la-seigneurie ; pl. de la Mairie ; tarif plein/réduit 6/4,50 € ; mar-dim, juil-août 10h-18h30, fév-mars et oct-déc 14h-18h, avr-juin et sept 10h-13h et 14h-18h, fermé jan, 1re sem de fév et nov). Dans un magnifique édifice de la Renaissance (1592), ancienne résidence des seigneurs d'Andlau, les ateliers explorent sur trois

étages le riche patrimoine architectural du pays de Barr-Bernstein et les différents métiers qui participaient à son édification. Jeux de construction, maquettes et vidéos complètent les panneaux explicatifs. Instructif et ludique.

Château du Haut-Andlau — Château fort

Du parking de la maison forestière du Hungerplatz, un sentier balisé d'un cercle rouge vous mène à travers bois jusqu'à ce château du XIVe siècle perché à 451 m, dont la muraille en granit, puis les deux hauts donjons se détachent fièrement d'entre les arbres. Il est percé de nombreuses fenêtres gothiques en arc brisé, créées pour apporter confort et luminosité au logis seigneurial – au risque de rendre l'édifice plus vulnérable à une attaque. Par chance, il n'a pas été rasé lors des conflits successifs dont il a été témoin. Aujourd'hui, le site est remarquablement bien entretenu et préservé. Comptez 45-55 minutes de marche aller-retour, sans difficulté.

Le **château du Spesbourg** (XIVe siècle) se rejoint depuis le même parking (balisage chevalet rouge ; 30 minutes aller-retour).

Chemin du Wiebelsberg — Randonnée

Il serait dommage de passer à côté du beau point de vue qu'offre le chemin du Wiebelsberg sur la vallée (30 minutes aller-retour). En face de l'hôtel du Kastelberg (10 rue du Général-Kœnig), suivez le balisage à cercle bleu. Après une montée raide au cœur des vignes, vous accéderez au **kiosque du Kastelberg**. Faites-y une pause bien méritée et profitez du paysage.

Richarde et la légende de l'ourse

Sur la place principale du village d'Andlau, une fontaine du XIXe siècle illustre la légende qui entoure sainte Richarde, fondatrice de l'abbaye Saints-Pierre-et-Paul. Nous sommes en 887. Sombrant dans la paranoïa, l'empereur Charles le Gros accuse sa femme, la pieuse Richarde, d'adultère. Afin de prouver son innocence, elle décide de se soumettre à la terrible épreuve du feu. Miraculeusement, elle traverse les flammes sans une brûlure. Lavée de tout soupçon mais répudiée malgré tout, Richarde quitte le château. Alors qu'elle traverse une forêt, elle aperçoit un ange qui l'interpelle : "Là où tu trouveras une ourse en train de gratter, tu bâtiras la maison de Dieu." L'animal lui apparaît à l'entrée du val d'Eléon. À cet emplacement, elle choisira de fonder son abbaye. Aujourd'hui, dans la crypte romane de l'édifice, qui accueille le sarcophage de la sainte, on retrouve une statue de l'ourse à l'endroit même où l'animal aurait creusé le sol.

Où se loger et se restaurer

Zinck Hôtel — Hôtel confort €

(☎ 03 88 08 27 30 ; www.zinckhotel.com ; 13 rue de la Marne ; d 65-111 € ; wifi, P). À chaque chambre son thème – zen, jazzy, pop, vigneronne ou encore alsacienne – et la déco originale et ultracolorée qui va avec. Dessus-de-lit fleur de lys, mur vert anis ou armoire zébrée… La famille Zinck n'a pas lésiné sur les détails. Elle reçoit sympathiquement dans cet ancien moulin dont l'impressionnant rouage a été conservé dans la salle du petit-déjeuner. Jardinet pour se détendre aux beaux jours.

Au Bœuf rouge — Traditionnel €€

(☎ 03 88 08 96 26 ; www.andlau-restaurant.com ; 6 rue Docteur-Stoltz ; plats 7,60-27,30 € ; tlj sauf mer soir et jeu oct-juil). Ambiance chic ou rustique ? À vous de choisir avec cette adresse deux-en-un qui comporte un restaurant gastronomique décoré d'une élégante cheminée, de tommettes rouges et paré de chandeliers, et, à côté, une winstub conviviale avec banquettes et nappes à carreau. Quel que soit votre choix, vous ne serez pas déçu. Les Kieffer sont en poste depuis trois générations dans ce relais du XVIIe siècle et leur réputation n'est pas usurpée.

SONIA DE ARAUJO ©

Place principale d'Andlau

Achats

Jean Wach — Cave

(03 88 08 09 73 ; www.vins-wach-alsace.fr ; 16A rue du Maréchal-Foch). Dans le caveau de Jean Wach et fils, l'ambiance est conviviale. Lors de notre venue, le fils Raphaël s'est chargé de la dégustation en bon pédagogue et fin connaisseur. Pour ne rien gâcher, ses vins savoureux, muscat comme riesling, sont à prix doux.

Renseignements

Office du tourisme (03 88 08 66 65 ; www.paysdebarr.fr ; 1 pl. de l'Hôtel-de-Ville à Barr)

Mittelbergheim

Perchée sur le flanc d'une colline, cette coquette commune est d'une rare tranquillité, tout juste perturbée par le chant des oiseaux. Classée parmi les "plus beaux villages de France", elle possède de splendides demeures décorées d'enseignes de vignerons et un ravissant hôtel de ville Renaissance. Difficile d'imaginer la folle ambiance qui règne ici le dernier week-end de juillet lors de la fête du Vin. Tables et bancs sont installés de part et d'autres des ruelles et des centaines de visiteurs (de plus en plus jeunes) envahissent les lieux.

Où se loger et se restaurer

Hôtel-restaurant Gilg — Winstub gastronomique €€

(03 88 08 91 37 ; www.hotel-gilg.com ; 1 rue Rotland ; s/d 66-88/68-98 € ; menus 38-56 € ; fermé mar et mer ; P). Dans cette belle demeure familiale, on a mis les petits plats dans les grands. Dans un cadre de winstub chic (nappes blanches et chaises sculptées typiques), le chef Vincent Reuschlé régale ses convives d'une cuisine bourgeoise plaisante, comme par exemple une gourmande (c'est peu dire) tourte vigneronne (l'une des spécialités de la maison) suivie de goujonnettes de turbot façon matelote et d'un succulent dessert. L'hôtellerie est à la hauteur de la cuisine. On accède aux chambres, calmes et classiques, par un bel escalier à vis de 1614.

Achats

Domaine Boeckel Cave

(☎03 88 08 91 02 ; www.boeckel-alsace.com ; 2 rue de la Montagne ; ⏰lun-ven 9h-12h et 14h-18h, sam 9h-12h et 14h-17h). L'accueil est très agréable, le cadre magnifique : une belle cour et son oriel du XVIᵉ siècle. Thomas Boeckel fait déguster avec passion et sans langue de bois les vins de qualité qu'il cultive avec son frère Jean-Daniel sur leur domaine de 21 ha. Laissez-vous tenter par la finesse du seul grand cru sylvaner de la région, le zotzenberg, ou encore par le boisé pinot noir Terres Rouges.

Dambach-la-Ville

Séduisante petite cité médiévale ayant conservé ses remparts et trois de ses quatre portes, plus grand village viticole de la route des Vins, Dambach-la-Ville n'offre pourtant pas une image très dynamique et pâtit d'une offre en restaurants et en logements limitée. Heureusement, elle s'anime l'été grâce à son important marché paysan et artisanal qui se tient le lundi à partir de 17h. À la même heure est programmée une visite guidée de la vieille ville qui n'est vraiment pas dénuée d'intérêt.

À voir

Sur les hauteurs du village, la place du Marché fait belle impression. L'**hôtel de ville** Renaissance (1547), avec son pignon à redents couronné par un beffroi, est entouré de belles maisons médiévales à pans de bois fleuries. Remarquez notamment l'**hôtel À la Couronne** qui a abrité le siège de la corporation des tonneliers (son élégant oriel a été rajouté au XVIIᵉ siècle) et une étonnante maisonnette qui a pour particularité d'être extrêmement étroite (1686). Sur la place, la **fontaine de l'Ours**, de style Renaissance (1543), est surmontée d'un ours portant une cruche. N'hésitez pas à poursuivre votre découverte de la ville en empruntant les ruelles adjacentes, ouvrez l'œil et remarquez, rue des Jardins notamment, ses nombreux soupiraux et ses poteaux corniers sculptés.

Maisons de la place du Marché, Dambach-la-Ville

SONIA DE ARAUJO ©

Vue depuis le château du Bernstein

Sentier viticole — Balade et panorama

Au départ de l'office du tourisme, ce parcours balisé de 45 minutes mène sur les hauteurs de Dambach-la-Ville, au cœur des vignes, réservant chemin faisant une belle vue dégagée sur le bourg et ses environs. Faites halte à la **chapelle Saint-Sébastien**, ancienne église d'un village aujourd'hui disparu, Oberkirch. Ce bel édifice au clocher roman possède un somptueux retable baroque, richement sculpté dans du bois de tilleul et de poirier (1690-1692), et un glaçant ossuaire. Les historiens s'opposent sur l'origine de ses ossements. Il pourrait s'agir des squelettes des "rustauds" massacrés pendant la bataille des paysans à Scherwiller (encadré ci-contre) ou, moins romanesque, des restes des corps de l'ancien cimetière d'Oberkirch.

Château du Bernstein — Château fort

À l'intérieur du donjon de ce château fort du XIIe siècle, un escalier en fer permet d'accéder au sommet. La vue sur les ruines et plus loin sur la plaine d'Alsace et le val de Villé est à couper le souffle. Accès depuis la chapelle Saint-Sébastien en suivant les disques bleus (50 minutes). Sinon, dirigez-vous en voiture vers Blienschwiller, puis en direction du Hohwarth. À gauche, une route forestière mène jusqu'au parking Schulwaldplatz. Empruntez le GR®5 (rectangle rouge), gentille montée de 20 minutes.

Renseignements

Office du tourisme (✆ 03 88 92 61 00 ; www.paysdebarr.fr ; 11 pl. du Marché)

Scherwiller

Une étape rapide et mignonne sur la route des Vins. Traversé par la rivière de l'Aubach, Scherwiller se caractérise par ses nombreuses passerelles en pierre (ou en béton !) et ses anciens lavoirs. Chaque année, en été, le théâtre de rue des Joyeuses Lavandières propose une jolie reconstitution de cette époque où on lavait son linge en public.

Où se restaurer

À la Couronne Winstub **€€**

(03 88 92 06 24 ; www.couronne.com ; 2 rue de la Mairie ; menus 18/25/30 € ; tlj). Adresse conviviale sur les berges fleuries de l'Aubach. Didier Roeckel est réputé pour être l'inventeur de la *ries'soupe*, une soupe à base de riesling. Appréciez ses savoureuses tartes flambées, la classique, celle aux champignons frais ou, pour les plus gourmands, celle au crottin de Lapoutroie.

Achats

Domaine Dussourt Cave

(03 88 92 10 27 ; www.domainedussourt.com ; 2 rue de Dambach ; lun-sam 8h-12h et 13h30-18h30 en été, dim matin et jours fériés sur rdv). Paul Dussourt et son épouse Josée sont incollables sur les accords mets-vins. Après une visite commentée de leur cave, ils vous guident pendant la dégustation, décrivant avec précision les différents arômes de leurs vins, crémant, sylvaner ou riesling.

Renseignements

Office du tourisme (03 88 58 87 20 ; www.selestat-haut-koenigsbourg.com)

Châtenois

Cette petite commune entre Scherwiller et Kintzheim, à 3 km de Sélestat, tire son charme d'une double enceinte construite entre les XIIe et XVe siècles au pied des vignes, à côté du centre actuel. Ces remparts bien conservés entouraient ce qu'on appelle un "cimetière fortifié" : une église romane dédiée à Saint-Georges (dont subsiste encore un belle tour-clocher vernissée, dotée de baies géminées), un cimetière (désaffecté en 1854 à la suite d'une épidémie de choléra), un presbytère et des habitations. On peut aujourd'hui en faire le tour à pied. Le parcours est ponctué de huits panneaux explicatifs qui reviennent sur l'histoire de ces remparts, attirent l'attention sur certains détails, comme les 4 échauguettes du clocher datant du XVIe siècle, qui permettaient à un veilleur de surveiller l'horizon et de donner l'alerte en cas de danger. Pénétrez dans l'enceinte par la tour des Sorcières, rue de l'Église. Cette porte gothique datant du XVe siècle et remaniée au XIXe siècle a séduit nombre d'artistes. On la retrouve notamment dans les fameuses illustrations de Hansi.

En quittant Châtenois en direction de Villé par la D424, faites quelques kilomètres et arrêtez-vous à la **maison du Distillateur** (03 88 57 84 87 ; www.maisondudistillateur.fr ; rte de Villé ; adulte/enfant 4 €/gratuit ; tlj 10h-19h, fermé lun jan-avr). Ce musée pédagogique et ludique est consacré à la fabrication des eaux-de-vie, à l'art de la distillation dans la vallée et au whisky alsacien, réalisé par la famille Meyer. Il comporte également une boutique très bien approvisionnée.

La guerre des paysans

Sur la route en direction de Châtenois, avant de traverser le Giessen, un petit calvaire commémore la fameuse bataille des paysans, l'une des plus meurtrières, qui se déroula à Scherwiller au XVIe siècle. Séduits par les idées de la Réforme, désireux de plus de liberté (droits de pêche, de chasse...) et de moins d'impôts, de nombreux paysans se révoltèrent au début du XVIe siècle en Alsace et en Lorraine. À la tombée de la nuit, le 20 mai 1525, de terribles affrontements éclatèrent entre les "rustauds" et le duc de Lorraine, sur le ban de la commune de Scherwiller. Après plusieurs heures de combats, les mercenaires du duc de Lorraine écrasèrent l'insurrection. Le village fut incendié, dit-on, pour éclairer le champ de bataille. Et plusieurs milliers de paysans massacrés. C'est en souvenir de cette bataille sanglante que les paysans alsaciens portaient, traditionnellement le dimanche, un gilet rouge.

Tour des Sorcières, Châtenois

Où se loger et se restaurer

Le Meisenberg Alsacien

(03 88 82 55 78 ; www.aubergelemeisenberg.com ; 1 rue Clémenceau ; s/d 75/95 € petit-déj inclus ; plats 18-24 €, menus 19-37 € ; ; restaurant fermé mer-jeu). Excellente adresse, cette auberge typiquement alsacienne est réputée pour sa cuisine de qualité. On y compte également quelques chambres douillettes, à la déco modernisée, égayée de touches colorées.

Kintzheim

Pimpant village alsacien comme tant d'autres, Kintzheim s'en démarque par ses deux parcs animaliers. Non loin, sur la commune voisine d'Orschwiller, le Haut-Kœnigsbourg (encadré ci-contre) est l'un des sites les plus visités de la région.

À voir

Montagne des singes Parc

(03 88 92 11 09 ; www.montagnedessinges.com ; La Wick ; tarif plein/5-14 ans 9/5,50 €, gratuit -5 ans ; tlj fin mars à début nov, horaires sur le site Internet). Imaginée en 1969 par un passionné de nature, Jacques Renaud, cette réserve de 24 ha est habitée par plus de 200 macaques de Barbarie. Le long d'une balade de 800 m, on découvre ces animaux évoluant en totale liberté. Ici, un couple s'épouille. Là, des jeunes singes s'amusent à sauter d'une branche à l'autre. Sur le parcours, de nombreux guides rappellent les consignes de sécurité et renseignent les plus curieux sur le comportement de ces étonnants singes magots. Une navette rallie le parc au départ de la gare de Sélestat.

Volerie des aigles Rapaces

(03 88 92 84 33 ; www.voleriedesaigles.com ; château de Kintzheim ; tarif plein/5-14 ans 9,50/6,50 €, gratuit -5 ans ; fin-mars à mi-nov, basse saison tlj 13h30-17h, 10h-18h30, jours fériés, week-ends prolongés et haute saison 10h-18h30). Une année avant de créer la Montagne des singes, l'inventif Jacques Renaud avait ouvert cette volerie d'aigles, la première du genre en France, dans le cadre exceptionnel du château

SONIA DE ARAUJO ©

Château du Haut-Kœnigsbourg

Le Haut-Kœnigsbourg est l'un des sites alsaciens les plus visités. Plus d'un demi-million de personnes se promènent chaque année dans ce château féerique accroché à près de 800 m d'altitude. Bâti au XIIe siècle au cœur du massif vosgien, il a vu se succéder de nombreuses familles, les Hohenstaufen, les Habsbourg puis les Thierstein, avant d'être réduit en cendres pendant la guerre de Trente Ans. Le château a été restauré, entre 1901 et 1908, pour des motifs politiques. L'empereur allemand Guillaume II de Hohenzollern avait décidé d'en faire un musée et d'y célébrer l'Alsace germanique.

La reconstruction fut confiée à l'architecte Bodo Ebhardt qui, en s'appuyant sur un relevé précis des débris archéologiques, reproduisit l'édifice tel qu'il était au Moyen Âge. Ou presque. Le Kaiser s'est en effet permis quelques fantaisies : un moulin à vent – on n'en trouve aucun en Alsace –, et les armoiries du Saint-Empire romain germanique, l'aigle, que l'on retrouve disséminées un peu partout dans le château.

Le donjon et l'architecture chaotique de l'ensemble impressionnent. Le circuit de 45 minutes donne accès à certaines salles remeublées du logis seigneurial et à deux tours d'artillerie. Chaises, tables, lits, coffres, etc. forment un joli panachage de tout ce que le château a pu abriter du XIIe au XVIIe siècle. Des visites ludiques, en costumes, sont proposées pour les familles, durant les vacances scolaires (2 €).

Infos pratiques

Château (☎ 03 69 33 25 00 ; www.haut-koenigsbourg.fr ; Orschwiller ; tarif plein/réduit 9/7 €, audioguide adulte/enfant 4,50/2 € ; ⏱ tlj jan-fév et nov-déc 9h30-12h et 13h-16h30, mars et oct 9h30-17h, avr-mai et sept 9h15-17h15, juin-août 9h15-18h). La **navette 500** (adulte/-4 ans 2 €/gratuit ; ⏱ mars à fin déc sam-dim et jours fériés, tlj mi-juin à mi-sept et vac. scol. de Pâques et Toussaint) de Fluo Grand Est 67 circule entre la gare de Sélestat et le château.

SI VOUS AIMEZ...
Les villages de la route des Vins

La route des Vins est ponctuée de tant de villages charmants qu'il est impossible de tous les présenter. En voici toutefois quelques-uns de plus sur votre parcours :

- **Itterswiller** Entre Andlau et Blienschwiller, ce village de carte postale s'étire à flanc de coteau. Réputé pour être l'un des plus joliment fleuris de la route des Vins, il offre en outre un magnifique panorama sur le vignoble jusqu'à Sélestat.
- **Blienschwiller** Entouré de vignes, ce petit village, avec ses maisons à colombages typiques et ses façades fleuries, possède l'une des meilleures tables du secteur, le très raffiné **Pressoir de Bacchus** (03 88 92 43 01 ; 50 rte des Vins ; menu midi 15 € , autres menus 32-48 € ; fermé lun soir, mar, mer midi). Sa carte des vins fait la part belle à la trentaine de viticulteurs du village ! Ne repartez pas sans avoir dégusté le grand cru winzenberg.
- **Heiligenstein** Dans ce discret village, accroché au Piémont-des-Vosges, se déguste un vin blanc unique, le klevener de Heiligenstein, produit à partir du cépage du savagnin rose. Une charmante balade, entre vignes et montagnes, mène jusqu'aux vestiges de l'abbaye de Truttenhausen.

de Kintzheim édifié en 1250 par Frédéric II de Hohenstaufen. En même temps que le visiteur découvre les 70 oiseaux présents sur le site, il admire à loisir le donjon, le rempart et le corps de logis. La réputation de la volerie tient à son spectacle de 45 minutes, durant lequel milans noirs, faucons ou aigles évoluent au plus près des spectateurs. Sensations fortes garanties (regardez les horaires du spectacle au préalable sur le site Internet). Navette au départ de la gare de Sélestat.

Où se restaurer

Auberge Saint-Martin Auberge €
(03 88 82 04 78 ; www.auberge-saintmartin.fr ; 80 rue de la Liberté ; formule déj 11,30 €, menus 22,50-24,50 € ; fermé mar mai-oct, mar-mer reste de l'année). Impossible de ne pas goûter à la tarte flambée cuite au feu de bois, la spécialité de la maison. Nature, au munster ou aux pleurotes, elles sont crémeuses à souhait. Malgré la foule qui s'y presse le midi, en salle ou sur la terrasse, le service reste prévenant et efficace. Réservez !

Renseignements

Office du tourisme (03 88 58 87 20 ; www.selestat-haut-koenigsbourg.com)

Depuis/vers Kintzheim

De mars à fin décembre, la navette 500 de **Fluo Grand Est 67** (09 72 67 67 67 ; www.fluo.eu) dessert la Montagne des singes, la Volerie des aigles et le château du Haut-Kœnigsbourg depuis Sélestat. Jours de desserte sur le site Internet.

SÉLESTAT ET LE GRAND RIED

Sélestat

Avec la réouverture suite à la restructuration complète de la prestigieuse Bibliothèque humaniste, la ville de Sélestat, qui a longtemps fait pâle figure à côté de ses voisines Colmar et Strasbourg, a repris de belles couleurs et entend désormais mieux faire valoir ses richesses touristiques. Elle dispose d'atouts patrimoniaux et architecturaux de premier plan, notamment de superbes monuments hérités des XVe et XVIe siècles, âge d'or de la ville. Déambulez dans son vieux centre, de placette en placette, pour les découvrir.

À voir et à faire

Située à l'entrée nord de la vieille ville, la **commanderie Saint-Jean**

Rue des Chevaliers, Sélestat

est un mélange réussi de gothique et de Renaissance. Le bâtiment a été construit en 1525 pour les hospitaliers de Saint-Jean de Jérusalem. Dans la tourelle se cache un bel escalier à vis. Non loin, la place du Dr Maurice-Kubler recèle le joyau de la ville, la **Bibliothèque humaniste** (p. 152), inscrite au Registre Mémoire du Monde de l'Unesco. Rouverte au public à l'été 2018 après des travaux très importants, elle occupe le premier étage de l'ancienne halle aux blés (1843), à la magnifique façade.

Sur cette même place s'élève l'**hôtel d'Ebersmunster**, un élégant bâtiment Renaissance qui appartenait aux moines bénédictins de l'abbaye éponyme : ils venaient s'y réfugier en cas d'attaque. Son grenier pointu, sur trois niveaux, permettait de stocker les vivres. Un peu plus loin, la **rue des Chevaliers**, la plus ancienne de Sélestat, est bordée de belles demeures Renaissance et se termine à la **tour Neuve** (XIIe siècle), l'une des trois portes conservées des anciens remparts. Notez sa coquette toiture avec lanterne et girouette, héritée du XVIIe siècle.

La **place du Vieux-Port** et le **quai des Tanneurs** rappellent que Sélestat était autrefois traversée par un cours d'eau servant au tannage des peaux. Le "quai" très coloré est la voie la plus pittoresque.

L'**arsenal Sainte-Barbe** (pl. de la Victoire), avec son si caractéristique pignon à redents, était initialement un entrepôt de marchandises avant de devenir, de 1534 au XIXe siècle, un arsenal.

Église Sainte-Foy — Art roman

(pl.du Marché-Vert). L'édifice surprend d'abord par ses trois tours, une rareté en Alsace. Puis, par son mélange de grès et de granit, de sobriété dans les formes et de richesse dans les décors. Cette église romane du XIIe siècle a été beaucoup remaniée : au XVIIe siècle dans un style baroque par les jésuites, puis au XIXe siècle dans un style néoroman rhénan par les Allemands. On leur doit notamment les deux belles flèches. Dans la nef, impossible de ne pas remarquer la chaire baroque des jésuites de 1753. Le porche, avec ses arcatures, ses corniches et ses chapiteaux, ainsi que le décor du tympan, valent également le coup d'œil.

La légende du géant Sletto

Selon la légende, Sélestat a été fondée par… un géant. Plus précisément par Sletto. C'est lui qui, avec ses grosses paluches, aurait creusé la vallée de la Lièpvre. Il arrachait les pierres et les arbres et les lançait dans la plaine. Avec le tas ainsi constitué, il construisit un château fort et créa Sélestat.

La Bibliothèque humaniste (p. 152) renferme l'impressionnante côte du géant (en fait un os de baleine). C'est elle qui permit de déduire que Sletto aurait mesuré environ 20 pieds de haut – soit 6 m à peu près.

Église Saint-Georges Art gothique

(pl. Saint-Georges). Située à quelques mètres à peine de l'église Sainte-Foy, l'église Saint-Georges a été bâtie sur plusieurs siècles. Édifiée dès 1220 dans un style roman, elle est achevée vers 1490 avec sa belle tour occidentale de style gothique flamboyant, qui s'élève à 60 m de hauteur. L'entrée sud est la plus décorée. À l'intérieur, au niveau du chœur, les vitraux lumineux (partiellement du XVe siècle) semblent occuper toute la surface du mur. Notez également la très belle chaire en pierre sculptée, partiellement dorée.

Bibliothèque humaniste Bibliothèque

(03 88 58 07 20 ; www.bibliotheque-humaniste.fr ; 1 pl. du Dr Maurice Kubler ; adulte/enfant 6/4 € ; mar-dim 10h-12h30 et 13h30-18h mai-sept et déc, 13h30-17h30 fév-avr et oct-nov). Installée depuis 120 ans dans la halle aux blés, la Bibliothèque humaniste a été réaménagée par l'architecte Rudy Ricciotti, concepteur du MuCEM à Marseille, en 2018. Le projet, alliant héritage et modernité, respecte l'architecture néoromane de la halle aux blés, met en valeur la nef originelle et intègre une extension lumineuse en grès rose tout en colonnes et en verre. Le parcours de visite, moderne et interactif, vous fait découvrir l'histoire de Sélestat et de la Renaissance à travers une collection unique de 154 manuscrits médiévaux et 1 611 imprimés des XVe et XVIe siècles. Vous découvrirez la vie de Beatus Rhenanus, né à Sélestat en 1485, qui a légué à la ville sa bibliothèque. Ce savant et humaniste incarne le bouillonnement intellectuel qui régna à cette époque en Europe.

Maison du pain d'Alsace Musée

(03 88 58 45 90 ; www.maisondupain.alsace ; 7 rue du Sel ; adulte/enfant 5/4 € ; mar-dim 9h-18h, tlj déc). À quelques mètres de la Bibliothèque humaniste, ce musée récemment rénové s'appuie sur un parcours muséographique interactif pour présenter l'histoire du pain et des traditions gourmandes alsaciennes. Le petit plus : des boulangers présentent leur savoir-faire en fabriquant sous vos yeux kougelhopfs, bretzels et autres délices locaux. Boutique et salon de thé.

FRAC Art contemporain

(03 88 58 87 55 ; www.frac.culture-alsace.org ; 1 rte de Marckolsheim ; mer-dim 14h-18h). GRATUIT Sa belle façade en verre reflète admirablement les rives de l'Ill. À l'intérieur, l'espace atypique, en forme de croissant de lune, de la salle d'exposition est régulièrement investi par des artistes contemporains.

Illwald Réserve naturelle régionale

(03 88 58 85 12 ; D424 en direction de Marckolsheim). C'est l'une des richesses et des particularités de Sélestat. À 15 minutes à pied du centre-ville, cette magnifique réserve naturelle régionale s'étend sur plus de 1 800 ha. Constituée d'une majestueuse forêt et de prairies avec bocages de saules, cette zone humide offre une vue imprenable sur le Haut-Kœnigsbourg. L'Illwald se caractérise par sa grande diversité d'espèces animales et végétales. On y croise par exemple le crapaud sonneur à ventre jaune avec ses pupilles en forme de cœur, mais aussi la plus grande population de daims sauvages de France.

Une boucle de 3 heures 30 (balisage cercle rouge) parcourt le site au départ du parking de la chapelle du Chêne. Méfiez-vous des moustiques, nombreux dans cette zone humide, et des crues qui la transforment en un gigantesque lac.

Où se loger et se restaurer

Carpe Diem Chambres d'hôtes €

(06 24 09 37 65 ; www.carpediem.alsace ; 9 rte de Kintzheim ; app sans petit-déj d 100-115 €, d avec petit-déj 110-135 €, 2 nuits min ;). Prenez vos aises dans ce cocon douillet, aménagé dans une grande maison dans un quartier calme. Coup de cœur pour l'appartement (équipé), avec mezzanine. Les 3 chambres sont spacieuses et chacune possède sa propre décoration. Hammam et Jacuzzi au sous-sol.

La Vieille Tour Cuisine de terroir €€

(03 88 92 15 02 ; www.vieille-tour.fr ; 8 rue de la Jauge ; plats 17-28 €, menus 20-42 € ; fermé dim soir et lun). Dans un décor classique, Nicolas et Samy Ruhlmann proposent une cuisine de terroir de très belle facture, flirtant avec le gastronomique. On s'y attable le midi (sauf le dimanche) pour profiter du menu du marché, très abordable. La carte et les menus sont inspirés par les produits de saison.

Au Pied de bœuf Traditionnel €€

(03 88 92 11 29 ; www.pieddeboeuf.fr ; 17 rue du Président-Poincaré ; plats 12-21 €, menu 21 € ; fermé mar soir et mer). Une valeur sûre pour qui apprécie les saveurs alsaciennes, comme le *baeckoffe*, à déguster dans un décor d'auberge, sans prétention, dans la rue principale. Les bouchées à la reine ont également contribué à la réputation de l'établissement, ainsi que l'imposant "burger sélestadien".

La Ligne Bleue Galerie-salon de thé €

(06 42 69 85 02 ; www.galerie-art-ligne-bleue.com ; 1A rue Sainte-Foy ; à partir de 2,50 € ; mer-jeu 13h-18h, ven-sam 10h-18h, dim 14h-18h). Faites une pause sucrée dans l'ancien grenier à grains de l'église Sainte-Foy, qui accueille une vaste galerie d'art contemporain ainsi qu'un agréable salon de thé. Les pâtisseries et les glaces sont bio.

Bibliothèque humaniste

SONIA DE ARAUJO ©

Ebersmunster

Renseignements

Office du tourisme (03 88 58 87 20 ; www.selestat-haut-koenigsbourg.com ; Maison du Parvis, 2 pl. du Dr Maurice Kubler)

Depuis/vers Sélestat

Sélestat se situe à 20-30 minutes de Strasbourg, 30 minutes de Mulhouse et 10 minutes de Colmar en **TER** (www.ter.sncf.com/grand-est).

Grand Ried

Au cœur de la plaine d'Alsace, bordé par l'Ill à l'ouest et par le Rhin à l'est, le Ried est un paradis pour les amoureux de la nature. Longtemps considéré comme un milieu hostile pour l'humain en raison de ses inondations récurrentes, ce bel espace naturel est aujourd'hui préservé et valorisé. Cheminez à travers ces prairies humides d'où émergent des bosquets, des saules et où la nappe phréatique affleure parfois. À pied, à vélo ou en barque, partez à la rencontre des castors, martins-pêcheurs, des courlis cendrés ou des daims, dans cette Alsace si proche et pourtant très différente du piémont vosgien.

Activités

Randonnée à vélo

Les offices du tourisme du Grand Ried (Benfeld, Erstein, Marckolsheim et Rhinau) louent des vélos (classique/électrique 12,50/20 € la journée). Pratiques, ils permettent de découvrir le Ried et les bords du Rhin. Des cartes des itinéraires cyclables sont distribuées gratuitement dans les offices (et sont téléchargeables sur le site www.grandried.fr). Le circuit transfrontalier Rhinau, Kappel, Weisweil (42 km, 3 heures 30 à 5 heures) parcourt l'île de Rhinau (p. 158).

Canoë

Plusieurs prestataires proposent de découvrir le Ried en ramant. Les **Canoës du Ried** (06 08 91 85 56 ; www.canoes-du-ried.com ; 35 rte de Marckolsheim, ancienne maison forestière de la Redoute, Sélestat) proposent des formules à la demi-journée ou à la journée en canoë-kayak dans le Ried (de mi-avril à mi-octobre). Contactez également **Cakcis** (☎ 03 88 92 29 84 ; www.cakcis.com ; 4 imp. Champollion, Sélestat), qui loue des canoës (et des stand-up paddles) et organise des sorties encadrées sur demande. **Alsace Canoës** (☎ 06 83 78 59 43 ; www.alsace-canoes.com ; rte de Marckolsheim, Moulin de la Chapelle, Sélestat) assure des prestations similaires (randonnées guidées ou non en canoës ou en kayak).

Ebersmunster

Ce village fleuri, traversé par le Muhlbach et l'Ill, est réputé pour son harmonieuse et majestueuse abbaye baroque, mais aussi pour sa gastronomie. Les amateurs de poissons de rivière se régaleront de la matelote typique du Ried.

À voir

Abbatiale Saint-Maurice Art baroque

Les trois clochers à bulbe vernissés de cette église se distinguent de loin. Majestueuse et imposante, l'abbatiale Saint-Maurice (reconstruite de 1720 à 1726) détonne dans ce si petit village. À l'intérieur, l'édifice s'avère incroyablement lumineux et le décor, de style baroque allemand, d'une rare beauté. Le chœur, plus étroit, guide le regard jusqu'au maître-autel flamboyant surmonté d'une immense couronne. Les harmonieuses fresques de la nef représentent le martyre de saint Maurice. Remarquez également les très beaux confessionnaux et l'orgue du célèbre facteur André Silbermann (1678-1734).

Où se restaurer

Aux Deux Clefs Poissons €€

(☎ 03 88 85 71 55 ; www.restaurantauxdeuxclefs.fr ; 23 rue du Général-Leclerc ; plats 21-30 € ; ⏲ tlj sauf lun et mer). Les clients se pressent dans cette auberge cossue tenue par la famille Baur depuis cinq générations, et située en face de l'abbatiale, sur les bords du Muhlbach. On y déguste la fameuse matelote du Ried aux quatre poissons (anguille, sandre, brochet et truite saumonée), la spécialité de la maison. C'est la meilleure de la région.

Dans le Grand Ried en barque à fond plat

SONIA DE ARAUJO ©

Muttersholtz-Ehnwihr

Ce petit village paisible mise sur le tourisme vert grâce à des actions en matière de protection de l'environnement et de la biodiversité. En 2017, Muttersholtz a d'ailleurs été élue "Capitale française de la Biodiversité", une distinction dont la commune est fière !

À voir et à faire

Batelier du Ried Visite en barque

(03 88 85 13 11 ; www.batelier-ried.com ; 21 Ehnwihr ; adulte/enfant à partir de 15/12 € ; Pâques-Toussaint). À bord de sa barque à fond plat, Patrick Unterstock, l'un des derniers "batelier du Ried", vous emmène pour une virée de deux à trois heures sur l'Ill, entre Muttersholtz et Ebersmunster. Avec sa gouaille, il explique l'histoire du Ried, sa faune, sa flore, ses castors, pour lesquels il se passionne, mais aussi l'histoire de l'abbatiale d'Ebersmunster. Possibilité de louer un tipi (adulte/enfant 22/12 €, de mai à septembre) ou un gîte (380 à 490 € la semaine).

Maison de la nature, du Ried et de l'Alsace centrale Balade

(03 88 85 11 30 ; www.maisonnaturemutt.org ; 35 Ehnwihr ; tlj 9h-12h et 14h-17h en été, reste de l'année lun-ven 9h-12h et 14h-17h). Ce centre d'initiation à la nature et l'environnement sensibilise les visiteurs à la protection du milieu naturel du Ried, grâce à des visites guidées, des expositions, des ateliers et des balades. De mai à septembre, parcourez le SensoRied (www.sensoried.fr), un itinéraire sensoriel de 1 heure 30 à réaliser pieds nus !

Girouette Bernard Stinner Girouettes

(03 88 85 16 65 ; www.girouette-stinner.com ; 6 Ehnwihr ; tlj 10h-18h sur rdv). L'atelier de Bernard Stinner se cache dans une petite ruelle du hameau de Ehnwihr. Ce ferronnier d'art, spécialisé depuis plus de vingt ans dans la fabrication de girouettes, expose une vingtaine de ses créations, classiques ou plus modernes.

Où se restaurer

À L'Escale du Ried Spécialités alsaciennes €

(03 88 85 12 90 ; www.restaurant.escaleduried.fr ; 3 rte de Sélestat, Mutterscholtz ; plats 9-19 €, menus 27-30 ; tlj sauf lun et mer). De copieux plats de viande, des tartes flambées (le soir), des plats alsaciens gourmands (*presskopf*, choucroute, jarret garni, cotis braisé)... Cette escale est un régal pour les papilles, dans un décor d'auberge alsacienne traditionnel, avec moult boiseries, mais sans surcharge.

Les Brasseurs du Ried Bierstub

(09 67 23 31 83 ; www.brasseurs-du-ried.fr ; 32 Ehnwihr ; plats 9-14 € ; jeu-lun 18h-22h sept-juin, 12h-22h juil-août). Cette brasserie artisanale propose une gamme de 9 bières et se double d'une *bierstub* (et, aux beaux jours, d'un *biergarten*) où vous pourrez savourer des planches de charcuterie ou de fromage et des tartes flambées.

Erstein

Situé au cœur du Ried, ce petit bourg réputé au tournant du XIXe et du XXe siècle pour sa filature (dont il reste quelques traces, notamment une jolie cité ouvrière rue du Général-Leclerc) s'est aujourd'hui fait un nom grâce à sa sucrerie et à son musée, perdu en pleine zone industrielle.

À voir

Musée Würth Art contemporain

(03 88 64 74 84 ; www.musee-wurth.fr ; ZI Ouest, rue Georges-Besse ; tlj mar-sam 10h-17h, dim 10h-18h). GRATUIT Le musée a été bâti à côté du siège social de l'entreprise Würth France, dans la zone industrielle ouest d'Erstein. Rectangle de béton et de verre, il accueille, dans de vastes pièces pénétrées par une douce lumière naturelle, les œuvres de l'impressionnante collection d'art contemporain de l'entrepreneur Reinhold Würth. Peintures, sculptures ou photographies, les expositions sont monographiques ou thématiques. Restauration sur place.

Renseignements

Office du tourisme (☎ 03 88 98 14 33 ; www.grandried.fr ; 16 rue du Général-de-Gaulle)

Benfeld

Le centre historique se prête à une agréable balade, le **Hans'L Tour** (www.patrimoine-benfeld.org ; 1 heure), autour de son patrimoine.

À voir

Horloge Jacquemart — Horloge monumentale

(pl. de la République). Arrivez quelques minutes avant l'heure pile pour voir en action la fascinante horloge de la tourelle de l'hôtel de ville (1531). Trois automates en chêne entourent les cadrans – celui du haut indique les différentes phases de la lune, le plus grand donne l'heure de Paris, le dernier, l'heure locale de Benfeld. À droite, la Sagesse est représentée par un homme en armure, le prince-évêque de Strasbourg. Au-dessus de lui, la Justice personnifiée par le *Schultheiss* (le maire). Sur la gauche, la Mort rappelle la fugacité de l'existence.

Où se restaurer

Au Zoll — Cuisine traditionnelle €

(☎ 03 88 08 48 74 ; www.auzoll.e-monsite.com ; 1 rte du Rhin ; plats 16-30 € ; ⏲ tlj sauf lun soir, mar soir, mer et jeu soir). Jean-Christophe Roos a réalisé son rêve de gosse : reprendre le restaurant longtemps tenu par sa grand-mère. Avec son épouse, il propose une cuisine française traditionnelle (viandes et poissons) mâtinée de touches inventives.

La Vignette — Restaurant €

(☎ 03 88 74 52 48 ; www.lavignette.net ; 41 Faubourg du Rhin ; plats 9-20 €, d 72-99 € ; ⏲ mer-sam midi et soir). Une valeur sûre, aux mains de la famille Jehl depuis 4 générations. La grande bâtisse abrite un restaurant servant une cuisine traditionnelle de saison ainsi que 5 appartements spacieux et équipés. Une bonne base pour rayonner dans le secteur.

Renseignements

Office du tourisme (☎ 03 88 74 04 02 ; www.grandried.fr ; hôtel de ville, pl. de la République)

Horloge Jacquemart

SONIA DE ARAUJO ©

Villé

Réserve naturelle nationale de l'île de Rhinau

C'est l'une des plus belles balades en barque à fond plat de la région. Avec les bateliers bénévoles de l'association **Rhinau Rhin Ried** (03 88 74 68 96 ; forfait 1 à 4 pers 44 € ; tlj avr-oct), partez à la découverte de l'île de Rhinau, la "petite jungle rhénane". Dans cette zone protégée, étonnant résultat des travaux de canalisation du Rhin, la nature a repris ses droits et, au fil de l'eau, on croise une famille de cygnes, un nuage de libellules ou une souche renversée transformée en nichoir par des martins-pêcheurs.

LES VOSGES MOYENNES

Vallée de Villé

La vallée, lieu de passage historique entre la Lorraine et la plaine d'Alsace, est le repaire idéal des amoureux de la nature. Moins encaissées que celles de la Bruche, ses douces collines promettent de belles escapades à pied (plus de 350 km de sentiers balisés), à VTT, à cheval, dans les airs ou encore en raquettes. La vallée de Villé est également réputée pour la culture fruitière, qui donne lieu à la production d'excellentes eaux-de-vie grâce à un savoir-faire ancestral.

Villé

La petite ville de Villé possède un joli centre. La place de l'église Notre-Dame, construite en 1758, est entourée de quelques maisons à colombages colorées et fleuries. L'artiste peintre René Kuder (1882-1962), réputé notamment pour ses aquarelles, est un enfant de Villé. Si vous avez le temps, empruntez le sentier du patrimoine pour découvrir caché, à côté de l'église, un magnifique cimetière bourgeois, jadis fortifié par un mur et un fossé.

Activités

VTT

Sept circuits balisés au départ de Villé sont proposés par l'office du tourisme. Rouge ou noir, ils s'adressent aux vététistes expérimentés, à l'instar du circuit des trois cols, niveau noir très difficile, qui chemine depuis Villé jusqu'au Climont, puis au col d'Urbeis et s'achève à Fouchy. D'une durée de trois heures, il possède un dénivelé de 844 m ! Le topoguide VTT est en vente à l'office du tourisme (3,50 €).

Randonnée

Les novices comme les randonneurs de l'extrême trouveront ici leur bonheur. Le Club vosgien a balisé quelque 350 km de sentiers. Notre préféré, le circuit des Roches (12 km, 3 heures 30), s'effectue principalement en forêt. De difficulté moyenne, il débute au parking situé à la sortie en amont de Breitenau. Le chemin forestier offre rapidement une belle vue sur la vallée de Villé, Saint-Gilles et l'Ungersberg. Arrivé au Schlossplatz, autrement dit la place du Château, un crochet permet d'accéder aux ruines du château de Frankenbourg (20 minutes aller-retour). S'offre alors un très beau panorama sur les ruines de l'Ortenbourg, le Ramstein et le château du Haut-Kœnigsbourg. La balade permet ensuite de découvrir de belles formations rocheuses, les Rondes roches, la roche des Fées ou encore le rocher de la Salière.

Le circuit du Climont conduit au sommet du même nom, fameuse montagne en forme de trapèze où la Bruche, le Giessen et la Fave prennent leur source.

Demandez les cartes des itinéraires à l'office du tourisme.

Parapente

Club-école Grand vol Parapente

(03 88 57 11 42 ; www.grandvol.com ; Breitenbach ; vol biplace 60 €, cours demi-journée 60 € ; 9h30-17h30). Survolez le val de Villé et les environs avec ce club sérieux.

Où se loger et se restaurer

Chambres du Beau-Regard Chambres d'hôtes €

(03 88 57 10 14, 06 86 98 93 62 ; www.chambres-beau-regard-alsace.com ; 2A rue du Beau-Regard ; ch 79 € petit-déj inclus ;). Christiane Frantz a aménagé deux belles chambres dans sa coquette demeure située sur les hauteurs de Villé. L'une rouge, l'autre verte, elles sont toutes deux

Vue depuis le sommet du Climont

SONIA DE ARAUJO ©

Albé

spacieuses et de très bon goût et disposent de belles salles de bain. Les hôtes profitent d'un grand jardin avec transats et tables et d'une belle vue sur le bourg. Le petit déjeuner est un régal. Seul inconvénient, il n'y a pas d'entrée indépendante.

Hôtel 48° Nord Avec vue €€

(www.hotel48nord.com ; rte du mont Sainte-Odile, Breitenbach ; d à partir de 130 € ;). Un Ovni dans le paysage hôtelier des Vosges alsaciennes, qui plaira aux amateurs d'insolite... Ouvert en 2020, ce "landscape hôtel" situé à Breitenbach, sur les hauteurs de Villé, se compose de 14 confortables "hygge", en bois de châtaignier local, au design scandinave, disséminées sur une colline dominant la vallée. Le complexe est tourné vers le bien-être et les activités nature. Restaurant sur place.

Wendling traiteur Poissons €

(03 88 57 26 36 ; www.restaurant-wendling.fr ; 5 pl. Charles-de-Gaulle ; plats 15-24 € ; midi mer-dim, soir ven et sam). Le chef Rémy Wendling aime tout particulièrement travailler les poissons (filet de sandre, truite aux amandes) mais les amateurs de viande trouveront également leur bonheur. L'accueil est attentionné et la situation centrale. Belle terrasse l'été.

Pfister Pâtisserie €

(03 88 57 17 56 ; www.patisserie-restaurant-pfister.fr ; 9 pl. Charles-de-Gaulle ; plats 8-18 € ; mar-ven 7h30-18h15, sam-dim 7h30-18h). Véritable institution au centre du bourg, cette halte gourmande propose également une sélection de plats et de sandwichs.

Renseignements

Office du tourisme (03 88 57 11 69 ; www.tourisme-valdeville.fr ; 14 pl. du Marché)

Albé

Au nord de Villé, Albé est le village viticole le plus élevé d'Alsace. Ses maisons de vignerons datent des XVIIIe et XIXe siècles. Pendant trois jours, en août, la commune se pare de mille feux, et les habitants de costumes d'époque, pour "Albé en habit de lumière".

À voir et à faire

Musée du Val de Villé — Écomusée

(☎03 88 57 08 42 ; www.maisonduvaldeville.com ; 4 pl. du Tilleul ; 3,50 € ; avr-oct jeu-dim et jours fériés 14h-18h). Plus grand et plus fourni que le musée des Arts et Traditions populaires de Neuviller-la-Roche (p. 167) dans la vallée de la Bruche, le musée du Val de Villé n'a toutefois pas le même charme. Comme lui, il présente le quotidien et les activités des hommes d'autrefois au travers d'objets et d'outils. Si la maison datant du XVIIIe siècle est magnifique, la visite (avec audioguide gratuit) laisse un sentiment d'inachevé.

Équivallée — Équitation

(☎03 88 58 97 72 ; www.equivallee67.com ; lieu-dit Sonnenbach ; 20-25 €/heure). Pendant une ou deux heures, baladez-vous à cheval sur la montagne de l'Ungersberg, entre les bouleaux, les chênes et les sapins, aux côtés de la directrice du centre équestre, Isabelle Feltz. Vous surprendrez peut-être une biche et profiterez à coup sûr d'une belle vue sur Triembach-au-Val. Pour les petits, dès 2-3 ans, promenade à poney d'une demi-heure (15 €).

Manouk Évasion — Chiens de traîneau

(☎06 75 20 28 72 ; www.manoukevasion.com ; col d'Urbeis ; baptême 1 heure/1 heure 30 50/70 €). Cette activité récente et originale devrait plaire aux familles (120 €). Installé sur un kart tiré par une meute de huskies (pas besoin de neige, donc), à l'instar des attelages de chiens de traîneau, découvrez les paysages de la vallée dans le secteur du col d'Urbeis.

Steige

Ce village-rue possède de belles maisons vosgiennes aux linteaux de porte décorés (XVIIIe siècle). Son nom germanique désigne la montée vers le col. Pour l'anecdote, c'est ici qu'est né le premier homme vacciné contre la rage, le 6 juillet 1885, par Louis Pasteur. Il s'agissait du fils du boulanger, Joseph Meister (1876-1940).

Où se loger et se restaurer

Ferme du Manou — Gîtes €

(☎06 52 63 16 50 ; www.fermedumanou.com ; 5 rue du Bas-des-Monts ; gîte 2/3 ch à partir de 450/570 € par semaine, week-end 180/320 € ; piscine). Le calme absolu, une belle vue sur les montagnettes et la vallée et trois gîtes très spacieux et judicieusement aménagés : voici la recette du succès. En dehors de la période des vacances scolaires (toutes les académies), les gîtes peuvent être loués en formule week-end (2 nuitées). Les petits plus : la piscine couverte et le sauna.

Auberge Chez Guth — Cuisine créative €

(☎03 88 58 12 05 ; www.auberge-chez-guth.fr ; 5A rue du Bas-des-Monts ; menus 28-72 € ; fermé lun-mar). Ici, pas d'assiette de charcuterie ni de choucroute. Si, de l'extérieur, ce restaurant ressemble à nombre d'auberges en bois des alentours, à l'intérieur, l'ambiance est "rustique feutrée" : lumière tamisée, une dizaine de tables (bien espacées) seulement, pas de surcharge décorative. Le jeune Yannick Guth a travaillé auprès de grands chefs étoilés. Sa cuisine d'auteur se distingue par son raffinement, sa créativité et les associations de saveurs inédites. Une belle expérience gustative dans un lieu du bout du monde.

Achats

Confitures du Climont — Confitures

(☎03 88 97 72 01 ; www.confituresduclimont.com ; La Salcée, 14 rte du Climont, Ranrupt ; mar-sam 10h-12h et 14h-18h). Ces maîtres-confituriers préparent dans leurs chaudrons en cuivre, et à l'aide d'étonnants outils fabriqués sur place, quelques-unes des meilleures confitures de la région, classiques (fraises, cerises, myrtilles) ou plus insolites (gelée de sureau, carottes au marc de gewurztraminer). À environ 5 km à l'ouest de Steige.

Neubois

À l'entrée est de la vallée de Villé, Neubois est une belle entrée en matière. Le village s'étire tout en longueur en jouant avec le relief, et offre de beaux panoramas.

Où se loger

Au Grenier à Kougelhopfs Gîte €

(06 31 04 09 90 ; www.fannyetfabrice.alsace ; 6 rue des Primevères ; gîte 2/3 nuits 180/260 €, sem juil-août 450 € ;). Installez-vous dans ce "mazot" – un accueillant chalet savoyard tout en bois – équipé, dans la propriété de Fanny et Fabrice, pâtissiers de leur état. Idéal pour une famille ou des amis. Petit déjeuner (8 €) et plats chauds maison sur demande. Serviettes et draps en option (9 €/pers). Bon accueil.

Le Hohwald

Il était de bon ton au XIXe siècle de venir en villégiature au Hohwald, cette "région de sapins qui montent tout droit et lèvent au ciel une fine et verte aiguille", comme l'écrivit Anatole France. Il n'est pas le seul personnage illustre à avoir respiré l'air pur de cette station d'altitude. Sarah Bernhardt et le maréchal Joffre en furent également. Aujourd'hui, ce village de 400 âmes, à 10 minutes du Champ du Feu, possède encore plusieurs hôtels d'un autre temps. À 2 km du village (prendre la route en face de la ferme-auberge Le Lindenhof, jusqu'au parking), une jolie cascade, accessible en 10 minutes par un sentier, vaut le coup d'œil.

Activités

Parc Alsace Aventure Parcours aventure

(03 88 08 32 08 ; www.parc-alsace-aventure.com ; col du Kreuzweg, Breitenbach ; adulte/enfant 24/14-19 € ; juil-août tlj 10h-19h, avr-juin et sept-oct mer, sam et vac. scol. 13h-18h, dim 10h-18h). Une dizaine de parcours dans les arbres pour tous niveaux, vallée des tyroliennes (à partir de 12 ans), toboggan géant... Au col du Kreuzweg, à 4,5 km au sud-ouest de Hohwald par la D425.

Où se loger et se restaurer

Le Lindenhof Ferme-auberge €€

(03 88 08 31 98 ; www.ferme-auberge-lindenhof.fr ; 11 rte du Kreutzweg ; s/d avec

Cascade, Le Hohwald

SONIA DE ARAUJO ©

petit-déj 47/59 € ; plat 13-21 €, menu 23 € ; tlj sauf mer soir et jeu, midi et soir en saison, midi seulement reste de l'année). Sur les pâturages, de belles vaches vosgiennes broutent. Autour de la ferme-auberge, une dizaine de chevaux gambadent. Dans un écrin de verdure, à 600 m d'altitude, les visiteurs dégustent des petits plats familiaux préparés avec les produits de la ferme. Vincent gère avec allant les quatre chambres d'hôtes à la déco simple. Vente de fromage bio. À environ 1,5 km à l'ouest de Hohwald, au bord de la D425.

Le Champ du Feu

Avec son sommet culminant à 1 099 m – le plus haut du Bas-Rhin –, le Champ du Feu attire de nombreux randonneurs l'été et tout autant de skieurs l'hiver. Les randonneurs apprécient beaucoup ce beau site naturel constitué de chaumes d'altitude, de tourbières et de forêts. La petite **station de ski** (03 88 97 30 53 ; www.lechampdufeu.com ; 154 rte de la Serva, Belmont) située à moins d'une heure de la capitale européenne, fait le bonheur de nombreux Strasbourgeois. Son domaine skiable fait la part belle au ski de fond (100 km de pistes). Quatorze pistes de ski alpin (pas de noire) sont aussi aménagées, ainsi que des pistes de *tubbing* (sorte de bouée).

Où se loger et se restaurer

Mont Champ du Feu Hôtel-restaurant **€€**
(03 88 97 30 52 ; www.montchampdufeu.com ; 154 rte de la Selva, Belmont ; d à partir de 95 € ; tte l'année). La station dispose enfin d'un hébergement digne de ce nom avec cet établissement de standing, d'une capacité de 32 chambres, sur deux niveaux, ouvert en 2018. L'intérieur est chaleureux, avec du bois blond et des lignes contemporaines. Très belle piscine chauffée, salle de fitness et espace bien-être. L'hôtel dispose de deux restaurants, l'auberge Hazemann, qui sert des spécialités montagnardes, et le Champé, de style plus bistronomique.

Depuis/vers le Champ du Feu

Des navettes **Fluo Grand Est 67** (0972 67 67 67 ; www.fluo.eu) relient la station à Strasbourg, Schirmeck ou Sélestat de mi-décembre à mi-mars.

Vallée de la Bruche

Ici, vous ne trouverez ni cigognes, ni maisons à colombages, mais de rustiques demeures en pierre. La vallée de la Bruche est l'Alsace inattendue. Entouré de montagnes, le Donon d'un côté et le Champ de Feu de l'autre, ce territoire sillonné par la Bruche dispose de beaux sentiers de randonnée et d'agréables hôtels-restaurants.

Plus encore, avec le camp du Struthof, le Centre européen du résistant déporté à Natzwiller et le mémorial d'Alsace-Moselle à Schirmeck, la vallée, traditionnelle destination de villégiature des Strasbourgeois, est devenue une étape à ne pas négliger pour qui s'intéresse à l'histoire.

Schirmeck

La création d'un contournement routier a rendu la flânerie dans son centre plus agréable, même si de nombreux poids-lourds la traversent encore. Surplombée par un sympathique château, Schirmeck vaut surtout pour le mémorial d'Alsace-Moselle qui la surplombe. En 2019, un sentier mémoriel, jalonné de 10 étapes, a été aménagé dans le bourg (plaquette disponible à l'office du tourisme).

À voir

Mémorial d'Alsace-Moselle Centre d'interprétation historique
(03 88 47 45 50 ; www.memorial-alsace-moselle.com ; lieu-dit du Chauffour, allée du Souvenir-Français ; tarif plein/réduit/famille 11/9/29 €, billet commun avec le Struthof 13 € ; tlj 9h30-18h). Très bien conçu, le mémorial d'Alsace-Moselle revient sur l'histoire tumultueuse, souvent méconnue ou incomprise, de deux régions ballottées par l'Histoire, de 1870 jusqu'au lendemain de la Seconde Guerre mondiale. En 75 ans,

VAUT LE DÉTOUR

Le Donon

Le massif du Donon, culminant à 1 009 m d'altitude, offre un panorama à 360° de quatre départements, les Vosges, la Moselle, la Meurthe-et-Moselle et le Bas-Rhin. Une atmosphère magique émane de cet ancien lieu de culte celte puis gallo-romain.

L'accès au sommet se fait à pied (compter 2 heures 30 aller-retour). Au bord du sentier (balisage rectangle rouge du GR®5) jalonné de panneaux explicatifs qui part de la maison forestière du Haut-Donon, on distingue encore les traces de trois temples gallo-romains consacrés à Mercure. Les copies de sept stèles votives entourent un parc archéologique. Les originaux (IIIe siècle) sont aujourd'hui conservés au Musée archéologique d'Épinal (Vosges). Tout en haut se dresse un étonnant temple (photo ci-dessus), non pas gallo-romain, mais d'inspiration grecque. Édifié en 1869 par un architecte colmarien, il est devenu, depuis, l'emblème du Donon.

au gré des combats et des traités, les Alsaciens ont changé quatre fois de nationalité, de langue... et d'uniforme. Scénographie vivante et décors plus vrais que nature garantissent une expérience immersive. Le bâtiment moderne fait face au camp du Struthof, de l'autre côté de la vallée. Le complexe comprend un espace consacré à la construction européenne, des débuts à nos jours.

Sentier du patrimoine mennonite Balade instructive

Cette boucle de 6 km revient, grâce à six bornes d'interprétation, sur la passionnante histoire de la communauté mennonite dans le secteur. Réputés pour leur savoir-faire agricole et leur refus de porter les armes, ces anabaptistes originaires de Suisse, longtemps persécutés, se sont installés en 1708 à Salm. Une importante partie de la communauté, aujourd'hui connue sous le nom d'"amish", a émigré vers les États-Unis. Départ depuis le parking de la maison forestière de Salm. Plaquette disponible à l'office du tourisme.

Où se restaurer

La Schlitte Cuisine traditionnelle €

(☎ 03 88 97 06 07 ; www.restaurant-schlitte.com ; 26 rte de Freconrupt, La Broque ; plats 16-25 €, menus 20-38 € ; tlj sauf lun soir, mar soir, mer et, l'hiver, jeu soir). Dans ce mignon chalet en bois de Laponie, Christophe Munch mitonne une cuisine de terroir gourmande. Ses spécialités ? La *totsche*, une galette de pommes de terre qu'il sert gratinée au chèvre avec du jambon fumé, ou encore le jambonneau braisé. Également chambre à louer (s/d 50/57 € avec petit-déj).

Renseignements

Office du tourisme (☎ 03 88 47 18 51 ; www.valleedelabruche.fr, www.rando-bruche.fr ; 114 Grand'Rue)

Depuis/vers Schirmeck

Le TER dessert Strasbourg en moins de 50 minutes.

Fluo Grand Est 67 (☎ 0972 67 67 67 ; www.fluo.eu) dessert, au départ de Schirmeck, le Champ du Feu (ligne 252) en 35 minutes.

Natzwiller

Ce village pentu est aujourd'hui tristement connu pour avoir accueilli sur son territoire un camp de concentration nazi. Au début

Mémorial d'Alsace-Moselle (p. 163)

du XXe siècle, le lieu-dit de Struthof était pourtant un lieu de villégiature prisé. Les touristes y venaient été comme hiver pour faire de la luge ou participer aux nombreux bals organisés. Aujourd'hui, la flamme stylisée et la silhouette sculptée du mémorial de la déportation, inauguré en 1960 par le Général de Gaulle, y rappellent les horreurs de la Seconde Guerre mondiale.

À voir

Camp du Struthof — Camp de concentration

(☎ 03 88 47 44 67 ; www.struthof.fr ; D130 ; adulte/enfant 6/3 € ; ⌚ mars à mi-avr et mi-oct au 24 déc 9h-17h, mi-avr à mi-oct 9h-18h30, fermé 25 déc à fin fév). Le "KL-Natzweiler-Struthof" est le seul camp de concentration nazi situé sur le territoire français (l'Alsace avait alors été annexée par les Allemands). Le cadre bucolique et paisible du mont Louise produit un contraste saisissant avec la barbarie qui a eu lieu dans ses multiples camps. Près de 52 000 personnes, originaires de toute l'Europe, des prisonniers politiques pour la majorité, ont été détenues au Struthof et dans son réseau de camps annexes : vingt-deux mille y ont été assassinées.

L'enceinte barbelée, les miradors et les baraquements accrochés à flanc de montagne sont toujours en place. Dans un premier bloc, une exposition revient sur les origines et le fonctionnement du camp, de mai 1941 à l'automne 1944. Deux baraques, les blocs crématoire et cellulaire, ont été récemment restaurées.

Avant de débuter la visite du camp lui-même, parcourez les différents espaces du Centre européen du résistant déporté. Dans le hall, des bornes interactives expliquent le fonctionnement des principaux camps de concentration et d'extermination nazis. La mezzanine accueille des expositions temporaires. Un espace de "vigilance" permet de se recueillir. La visite se poursuit dans un silo de béton armé à moitié enterré, le *Kartoffelkeller*, une cave à pommes de terre construite par les déportés du camp. Elle accueille une exposition sur les origines du nazisme.

SONIA DE ARAUJO ©

VAUT LE DÉTOUR

Collégiale Saint-Florent de Niederhaslach

Au cœur du village de Niederhaslach, dans la vallée de la Hasel, cette splendide collégiale gothique date du XIIIe siècle. Avec sa tour massive de 42 m de haut, son portail magnifiquement sculpté rappelant celui de la cathédrale de Strasbourg, sa rosace et ses deux tourelles, ainsi que ses arcs-boutants et ses contreforts avec pinacles, elle impressionne. Saccagé pendant la guerre des paysans puis bombardé durant la guerre de Trente Ans, ce magnifique édifice ne fut restauré qu'au XIXe siècle, puis dans les années 1990. À l'intérieur, le chœur (1274) est la partie la plus ancienne et la plus intéressante. Il abrite les reliques de saint Florent, ermite et 7e évêque du diocèse de Strasbourg. Les vitraux du XIIIe siècle aux coloris denses sont d'une très grande beauté. Si vous avez la chance de visiter la collégiale pendant le solstice d'été, vous verrez le soleil levant les éclairer d'une douce lumière.

Où se loger et se restaurer

Auberge Metzger Hôtel-restaurant **€€**

(03 88 97 02 42 ; www.hotel-aubergemetzger.com ; 55 rue Principale ; d 95-110 € ; menus 18-35 € ; juil-août fermé lun, fermé lun et dim soir le reste de l'année). Corinne et Yves Metzger régalent leurs convives d'une cuisine de marché raffinée et gourmande. Une table paisible et un service attentionné. On se sent à l'aise dans les 15 chambres de l'auberge, claires et douillettes, avec du parquet et du bois couleur miel et une excellente literie ; certaines ont un balcon et un bain bouillonnant. Mention très bien pour le buffet petit déjeuner (15 €).

Ferme-auberge du Charapont Volailles **€**

(03 88 97 98 46 ; 5 rte de Rothau ; menus 19-25 € ; fermé mi-nov à mi-mars sauf boutique, mai-fin août tous les midis sauf lun, reste de l'année dim midi et sur réservation). Ne vous fiez pas à l'allure peu avenante de cette bâtisse située en bord de route. Colette et Christian Baecher ont installé leur ferme-auberge dans une ancienne usine textile. Depuis 20 ans, ce charmant duo mitonne de bons petits plats avec les volailles qu'ils ont eux-mêmes élevées. Vente des produits fermiers sur place.

Fouday

Installé sur la rive droite de la Bruche, ce village de la petite enclave protestante du Ban-de-la-Roche conserve de nombreuses fermes-blocs des XVIIIe et XIXe siècles, typiques des vallées vosgiennes, regroupant sous le même toit logis, étable et grange. Son austère église protestante (XVIIIe siècle) possède une charmante tour romane et un chœur peint, vestige de l'église médiévale Saint-Jean-Baptiste. À l'intérieur, un poêle à bois, des bancs, des tribunes et une chaire habillent simplement l'espace, conformément à la volonté du pasteur Oberlin (encadré ci-contre).

Où se restaurer

Hôtel-restaurant Julien Cocon **€€€**

(03 88 97 30 09 ; www.hoteljulien.fr ; 750 rte de Strasbourg ; ch 130-190 €/pers en demi-pension ; menus 33-46 € ; tlj sauf mar midi et mer midi ;). Une adresse de référence dans toute l'Alsace, et au-delà. Simple bistrot dans les années 1960, la maison familiale dispose aujourd'hui d'un agréable parc, d'un magnifique spa de plus de 2 000 m² avec piscine, et de 75 chambres

réparties en 4 catégories ; nos préférées : les "Montagne", spacieuses, à la décoration raffinée et au goût du jour. Au restaurant, installé dans une grande salle chaleureuse, la cuisine s'appuie sur des produits du terroir rigoureusement sélectionnés et impeccablement préparés par le chef Gérard Goetz et sa brigade. Le personnel est vêtu de tenues alsaciennes.

Waldersbach

Autre petit village typique du Ban-de-la-Roche, Waldersbach a été profondément marqué par la figure du pasteur Oberlin. Il dispose d'un joli temple et d'un musée dédié à ce dernier, dans l'ancien presbytère.

À voir

Musée Oberlin Musée

(03 88 97 30 27 ; www.musee-oberlin.org ; 25 montée Oberlin ; adulte/enfant/famille 6/4/15 € ; tlj sauf mar, avr-sept 10h-19h, oct-mars 14h-18h). Le musée retrace la vie remarquable du pasteur humaniste Jean-Frédéric Oberlin, l'un des précurseurs des écoles maternelles (encadré ci-contre). Idée originale, le musée se découvre en faisant coulisser un tiroir puis un autre. Une véritable chasse aux trésors. Le visiteur découvre le cabinet scientifique du pasteur, son herbier, mais aussi tout le matériel pédagogique qu'il a imaginé. Des jeux instructifs sont d'ailleurs mis à la disposition des enfants.

Où se restaurer

Ferme-auberge de la Perheux Viande €

(03 88 97 96 07 ; www.fermeaubergedelaperheux.com ; col de la Perheux, Wildersbach ; menu 20 € ; tlj sur réservation). Manger à la ferme de la Perheux, ça se mérite. Perdue en pleine nature, entre les villages de Wildersbach et de Waldersbach, elle apparaît au bout d'un chemin de terre de 700 m. Violette, Léon et Per-Loup, les nouveaux propriétaires depuis 2019, travaillent la viande de bœuf local, la Vosgienne, sous toutes ses formes. Réservation impérative.

Le pasteur Oberlin

Né en 1740 à Strasbourg, Jean-Frédéric Oberlin se voit attribuer en 1767 la place de pasteur à Waldersbach, l'un des villages les plus défavorisés de la vallée de la Bruche. Il décide alors de se battre pour améliorer les conditions de vie, tant matérielles que spirituelles, de ses paroissiens, et met en œuvre un véritable programme de développement économique et social : amélioration des voies de communication, création d'une caisse d'entraide et d'emprunt, développement de l'industrie textile et création des fameux "poêles à tricoter", ancêtres des écoles maternelles. Dans ces petites écoles qu'il confie à "des conductrices de la petite enfance", il développe une pédagogie de l'éveil, respectueuse des rythmes de l'enfant et qui mêle étroitement jeu et enseignement. Il meurt en 1826 et repose au cimetière de Fouday.

Neuviller-la-Roche

Ce modeste village, à flanc de coteau du Ban-de-la-Roche, a conservé quelques beaux linteaux et encadrements de fenêtres du XVIIIe siècle. Son minuscule et charmant musée des Arts et Traditions populaires est né de la mobilisation de ses habitants.

À voir

Musée des Arts et Traditions populaires Musée

(03 88 97 98 44 et 03 88 97 98 17 ; 19 rue Principale ; adulte/enfant 4/2 € ; sur rdv). Grâce à de nombreux dons, les habitants de Neuviller ont rassemblé des objets de la vie quotidienne, du mobilier et des outils d'époque pour aménager une maison typique de la vallée de la Bruche. Des bénévoles se relaient à l'accueil pour permettre au visiteur de découvrir la vie modeste de ces ouvriers paysans de montagne.

Église Saint-Jacques-le-Majeur, Hunawihr (p. 198)

COLMAR ET LE SUD DE LA ROUTE DES VINS

Colmar et le sud de la route des Vins

C'est ici que bat le cœur de l'Alsace : dans la plaine, à Colmar et dans ces villages viticoles qui parsèment les collines sous-vosgiennes. Colmar, petite mais riche préfecture du département du Haut-Rhin, concentre un patrimoine architectural exceptionnel et des bonnes tables reflétant l'art de vivre alsacien. Le vignoble alentour, dont les origines remontent à l'Antiquité romaine, produit, dit-on, les meilleurs vins d'Alsace. Protégé des influences océaniques par le massif des Vosges, c'est l'un des plus secs de France. Quant aux nombreux grands crus, ils témoignent de l'originalité et de la diversité des terroirs. Le long de la route des Vins, les villages fleuris aux opulentes maisons, souvent anciennes, reflètent la prospérité de ce vignoble. Au contact des habitants, le visiteur découvrira aussi leur générosité. Notez qu'il peut faire très chaud dans cette partie de l'Alsace, et les coins de baignade sont rares.

☑ Dans ce chapitre

À gauche : Rue pittoresque de Kaysersberg (p. 205). À droite : château du Hohlandsbourg (p. 213)
VINCENT FROEHLY © ; ALEXIS BORG / FOTOLIA ©

Liepvrette
N59
D35
Sélestat
Kintzheim
A35
Baldenheim
Forêt de l'Ill
Saint-Hippolyte
Parc naturel régional des Ballons des Vosges
Rodern
Route des Vins
Hessenheim
Haut Ribeaupierre
Girsberg
Bergheim (p. 191)
BAS-RHIN
Heidolsheim
D424
D416
Château de Saint-Ulrich
D83
Guémar
Illhaeusern
Ohnenheim
Ribeauvillé
Hunawihr
D10
Marckolsheim
Zellenberg
Riquewihr (p. 199)
Beblenheim
Ill
HAUT-RHIN
Kaysersberg (p. 205)
Kientzheim
Riedwihr
D10
Château de Wineck
D415
Holtzwihr
D111
A35
D4
D112
Katzenthal
Niedermorschwihr
Bischwihr
Turckheim
D10
Colmar (p. 172)
Route des Vins
D468
Wintzenheim
Andolsheim
Widensolen
D417
Château du Hohlandsbourg
D415
Sundhoffen
Eguisheim (p. 212)
Husseren-les-Châteaux
Appenwihr
Neuf-Brisach (p. 188)
Parc naturel régional des Ballons des Vosges
Hattstatt
D16
A35
Gueberschwihr
Niederhergheim
D83
Pfaffenheim
Dessenheim
D8
Rouffach
Niederentzen
N
0
5 km

COLMAR

Pour ses admirateurs, la "capitale" du vignoble alsacien, préfecture du Haut-Rhin, est la plus belle ville du monde, un véritable musée à ciel ouvert. Ses détracteurs, du nord et du sud de l'Alsace, ne voient quant à eux en Colmar qu'une petite ville bourgeoise (moins de 70 000 habitants), très, voire trop touristique. Mais tous admettent qu'il est difficile de résister, aux beaux jours comme en hiver, au charme si alsacien de ses rues et places bordées d'édifices du Moyen Âge, de la Renaissance, du XVIIIe siècle baroque et classique, du XIXe siècle "français" ou de la période allemande (1871-1919). Impossible de rester de marbre en se promenant dans cette célèbre "Petite Venise", d'être insensible face au *retable d'Issenheim*, au musée Unterlinden, ou encore devant *La Vierge au buisson de roses*, dans l'église des Dominicains.

Plateforme commerciale, la cité se développa dès le Moyen Âge. Le Ladhof – le port de Colmar, au confluent de la Thur et de la Lauch – servait de lieu d'expédition des vins locaux vers la Suisse ou vers Strasbourg et les pays rhénans. En 1278, Rodolphe de Habsbourg signa le Freiheitsbreif, ou Charte de franchise de Colmar, qui renforça l'autonomie de la ville et permit aux bourgeois de maîtriser son destin. En 1354, Colmar intégra la Décapole, ligue réunissant dix villes alsaciennes soucieuses de leurs privilèges et de la protection directe de l'Empire. Au XVIe siècle, la communauté juive de Colmar, déjà victime de massacres lors de l'épidémie de peste, fut chassée de la ville, où elle ne retrouva droit de cité qu'à la Révolution. Puis, en 1575, la réforme luthérienne fut introduite. En pleine guerre de Trente Ans, la ville se plaça sous la protection du roi de France, mais ce n'est qu'en 1679 qu'elle devint ville royale française, à l'issue de son occupation par les troupes du roi de France, dans le contexte de la guerre de Hollande. Désignée chef-lieu du département du Haut-Rhin en 1790, Colmar scelle son destin à celui de l'Alsace, tantôt allemande, tantôt française. La ville fut libérée le 2 février 1945, deux mois et demi après Strasbourg, à l'issue des terribles combats hivernaux

Maison des Têtes

VINCENT FROEHLY ©

de la poche de Colmar, qui coûtèrent la vie à plus de 10 000 soldats alliés, et davantage encore du côté allemand.

À voir

Autour du musée Unterlinden

Les Catherinettes Ancien couvent

(9 rue Kléber). Fondé en 1310 par les sœurs dominicaines de Sainte-Catherine, ce couvent, qui abrite aujourd'hui des équipements de la ville, comprend notamment une église du XIVe siècle, surmontée d'un clocheton gothique singulier. Les bâtiments conventuels ont été reconstruits au XVIIIe siècle.

Théâtre municipal Classique

(Pl. du 18-Novembre). Œuvre de l'architecte Louis-Michel Boltz (qui réalisa aussi le marché couvert, p. 183), ce théâtre empreint de classicisme fut inauguré en 1849, puis agrandi en 1902. Il se tient juste derrière le musée Unterlinden et accueille toute l'année une riche programmation.

Place des Dominicains

Maison des Têtes Renaissance

(19 rue des Têtes). Ce bel édifice de la Renaissance allemande est l'un des plus célèbres de Colmar, grâce à son foisonnant décor. Il doit son nom aux 106 têtes ou masques grotesques ornant les montants et les meneaux des fenêtres, ainsi que les panneaux de l'oriel de trois étages. La maison a été construite en 1609 pour le riche marchand Anton Burger. En 1898, la Bourse aux vins (société créée pour promouvoir la vente des vins d'Alsace, alors en crise) s'y installa : c'est elle qui commandera la statue d'un Tonnelier (réalisée en étain), œuvre d'Auguste Bartholdi, mise en place en 1902 au sommet du pignon. La demeure abrite aujourd'hui un hôtel-restaurant qui jouit d'une belle réputation.

Musée Hansi Boutique et musée

(☎03 89 41 44 20 ; 28 rue des Têtes ; tarif plein/réduit/-5 ans 5/3 €/gratuit ; ⏲lun 12h-18h, mar-dim 10h-18h). Le célèbre illustrateur, aquarelliste et dessinateur colmarien, chantre d'une "Alsace éternelle", a enfin un espace qui lui est entièrement dédié dans sa ville natale. À l'étage, un musée à la scénographie moderne, très plaisante et très claire, revient sur la vie de Jean-Jacques Waltz, dit Hansi (1873-1951), connu pour son antigermanisme, à travers quantité d'œuvres originales, de panneaux explicatifs et de vidéos. Au rez-de-chaussée, une boutique de produits régionaux labellisés "La maison de l'Oncle Hansi", dans un décor de village alsacien reconstitué, fera le bonheur des touristes. Hansi, qui réalisa de célèbres publicités (qu'on pense à la cigogne de la "Potasse d'Alsace"), est devenu à son tour un produit marketing...

Nord du vieux Colmar

Poêle des Laboureurs Renaissance

(Rue de l'Ange). La corporation des laboureurs, parmi les plus importantes et influentes de Colmar, fit reconstruire son "poêle" (lieu de réunion) en 1626. Son style architectural est typique de la Renaissance tardive, notamment l'encadrement du portail, les meneaux et linteaux moulurés des fenêtres. Au-dessus du portail, une inscription qui signifie : "La critique est aisée, l'art est difficile."

Musée du Jouet Musée

(☎03 89 41 93 10 ; www.museejouet.com ; 40 rue Vauban ; adulte/8-15 ans/-8 ans 5,70/4,40 €/gratuit ; ⏲jan-juin et sept-oct tlj sauf mar 10h-17h, juil-août et déc tlj 10h-18h, sept tlj 10h-17h). Petits et grands enfants vont adorer ce musée créé par la Ville de Colmar, dans un ancien cinéma, à partir de la collection de jouets du peintre Georges Trincot. Le rez-de-chaussée accueille des expositions temporaires et des tables de jeux pour tous les âges. Au premier étage, le musée expose ses poupées : la Barbie à travers les âges (elle était rousse à la fin des années 1950), de délicats modèles de porcelaine et de solides baigneurs. Au deuxième étage, c'est le royaume des petits trains. Clou du spectacle : un théâtre de marionnettes animées qui jouent *Le Renard et la Cigogne* dans un décor alsacien du XVIIe siècle.

Hôtel de ville Néoclassique

(48 rue des Clefs). Après son rachat par l'abbaye cistercienne de Pairis, le bâtiment a été reconstruit (1778-1782) dans un style néoclassique. Confisqué à la Révolution, il fut le siège de l'administration départementale, en 1790, puis de la préfecture, sous le Premier Empire, avant de devenir l'hôtel de ville en 1866.

Espace d'art contemporain André-Malraux Art contemporain

(☎03 89 20 67 59 ; www.colmar.fr/espace-malraux ; 4 rue Rapp ; ⏲mar-mer et sam-dim 14h-18h, jeu 12h-17h). GRATUIT Ce lieu, inauguré

Colmar

À voir

Où se loger

Où se restaurer

Où prendre un verre et sortir

Renseignements

en 1996 dans une ancienne choucrouterie, n'est pas un musée, mais un espace géré par la Ville qui accueille des expositions. De juillet à octobre, elles sont généralement consacrées à un artiste de renommée internationale (Ernest Pignon-Ernest, Nils-Udo...). Au moins une fois par an, le lieu est réservé à un artiste de la région.

Autour de l'église Saint-Matthieu

Église Saint-Matthieu — Médiévale

(Grand'Rue ; mi-avr à mi-juin et fin juil à début oct 10h-12h et 15h-17h). Construite à partir de la fin du XIIIe siècle, achevée vers le milieu du XIVe siècle, l'ancienne église des franciscains est caractéristique de l'architecture dépouillée des ordres mendiants. Elle est dévolue au culte protestant depuis 1575. On y remarque notamment un élégant jubé (vers 1340) composé de sept travées voûtées, ainsi que le chœur, lumineux, qui illustre l'idéal de verticalité mystique caractéristique de l'époque. Plusieurs restaurations ont permis à l'église de retrouver son état primitif, en découvrant notamment les plafonds en bois ornés de rinceaux. L'église, à l'excellente acoustique, est un lieu prisé pour les concerts.

Ancien hôpital — Néoclassique

(7 pl. du Deux-Février). L'ancien couvent des franciscains, qui servait d'hôpital, fut détruit par la foudre en 1735. La ville le fit donc rebâtir, à l'aide des pierres issues des fortifications de la ville (démantelées en 1673). En 1744 fut achevé cet édifice, un bel exemple de l'architecture française du XVIIIe siècle, de style néoclassique. Restaurés, les bâtiments accueillent la médiathèque de Colmar.

Maison des Arcades — Renaissance

(11-19 Grand'Rue). Élevé en 1606, cet immeuble, construit dans le style de la Renaissance allemande, comporte à chaque face un pignon à volutes et aux angles sur rue un oriel de trois étages à toiture effilée. Il était destiné à héberger les pasteurs et leur famille. Son architecte est Albert Schmidt, également auteur de la maison dite des chevaliers de Saint-Jean (p. 182) et de la Maison des Têtes (p. 173).

VINCENT FROEHLY ©

À NE PAS MANQUER

Le musée Unterlinden

Ce musée des Beaux-Arts, installé dans un ancien couvent dominicain, mérite à lui seul le voyage à Colmar. Le sanctuaire, fondé au XIIIe siècle "sous les tilleuls" (Unterlinden), a été transformé en musée dès 1853, sous l'impulsion de la Société Schongauer, qui gère toujours les lieux.

Une nouvelle architecture

L'établissement a fait l'objet de récents travaux (qui ont pris fin en 2016) avec une spectaculaire réhabilitation et une extension par les architectes Herzog & de Meuron. Le résultat est séduisant : l'ancien couvent est aujourd'hui relié aux anciens bains municipaux (le bâtiment situé en face) par une galerie souterraine et est doté d'une nouvelle aile contemporaine, l'Ackerhof (nom qui évoque l'ancien corps de ferme du couvent), qui s'inscrit parfaitement dans le paysage urbain de Colmar. Quant à la place Unterlinden, elle a été totalement réaménagée, avec la réouverture du canal de la Sinn.

Les œuvres médiévales et Renaissance

Les salles d'exposition autour du magnifique cloître médiéval, très bien conservé avec ses 54 arcades géminées, accueillent sur trois niveaux les collections anciennes, de la préhistoire à la Révolution. On y découvre, notamment, des sculptures romanes, des tapisseries, des vitraux et des peintures des primitifs allemands et plus particulièrement rhénans. Parmi les œuvres peintes exceptionnelles, le retable de la collégiale Saint-Martin (1462-1465) de Gaspard Isenmann, un *Portrait de femme* (vers 1510) exécuté par Hans Holbein l'Ancien ou la célèbre allégorie de *La Mélancolie* (1532) peinte par Lucas Cranach l'Ancien, ainsi que des chefs-d'œuvre du peintre et graveur colmarien du XVe siècle Martin Schongauer. Provenant de divers ateliers du Rhin supérieur et des régions voisines, la collection de sculptures du XIIe au XVIe siècle est remarquable, en particulier les sculptures religieuses en bois polychrome de la fin du gothique, tels que le bas-relief *Le Martyre de Sainte-Catherine* (vers 1520-1530) ou le *Christ de douleur* (vers 1515), en bois de tilleul polychromé, attribué à Martin Hoffmann.

Le retable d'Issenheim

Dans la chapelle du cloître trône, en harmonie parfaite avec l'ex-sanctuaire, le trésor du musée : le célèbre *retable d'Issenheim*. Par ses qualités formelles exceptionnelles et l'expression puissante de la souffrance, ce polyptyque à deux séries de doubles volets fascine. Il se présente sous forme de panneaux peints par Mathis Gothart Nithart, dit Matthias Grünewald, entre 1490 et 1515, qui s'articulent autour d'une caisse centrale dont les sculptures ont été réalisées par Nicolas de Haguenau. Il est donc conçu pour permettre trois représentations différentes : une lorsqu'il est fermé (photo ci-contre), une autre à l'ouverture des premiers volets, une dernière à l'ouverture des seconds. À l'origine, il ornait le maître-autel de l'église de la commanderie des Antonins d'Issenheim, qui accueillait les malades atteints du mal des ardents, ou feu de Saint-Antoine (l'ergotisme, un fléau à l'époque). Les malades étaient portés devant le retable pour prier et implorer saint Antoine le Grand. On aperçoit le saint attaqué par des monstres envoyés par Satan sur l'un des panneaux (retable complètement ouvert) ; le personnage en bas à gauche présenterait les symptômes de la maladie (convulsions, membres ulcérés...). Le couronnement du retable manque, ayant disparu lors du démantèlement de l'œuvre à la Révolution.

Les arts décoratifs et traditions populaires

Au niveau 1 des salles du cloître, les collection d'arts décoratifs et d'histoire régionale illustrent l'aspect encyclopédique du musée : céramique, orfèvrerie (le remarquable trésor des Trois-Épis des XVIe-XVIIe siècles), ébénisterie ou instruments de musique, tel le somptueux clavecin Rückers (1624), réalisé par le facteur Hans Rückers II, originaire d'Anvers.

L'art moderne et contemporain

Les collections d'art moderne et contemporain ont été remarquablement mises en valeur par le nouvel agencement. La galerie souterraine accueille les œuvres du XIXe siècle (Monet, Bonnard, Rodin...). L'Ackerhof est, lui, voué à l'art du XXe siècle : on y admire des œuvres d'Otto Dix, Nicolas de Staël, Serge Poliakoff, Jean Dubuffet, Pierre Soulages ou encore l'immense tapisserie de *Guernica*, réalisée par Jacqueline de La Baume à la demande de Picasso.

Infos pratiques

Musée (☎ 03 89 20 15 50 ; www.musee-unterlinden.com ; pl. Unterlinden ; tarif plein/réduit/12-17 ans et étudiant/-12 ans 13/11/8 €/gratuit, audioguide 2 € ; ⏱ lun, mer, ven-dim 9h-18h, jeu 9h-20h, fermé mar). Expositions temporaires. Boutique. Restauration sur place.

VINCENT FROEHLY ©

À NE PAS MANQUER

Église des Dominicains

Dominant le centre-ville de toute sa masse, l'église des Dominicains est la plus accomplie et la plus représentative des églises-halles élevées par les ordres mendiants en Alsace. Sa première pierre fut posée en 1283 par le roi Rodolphe de Habsbourg, mais sa construction date pour l'essentiel de la première moitié du XIVe siècle : chassés de la ville en 1330, les Dominicains y revinrent en 1346 et achevèrent alors la réalisation de la triple nef. Celle-ci possède les plus hautes arcades jamais construites en Alsace, avec celles de l'église Saint-Thomas de Strasbourg : une impression de vertige s'en dégage.

L'installation d'un décor baroque en 1720 a quelque peu rompu l'austérité de l'église – qui a conservé, notamment, de beaux vitraux du XIVe siècle. Durant la majeure partie du XIXe siècle, elle fut affectée à des fonctions laïques, avant de redevenir un lieu de culte en 1898. L'église, pour laquelle Martin Schongauer réalisa un retable en 1475 (le retable des Dominicains, visible au musée Unterlinden, encadré p. 176), abrite finalement en son chœur un autre chef-d'œuvre du peintre colmarien, *La Vierge au buisson de roses* (1473). Assise dans un jardin, la Vierge à l'Enfant y apparaît surmontée de deux anges portant une couronne. Le tableau, empreint de mysticisme et de mélancolie, a malheureusement été amputé puis, au début du XXe siècle, placé dans un retable. À l'origine, au-dessus des anges figuraient Dieu le Père et la colombe. Mais l'harmonie et la finesse de la composition demeurent.

L'église accueille régulièrement des expositions en tous genres.

Infos pratiques

Église (1 pl. des Dominicains ; tarif plein/-12 ans 2 €/gratuit ; tlj 10h-13h 15h-18h).

Autour de la collégiale Saint-Martin

Collégiale Saint-Martin — Gothique

(Pl. de la Cathédrale ; mai-oct tlj 8h-19h, nov-avr tlj 8h-18h30, dim matin réservé aux offices). Les Colmariens l'appellent la "cathédrale", rang qu'elle occupa durant… une dizaine d'années, de la Révolution à la signature du Concordat en 1801 – elle fut alors ravalée au rang d'église paroissiale. La collégiale n'en demeure pas moins l'un des édifices gothiques majeurs de la région. Sa construction, sur le site d'un sanctuaire roman, s'étala de 1235 à 1365 environ. Le lanternon à bulbe, de style Renaissance, a été ajouté en 1573, après un incendie. L'ensemble a été réalisé en grès jaune de Rouffach. Le portail sud du transept marque la transition entre l'art roman et l'art gothique. La façade occidentale est massive, marquée par de puissants contreforts à passage. Le portail central est le seul à être décoré : en haut, un saint Martin à cheval partage son manteau ; le style du tympan sculpté du début du XIVe siècle (le *Jugement* et l'*Adoration des Mages*) se rattache à celui de la façade de la cathédrale de Strasbourg. Au-dessus du portail, une vaste verrière à huit lancettes surmontées d'une rosace. À l'intérieur, une impression d'équilibre et d'harmonie se dégage, rappelant le style épuré des ordres mendiants, fortement implantés dans la ville. Les grandes verrières du chœur proviennent pour la plupart de l'église des Dominicains. La plus belle est un Christ imberbe au transept nord (début du XIIIe siècle).

Corps de garde — Renaissance

(17A pl. de la Cathédrale). Le bâtiment a été aménagé à partir de 1575, à l'occasion de l'introduction de la Réforme, dans l'ancienne chapelle Saint-Jacques (mentionnée dès 1286). Au-dessus d'un ossuaire voûté, on éleva un corps de garde, au rez-de-chaussée, et des salles à l'étage. L'oriel en triptyque voûté d'ogives et son décor prolifique, ainsi que le portail à colonnes toscanes sont de véritables joyaux de la Renaissance rhénane. L'édifice accueillit aussi un marché aux noix et oléagineux, et fut un lieu de justice. La loggia était alors utilisée comme tribune, lors de l'annonce des condamnations.

Voltaire ou l'ingratitude

La maison nobiliaire du 10 de la rue Berthe-Molly, reconstruite en 1609, a accueilli un pensionnaire célèbre d'octobre 1753 à novembre 1754. Voltaire, envoyé par le roi de Prusse Frédéric II, profitait là des riches bibliothèques des conseillers et avocats du Conseil souverain pour travailler à ses *Annales de l'Empire*. L'ouvrage devait être imprimé aux presses colmariennes Schoepflin. Commentaires du philosophe, qui s'était opposé aux jésuites locaux : "Colmar est une petite ville dévote, remplie de tracasseries, où tout le monde se confesse, où tout le monde se déteste, et où il n'y a de ressources que parmi quelques avocats qui savent le droit public d'Allemagne…"

Maison Adolph — Gothique

(16 pl. de la Cathédrale). Bâtie vers 1350, elle serait la plus ancienne construction civile de Colmar. La famille Adolph, qui en devint propriétaire à la fin du XIXe siècle, fit dégager les baies gothiques d'origine. Celles-ci témoignent, avec les fenêtres en arc brisé, de l'influence de l'art religieux sur les habitations. Le troisième étage et le pignon à pans de bois datent du XVIe siècle. Accolé à la maison se trouve un puits (1592) surmonté d'une potence avec deux têtes de lions.

Maison Pfister — Renaissance

(11 rue des Marchands). Commandée par Ludwig Scherer, un riche chapelier, elle fut construite en 1537 et devint l'un des premiers exemples architecturaux de la Renaissance à Colmar. Emblème de la vieille ville, elle se distingue par son oriel

VINCENT FROEHLY ©

Quartier de la Petite Venise (p. 182)

d'angle à deux étages, sa galerie en bois, sa haute tourelle d'escalier octogonale et ses peintures murales (1577), probablement réalisées par Christian Vacksterffer. Elle doit son nom à la famille Pfister qui la restaura et l'occupa de 1841 à 1892.

Musée Bartholdi — Sculpture classique

(☎03 89 41 90 60 ; www.musee-bartholdi.com ; 30 rue des Marchands ; tarif plein/réduit/-18 ans 6,50/4,50 €/gratuit ; tlj sauf mar 10h-12h et 14h-18h, fermé jan-fév et 1er mai, 1er nov et 25 déc). Le créateur de *La Liberté éclairant le monde* (plus connue sous le nom de *Statue de la Liberté*) a bien failli sombrer dans l'oubli. Le désintérêt suscité par l'art académique du XIXe siècle au milieu du siècle suivant entraîna la relégation de nombre de ses œuvres dans des réserves, et la fermeture du musée qui lui était consacré dans sa maison familiale. Rouvert en 1979, le musée dédié à Auguste Bartholdi (1834-1904), labellisé "Maison des Illustres", occupe toujours cette demeure où le sculpteur ne vécut que les deux premières années de sa vie, mais dans laquelle il effectua de nombreux séjours. Dans la cour du musée, on admire *Les Grands Soutiens du monde*, un groupe en bronze représentant les allégories de la Justice, du Patriotisme et du Travail soutenant un globe terrestre. Au rez-de-chaussée, on découvre des maquettes et sculptures préparatoires aux monuments conçus pour Colmar (une salle renferme des collections d'art juif appartenant au Consistoire israélite de Colmar). Au premier étage, une salle d'exposition renferme documents et travaux préparatoires pour le colossal *Lion* (1873-1875) qui se dresse au pied de la citadelle de la ville de Belfort. Une autre présente le plâtre teinté du *Vercingétorix* inauguré en 1903 à Clermont-Ferrand. Les salles du deuxième étage sont consacrées aux monuments conçus pour les États-Unis. Le musée conserve notamment la maquette la plus ancienne de *La Liberté éclairant le monde* et divers travaux préparatoires à la réalisation de l'œuvre la plus célèbre de l'artiste.

Maison Zum Schwan — Gothique

(2 rue Schongauer). La maison au cygne, aussi appelée maison Schongauer, possède

un décor flamboyant : un large oriel, des linteaux de porte sculptés... Le peintre et graveur Martin Schongauer y installa son atelier en 1477. Après son décès en 1491, son frère Ludwig, également graveur, l'occupa jusque vers 1495.

Autour de la place du Marché-aux-Fruits

Palais du Conseil souverain — Néoclassique

(Pl. du Marché-aux-Fruits). Ce bâtiment, qui abrite le tribunal de grande instance, doit sa façade néoclassique à des travaux exécutés entre 1769 et 1771, mais son histoire remonte jusqu'au XVIe siècle. Les frontons gauche et droit (1769-1771) figurent des allégories de la Justice, comme la statue qui surmonte le fronton central, orné de l'emblème royal. Dans une niche, sur la façade rue des Augustins, se trouve une réplique du *Manneken-Pis*, offerte en 1922 à Colmar par la ville de Bruxelles.

Rue des Tanneurs — Colombages

Les hautes maisons à colombages qui bordent la rue des Tanneurs datent pour la plupart des XVIIe et XVIIIe siècles. Elles appartenaient alors à des tanneurs, qui y travaillaient leurs peaux et les faisaient sécher au grenier, souvent ajouré. Un programme de restauration entrepris dans les années 1960 a transformé ce quartier autrefois populaire.

Koïfhus — Gothique

(Grand'Rue). L'ancienne douane a été érigée au confluent de la Grand'Rue et de la rue des Marchands, deux grands axes de circulation au Moyen Âge. Sa construction, dans un style gothique, fut achevée en 1480, mais deux bâtiments contigus furent ajoutés au XVIe siècle. Le rez-de-chaussée servait d'entrepôt pour les marchandises soumises à l'impôt municipal. À l'étage se trouvait la salle d'apparat de la diète de la Décapole. Avec la Révolution et l'abolition des privilèges commerciaux, le Koïfhus perdit ses fonctions initiales. Au XIXe siècle, son état vétuste faillit le condamner à la démolition, mais il bénéficia alors d'une restauration qui le dota de son clocheton à horloge et de ses tuiles vernissées. La dernière restauration, terminée en 2002,

Koïfhus

a permis de remettre en place la balustrade en grès de style Renaissance. Il accueille aujourd'hui des manifestations publiques.

Commanderie Saint-Jean — Gothique

(3 rue Saint-Jean). De l'ancienne commanderie des chevaliers de Saint-Jean de Jérusalem, érigée au XIIe siècle et où logèrent les rois, ducs et empereurs en visite à Colmar, ne demeurent que quelques éléments de façade et le riche portail gothique de l'ancienne église, englobé dans le mur d'enceinte.

Maison des Chevaliers de Saint-Jean — Renaissance

(Rue Saint-Jean). Son nom est trompeur, puisque cette maison n'a jamais appartenu aux chevaliers de Saint-Jean, mais la proximité de la commanderie expliquerait sa dénomination. Elle serait une reconstitution à l'identique d'une maison réalisée en 1608, par l'architecte Albert Schmidt, pour des particuliers. Son style a été influencé par la Renaissance italienne : son architecture rappelle celle des palais vénitiens, deux ailes perpendiculaires encadrant une cour fermée.

Maison Kern — Renaissance

(1 rue du Conseil-Souverain). Édifiée en 1594, c'est l'une des plus belles maisons Renaissance de la ville. Son haut pignon à rampants curvilignes agrémentés d'ailerons et d'obélisques en impose. Des plafonds stuqués ornés de têtes et de motifs végétaux y ont été mis au jour.

La Petite Venise

Ce quartier, parmi les plus touristiques de la ville, commence derrière le Koïfhus, passe par le quai de la Poissonnerie, et rejoint les ponts Turenne et Saint-Pierre. C'est sans doute le décor plein de charme de ces maisons, alignées le long du cours de la Lauch, qui a inspiré le nom de "Petite Venise". Elle se situe au début de la Krutenau, autrefois lieu de cultures maraîchères (*krut* signifie chou). Les visiteurs au cœur romantique ne manqueront pas la promenade en barque (p. 185).

Le Petit Vigneron alsacien, sculpture de Bartholdi, à l'angle du marché couvert

Quartier de la Poissonnerie — Colombages

Les pêcheurs de la ville, réunis en une puissante corporation, vivaient le long du quai de la Poissonnerie, la Lauch permettant la conservation des poissons dans des viviers. La petite maison située à l'angle avec la rue Schwendi servait de logement au gardien de la grille inférieure de la Lauch qui, le soir, empêchait l'accès à la ville par la rivière. En 1706, un énorme incendie ravagea les 48 maisons des pêcheurs, qui furent ensuite reconstruites.

Musée d'Histoire naturelle et d'Ethnographie — Musée

(☎03 88 23 84 15 ; www.museumcolmar.org ; 11 rue de Turenne ; tarif plein/7-18 ans/-7 ans 5/2 €/gratuit ; ⏲lun et mer-sam 10h-12h et 14h-17h, dim 14h-18h, fermé jan). Installé dans une demeure Renaissance, le musée présente les collections de la vénérable Société d'histoire naturelle et d'ethnographie de Colmar, fondée en 1859. Depuis plus de 150 ans, dons et dépôts ont alimenté les collections d'ethnographie issues de tous les continents. Si les objets d'Océanie sont présentés de façon permanente, les autres apparaissent au fil d'expositions thématiques. Des salles sont consacrées par exemple à l'égyptologie, aux Coptes, à la géologie. Mammifères et oiseaux empaillés offrent un aperçu de la diversité de la faune locale actuelle et passée. Un aquarium reproduit le biotope d'une zone de récifs. Le musée accueille des expositions thématiques, souvent axées sur la protection de la nature.

Marché couvert — Produits locaux

(Rue des Écoles ; ⏲mar-mer 8h-18h, jeu 7h-18h, ven 8h-19h, sam 8h-17h). Cette halle, dont la construction fut achevée en 1865, est placée en un lieu stratégique : entourée de trois rues, elle borde aussi la Lauch, d'où les maraîchers débarquaient leurs produits transportés en barque à fond plat. L'architecture en fer, fonte et briques témoigne du passage à l'ère industrielle. Restaurée, la halle accueille à nouveau un marché permanent que viennent compléter

---

SI VOUS AIMEZ... Auguste Bartholdi

Pas besoin de se rendre à New York pour découvrir une œuvre de Bartholdi : Colmar en est parsemée. Après la visite de son musée (p. 180), vous en découvrirez une au sommet de la Maison des Têtes (p. 173) et beaucoup d'autres dans les rues de la ville. Voici les principales :

- **Fontaine Schwendi** (Pl. de l'Ancienne-Douane). Installée en 1898, la fontaine originale fut démolie en 1940, puis reconstruite plus petite, après la guerre. Mais la statue en bronze qui la surmonte, d'Auguste Bartholdi, est d'origine. On y voit Lazare de Schwendi (1522-1583) brandir un pied de tokay, le cépage dont la légende raconte qu'il l'aurait introduit en Alsace (p. 204).
- **Fontaine Roesselmann** (Pl. des Six-Montagnes-Noires). Le prévôt Jean Roesselmann, symbole de l'indépendance colmarienne, est représenté sous les traits d'Hercule de Peyerimhoff, le maire de Colmar qui refusa de se soumettre aux Prussiens. Un pied-de-nez aux Allemands.
- **Monument Hirn** (Bd du Général-Leclerc, square Hirn). Cette statue de bronze (1894) représente le physicien colmarien Gustave-Adolphe Hirn (1815-1890), l'un des pionniers de l'industrie moderne.
- **Monument du général Rapp** (Champs-de-Mars). Ce bronze monumental est une œuvre de jeunesse (1854) consacrée au général d'Empire colmarien Jean Rapp (1771-1821). Abattue en 1940, elle a été restaurée et rétablie en 1948.
- **Fontaine Bruat** Cette œuvre de 1864 rend hommage à l'amiral colmarien Armand-Joseph Bruat (1796-1855). Les allégories des continents ne sont pas celles d'origine, qui ont été démolies par les nazis (les têtes ont été sauvées et sont visibles au musée Bartholdi).

VINCENT FROEHLY ©

Le chic des enseignes

Au fil de vos promenades dans la vieille ville, levez un peu les yeux pour découvrir les enseignes réalisées entre les deux guerres mondiales et jusqu'aux années 1950. Ce sont de petits chefs-d'œuvre de ferronnerie et, souvent, d'humour. Certaines d'entre elles – parmi les plus belles – ont été dessinées par Hansi (p. 201). Ainsi celle de la charcuterie Fincker Frères (22 rue des Têtes), aujourd'hui disparue mais dont l'enseigne est restée en place. Dans un cercle inscrit dans la potence, on découvre saint Antoine qui fait la lecture à un cochon – pour éloigner la tentation de le dévorer ! Sur la potence est représentée la figure traditionnelle de la Gänselisel ou "Lison aux oies", une jeune Alsacienne menant ses oies au pré. Et, dans le panonceau, figurent les deux frères charcutiers, portant des plats de cochonnailles. D'autres enseignes remarquables dessinées par Hansi : boulangerie Musslin (25 rue des Têtes), pharmacie du Cygne (29 rue des Têtes), charcuterie Zimmerlin (photo ci-dessus ; 7 rue des Serruriers), café Kléber (pl. de la Cathédrale)… Celle créée en 1937 par l'opticien Stoerr, pour sa boutique, mérite également le coup d'œil : elle a suivi le transfert du magasin au 40 rue des Têtes. L'office du tourisme (p. 188) propose des visites guidées des enseignes colmariennes.

des stands extérieurs, chaque jeudi. Traiteurs, tables et comptoirs pour boire un verre et manger un petit plat le midi.

Le Colmar "allemand"

Ce quartier résidentiel qui s'étend au sud de la vieille ville regroupe des constructions de la fin du XIXe et du début du XXe siècle. Si vous prenez le temps de vous promener le long de ses larges avenues, ne manquez pas la **maison au Raisin** (7 rue Bartholdi), somptueuse villa Art nouveau bâtie en 1904. À voir également, le **cercle Saint-Martin** (13 av. Joffre), bâtiment qui allie les styles néoroman et néogothique et qui a été érigé en 1895 par la paroisse Saint-Martin pour les réunions du cercle des Hommes. L'ancien **château d'eau** (av. Raymond-Poincaré), de style néogothique allemand, a été construit dans les années 1880. À proximité, le **monument Bartholdi** (1907) est un hommage posthume au célèbre sculpteur par ses fidèles collaborateurs, Hubert Louis-Noël et Antoine Rubin, qui l'ont représenté à côté de *La Liberté éclairant le monde*. Toujours avenue Raymond-Poincaré, au n°9, la **cour d'appel** occupe le bâtiment inauguré en 1906, pour le tribunal supérieur du Reichsland, de style néobaroque wilhelmien. À l'extrémité ouest de l'avenue Poincaré se dresse la **gare**, un beau bâtiment construit par l'Empire allemand, entre 1903 et 1906, et inspiré de la gare centrale de Gdansk, ville polonaise également annexée jusqu'à la Première Guerre mondiale. Il mêle style néogothique et architecture néo-Renaissance.

Îlot arboré au nord du quartier allemand, le **Champ-de-Mars** était déjà, en 1745, une promenade publique hors des murs. C'est en 1793 que l'endroit fut dénommé "Champ-de-Mars", avant d'être réaménagé, sous le Premier Empire, pour dessiner une croix de la Légion d'honneur. À cette occasion, 193 tilleuls y furent plantés. On peut y admirer deux œuvres de Bartholdi, la fontaine Bruat et le monument du général Rapp (p. 183). Un carrousel y fait le bonheur des enfants.

Circuits organisés

Autrefois, les maraîchers utilisaient des barques à fond plat pour transporter leur production jusqu'au marché du centre-ville, sur la Lauch. Aujourd'hui, elles sont dotées d'un moteur électrique et servent à des promenades commentées de la Petite Venise jusqu'au quartier des maraîchers. **Sweet Narcisse** (03 89 41 01 94 ; www.barques-colmar.fr ; 6 €, gratuit -10 ans ; avr-sept tlj 10h-12h et 13h30-18h30) embarque ses passagers sous le pont Saint-Pierre pour 30 minutes de promenade. **La Krutenau** (03 89 41 18 80 ; 1 rue de la Poissonnerie ; 6 €, gratuit -5 ans ; avr-oct tlj 10h-12h 13h30-18h45) embarque ses passagers devant la winstub du même nom.

Où se loger

L'hôtellerie colmarienne n'est pas bon marché, surtout durant la période des marchés de Noël.

Hôtel Roi Soleil Prestige Surprenant €€
(03 89 30 50 50 ; www.hotel-roi-soleil.com ; 26 rue des Métiers ; d 79-139 € ; P). L'environnement de cet hôtel de 100 chambres, une zone commerciale excentrée sans charme, et la façade bleu roi avec portrait de Louis XIV laissent présager le pire. À l'intérieur, c'est pourtant le meilleur qui attend le client : un accueil sympathique, des chambres cosy et parfaitement insonorisées, avec mini bar, vidéos à la demande, literie neuve et des salles de bains modernes et spacieuses.

Hôtel Turenne Traditionnel modernisé €€
(03 89 21 58 58 ; www.turenne.com ; 10 rte de Bâle ; s/d/tr/f 59-110/62-180/92-230/130-315 € selon confort et saison ; P 10 €).
La Petite Venise est toute proche de cet hôtel qui, derrière sa façade traditionnelle, propose des chambres très bien équipées, fonctionnelles, dont beaucoup ont été rénovées et décorées de manière contemporaine. Situées dans le bâtiment principal, les chambres standards sont plus petites que les autres. La propreté est irréprochable. Un bon rapport qualité/prix. Savoureux petit-déjeuner (buffet) adulte à 11 €.

Cour d'appel de Colmar

Hôtel Saint-Martin Traditionnel €€
(☎03 89 24 11 51 ; www.hotel-saint-martin.com ; 38 Grand'Rue ; d 75-160 €, ste 140-200 €, fam 120-180 € selon confort et saison ; ❄ 📶). Un joli hôtel idéalement situé en plein cœur de ville, à proximité immédiate de l'ancienne douane et de la Petite Venise. Les 40 chambres sont décorées dans un style traditionnel qui sied à la maison (une demeure historique du XVIe siècle), et l'accueil est sympathique. Certaines salles de bains sont un peu étroites. Petit-déjeuner buffet à 12 €. Stationnement sur l'un des parkings publics voisins.

Villa Élyane Chambres d'hôtes €€€
(☎06 99 04 55 23 ; www.villa-elyane.com ; 26A rue Camille-Schlumberger ; d/ste 4 pers 163/198-248 € petit-déj inclus ; 📶 P). À deux pas du centre-ville, cette demeure Art nouveau de 1925 abrite trois chambres d'hôtes et deux suites confortables et fonctionnelles. Les boiseries, les vitraux et les beaux volumes de la maison ont été conservés et se marient sans fausse note avec la décoration et le confort contemporains. L'accueil des propriétaires est prévenant, et le petit-déjeuner (servi dans le jardin en saison) met les produits régionaux à l'honneur. Sauna, billard, salon-bibliothèque et vélos à disposition.

Grand Hôtel Bristol 4-étoiles €€€
(☎03 89 23 59 59 ; www.grand-hotel-bristol.com ; 7 pl. de la Gare ; d 128-195 €, tr 195 € ; @ P 15 €). Juste en face de la gare, cet hôtel de charme de la chaîne Best Western propose, au choix, des chambres à la décoration contemporaine ou traditionnelle et des prestations en rapport avec ses tarifs. Sauna, hammam et fitness pour se délasser après une journée de visites. Possibilité de dîner sur place (ci-contre).

Où se restaurer

La Soï Pépite locale €
(☎03 89 29 63 50 ; 17 rue des Marchands ; carte 7,50-12 € ; ⏲ ven-mar midi et soir). Dans une des rues les plus parcourues du centre-ville, une adresse à la devanture si discrète que les touristes n'osent s'y attarder. À tort ! Ce tout petit restaurant d'habitués concocte – uniquement –

Fontaine Roesselmann (p. 183)

VINCENT FROEHLY ©

des tartes flambées qui passent, selon certains Colmariens, pour les meilleures de la ville. De la plus traditionnelle (crème, oignons, lardons) à la plus sophistiquée (cumin, ail des ours, orties, etc...), de la plus épicée (piment) à la plus sucrée (pommes streusel)... il y en a pour tous les goûts. Cadre traditionnel, intime et chaleureux et accueil sympathique. Les places sont comptées : il faut absolument réserver.

Brasserie L'Auberge Alsacien €€
(03 89 23 17 57 ; www.grand-hotel-bristol.com ; 7 pl. de la Gare ; menus 29-32-39 €, plats 14-25 € ; tlj midi et soir). Dans une vaste et élégante salle boisée au sein du Grand Hôtel Bristol, on déguste des plats de brasserie et des spécialités alsaciennes copieusement servis et d'une qualité constante : bouchées à la reine, volaille au riesling, saumon sur choucroute, asperges aux deux sauces... Le service est sympathique et prévenant, malgré l'affluence. Terrasse extérieure aux beaux jours. Un classique dont on ne se lasse pas.

La Table du brocanteur Intime €€
(03 89 23 45 57 ; 23 rue d'Alspach ; menu du jour jeu-ven 20 €, plats 18-30 € ; mer soir-dim midi, fermé jan). L'un des restaurants préférés des Colmariens, situé dans le centre-ville mais quelque peu à l'écart des rues touristiques. Dans un décor d'objets chinés, quelques tables sont disposées. Inutile d'espérer vous y asseoir sans avoir réservé – l'énergique patron répond dès 8h30 le matin. La carte est restreinte, car les produits sont ultrafrais : cassolettes d'escargots à l'ail des ours, cordon-bleu de veau, légumes de saison et ricotta en croûte de parmesan... Également des suggestions selon la saison et l'inspiration. Copieux et bien cuisiné.

La Cocotte de Grand-Mère Cuisine du marché €€
(03 89 23 32 49 ; www.lacocottedegrandmere.com ; 14 pl. de l'École ; formule déj 15,90 €, plat du jour 10,90 €, soir plats 21-25 € ; midi et soir, fermé sam-dim sauf lors du marché de Noël). La formule adoptée par ce petit restaurant-bistrot, en plein centre-ville, est simple : un menu unique à midi et, le soir, des suggestions à l'ardoise (filet de lieu jaune pesto et fondue de roquettes, porc ibérique grillé et légumes, langoustines en tempura...). Les ingrédients du succès : un charmant décor, très convivial (les tables sont très proches les unes des autres), un accueil sympathique et des produits de première fraîcheur cuisinés maison. Pensez à réserver.

Aux Trois Poissons Poissons €€€
(03 89 41 25 21 ; restaurant-aux-trois-poissons.fr ; 15 quai de la Poissonnerie ; menus 30/43/64 €, plats 22-40 € ; mar-sam, aussi dim midi lors du marché de Noël). Produits de la mer et poissons d'eau douce sont à l'honneur dans cette excellente adresse située dans une maison à colombages au bord de la Lauch, dans l'ancien quartier de la corporation des pêcheurs. Soupe de poisson, sole meunière, matelote au riesling, cuisses de grenouille, filet de sandre et bien d'autres spécialités d'une fraîcheur irréprochable régalent les convives. Belle carte des vins. Cadre élégant et chaleureux. Seul bémol : service un brin longuet les jours d'affluence.

L'Atelier du peintre Gastronomique €€€
(03 89 29 51 57 ; www.atelier-peintre.fr ; 1 rue Schongauer ; formule déj en sem 38 €, menus 55/75/85 €, plats 37-42 € ; mar soir-sam soir). Cette maison du XVe siècle, située face à l'ancienne demeure du peintre Martin Schongauer, abrite l'atelier de Loïc Lefèbvre, un jeune chef étoilé au Michelin qui exerce son art en virtuose. Dans les assiettes, superbement présentées, tout est aussi bon que beau, goûteux que raffiné. La palette des saveurs mêle l'ancien et le moderne. Quelques exemples pour vous mettre en bouche : filet de rouget grillé à la truffe, gigot d'agneau de lait rôti aux girolles, œuf soufflé morilles au vin jaune et comté... Le décor est chic et cosy, les murs offerts aux peintres qui souhaitent exposer. Terrasse ombragée, idyllique aux beaux jours.

Où prendre un verre et sortir

L'un des Sens Bar à vins, caviste

(03 89 24 04 37 ; www.lun-des-sens.alsace ; 18 rue Berthe Molly ; mar-sam à partir de 17h). Une sympathique adresse pour déguster des vins d'ici et d'ailleurs tout en piochant dans de délicieuses planches de charcuterie, de fromages ou des tapas – le lieu n'ayant pas de licence IV, la commande doit inclure de quoi manger. Bon point pour la sélection de vins naturels, et la possibilité d'acheter des bouteilles à emporter chez soi.

Renseignements

Office du tourisme (03 89 20 68 92 ; www.tourisme-colmar.com ; pl. Unterlinden ; lun-sam 9h-18h, dim et jours fériés 10h-13h). Visites guidées de la vieille ville (tarif plein/12-18 ans/-12 ans 5/2,50 €/gratuit ; 1 heure 15 ; sur rdv) et visites thématiques.

Depuis/vers Colmar

À proximité du centre-ville, la **gare SNCF** (36 35 ; www.ter.sncf.com/grand-est) permet de rallier rapidement les principales villes alsaciennes. De nombreuses liaisons sont assurées quotidiennement depuis/vers Strasbourg (30-50 minutes), Mulhouse (20-40 minutes), Saint-Louis (40 minutes), mais également Bâle, en Suisse (45 minutes). Un Paris-gare de l'Est/Colmar, en TGV, sans changement, prend en moyenne 2 heures 30. Possibilité également, depuis Colmar, de rejoindre en TER Munster en 20-30 minutes, Sélestat et Turckheim en 10 minutes.

ENVIRONS DE COLMAR

Neuf-Brisach

Polygone parfait surgi de terre ex nihilo dans la plaine du Rhin, la place forte de Neuf-Brisach est probablement l'œuvre la plus aboutie de Vauban. Rien d'étonnant à ce qu'elle figure parmi les douze sites de ce dernier inscrits au Patrimoine mondial. Pour comprendre Neuf-Brisach, il faut savoir que le Rhin ne devint une frontière politique et militaire qu'en 1697. Par le traité de Ryswick, qui mit fin à la guerre de la ligue d'Augsburg, la France perdit, entre autres, Breisach (aujourd'hui Breisach-am-Rhein, en Allemagne – en français, Vieux-Brisach). Dès lors, l'Alsace étant vulnérable, privée de protection sur le Rhin entre Strasbourg et Huningue, Louis XIV ordonna la construction d'une ville fortifiée sur la rive gauche, à mi-chemin entre Colmar et Fribourg-en-Brisgau. En avril 1698, Vauban partit en quête du lieu idéal pour ériger la nouvelle place forte. Le site retenu est à 2 km du Rhin, face à Breisach, mais hors de portée de ses canons.

À voir

Fortifications Ouvrage d'art

Un circuit pédestre de 2,4 km, jalonné de panneaux, offre un bel aperçu de la ville et des remparts. Le départ se situe sur la place d'Armes, en plein centre. Il permet d'apprécier cette œuvre tardive de Vauban, seule réalisation de son "troisième système" (amélioration des deux précédents). L'architecte mise sur une multiplication des ouvrages extérieurs pour renforcer la défense et retarder la brèche. L'enceinte de sûreté principale, octogonale, est flanquée de huit tours bastionnées reliées entre elles par des courtines. Elle est protégée par l'enceinte de combat, composée de contre-gardes (qui veillent sur les tours bastionnées) et de tenailles (devant les courtines). Enfin, les demi-lunes, ouvrages triangulaires cernés de fossés, sont placées à l'avant des tenailles : ce sont les positions les plus avancées du système de fortifications. L'ensemble formait une étoile à seize branches, l'une d'entre elles ayant été "perdue" lors de l'installation de la voie ferrée Colmar-Fribourg, à la fin du XIXe siècle. Finalement, Neuf-Brisach ne fut assiégée qu'une seule fois, en 1870... et la garnison de 5 500 hommes ne résista pas face aux troupes allemandes.

Intégrée à l'Empire allemand, la place forte de Neuf-Brisach fut adaptée aux nouvelles stratégies guerrières et équipée de matériels "modernes".

Musée Vauban — Histoire

(☎ 03 89 72 03 93 ; 7 pl. de la Porte-de-Belfort ; adulte/réduit 2,50/1,65 € ; ⏲ mai-sept tlj sauf mar 10h-12h et 14h-17h). Les deux grandes salles voûtées, au rez-de-chaussée du pavillon de la porte de Belfort, sont consacrées à l'histoire de Neuf-Brisach. Un plan-relief éclairé et sonorisé offre une vue globale sur le système défensif. On découvre également l'acte de naissance de la ville, des documents relatifs au siège de 1870 et à la Seconde Guerre mondiale.

Musée d'Art urbain et de Street Art — Art

(mausa.fr ; pl. de la Porte de Belfort ; tarif plein/réduit/-10 ans 10/8 €/gratuit ⏲ mar-dim 11h-19h). Depuis juillet 2018, ce nouvel espace muséal ouvert dans les remparts a déjà fait converger vers lui de nombreux artistes internationaux. Passionné de graff ? Jetez un coup d'œil à l'agenda sur le site Internet pour voir les artistes à l'œuvre dans les galeries. Le lieu est très apprécié pour sa fraîcheur l'été mais couvrez-vous le reste de l'année !

Portes — Architecture

Seules quatre portes permettent d'accéder à la cité ; elles sont dénommées Strasbourg, Bâle, Colmar et Belfort. Les deux dernières ont été dessinées par l'architecte Jules Hardouin-Mansart. Toutes étaient ornées de statues, qui ont disparu à la Révolution et à l'occasion des changements de nationalité de l'Alsace. Si les portes de Belfort et Bâle sont bien conservées, ce n'est pas le cas des autres.

Ville intérieure — Architecture

Autour de la place d'Armes, au centre, sont géométriquement disposés 48 îlots de dix maisons. À cause de ce rigoureux quadrillage, Neuf-Brisach ne concourra pas au titre de la plus riante cité d'Alsace... Le palais du gouverneur (actuel office du tourisme), construit au XVIIIe siècle, et l'église royale Saint-Louis (1731-1777) donnent sur la place.

Porte de Belfort, Neuf-Brisach

Parmi les bâtiments remarquables, ne manquez pas la **mairie** (4 rue de l'Hôtel-de-Ville) construite en 1700, puis modifiée en 1758 et à la fin du XIXe siècle. L'ancienne **caserne Suzonni** (rue Suzonni) est la seule des quatre casernes construites par Vauban à être encore intacte.

Renseignements

Office du tourisme du pays de Brisach
(03 89 72 56 66 ; www.tourisme-paysrhinbrisach.com/fr/ ; 6 pl. d'Armes)

LE SUD DE LA ROUTE DES VINS

Faites de la place ! D'abord, dans vos bagages : entre Saint-Hippolyte et Rouffach sont élevés les meilleurs vins d'Alsace, il serait donc dommage de ne pas pouvoir embarquer quelques bouteilles de pinot blanc ou noir, de riesling, de gewurztraminer ou de muscat. Les caves sont ouvertes en journée et les vignerons se feront un plaisir de vous faire déguster (gratuitement) leur production. Ensuite, veillez aux capacités de la carte mémoire de votre appareil photo. À la belle saison, les villages de la route des Vins rivalisent de beauté : châteaux, clochers, vignes, balcons fleuris, colombages, oriels, fontaines... Vous ne saurez plus où donner de la tête !

Saint-Hippolyte

Dominé par la silhouette du château du Haut-Kœnigsbourg (p. 149), Saint-Hippolyte est réputé pour son pinot noir, que les ducs de Lorraine importèrent de Bourgogne au Moyen Âge. Le breuvage bénéficie de l'appellation rouge de Saint-Hippolyte. Tout le charme de la cité tient à ses maisons de vignerons et aux vestiges des fortifications érigées à partir de 1316. Dès le XIe siècle, et 600 ans durant, la "ville" de Saint-Hippolyte restera une possession des ducs de Lorraine, hormis de courtes périodes d'appartenance aux seigneurs de Ribeaupierre, à l'évêque de Strasbourg et aux Armagnacs.

À voir

Remparts — Anciennes fortifications

Des remparts précédés d'un fossé entouraient autrefois Saint-Hippolyte, qui furent remaniés à la fin du XVe siècle. Un sentier balisé en suit le tracé : départ à l'entrée du village en venant de Colmar ou de Sélestat, près du canal de la Wesch. Impossible de rater la **tour des Cigognes** : ce vestige de l'enceinte au sud-est du bourg est le seul à avoir conservé – à l'angle nord-est, la base d'une deuxième tour est visible, mais les trois autres ont été démolies. Elle doit son nom à la plateforme destinée à accueillir un nid, sur son toit.

Église Saint-Hippolyte — Patrimoine religieux

Reconstruite au XIVe siècle et agrandie en 1821, l'église paroissiale comprend un beau chœur voûté caractéristique du XIVe siècle. Il contient des reliques qui seraient celles de saint Hippolyte, et des vitraux qui retracent la vie du saint. L'édifice abrite aussi un orgue conçu en 1736-1738 par Jean André Silbermann : son buffet en chêne et ses sculptures en font l'un des chefs-d'œuvre du célèbre facteur d'orgues.

Où se loger et se restaurer

Hupsa Pfannala — Winstub €€

(03 89 73 03 65 ; www.hupsapfannala.com ; 59 rte du vin ; carte 10-22 € ; tlj midi et soir).
Au sein d'une belle maison à colombages au cœur du village, une winstub sans chichis, fréquentée par les touristes comme par les habitants, pour déguster des mets typiquement alsaciens à des tarifs très abordables : escargots, bouchée à la reine, *baeckeoffe*, jambonneau braisé à la bière et, surtout, la spécialité de la maison, les "Hupsa pfannala", des pommes de terre sautées aux petits lardons et aux oignons, coiffées du fromage alsacien de votre choix (munster, tomme du Ried, ribeaupierre...). L'établissement propose également trois élégantes chambres d'hôtes (d 80-120 €).

VINCENT FROEHLY ©

Saint-Hippolyte et la tour des Cigognes

Le Parc Hôtel, restaurant et winstub €€€
(03 89 73 00 06 ; www.le-parc.com ; 6 rue du Parc ; s/d/tr/qua 95/115-200/160-200/220-270 € ; restaurant menu déj 36 €, menus 48-70 €, plats 15-30 €, winstub menus 34/40 €, plats 16-28 € ; restaurant fermé dim soir, lun et mar, winstub fermée lun et mar midi ;). Un hôtel de charme, à l'extérieur des remparts, qui a su garder une ambiance familiale et un accueil chaleureux. Le style est classique dans les chambres standards et plus contemporain dans les suites. Les clients peuvent profiter d'un très bel espace "balnéo". Le **restaurant Joséphine** est réputé pour sa cuisine inventive et gastronomique qui marie les saveurs d'ici et d'ailleurs : terrine de foie gras de canard gelée aux châtaignes, filet de sole farci aux trompettes de la mort... Beau choix de fromages. La **winstub Rabseppi-Stebel** propose, à des tarifs plus abordables et dans un cadre plus rustique, une cuisine de terroir raffinée (cuisses de grenouille, dos de sandre façon blanquette, choucroute...), ainsi qu'un choix de viandes et de poissons, selon la saison. Alléchante carte des desserts. Superbe vue sur le vignoble.

Bergheim

La découverte de Bergheim est un réel enchantement : jalonnés de tours et dominés par la Porte haute, les remparts du XIVe siècle enserrent une cité dont la quasi-totalité des demeures datent de la Renaissance, de l'époque baroque ou néoclassique. Les habitants de cette commune viticole prennent grand soin de ce patrimoine, rénové et fleuri avec goût. Petite curiosité, à l'entrée de la cité, dans le "jardin de ville" : un tilleul, qui serait vieux de sept siècles, fleurit toujours... Le plus vieil arbre d'Alsace ?

À voir

Remparts Fortifications médiévales
L'état de conservation remarquable de ses remparts font de Bergheim l'un des meilleurs exemples de cité médiévale fortifiée en Alsace. C'est Henri II de Ribeaupierre qui fit édifier ces fortifications en 1312, juste avant de vendre Bergheim aux Habsbourg. Le dispositif est double, les murs étant séparés par un fossé

aujourd'hui transformé en jardins.
La promenade débute devant la **Porte haute** (Obertor), de style gothique. Côté route, sa façade est de pierre ; côté ville apparaissent des colombages. Son toit est couvert de tuiles vernissées au motif bourguignon. En partant sur la droite, en laissant la ville derrière soi, on se dirige vers les tours de flanquement du rempart nord. La **tour de la Poudrière** se distingue par sa frise lombarde, ses gargouilles en bec d'oiseau et ses ouvertures destinées au tir. La **tour dite des Sorcières** était autrefois dotée d'un toit conique, mais sa canonnière à tir plongeant est toujours visible. Vient ensuite, au niveau du rempart est, la **tour carrée**, l'une des plus anciennes de Bergheim.

Ville intérieure

Architecture

Passée la Porte haute, au n°57 de la Grand'Rue, la **cour du Bailli** est désormais celle de l'hôtel du même nom (ci-contre) mais mérite cependant le coup d'œil : la maison a conservé des galeries et des escaliers en bois du XVIIIe siècle. L'aile droite date de 1582. Au n°44 de la même rue se trouve l'un des plus beaux **cadrans solaires** d'Alsace, daté de 1711. La maison située au n°55 rue des Vignerons abritait la **cour dîmière** (lieu où était entreposé l'impôt en nature). Elle est percée de deux portes datant du XVIe siècle : une porte charretière en plein cintre avec l'emblème des laboureurs et les armes de Bergheim, et une porte piétonne au riche décor sculpté. Construite entre 1860 et 1863 sur l'emplacement de synagogues médiévales, l'**ancienne synagogue** (17-19 rue des Juifs) est aujourd'hui un centre culturel (le lieu a été désacralisé faute de pratiquants). On peut y admirer une remarquable mosaïque, découverte en 2006, qui atteste l'existence antérieure d'un camp romain. L'**église Notre-Dame-de-l'Assomption**, de style gothique, fut consacrée en 1347. En 1817, la nef a été profondément remaniée : des colonnes toscanes et des arcades en plein cintre ont remplacé les éléments médiévaux. Cependant, le chœur, le clocher et un portail sculpté subsistent de cette époque, ainsi que des fresques et des statues en bois polychrome.

Bergheim

Maison des Sorcières — Musée

(☎ 03 89 73 18 64 ; haxahus.org ; 5 rue de l'Église ; 3 €, gratuit -14 ans ; juil-août mer-dim 14h-18h, fin juin et sept-oct dim 14h-18h). Installé dans un bâtiment du XVIe siècle qui servit un temps d'ossuaire, ce petit musée passionnant revient sur les 40 procès pour sorcellerie qui se sont tenus à Bergheim entre 1582 et 1683. La Société d'histoire de Bergheim, qui a créé ce lieu, a pris le parti d'une scénographie originale qui laisse une grande place à l'image. À travers elle se dessine une histoire des mentalités et celle de la représentation de la femme. Au pied du musée se trouve un "jardin des simples", un petit jardin médiéval de plantes médicinales et aromatiques.

Activités

L'office du tourisme de Ribeauvillé-Riquewihr (p. 197) propose, en juillet et août, une visite gratuite du **sentier viticole** de Bergheim, suivie d'une dégustation chez un viticulteur. Départ le mercredi à 15h devant le centre socio-culturel (17 rte du Vin), à l'extérieur des remparts.

Où se loger et se restaurer

La Cour du Bailli — Hôtel-résidence €€

(☎ 03 89 73 73 46 ; www.cour-bailli.com ; 57 Grand'Rue ; ch 75-215 € ; menus 25-42 € ; resto ven-mar, fermé 2 sem en nov, fermé mi-jan à mi-fév ; P 4 €). Autour de la belle cour du même nom (ci-contre), des studios et appartements au charme un peu désuet, avec mobilier et électroménager anciens, mais à la literie récente et très bien tenus. Dans la partie "spa", les chambres et suites (avec kitchenette) ont été aménagées plus récemment, avec douches à l'italienne, et un mélange réussi de mobilier ancien et moderne. Les prix sont un peu plus élevés qu'autour de la cour. Les clients de cet établissement familial ont accès à une belle piscine couverte et au Jacuzzi. Sauna et sanarium payants (12 € l'heure/pers). La salle de restaurant a été aménagée dans la cave à vin de 1582, et l'été c'est une terrasse ombragée et fleurie qui accueille la clientèle. Le vin de la famille Halbeisen, les propriétaires, est proposé pour accompagner les plats du terroir, fins et copieux. Demi-pension possible.

Le VitisBar — Bar à vins €€

(☎ 03 89 22 31 92 ; www.vitisbar-alsace.fr ; 3 rte du Vin ; plats 22-25 €, formule déj 14 €, menu dégustation 39 € ; mer-dim). Entre bar à vins et restaurant, cette autre adresse de la famille Halbeisen a tout juste avec ses tapas gourmandes à l'heure de l'apéro (charcuterie, fromages affinés..) et sa cuisine du marché généreuse qui ne déçoit jamais : brochettes d'araignée de bœuf au soja et au gingembre, suprême de poulet en croûte d'herbes, pavé de rascasse poêlée... La carte des vins embrasse toute la France et propose quelques jolies découvertes au-delà des frontières.

Ribeauvillé

"Capitale" du domaine des seigneurs de Ribeaupierre, au Moyen Âge, Ribeauvillé est dominé par les vestiges des trois châteaux forts que ceux-ci firent construire au XIIe siècle. Les Ribeaupierre, dont le tempérament belliqueux s'est, semble-t-il, transmis de génération en génération, s'illustrèrent dans les croisades. Leur lignée ne s'éteignit qu'au milieu du XVIIe siècle. Durant les cinq siècles de leur domination, le village au pied des châteaux prit de l'ampleur, fut doté de fortifications et reçut le statut de ville. Les remparts et les tours-portes ont presque tous disparu au XIXe siècle. Aujourd'hui, viticulture et tourisme aidant, c'est une cité très active : son territoire compte trois AOC Grands Crus (geisberg, kirchberg, osterberg) et 67 viticulteurs. Le territoire de Ribeauvillé est aussi riche en sources, la plus connue étant la Carola, dont l'eau en bouteille est distribuée dans toute la région.

À voir

Les principales curiosités du centre historique s'égrènent de part et d'autre de la Grand'Rue. La place de la République, dans le haut de la ville, est un bon point de départ. La place du Bouc, attenante, est charmante : ici coule le Stadtbach, autrefois rendez-vous des lavandières. Le long du ruisseau, la **maison Dissler** comporte un superbe poteau d'angle sculpté d'un forgeron.

Plus bas, la **place de la Sinne** possède en son centre une fontaine sculptée par le Ribeauvilléen André Friederich en 1862. Elle représente la ville, son agriculture et son industrie. Sur la place toujours, l'auberge du Soleil était autrefois le rendez-vous des ménétriers et l'auberge du Mouton est la plus ancienne de la ville (XIVe siècle). À deux pas de là, le restaurant **Au Cerf** (81 Grand'Rue) occupe un ancien hôtel particulier construit par un comte de Ribeaupierre au XVe siècle. C'est là qu'est décédé le dernier seigneur de cette lignée.

Église Saint-Grégoire — Gothique

Située rue de l'Église, l'église paroissiale, de style gothique, date des XIIIe et XIVe siècles, mais son chœur fut reconstruit en 1876. Elle est dotée d'un beau portail à tympan sculpté, avec une Crucifixion et une Vierge à l'Enfant, et d'un orgue Claude Legros à buffet baroque (1702).

Tour des Bouchers — Porte médiévale

Au XIIIe siècle, la ville fut divisée en quatre quartiers ayant chacun ses propres fortifications, les tours-portes permettant le passage de l'un à l'autre. Parmi celles-ci, la tour des Bouchers, qui enjambe la Grand'Rue, est la seule rescapée : son nom provient des abattoirs et étals de bouchers autrefois situés à proximité. Elle fut rehaussée en 1536 : la balustrade de style Renaissance porte les armes des Ribeaupierre. Elle servait notamment de beffroi et de prison. C'est désormais l'emblème de la ville.

Hôtel de ville — Patrimoine

(☎ 03 89 73 20 00 ; 2 pl. de l'Hôtel-de-Ville). Le bâtiment fut construit à partir de 1773 dans le style classique, à l'emplacement d'une auberge, mais il ne se visite plus hélas. De l'autre côté de la place se dresse l'**église du couvent des Augustins** (🕒 dim 15h-17h) bâtie au XIVe siècle. Dépourvue de transept, elle est coiffée d'un petit clocher à la jonction de la nef (dont la décoration baroque provient d'un remaniement opéré au XVIIIe siècle) et du chœur. L'église est dotée d'un cadran solaire, à l'angle de la sacristie.

Ancienne halle aux blés — Patrimoine

(Rue des Tanneurs). Mentionnée dès 1431, elle permettait de stocker les céréales des redevances seigneuriales, que l'on hissait à l'aide d'une poulie en haut du pignon. Un marché aux grains se tenait devant la maison. En façade : deux porches gothiques, dont l'un abritait l'entrée de l'écurie de l'ancienne auberge À l'Éléphant (aujourd'hui brasserie de la Poste).

Auberge des Ménétriers — Patrimoine

(14 Grand'Rue). Cette belle maison à colombages ne fut transformée en auberge qu'en 1840… les ménétriers (encadré p. 196) n'ont donc pas pas pu y tenir leurs assises annuelles, contrairement à ce que son nom laisse croire. Son magnifique oriel de 1663 est décoré d'une Annonciation en bois.

Musée de la Vigne et de la Viticulture — Écomusée

(☎ 03 89 73 61 80 ; www.vins-ribeauville.com ; 2 rte de Colmar ; avr-août visites guidées gratuites lun-ven 11h et 16h, et sur réservation ; 🕒 lun-ven 9h-12h et 14h-18h, sam-dim et jours fériés 10h-12h et 14h30-19h, fermé durant les vendanges). GRATUIT

La cave vinicole de Ribeauvillé, élue en 2016 meilleure cave coopérative de France par la *Revue du vin de France*, fait découvrir aux visiteurs le métier de vigneron à travers un petit espace muséographique en sous-sol. La salle des foudres abrite des tonneaux en chêne centenaires qui contiennent chacun plus de 7 000 litres de vin. De la vigne à la vinification, la salle de musée présente toutes les étapes du travail, ainsi que les outils anciens du vigneron. Une visite qui pourra se conclure au caveau de dégustation.

VINCENT FROEHLY ©

Tour des Bouchers

Notre-Dame de Dusenbach Néogothique
L'église et les chapelles de Dusenbach, reconstruites au XIXe siècle dans un style néogothique, constituent l'un des principaux sites de pèlerinage alsacien. La tradition remonte au XIIIe siècle, lorsque le seigneur de Ribeaupierre Eguenolphe rapporta d'Orient une statue de la Vierge. Le chemin de croix qui conduit jusqu'au site depuis le parking à la sortie de Ribeauvillé (route de Sainte-Marie-aux-Mines) constitue une belle promenade.

Où se loger

Hôtel-restaurant du Mouton Central €€
(03 89 73 60 11 ; www.hoteldumouton.fr ; 5 pl. de la Sinne ; d/tr 70-110/80-150 €, petit-déj buffet 12 € ; fermé jan ;). Un hôtel d'une dizaine de chambres, sans prétention, abordable et bien tenu, en plein centre historique, côté ville haute. Installé dans un ancien relais de poste, c'est aussi la plus vieille auberge de Ribeauvillé (XIVe siècle). Préférez les chambres donnant sur la place, avec vue sur la fontaine Friederich.

Hôtel de la Tour Familial et central €€
(03 89 73 72 73 ; www.hotel-la-tour.com ; 1 rue de la Mairie ; s/d 83-112/89-120 €, lit supp 10,50 € ; P 8 €). Dans le centre historique, face à la tour des Bouchers, cet établissement familial, installé dans une belle demeure du XVIIe siècle, dispose d'une trentaine de chambres modernes, mais qui ont gardé un certain cachet avec mobilier en bois et tentures colorées. Sauna, hammam et Jacuzzi à disposition gratuitement. Très bon rapport qualité/prix et situation idéale. Bar à prix doux.

Le Clos Saint-Vincent Hôtel chic €€€
(03 89 73 67 65 ; www.leclossaintvincent.com ; Osterbergweg ; s/d/tr 145-290/165-290/275-335 € selon confort et saison, lit supp 30 € mais gratuit -7 ans ;). Posé dans un écrin de verdure sur les hauteurs de Ribeauvillé, cet hôtel, de style moderne et plutôt chic, possède une vingtaine de chambres et suites dont les terrasses offrent des vues apaisantes sur le vignoble, les Vosges ou la plaine d'Alsace. Piscine intérieure chauffée, sauna, Jacuzzi et salle de sport en accès libre. Le tarif des chambres, certes très

La ville des ménétriers

Au Moyen Âge, Ribeauvillé était le siège de la corporation des ménétriers – conteurs, amuseurs, jongleurs, musiciens... – placée sous la protection des seigneurs de Ribeaupierre. Une charte signée en 1400 par Maximin Ier de Ribeaupierre indique que Henselin, son musicien personnel et ambulant est nommé "roi des Ménétriers". Jusqu'à la Révolution, lors de la Nativité de la Vierge, les ménétriers d'Alsace tenaient à Ribeauvillé leur réunion annuelle et demandaient la protection de la Vierge du Dusenbach (p. 195). Chaque année, le premier dimanche de septembre, le Pfifferdaj, ou fête des Ménétriers, rappelle cette tradition. Cette fête, qui remonte au XIVe siècle, est la plus ancienne d'Alsace. Près de 1 500 amateurs s'investissent dans la fabrication des chars et durant le défilé. Véritable fête populaire, le Pfifferdaj rassemble chaque année plus de 20 000 spectateurs.

fonctionnelles et ultraconfortables, paraît cependant un poil élevé, tout comme celui du petit-déjeuner (avec produits bio), à 18,50 €. Le restaurant de l'hôtel, proposant une cuisine traditionnelle, jouit d'une bonne réputation.

Où se restaurer

Hôtel-restaurant du Mouton — Traditionnel €

(☎03 89 73 60 11 ; www.hoteldumouton.fr ; 5 pl. de la Sinne ; plats 15-25 €, menus 29-40 € ; fermé mar-mer). Le restaurant de l'hôtel du Mouton (p. 195), repris il y a quelques années par un jeune couple, propose une cuisine simple et goûteuse, à base de produits frais : carré d'agneau en croûte de parmesan, canette en deux cuissons sauce "Dolce-Forte", joues de porcs braisées, choucroute, tartes flambées, et suggestions selon la saison.

Restaurant Au Cheval noir — Alsacien €€

(☎03 89 73 37 83 ; cheval-noir-ribeauville.fr ; 2 av. du Général-de-Gaulle ; plats 8,50-21 €, menus 22/22,50 € ; fermé lun soir et mar). Dans une demeure typiquement alsacienne, un restaurant traditionnel à l'ambiance chaleureuse, avec une grande capacité en salle, réputé pour ses tartes flambées servies sur de grands plateaux rectangulaires. Goûtez celle au fromage de Ribeaupierre, un délice ! Terrasse.

Auberge du Parc Carola — Raffiné €€€

(☎03 89 86 05 75 ; auberge-parc-carola.com ; 48 rte de Bergheim ; plats 26-36 €, menus 35/55/68 € ; jeu midi-lun midi). Un établissement excentré qui vaut le détour. Aux fourneaux, deux chefs : Michaela Peters, passée par deux restaurants étoilés de la région, et Laurent Pelligrini. Ils composent une cuisine inventive et raffinée qui fait la part belle aux produits de la mer et de la rivière, notamment. À la carte : tatakis de thon au sésame, dorade royale et tagliatelles de légumes, rumsteck d'agneau grillé au romarin... À ce niveau de qualité, le menu Carola, à 33 €, est une aubaine. En été, profitez de la belle terrasse qui donne sur le parc, à proximité des sources Carola. Probablement la meilleure table de Ribeauvillé.

Achats

Beauvillé — Nappes et linge de maison

(☎03 89 73 74 74 ; www.beauville.com ; 19-21 rte de Sainte-Marie-aux-Mines ; lun-ven 9h-11h45 et 14h-17h45, sam 9h-17h45). Labellisée "Entreprise du patrimoine vivant" depuis 2009, Beauvillé, avec plus de deux siècles d'histoire, est l'une des rares héritières de la grande tradition de l'impression sur étoffes en Alsace. Les tissus, aux motifs très colorés, sont toujours produits en ville. Le magasin d'usine propose toute la gamme de produits, ainsi que des coupons. Certains articles (fins de série, défauts) sont à prix bradés.

Renseignements

Office du tourisme du pays de Ribeauvillé et Riquewihr (03 89 73 23 23 ; www.ribeauville-riquewihr.com ; 1 Grand'Rue). L'été, il propose une découverte, commentée par un vigneron, d'une portion du sentier viticole des grands crus (p. 202). Chaque jour (lun-ven à 17h, comptez 1 heure 30 à 2 heures), le départ s'effectue dans l'une des six communes traversées par le sentier : le lieu de rendez-vous est communiqué par téléphone. L'office met à disposition du public la carte complète du sentier (17 km), ainsi que des brochures décrivant le patrimoine architectural des villages et leur histoire.

Hunawihr

Sans doute plus discret que les cités voisines, Ribeauvillé et Riquewihr, le village de Hunawihr, qui possède également le label des "Plus Beaux Villages de France", est moins couru par les touristes. Pourtant, avec son église fortifiée surplombant des maisons de vignerons typiques des XVIe-XVIIIe siècles et une mer de vignes, il compose un vrai paysage de carte postale.

À voir

Situées de part et d'autre de la Grand'Rue, l'artère principale du village, les maisons de vignerons se composent, pour la plupart, d'un rez-de-chaussée en maçonnerie, occupé par les celliers, et d'un étage en pans de bois abritant le logement. Belle exception, la **maison Renaissance** (5 Grand'Rue), entièrement en pierre, qui abritait le poêle communal, c'est-à-dire le conseil du village. Sur le porche de la maison du **n°10** figure l'emblème du tonnelier : un maillet croisé de deux serre-joints. Une curiosité : les nombreux clous plantés sur le colombage de la demeure du **n°12** avaient pour fonction de faire tenir l'enduit dont la maison fut couverte au XVIIe siècle. La maison du **n°19** porte l'emblème des boulangers, le bretzel, et celle du **n°26** l'emblème des bouchers, un hachoir. La maison à colombages

VAUT LE DÉTOUR
Les trois châteaux

Accessibles uniquement à pied, les trois châteaux des Ribeaupierre, qui dominent Ribeauvillé, constituent de magnifiques buts de promenade, entre montagne et vignoble, avec vue sur la plaine et la vallée. À droite du restaurant Aux Trois Châteaux, place de la République, se situe le départ du GR®5 et de la randonnée très bien balisée menant aux châteaux (comptez 2 heures 30 aller-retour). Attention, ça grimpe : chaussures de marche conseillées.

Premier château sur le parcours, **Saint-Ulrich** est le plus ancien et le mieux conservé. On l'appelle aussi Grand Ribeaupierre. Fondé avant 1038, il fut reconstruit en pierre au XIIe siècle, sur la partie nord du rocher. De cette époque datent le donjon carré et le corps de logis, toujours visibles. Au début du XIIIe siècle, on construisit un deuxième château, sur la partie sud du même rocher : la salle des chevaliers et la tour d'habitation témoignent encore de cette époque. Au XIVe siècle, un rempart à l'ouest reliait les deux châteaux et l'entrée fut dotée d'une barbacane, toujours visible.

Tout petit château, le **Girsberg** a été construit vers 1250, face au Saint-Ulrich, sur un éperon rocheux. Son donjon pentagonal, dont l'angle est orienté vers la pente, prolongé par une courtine qui suit le tracé du rocher, est toujours là. En 1316, il est inféodé à une famille noble, les Girsberg, qui le restaurent et l'occupent jusqu'au milieu du XVe siècle. De leur époque reste le logis jouxtant le donjon.

Le **Haut-Ribeaupierre** ou Altenkastel a été conçu au XIIe siècle pour renforcer la sécurité du Saint-Ulrich. Son donjon rond est caractéristique du XIIIe siècle : il servait de protection au logis construit en enfilade. Le château a sans doute été abandonné après la guerre de Trente Ans.

à l'angle de la rue Saint-Jacques est la plus ancienne du village. De style gothique, son porche en plein-cintre, ajouté en 1566, est décoré de têtes. Dans le prolongement de la Grand'Rue, l'ancienne **halle aux blés** (1 rue de la Mairie), édifiée à partir de 1517 dans un style Renaissance, abrite la mairie depuis la Révolution française. Sur le chemin menant à l'église, l'**auberge à la Clef** (Zum Schlussel ; 8 rue de l'Église) possède un porche dont le linteau en grès rose porte des étoiles, l'emblème du gourmet. Ce personnage assermenté servait d'intermédiaire entre les marchands de vin ou les consommateurs et les vignerons producteurs, une tâche souvent confiée aux aubergistes.

Église Saint-Jacques -le-Majeur — Église fortifiée

L'église actuelle a été construite aux XVe et XVIe siècles à l'emplacement d'une église primitive du XIe, très fréquentée durant le Moyen Âge et jusqu'à la Réforme du fait du pèlerinage à la tombe de sainte Hune. Ce sont les dons des pèlerins qui financèrent la construction de la nouvelle église. Elle se distingue par une nef en deux parties inégales et plafonnée (une architecture typique de l'époque). Originalité unique dans la région : l'accès à la chaire s'effectue, via l'escalier, par un passage percé dans le pilier. Les murs intérieurs du clocher sont recouverts de très belles fresques représentant la vie de saint Nicolas (à gauche) et le couronnement de la Vierge par la Trinité. Sur la tribune se trouve le plus ancien orgue Callinet d'Alsace (1765). Le simultanéum a été instauré dans le village en 1687 : l'église sert alternativement aux protestants et aux catholiques.

Jardin des Papillons — Parc animalier

(03 89 73 33 33 ; www.jardinsdespapillons.fr ; rte de Ribeauvillé ; adulte/5-14 ans/- 5 ans 8/5,50 €/gratuit ; mars et oct-nov tlj 10h-17h, avr-sept tlj 10h-18h). Une promenade fascinante dans des serres où vivent des papillons exotiques multicolores (d'Asie, d'Afrique, d'Amérique du Sud) qui viendront peut-être se poser sur vous. Au fil des saisons, les visiteurs peuvent découvrir 200 espèces de papillons, le cycle complet de leur vie, ainsi que l'utilité du papillon dans son environnement. Grenouilles tropicales, phasmes, dragons et caméléons sont aussi de la partie.

NaturOparC — Parc animalier et naturaliste

(03 89 73 72 62 ; www.centredereintroduction.fr ; rte des Vins ; tarif plein/13-18 ans/5-12 ans 11/9,50/8 € ; avr-mai et sept lun-ven 10h30-12h30 et 14h-17h30, sam-dim et jours fériés 10h30-18h30, juin-août tlj 10h-18h30, oct lun-ven 14h-17h30, sam-dim, jours fériés et vac. scol. 10h30-12h30 et 14h-17h30, nov jusqu'au 11 sam-dim, jours fériés et vac. scol. 10h30-12h30 et 14h-16h30). Ce petit parc de 5 ha, créé en 1976 dans une zone humide pour réintroduire la cigogne en Alsace, permet de découvrir différentes espèces locales : la cigogne blanche, donc, mais aussi la loutre d'Europe et le grand hamster, ainsi que des cormorans, des canards, des oies, des cygnes... Grâce à une terrasse perchée à 7 m, vous serez à la hauteur des nids de cigognes. Un tunnel vitré permet de voir les loutres évoluer sous l'eau. L'après-midi, le centre propose un instructif et amusant spectacle d'animaux pêcheurs. Également un espace pédagogique, un labyrinthe sur le thème des cinq sens et une aire de jeux. Les tarifs d'entrée nous ont semblé cependant un peu prohibitifs au vu de la taille du parc. Un chenil à l'accueil permet de déposer son chien le temps de la visite.

Où se restaurer

Restaurant Suzel — Traditionnel €

(03 89 73 30 85 ; suzel-hunawihr.com ; 2 rue de l'église ; menus 19-22 €, menu enfant 8,90 € ; plats 9-17 € ; fermé dim soir et lun midi et soir, ouvert de Pâques à Noël). Au cœur du village, dans une demeure vigneronne du XVIe siècle, une excellente option pour un déjeuner rapide ou un dîner plus élaboré le soir. Les plats sont simples, mais généreusement servis et bien mijotés. Salade de cervelas, *fleischnackas*, *spätzles*, gibiers, croustillant de munster,

VINCENT FROEHLY ©

Cigognes, NaturOparC

choucroute garnie... Tout est fait maison, y compris le pain ! Terrasse ombragée et accueil souriant. L'établissement dispose également d'un gîte (d 58 €).

Riquewihr

Cette cité fortifiée posée dans un vallon ouvert, entourée de vignes qui font sa prospérité depuis des siècles, est l'une des plus séduisantes de la route des Vins. Certains diront même la plus belle... Revers de la médaille : d'avril à décembre, elle est prise d'assaut par les visiteurs. Stationner aux abords immédiats de l'enceinte fortifiée est alors compliqué et cher (1h/4h 2/5€). En outre, les boutiques de souvenirs pas toujours du meilleur goût pullulent et les restaurateurs ont tendance à prendre le touriste pour un pigeon. Mais n'est-ce pas le prix à payer pour tant de beauté ?

À voir

Protégé par une double enceinte, le centre historique de Riquewihr a conservé un tissu urbain essentiellement constitué de maisons bâties du XVe au XVIIIe siècle, bien restaurées. Pour commencer votre balade dans la vieille ville, passez sous le porche de l'hôtel de ville et remontez la rue du Général-de-Gaulle.

En guise d'introduction, face au mur de l'hôtel de ville, la reproduction d'une gravure de la cité en 1644 : une seule tour d'angle a disparu, ainsi que la porte basse. La première fortification date de 1291, le second rempart a été érigé vers 1500. Au n°12 de la rue du Général-de-Gaulle, une **maison** avec un oriel remarquable (1606) et, juste à côté, au n°14, le **"gratte-ciel"**. Cette bâtisse compte cinq étages en pans de bois : avec ses 25 m de haut, c'est l'une des plus hautes maisons à colombages d'Alsace. Sous les fenêtres du dernier niveau, le colombage forme des motifs de "chaises curules", symbole de puissance et de notoriété, signifiant que la maison appartenait à un notable.

Faites une incursion dans la rue de la Couronne jusqu'à la **maison Dissler** (n°6), caractéristique de la Renaissance rhénane avec son pignon à volutes et obélisques et son oriel.

VINCENT FROEHLY ©

Poteau cornier de la maison du Cloutier

Plus haut dans la rue du Général-de-Gaulle, au n°42, une **maison** de style baroque (1686) offre l'une des façades les plus décorées de la cité, avec le motif de la chaise curule, des poteaux corniers (poteaux d'angle), des fenêtres et encadrements richement sculptés, et une enseigne d'un aubergiste-gourmet (intermédiaire assermenté entre les vignerons et les marchands de vin ou les consommateurs) tenant cruche et gobelet. La **maison du n°45** (1667) possède aussi de beaux poteaux corniers, l'un représentant le métier de cloutier de son propriétaire. Au-delà du Dolder (ci-contre), la **Porte haute** remonte à la fin du XIIIe siècle (avec des remaniements ultérieurs) : elle comporte l'une des plus vieilles herses en bois d'Europe. De part et d'autre : les fortifications de 1291 et celles de 1500.

Juste avant la porte, la rue du Cerf, sur la gauche, mérite une incursion jusqu'à la façade de la **maison du gourmet Conrad Ortlieb** (1574) pour admirer ses bas-reliefs et lire ses inscriptions. Dans la rue du Cheval, que l'on gagne par la rue Latérale, l'**Adrihof**, ou cour de l'abbaye d'Autrey, a été construit à la fin du XVIe siècle : l'oriel à deux étages, le puits de 1587 et une tourelle d'escalier polygonale en font un ensemble architectural exceptionnel.

Musée du Dolder — Tour de guet

(☎03 89 73 23 23 ; 57 rue du Général-de-Gaulle ; www.musee-riquewihr.fr ; tarif plein/-15 ans 3 €/gratuit, billet combiné avec la tour des Voleurs 7 €/gratuit ; ⏲avr-oct sam-dim et jours fériés 14h-18h, mi-juil à fin-août et durant le marché de Noël tlj 14h-18h). La tour de guet (haute de 25 m) du Riquewihr médiéval est aussi sa porte d'entrée supérieure. Érigée en 1291, elle est devenue l'un des symboles de la cité et le siège d'un musée qui retrace l'évolution de Riquewihr du XIIe au XVIIe siècle. Sur quatre niveaux sont exposés maquettes, armes et objets de la vie quotidienne. Du dernier, la vue sur Riquewihr et la plaine est splendide.

Tour des Voleurs et maison de vigneron — Prison et habitation

(☎03 89 73 23 23 ; 14 rue des Juifs ; www.musee-riquewihr.fr ; tarif plein/-15 ans 5 €/gratuit, billet combiné avec le musée du Dolder 7 €/gratuit ;

SI VOUS AIMEZ...
Les villages viticoles

Presque chaque village de la route des Vins peut concourir au titre de "Plus beau village de France". Quelques suggestions pour prolonger l'exploration.

Rodern Au pied du château du Haut-Kœnigsbourg, légèrement en retrait de la route des Vins, ce village est réputé pour son grand cru gloeckelberg et sa fête du pinot noir, en juillet. Cerné par les vignes, il possède de jolies maisons vigneronnes construites entre le XVIe et le XVIIIe siècle.

Beblenheim Ce petit village viticole mérite une halte, ne serait-ce que pour déguster un grand cru de sonnenglanz ("éclat du soleil"), qui fait la fierté du lieu. Belles maisons de vignerons du XVIe au XIXe siècle. À l'entrée de Beblenheim, bordant la route des Vins, le **monument à Jean Macé** (1815-1894) rend hommage à ce républicain parisien, qui fuit la capitale après le coup d'État de Louis-Napoléon Bonaparte et enseigna au pensionnat de jeunes filles du Petit-Château de Beblenheim de 1852 à 1872. Ami de Jules Ferry et de Jules Verne, il défendit l'école laïque et républicaine et se rendit célèbre grâce à ses ouvrages de vulgarisation scientifique. Il est le fondateur de la Ligue de l'enseignement. Conformément à sa volonté, ses cendres reposent sous le monument.

Zellenberg Perché au sommet d'une colline, ce village est situé entre Hunawihr et Riquewihr. Depuis l'ancienne chapelle Saint-Michel, on profite de l'une des plus belles vues sur le vignoble haut-rhinois. Bon plan pour se loger, les trois chambres d'hôtes du **Clos Froehn** (03 89 47 95 68 ; www.clos-froehn.com ; 46 rue du Schlossberg ; d/ste 75-85/95-105 €, petit-déj inclus), nichées dans une demeure de caractère flanquée d'une tour médiévale.

Niedermorschwihr Encore un charmant village, au nord de Turckheim, au fond d'un vallon, entre forêt et vignoble. Outre de belles maisons de vignerons, il possède une église dotée d'un clocher tors, le seul d'Alsace, et même une rareté en Europe. Sa charpente, qui présente une vrille de 45°, aurait été construite aux XIIe-XIIIe siècles. Goûtez les succulentes confitures artisanales de Christine Ferber, au **Relais des Trois-épis** (03 89 27 05 69 ;www.christineferber.com ; 18 rue des Trois-Epis ; mar-ven 7h30-12h30 14h-18h30, sam 7h30-18, dim 9h-13h).

avr-oct tlj 10h30-13h et 14h-18h). À 50 m du musée du Dolder, un escalier raide et étroit mène au chemin de ronde des sentinelles, puis à cette tour des Voleurs, ouvrage défensif de l'angle nord-ouest de la cité médiévale construit vers 1335. On remarquera au passage l'épaisseur des murs, de 2 à 5 m ! Dès le XVe siècle, la tour fut une prison qui n'accueillait pas que des voleurs. En témoignent les sinistres "outils" exposés dans la chambre de torture et l'ancienne salle de garde. Moins haute que le Dolder (18 m), cette tour communique avec une maison de vigneron du XVIe siècle. Elle donne l'occasion d'observer les conditions de vie de l'époque.

Maison de l'Oncle Hansi — Musée

(03 89 47 97 00 ; 16 rue du Général-de-Gaulle ; tarif plein/réduit/-5 ans 3/2 €/gratuit ; fév-mai tlj 10h-12h30 et 13h30-18h, juin-déc tlj 9h30-12h30 et 13h30-18h30). Longtemps, la "maison" (il n'y a jamais vécu) de l'oncle Hansi fut tenue par le petit-neveu de celui-ci. Mais les droits de son œuvre ont changé de mains : Hansi est devenu une marque de produits régionaux, vendus dans la boutique située au rez-de-chaussée et passage obligé pour accéder à l'espace muséographique, au premier et deuxième étage. Aquarelles, affiches publicitaires, eaux fortes, objets personnels y sont regroupés sur deux niveaux. Le musée paraît aujourd'hui

VAUT LE DÉTOUR

Randonnée à la découverte des grands crus

Le **sentier viticole des grands crus** traverse six villages qui offrent un formidable panorama de l'Alsace viticole. Ce territoire permet de découvrir sept grands crus parmi les 51 de la région : sonnenglanz à Beblenheim, marckrain à Bennwihr, rosacker à Hunawihr, schoenenbourg à Riquewihr et Zellenberg, sporen à Riquewihr, froehn à Zellenberg et mandelberg à Mittelwihr et Beblenheim. Les 16 km de la grande boucle peuvent être parcourus en 4 heures 30, à pied, ou en 1 heure 30, à vélo. Tout au long du parcours, des panneaux évoquent le vin et le travail de la vigne au rythme des quatre saisons, ils signalent aussi des panoramas remarquables. Bien entendu, cette petite randonnée est l'occasion rêvée de rendre visite à des viticulteurs, généralement bien disposés à faire déguster leur production. Si vous êtes pris par le temps, cantonnez-vous à trois communes remarquables : Hunawihr, Zellenberg et Riquewihr (comptez 2 heures 15). Le sentier est bien balisé, mais la carte, disponible à l'office du tourisme du pays de Ribeauvillé et Riquewihr (p. 203), est très utile pour mieux se repérer. De plus, l'office du tourisme organise des visites guidées en saison.

quelque peu désuet, après l'ouverture du musée Hansi à Colmar (p. 173).

Où se loger

Les visiteurs qui séjournent un minimum de trois jours sur place ont droit à une très utile "carte visiteur" (4,50 € par jour) pour pouvoir stationner en dehors de l'enceinte fortifiée.

Hôtel à l'Oriel Traditionnel €€

(03 89 49 03 13 ; www.hotel-oriel.com ; 3 rue des Écuries-Seigneuriales ; s-d/tr-qua/ste 79-139/159/169-193 € selon confort ; P 9 €). Installé dans une belle demeure de 1577 avec oriel et donnant dans une ruelle, l'hôtel s'organise autour d'une petite cour intérieure – le petit-déjeuner y est servi en été. Les 22 chambres, confortables, ont toutes une décoration différente, dans un style qui reste traditionnel. Attention, certaines chambres sont situées dans une annexe. Petit-déjeuner un peu cher (13,50 €). Sympathique caveau voûté en pierre, ouvert de 18h à 0h45, où l'on s'installe avec plaisir pour un verre de vin.

Où se restaurer

Le Tire-bouchon Winstub €€

(03 89 47 91 61 ; 29 rue du Général-de-Gaulle ; menus 18-46 €, plats 14-25 € ; jan-avr tlj sauf lun, mer midi et dim soir, mai-nov tlj sauf lun et dim soir). Dans la rue principale du village, une winstub à la façade bleue immanquable où l'on sert, dans un cadre traditionnel chaleureux, des spécialités alsaciennes à des tarifs raisonnables : choucroute, *bibeleskas*, pommes de terre au munster et aux lardons fumés... Privilégiez la pittoresque salle ornée de trophées de chasse. Service agréable, mais qui peut-être un peu longuet les jours d'affluence.

La Grappe d'or Restaurant et winstub €€

(03 89 47 89 52 ; www.restaurant-grappedor.com ; 1 rue des Écuries-Seigneuriales ; menus 21,50-38,50 €, plats 16-23 € ; fermé jeu, ven midi et mer soir). Le chef prépare une cuisine du marché savoureuse (dos de lapin farci aux abricots, filet mignon de porc au citron confit, paupiette de truite, samoussas au munster...) servie dans une salle au décor typique, faite d'outils anciens. Service aimable et efficace.

Au Trotthus Fusion €€€

(03 89 47 96 47 ; www.trotthus.com ; 9 rue des Juifs ; menus 48-65-110 € ; fermé dim soir, lun et mar le midi et mer midi et soir). Ce restaurant plutôt gastronomique, aménagé dans une

VINCENT FROEHLY ©

Cour de Riquewihr

maison vigneronne du XVIe siècle adossée aux remparts, offre une surprenante alliance. Le chef breton Philippe Aubron propose aussi bien des mets qui puisent avec inventivité leur inspiration dans le terroir alsacien que des spécialités asiatiques : lotte et cébette en tempuras, poitrine de porc et glace teriyaki, *espuma* de yuzu et fruits frais… Une escale vraiment très gourmande, mais qui a un prix.

La Table du Gourmet — Gastronomique €€€

(03 89 49 09 09 ; www.jlbrendel.com ; 5 rue de la 1ère Armée ; menu midi 38 €, menus 85-120 € ; jeu-lun). Dans une déco franchement rouge et inspirée de la tradition feng-shui, on déguste ici une cuisine de haut vol en forme d'émouvante déclaration d'amour au jardin et à la vie champêtre : soufflé de carottes et sorbet lime-romarin, caneton à l'étouffée et royale de maïs, risotto de légumes, girolles et oseille… Du grand art ! Avec de la passion plein les yeux, le chef étoilé Jean-Luc Brendel viendra peut-être vous parler du potager extraordinaire qu'il cultive à deux pas de là…

Achats

Féerie de Noël — Déco

(03 89 47 94 02 ; www.feeriedenoel.fr ; 1 rue du Cerf ; mi-fév à Pâques tlj 10h30-12h30 et 13h45-18h, Pâques à fin juin et sept-nov tlj 10h-12h30 et 13h45-18h30, juil-août tlj 10h-18h45, déc tlj 10h-19h, fermé jan à mi-fév). C'est Noël toute l'année à Riquewihr grâce à cette vaste boutique (une reconstitution de village alsacien en hiver) qui vend des objets liés à la décoration de Noël (boules, guirlandes, santons…) et des figurines artisanales en pierre ou en bois finement ouvragées.

Renseignements

Office du tourisme du pays de Ribeauvillé et Riquewihr (03 89 73 23 23 ; www.ribeauville-riquewihr.com ; 2 rue de la 1ère Armée)

Kientzheim

Avant de filer vers Kaysersberg, il serait dommage de ne pas faire une halte dans ce village viticole ceint de remparts

Prise de guerre ?

Le général Lazare de Schwendi (1522-1583), statufié à Colmar par Bartholdi (p. 183), commanda les armées de l'empereur Maximilien II lors de la campagne contre les Turcs en Hongrie. Ses succès lui valurent, en 1563, la seigneurie de Kientzheim, où il fit agrandir un château préexistant (XVe siècle). On dit qu'il aurait importé en Alsace le cépage hongrois du tokay, dont il aurait multiplié les plants sur ses terres. Pure légende : le "tokay" alsacien serait en réalité originaire de Bourgogne, et le pinot gris est connu dans la région depuis le Moyen Âge. Cela n'empêche pas qu'en 2007, à la demande des Hongrois, le pinot gris alsacien a été privé de la mention "tokay". Le château des Schwendi est aujourd'hui propriété de la confrérie Saint-Étienne et siège du musée du Vignoble (ci-contre). Un bel hommage...

médiévaux, doté de charmantes rues pavées, et relativement épargné par le tourisme de masse. Son vignoble, qui jouit d'une exposition exceptionnelle, a très bonne réputation.

À voir et à faire

En se promenant le long des rues, on découvre de belles maisons à colombages, certaines à pans sculptés. Sur la place Schwendi se tient une belle **fontaine** Renaissance. La **chapelle Saints-Félix-et-Régule** (rue de la Chapelle) contient une émouvante exposition d'ex-voto des XVIIIe et XIXe siècles et un magnifique Saint Sépulcre en grès jaune daté du XVe siècle. Le **château de Reichenstein** (68 Grand'Rue), bâti au XIVe siècle par la famille qui lui a donné son nom, affiche un style Renaissance – notamment l'oriel – fruit de modifications ultérieures. Fortement touché lors des combats de la Libération, il a été admirablement restauré.

Remparts — Fortifications médiévales

Certaines portions des remparts (XVe-XVIe siècles) sont bien conservées, notamment deux tours (il y en avait cinq à l'origine), celle des Bourgeois et celle des Fripons, récemment restaurées.

La **porte du Lalli** est une curiosité ! Érigée au XVe siècle, elle est surmontée d'une figurine en pierre qui représente un visage grimaçant, à la bouche percée d'une canonnière. La langue métallique, mobile, servait à narguer l'ennemi ("lalli" signifie "à la langue bien pendue" en alsacien).

Musée du Vignoble et des Vins d'Alsace — Musée

(☎ 03 89 78 21 36 ; www.musee-du-vignoble-alsace.fr ; 1b Grand'Rue ; tarif plein/réduit/-10 ans 5/2 €/gratuit ; ⏲ mai sam-dim et jours fériés, juin à mi-oct tlj 10h-12h et 15h-18h). Dans une annexe du château des Schwendi (encadré ci-contre), 300 m² d'exposition indispensables pour tout connaître du travail de la vigne à travers les siècles. Au rez-de-chaussée du musée, une cave a été reconstituée, avec ses fûts de diverses contenances, d'anciens pressoirs à vis ou encore un petit pressoir ambulant, principalement utilisé dans les secteurs de plaine, où la production de vin était destinée à l'autoconsommation. Au premier étage, à travers différents outils, le visiteur découvre le travail du vigneron, mais également celui du tonnelier et du verrier. Au deuxième étage, la viticulture est abordée de façon technique : le musée présente l'évolution des méthodes pour lutter contre les maladies de la vigne et différentes machines utiles au travail en cave (filtreuses, tireuses, bouchonneuses...).

Sentier viticole — Circuit pédestre

Des panneaux explicatifs sont disposés le long de cet agréable parcours balisé dans les vignes. Ils expliquent le travail des vignerons et les secrets des grands crus schlossberg et furstentum. En prime, de beaux points de vue sur la plaine. Départ du parking à proximité de la tour des Fripons, pour le circuit Schlossberg

(3 km) et du monument Schwartz pour le circuit Furstentum (2 km). Les deux circuits combinés se parcourent en 1 heure 30 à 2 heures.

Où se loger et se restaurer

Hostellerie Schwendi Hôtel-restaurant **€€**
(03 89 47 30 50 ; www.schwendi.fr ; 2 pl. Schwendi ; d 89-120 € selon confort ; menus 29-60 €, plats 15-30 € ; établissement fermé jan-fév, resto fermé mar midi, mer et jeu midi ;). Un hôtel-restaurant labellisé Logis de France, tenu par la famille de vignerons Schillé-Gisie. Rustiques mais spacieuses et confortables, les 29 chambres se répartissent entre le bâtiment principal et une annexe. Le restaurant fait la part belle aux spécialités alsaciennes (coquelet au vin, *baeckeofe*, truite du val d'Orbey...), finement cuisinées et bien présentées. Une excellente étape où l'on peut opter pour la demi-pension sans hésiter. Accueil chaleureux.

Côté vigne Semi-gastronomique **€€**
(03 89 22 14 13 ; www.cote-vigne.fr ; 30 Grand'Rue ; formules déj en semaine 13-17 €, menus 29-46 €, plats 21-25 €, menu enfant 10 € ; mar-dim sauf sam midi). Dans une belle salle aux murs de pierre d'une maison alsacienne, en plein cœur du village, on déguste des mets raffinés (bar *snacké* et purée de patates douces ...) très bien présentés, et quelques spécialités régionales (collet de porcelet à la bière, asperges aux deux sauces et aux deux jambons...). Les formules proposées le midi sont d'un excellent rapport qualité/prix. Une valeur sûre de la route des Vins, prisée des habitants.

Kaysersberg

Petite cité active, traversée par la Weiss, Kaysersberg est aussi l'une des plus jolies d'Alsace. Elle a bâti sa prospérité sur la vigne, le commerce et l'artisanat, notamment la poterie. Et surtout sur la position stratégique qu'elle occupe pour le franchissement des Vosges. En 1227, Henri VII, fils de Frédéric II

Détail d'un pilier d'angle d'une demeure de Kaysersberg

Retable de Jean Bongart, église Sainte-Croix

de Hohenstaufen, acheta un petit château fort pour contrôler la vallée de la Weiss, bien vite transformé en une imposante et puissante forteresse. C'est ainsi que naquit Kaysersberg, le "Mont de l'Empereur", élevé au rang de ville impériale à la fin du XIIIe siècle.

À voir

Au fil des rues, vous verrez nombre de demeures remarquables. Rue de l'Église, la **maison à oriel** (n°3) est l'une des deux plus vieilles de la ville (XVe siècle). Rue de l'Ancien-Hôpital, l'ancien **manoir** d'Étienne de Bavière et de Claire de Hunawihr possède un porche crénelé décoré des armes des époux. Rue de la Commanderie, la **maison** située au n°6 date de 1594. Elle a de belles allèges de fenêtres sculptées et une grande loggia de pignon. Au n°49 impasse du Père-Staub, la **maison Bohn** a été construite en 1601 ; elle a des poteaux corniers et des allèges sculptés. Rue du Général-de-Gaulle, au n°65, se trouve une **maison** du XVIe siècle. Sous la loggia, une Vierge baroque peinte au XVIIIe siècle. Au bout de la rue du Collège, la **maison Voltz** (1618, Renaissance) se situe au fond d'une cour. Elle possède un des puits les plus célèbres d'Alsace, sur lequel est inscrit, en allemand : "Bois modérément du vieux vin subtil, je te conseille, et laisse-moi mon eau."

Musée Albert-Schweitzer — Musée

(☎03 89 47 36 55 ; 126 rue du Général-de-Gaulle ; ⏲se renseigner auprès de l'office du tourisme). Ce musée est avant tout un lieu à la mémoire d'Albert Schweitzer, regroupant objets, photos et œuvres. Fermé pour rénovation lors de nos recherches, il devait rouvrir en 2021.

Prix Nobel de la paix en 1952, le docteur Albert Schweitzer est né dans la maison accolée au musée (au n°124), que sa famille quitta six mois plus tard pour rejoindre Gunsbach, où le père était nommé pasteur. L'une des personnalités les plus célébrées en Alsace, il n'échappe pas à la controverse : à propos de ses relations avec les Africains, empreintes d'autoritarisme et de paternalisme, de la manière dont il a géré l'hôpital de

Lambaréné au Gabon, de ses compétences médicales, de sa pensée philosophique, et même de ses qualités d'organiste...

Albert Schweitzer est une personnalité à multiples facettes. Dès 1905, dans un sermon, il condamnait avec force le colonialisme et ses crimes. Celui qui a étudié la théologie protestante, la philosophie, l'orgue et la musicologie prendra la décision, à l'âge de 30 ans, de s'inscrire à la faculté de médecine de Strasbourg, pour se consacrer à une mission humanitaire en Afrique. Parallèlement à ses études de médecine, il exerça en tant que pasteur et organiste. Reçu docteur en 1913, il partit immédiatement pour Lambaréné avec son épouse. Là, sur la rive de l'Ogooué, il construisit un hôpital de brousse, qu'il agrandit au fil des ans, notamment grâce aux dons collectés en Europe, lors de ses concerts d'orgue et de ses conférences.

Albert Schweitzer est mort le 4 septembre 1965 à Lambaréné, mais son hôpital lui survit toujours.

Hôtel de ville — Renaissance

(Pl. de la Mairie). Ce beau bâtiment de style Renaissance (1605) est desservi par une tourelle d'escalier et comporte un remarquable oriel sculpté et voûté. À l'intérieur, on peut admirer un plafond à caissons et des portes surmontées de marqueteries. Dans le passage vers la cour intérieure se trouve un puits de 1521.

Église Sainte-Croix — Roman et gothique

La façade occidentale, la nef centrale, le transept et l'avant-chœur de l'église Sainte-Croix datent de sa construction d'origine, au XIIIe siècle. Les autres parties ont été ajoutées aux XVe et XVIe siècles. Quant au clocher, il a été transformé et rehaussé en 1827 pour accueillir de nouvelles cloches. Il faut admirer le tympan du portail à colonnettes, qui représente le couronnement de la Vierge. À l'intérieur de l'église se mêlent les styles roman et gothique tardif. Probablement inspiré des gravures de Martin Schongauer, le retable de Jean Bongart, qui retrace la Passion

Église Sainte-Croix, Kaysersberg

du Christ en 14 tableaux, est un chef-d'œuvre de la Renaissance (1518). L'église possède aussi une *Déploration* (XVIe siècle), dont il faut admirer l'expressivité des visages et la finesse des drapés. Quant à la statue assise de Saint-Jacques-le-Majeur (1480), elle rappelle que Kaysersberg était sur le chemin des pèlerins vers Compostelle.

S'appuyant sur le mur d'enceinte de l'église, la **chapelle Saint-Michel** (sa voûte est décorée de peintures du XVIe siècle) et l'ossuaire qui se trouve en dessous sont de 1463. À côté de la chapelle, le cimetière comprend un mémorial avec le nom des 204 militaires tombés pendant les combats de libération du bas de la vallée de la Weiss, en décembre 1944. À gauche de la porte du cimetière (en sortant) : un oratoire de 1474, le plus ancien d'Alsace. Sur le parvis de l'église, la fontaine est surmontée d'une statue de l'empereur Constantin, en grès jaune (1521), œuvre de Jean Bongart, comme le retable. Constantin était le fils de sainte Hélène, dont la statue moderne orne la façade de l'église.

Place Jean-Geiler — Statue

Ici s'élève la statue de Jean Geiler de Kaysersberg (1445-1510), considéré comme l'un des précurseurs de la Réforme. Il grandit à Kaysersberg, au foyer de son grand-père, et fut prédicateur à la cathédrale de Strasbourg pendant 32 ans.

Musée historique — Histoire locale

(☎03 89 78 11 11 ; museeskaysersberg.e-monsite.com ; 62 rue du Général-de-Gaulle ; tarif plein/réduit/-10 ans 2/1 €/gratuit ; ⏲juil-août tlj sauf mar 10h-12h et 14h-18h). Ce petit musée d'histoire locale, installé dans un bel ensemble architectural du XVIe siècle, possède une belle collection d'objets d'art religieux du XIVe au XVIIIe siècle. Ses pièces maîtresses : une Vierge ouvrante provenant du couvent des Clarisses d'Alspach datant de 1380 et un Christ des Rameaux du XVe siècle. On y découvre aussi du mobilier, des objets usuels, des sabots de pénitent qui pèsent chacun 5 kg, des plaques de cheminée… Une salle présente des pièces qui témoignent de la période romaine de Kaysersberg.

Pont fortifié — Prison passante

Entre la rue de l'Oberhof et la rue du Général-de-Gaulle, cet ouvrage, devenu l'un des emblèmes de la ville, enjambe la Weiss depuis le début du XVIe siècle (au moins) et reliait la vieille ville et la ville haute. Dans l'édicule, au milieu, étaient enfermés pour quelques jours les habitants qui avaient commis des délits mineurs. À proximité, l'ancienne Hostellerie du Pont servit d'auberge et d'office de gourmet. En 1872, la ville fit installer une salle des fêtes à l'étage, les bains municipaux (Badhus) et un lavoir au rez-de-chaussée. Construite en 1391, sur la rive gauche de la Weiss, la chapelle de l'Oberhof appartenait à l'abbaye cistercienne de Pairis (Val d'Orbey).

Château impérial — Ruines médiévales

Ces ruines offrent un magnifique point de vue sur la ville. Construit au XIIIe siècle, le château eut à subir la guerre des paysans (1525) et les affres de la guerre de Trente Ans, puis fut vendu comme bien national. Classées monument historique dès 1841, les ruines souffrirent à nouveau pendant les combats de 1944. Depuis l'office du tourisme, un sentier permet d'y accéder en une dizaine de minutes.

Où se loger et se restaurer

Logis hôtel Les Remparts — Familial et pratique €€

(☎03 89 47 12 12 ; www.lesremparts.info ; 4 rue de la Flieh ; d 70-98 €, pers suppl. 26 € ; wifi). Un hôtel bien situé, aux abords immédiats du centre historique, qui s'orchestre autour de deux pavillons. Les chambres, modernes, sont plutôt spacieuses et bien équipées et disposent de grands balcons. Au petit-déjeuner (11 €) sont servis des produits frais locaux, et il peut vous être servi en chambre pour le même prix. Le lieu est idéal pour les familles : l'hôtel propose des chambres pour trois à cinq personnes, certaines avec kitchenette. Il loue aussi des meublés.

Art is Show Cuisine fine €€

(03 89 47 11 51 ; artisshow-kaysersberg.fr ; 1 rue Haute du Rempart ; formule déj 12-14 €, plats 19-28 € ; fermé mer-jeu). Côte de veau basse température, jus brun et *spaëtzle* maison, filet de bar rôti, rognons de veau, risotto à l'ail noir… On applaudit des deux mains cette cuisine de marché inventive et gourmande, les suggestions à l'ardoise, les formules déjeuner à prix doux, et la déco raffinée où le bois est à l'honneur. Soirées à thème le dernier mardi du mois. Également 8 chambres confortables et un grand appartement, récemment rénovés dans l'esprit arty (www.arthotel.fr).

Flamme & Co Tartes flambées €€

(03 89 47 16 16 ; www.flammeandco.fr ; 4 rue du Général-de-Gaulle ; plats 9-20 € ; tlj midi et soir sauf mar). Exit la tarte flambée, voici la "tarte flammée" : quelle différence ? Aucune, mais parsemée de gambas et noix de Saint-Jacques, de foie gras, de champignons en persillade ou de saumon, elle est succulente ! Une vingtaine de recettes sucrées ou salées sont proposées. Les propriétaires du Chambard, en face (ci-dessous), sont les auteurs de ce concept qui se traduit aussi par une déco ultramoderne et une ambiance proche d'un bar de nuit. Que l'on apprécie ou pas ce parti pris, difficile de ne pas se régaler.

L'Alchémille Restaurant €€€

(03 89 27 66 41 ; www.lalchemille.fr ; 53 rue Lapoutroie ; menus 49-98 € ; mar soir-dim midi). Passé par de grandes cuisines, Jérôme Jaegle a ouvert en 2015 dans sa ville natale un restaurant qui s'est vite imposé comme l'un des rendez-vous gastronomiques des environs. Il crée des plats inventifs, voire surprenants, puisant son inspiration dans le terroir alsacien tout en allant cueillir lui-même ses champignons, plantes aromatiques et légumes. La carte change au gré des saisons (excellent suprême de volaille au jus de romarin !), et dans les assiettes, c'est aussi bon que beau. Terrasse agréable. Un samedi matin par mois, le chef propose une sortie cueillette en forêt suivie de la création d'un repas avec accords mets/vins (100 €/pers).

ISO-68 / FOTOLIA ©

VAUT LE DÉTOUR
Château de Wineck

Surnommé le "château des vignes", cette **forteresse** (Pâques-1er nov dim et jours fériés 14h-18h) domine le village de Katzenthal, joliment niché dans un petit vallon et cerné par les vignes entre Kaysersberg et Turckheim. Construit vers 1200, il se composait d'un donjon et d'un logis, puis il a été agrandi, entouré d'une muraille d'enceinte et d'un second mur délimitant la basse-cour. Aujourd'hui, les ruines se composent d'un rempart en fer à cheval et d'un spectaculaire donjon de 21 m. La Société pour la conservation des monuments historiques en Alsace l'a acquis en 1866. Depuis les années 1970, il est restauré par l'association des Amis du Wineck. À l'emplacement de l'ancienne maison d'habitation, des escaliers mènent au chemin de ronde, puis au donjon où sont exposés les objets trouvés lors de fouilles dans l'enceinte du château. Comptez 20 minutes de marche depuis Katzenthal.

Le Chambard Gastronomique €€€

(03 89 47 10 17 ; www.lechambard.fr ; 9-13 rue du Général-de-Gaulle ; ch à partir de 231€, petit-déj 36 € ; menus 90-215 € ; fermé lun, mar midi et mer midi). Meilleur ouvrier de France doublement étoilé au Michelin, Olivier Nasti laisse libre court à sa créativité dans les cuisines de cet hôtel labellisé Relais & Châteaux de Kaysersberg, où il met en valeur les produits de saison. Foie gras d'oie "neige", parmesan et crème de nougat au vieux balsamique de Modène, l'œuf à 64°, champignons, vinaigrette à l'huile

de sapin et oxalis des montagnes... Saveurs et présentation exceptionnelles ! Si votre budget ne vous permet pas cette folie, la **winstub du Chambard** sert des plats plus traditionnels et abordables (menus 28-33 €, plats 24-38 €), avec notamment une choucroute 9 garnitures mémorable.

Renseignements

Office du tourisme (03 89 78 22 78 ; www.kaysersberg.com ; 39 rue du Général-de-Gaulle)

Turckheim

Son patrimoine architectural, la qualité de ses vins (notamment le grand cru brand) et son veilleur de nuit (encadré ci-contre) font de Turckheim une étape incontournable de la route des Vins. Dès 1312, le bourg obtient le statut de ville et érige des fortifications. Une quarantaine d'années plus tard, elle adhère à la Décapole. Dès lors, Turckheim est gouvernée par quatre magistrats et un conseil de bourgeois. Au XVIe siècle, c'est une ville extrêmement prospère, grâce au commerce du vin. Le 5 janvier 1675, elle est le théâtre d'une célèbre bataille, qui voit Turenne vaincre les troupes impériales.

À voir

Au gré de votre promenade dans la ville, vous admirerez de belles maisons de la Renaissance. Oriels en bois sculpté (Hôtel des Deux Clés, 3 rue du Conseil) ou en grès (14 Grand'Rue ; Auberge au Bœuf rouge, 4 rue Wickram), tourelle d'escalier (maison du Prévôt royal, 21 rue du Conseil) et enseigne (À l'Homme sauvage, 19 Grand'Rue) sont au programme.

Les trois portes Fortifications

La **porte de France**, ornée d'un cadran solaire et des armoiries de la ville, est la plus ancienne. Érigée vers 1315, elle était précédée d'un pont-levis et menait à l'ancienne place de la Sinne, où étaient jaugés les tonneaux, sur les bords de la Fecht. Dans sa partie haute, elle possède une meurtrière et deux canonnières.

La **porte de Munster**, dont la cloche servait à prévenir de l'orage, a été construite au XIVe siècle : les "sorcières"

Turckheim

VINCENT FROEHLY ©

passaient par là pour rejoindre le lieu où elles allaient être exécutées, entre 1572 et 1626. Elle fut habitée jusque dans les années 1950. Quant à la **porte du Brand**, qui était également précédée d'un pont-levis, elle avait essentiellement une vocation défensive. Sa girouette date de 1843. Sa gorgone grimaçante (une canonnière) date du début du XIVe siècle.

Église Sainte-Anne — Roman

Le clocher-porche de l'église Sainte-Anne est l'un des principaux témoins de l'édifice roman de la seconde moitié du XIIe siècle. Le niveau supérieur, avec son cadran solaire, remonte au XVe siècle. Sur le toit trône un tonnelet doré coiffé d'une girouette en forme d'étoile, symbole des vignerons.

Corps de garde — Renaissance

(pl. Turenne). Construit vers 1580, il a servi de halle, puis d'hôtel de ville, avant d'abriter les réunions de différentes corporations de la ville, jusqu'à la Révolution. La cloche a été mise en place en 1658. Les armoiries peintes sur la façade sont celles de l'Empire germanique. Le bâtiment abrite aujourd'hui la police municipale et l'office du tourisme.

Hôtel de ville — Renaissance

Entre l'église et le corps de garde, c'est un beau bâtiment Renaissance construit à la fin du XVIe siècle. Il possédait à l'origine une tourelle d'escalier sur le flanc est, remplacée depuis par une aile qui renferme un escalier. Une cave avec pressoir occupait le rez-de-chaussée jusqu'à la fin du XIXe siècle – ce fut ensuite une salle de bal – tandis que le prévôt et son conseil se réunissaient au premier étage.

Musée-mémorial des Combats de la poche de Colmar — Musée

(☎ 03 89 80 86 66 ; musee.turckheim-alsace.com ; 25 rue du Conseil ; tarif plein/réduit/-8 ans 4/2-3 €/gratuit ; ⌚ juil-sept lun-sam 14h-18h, dim 10h-12h et 14h-18, avr-juin et début oct mer-sam 14h-18h, dim 10h-12h et 14h-18h) Aménagé dans un caveau du XVIIIe siècle ayant servi d'abri pendant la Seconde Guerre mondiale, ce musée témoigne des deux mois et demi d'enfer vécus par les combattants à Colmar et dans ses environs, qui aboutirent à la libération du secteur le 2 février 1945. Parmi les documents, armes et objets personnels, on trouve la tenue du maréchal de Lattre de Tassigny, alors à la tête de la 1re armée française. Le musée propose une chronologie de ces tragiques événements, amplifiés par des températures de -20°C, qui provoquèrent la mort de 10 000 à 15 000 soldats, côté alliés – pire encore côté allemands.

INSOLITE !

Le veilleur de nuit de Turckheim

Autrefois, le veilleur de nuit avait une fonction essentielle dans la ville : prévenir les incendies, qui faisaient des ravages étant donné les moyens de lutte dérisoires et les matériaux utilisés pour les constructions. Il parcourait les rues en adressant sa recommandation aux habitants : "Han sori zu Fir une Liacht" ("prenez soin de l'âtre et de la chandelle"). Rémunéré par les corporations, le veilleur de nuit fut aussi chargé d'annoncer l'heure, d'assurer l'ordre, de contrôler la fermeture des tavernes et, plus tard, il fit office de garde-champêtre. Durant un court intermède, à la Révolution, il disparut, avant de refaire son apparition à Turckheim, de 1795 jusqu'à la veille de la Seconde Guerre mondiale. En 1953, la société d'histoire Wickram a décidé de ressusciter le personnage qui, dès lors, refit son apparition, à 22h, dans les rues de Turckheim, du 1er mai au 31 octobre, et également durant l'Avent. Aujourd'hui, ils sont quatre veilleurs à se relayer. Chaque soir, lanterne et hallebarde à la main, l'un d'entre eux entame sa tournée devant l'ancien poêle des corporations (ou corps de garde), suivi par un cortège de visiteurs qui apprécient ses récits historiques empreints d'humour. Et son chant : "Han sori zu Fir une Liacht".

Où se loger et se restaurer

Auberge du Brand Logis de France €€
(03 89 27 06 10 ; www.aubergedubrand.fr ; 8 Grand'Rue ; s/d/tr/qua 48/66-98/64-96/130 € selon confort et saison, lit supp 15 € ; menus 28-30-45 €, plats 20-28 € ; resto mer-dim, fermé 2e quinz de fév). Côté hôtel, aménagé dans une belle maison alsacienne au cœur de Turckheim, de jolies chambres, aux poutres apparentes, bien décorées et douillettes, et un accueil sympathique. Au restaurant, le chef fait la part belle aux spécialités locales, bien servies, réalisées à partir de produits de qualité. La demi-pension est intéressante, mais la carte est restreinte (poitrine de veau braisée, choucroute, cabillaud confit...). Un excellent rapport qualité/prix sur la route des Vins.

Restaurant de la Tour Traditionnel €€
(03 89 27 06 29 ; 1 pl. de la République ; plats 10-21 € ; jeu-lun). Les habitués se mêlent aux touristes dans cet établissement sans prétention, idéalement situé (il est accolé à la porte de France), où l'on sert de copieuses spécialités alsaciennes (bœuf gros sel, choucroute garnie, quiche au munster...) ainsi que quelques suggestions selon les produits de saison. Le cadre et l'accueil sont chaleureux, ne manque plus qu'une petite pointe d'originalité dans les plats servis.

Aux Deux Clefs Hôtel historique €€€
(03 89 27 06 01 ; www.hotellerie-deuxclefs.fr ; 3 rue du Conseil ; ch 59-189 € selon confort et saison). Au pied de l'hôtel de ville, une superbe demeure alsacienne à colombages, ornée d'un oriel, qui servit d'auberge dès le XVIe siècle et accueillit le maréchal de Lattre de Tassigny, Albert Schweitzer ou encore le général de Gaulle. Tenu de manière très professionnelle, l'établissement, dans la même famille depuis quatre générations, compte une quarantaine de chambres, cossues, dans un style traditionnel, idéales pour un séjour à deux. Annexe. Petit-déjeuner-buffet à 14 €. Terrasse.

Renseignements

Office du tourisme (03 89 27 38 44 ; www.turckheim.com ; 6 rue du Conseil). Situé dans l'ancien corps de garde (p. 211). C'est d'ici que sort le veilleur de nuit, chaque soir à 22h, de mai à octobre.

Eguisheim

Grand prix national du fleurissement, étiqueté parmi les plus beaux villages de France et sacré "village préféré des Français" en 2013 à l'occasion d'une émission de télévision : Eguisheim collectionne les titres et, par conséquent, attire la foule, l'été mais aussi l'hiver pour son féerique marché de Noël.
La cité médiévale, dont les ruelles pavées s'enroulent tel un ruban autour de son centre ancien, est aussi considérée comme le berceau du vignoble alsacien, la culture de la vigne s'y étant développée dès l'époque romaine. C'est aujourd'hui l'un des hauts lieux de la viticulture en Alsace, grâce à deux grands crus qui mûrissent sur les coteaux alentour : l'eichberg et le pfersigberg. Au début du VIIIe siècle, le comte Eberhardt construisit sur le site un château qui deviendra le centre de la cité. Les comtes d'Eguisheim furent de puissants seigneurs et l'un d'entre eux, Bruno, devint le pape Léon IX. À partir de 1251, et jusqu'à la Révolution, Eguisheim fera ainsi partie des terres épiscopales.

À voir

Rue du Rempart nord et rue du Rempart sud Balade
Le mur d'enceinte d'Eguisheim date du XIIIe siècle. À l'origine, les fortifications étaient composées de deux murs concentriques séparés par un fossé.
Au centre : le château. Le mur extérieur a été surbâti dès le milieu du XVIe siècle : les maisons d'habitation ont été élevées de ce côté-ci, tandis que les granges et étables ont été construites entre les deux murs. Ainsi se sont formées ces rues, tels des anneaux qui enserrent la cité.

La découverte de ces rues pavées, bordées de maisons à colombages (la plupart sont du XVIIIe siècle) est un enchantement. De nombreuses inscriptions et emblèmes ornent les poutres des maisons. À l'entrée de la rue du Rempart sud, ne manquez pas le fameux **pigeonnier** qui est devenu l'emblème d'Eguisheim.

Place du Château Centre-ville

C'est le cœur du village. Au milieu, la fontaine Saint-Léon est l'une des plus grandes d'Alsace. Elle est surmontée de la statue du pape alsacien, une œuvre de Georges Hugel mise en place en 1852. Le château bas est adossé à une enceinte du XIIIe siècle ; celle-ci était entourée de fossés qui furent asséchés en 1835. Bâti entre le VIIIe et le XIIIe siècle, le château a subi maintes restaurations. L'office du tourisme organise régulièrement des visites de l'édifice qui, sinon, est fermé au public. La **chapelle Saint-Léon**, de style néoroman, a pris la place de l'ancien donjon en 1894. Ses vitraux symbolisent les saints alsaciens (un certain nombre sont issus de la famille des comtes d'Eguisheim) et les médaillons de la voûte représentent des scènes de la vie du pape Léon IX. Le reliquaire contiendrait le crâne de saint Léon.

Église Saint-Pierre-et-Saint-Paul Gothique

Son clocher gothique à quatre niveaux date des années 1220. À l'intérieur du sanctuaire, en rez-de-chaussée, il possède un très beau portail romano-gothique à colonnettes et tympan sculpté. Le portail abrite également une Vierge ouvrante, sculpture en bois polychrome (vers 1300). Portant l'Enfant Jésus debout sur ses genoux, elle s'ouvre pour laisser apparaître une Vierge peinte, auréolée de gloire, encadrée par deux anges. La nef de style "grange" a été bâtie au XIXe siècle.

Cours domaniales Cours colongères

Au Moyen Âge, les riches propriétaires du vignoble d'Eguisheim (abbayes, couvents et nobles) adoptèrent le système de la cour colongère, sorte de "ferme

VAUT LE DÉTOUR

La route des Cinq-Châteaux

Dominé par le sommet du Stauffen, le massif forestier des Châteaux abrite les vestiges de cinq forteresses reliées par la route du même nom (fermée du 15 novembre au 15 mars) à laquelle on accède depuis Wintzenheim, au nord, ou Husseren-les-Châteaux, au sud. Édifiés entre le XIe et le XIIIe siècle, les **trois châteaux du Haut-Eguisheim** (accès libre) se situent au point culminant de la route des Vins. Les trois donjons toujours debout formaient un seul et même château, qui fut partagé entre trois lignées issues des comtes d'Eguisheim. Magnifique point de vue sur Eguisheim.

Le **château du Hohlandsbourg** (www.chateau-hohlandsbourg.com ; tarif plein haute/basse saison 9,50/7 €, 28/20 € pour les familles ; juil-août tlj 10h-19h, avr-juin et sept à mi-nov voir site Internet) a été restauré dans les années 1970. À 620 m d'altitude, son belvédère naturel permet d'admirer la plaine d'Alsace, les Vosges, la Forêt-Noire et, selon la météo, les Alpes bernoises. Construit en 1279 par Rodolphe de Habsbourg pour veiller sur Colmar, il fut modernisé par ses propriétaires successifs avant d'être détruit en 1633 par les Suédois lors de la guerre de Trente Ans. On peut aujourd'hui admirer une vaste enceinte quadrangulaire défendue par deux tours et des échauguettes, ainsi que le château haut, le donjon, la citerne et les corps de logis du XVe siècle. Des parcours découverte ont été aménagés dans la cour et sur les remparts ; les logis accueillent un espace muséographique.

Le **Pflixbourg** (accès libre) date du début du XIIIe siècle. Il eut de nombreux propriétaires dont le dernier, un comte de Ribeaupierre en guerre avec les Hattstatt, causa sa perte vers 1440. L'enceinte polygonale du château, construite en granit, renferme un donjon, une citerne et un logis.

centrale" qui gérait les terres mises en tenure. Chacune comprenait l'habitation de l'intendant, du bailli, ainsi que des bâtiments destinés à l'exploitation et au stockage des récoltes. Seize de ces cours, bien que remaniées, sont toujours visibles. Située place de l'Église (au n°17), la **cour de l'abbaye d'Eschau** a été fondée en 976. Dans la rue de Pairis se trouve celle de l'**abbaye de Pairis** (1160), agrandie en 1262 par l'annexion de la cour de Marmoutier voisine. Rue Monseigneur-Stumpf, on découvre, au n°9, l'ancienne cour impériale, ou **Kaiserhof**, la plus importante de ces cours.

Où se loger et se restaurer

Hostellerie du Château Hôtel €€

(03 89 23 72 00 ; www.hostellerieduchateau.com ; 2 rue du Château ; s-d/ste 61-130/117-175 € ; P 11 €). Un petit hôtel de charme idéalement situé au cœur même du village, sur la place du Château. Très confortables, les 11 chambres bénéficient d'une décoration soignée et de spacieuses salles de bains. L'accueil est très professionnel, le petit-déjeuner buffet varié et succulent (12 €). Garage privé à 11 €/jour ou parking public juste à côté de l'hôtel.

Auberge du Rempart Hôtel-restaurant €€

(03 89 41 16 87 ; auberge-du-rempart.com ; 3 rue du Rempart sud ; d/qua 75-95/133 € ; menus 20-25 €, plats 13-23 € ; juil-sept et déc resto tlj sauf dim soir, reste de l'année fermé jeu soir, dim soir et lun ;). Avec son carrelage gris et ses murs blancs, la salle du restaurant n'est pas très avenante, mais les spécialités alsaciennes (jambonneau au munster sur lit de choucroute, poulet au riesling, *spaëtzle* maison...) sont copieusement servies et parfaitement cuisinées. Les chambres sont confortables et chaleureuses. Les plus chères ont une baignoire et la climatisation – pour un week-end romantique, demandez la "Pape". Un bon rapport qualité/prix.

Au Vieux Porche Restaurant €€

(03 89 24 01 90 ; www.auvieuxporche.fr ; 16 rue des Trois-Châteaux ; menus 29,50-49,50 €, plats 18,50-26,50 € ; fermé mar et mer midi). Dans un cadre soigné et chaleureux, celui d'une maison vigneronne légèrement à l'écart du cœur de ville, les patrons servent une cuisine du terroir subtile et raffinée : croustillant de dos de porcelet, rognons de veau poêlés, caille et petits légumes du moment... Les assiettes sont joliment présentées, le service impeccable et l'addition ne s'envole pas. Les vins du domaine (Paul Zinck), entre autres, sont proposés notamment dans une formule accords mets-vins. Une excellente adresse, prisée des locaux.

Au Pavillon Gourmand Valeur sûre €€

(03 89 24 36 88 ; www.pavillon-gourmand.fr ; 101 rue du Rempart sud ; formule déj 20 €, menus 25-48 €, menu enfant 11 € ; tlj sauf mar-mer, fermé mi-jan à mi-fév). L'une des valeurs sûres d'Eguisheim, tenue de manière très professionnelle par la famille Schubnel, et au cadre contemporain où l'on se sent immédiatement à l'aise. On y déguste une cuisine du terroir alsacien, traditionnelle, bien concoctée, et généreuse. Au menu, foie gras de canard maison, filet de turbot et chips de lard, tatin de pommes à l'alsacienne... L'addition reste convenable. Jouxtant le restaurant, une boutique où l'on peut acheter des souvenirs gourmands d'Alsace. Terrasse.

Renseignements

Office du tourisme (03 89 23 40 33 ; www.ot-eguisheim.fr ; 22A Grand'Rue)

Gueberschwihr

Bâti à flanc de coteau, entre vignes et forêt, ce village médiéval est encore peu touristique. Son admirable place centrale dominée par un clocher roman, ses ruelles bordées de maisons construites aux XVIIe et XVIIIe siècles, richement fleuries, et ses fontaines incitent pourtant à y faire une halte. Tout comme son grand cru goldert qui, semble-t-il, tire son nom de la couleur dorée de ses vins.

À voir

Église Saint-Pantaléon Roman

De l'édifice roman du XIIe siècle, seul subsiste le clocher monumental. Cette tour carrée en grès des Vosges possède trois niveaux de fenêtres cintrées, géminées ou groupées par trois. Suspendue au clocher, une méridienne : une horloge solaire déterminant le "vrai midi", celui qui correspond à la position la plus haute du soleil dans le ciel. Des sarcophages mérovingiens sont visibles derrière le clocher.

Où se restaurer

La Taverne médiévale Traditionnel €€

(☎ 03 89 49 20 79 ; www.taverne-medievale.com ; 11 rue Haute ; plats 12-28 €, menus 22,50-43,50 €, menu enfant 9 € ; fermé mar-mer). Dans un caveau en pierre du XVIIe siècle, au décor un brin surchargé, le chef propose des spécialités alsaciennes savoureuses et copieuses : jarret braisé, croûte forestière aux champignons, *lawerknepfla* (des quenelles de foie sautées d'une rare qualité), escalope de foie gras d'oie poêlée ou, à partir de deux personnes, une fondue vigneronne au vin d'Alsace (24,50 €/pers)... L'accueil est très sympathique et la réservation vivement conseillée : les habitants se sont passé l'adresse.

Rouffach

Son riche patrimoine architectural, qui se distingue par l'utilisation du grès jaune issu des carrières toutes proches du Strangenberg, témoigne de la splendeur passée de la ville. Après les Romains, les rois mérovingiens d'Austrasie occupèrent le site, où ils firent construire un château. Au VIIe siècle, le roi Dagobert II fit don de Rouffach et de sa région à l'évêque Arbogast de Strasbourg qui, selon la légende, aurait guéri son fils... Ainsi, Rouffach devint la "capitale" du Mundat supérieur, constitué des baillages de Rouffach, Soultz et Eguisheim, et pour longtemps territoire de l'évêché de Strasbourg. À partir du XIIIe siècle, la cité

Église Saint-Pantaléon

VINCENT FROEHLY ©

joua un rôle important de place forte, dont seule la guerre de Trente Ans stoppa le développement. Comme ailleurs en Alsace, la renaissance de la viticulture eut lieu après la Première Guerre mondiale. Ici règne le grand cru vorburg qui bénéficie d'un des climats les plus secs et ensoleillés de la région, et d'un sol calcaire.

À voir

Place de la République Cœur historique

Cœur de la ville, cette vaste esplanade pavée est bordée d'édifices qui méritent le coup d'œil. L'ancien **hôtel de ville** est reconnaissable à ses deux corps symétriques accolés : l'aile gauche a été réalisée en 1581, tandis que sa réplique, à droite, résulte d'un remaniement opéré au XVIIIe siècle. Les fenêtres à meneaux et les pignons chantournés sont caractéristiques de l'architecture de la Renaissance. Juste derrière, on aperçoit la **tour des Sorcières** ou Hexenturm, dernière tour de la ville fortifiée. Sa base ronde date du XIIIe siècle, les étages carrés des XIVe et XVe siècles. Elle servit longtemps de prison communale et, durant l'Inquisition (XVIe et XVIIe siècles), des femmes accusées de sorcellerie y furent enfermées avant le supplice. L'ancienne **halle aux blés** (XVIe siècle), bâtiment à pignons à redents, donne également sur la place : on y déposait et vendait le grain. À l'étage se trouve le **musée du Bailliage** (mi-juil à mi-sept, tlj 15h-18h sauf lun-mar 15h-17h, gratuit), consacré à l'histoire de la ville, et présentant, notamment, deux célébrités locales : François Joseph Lefebvre (1755-1820), maréchal de Napoléon né à Rouffach (une statue le représentant trône sur la place) et son épouse Catherine Hubscher, plus connue sous le nom de “Madame Sans-Gêne”.

Vieille ville et remparts Balade

Les rues bordant la place de la République recèlent elles aussi un riche patrimoine bâti : la rue de la Poterne avec la **maison de la corporation “à l'Éléphant”** (n°4) et l'ancienne maison de la **corporation des bouchers** (n°2) ; l'impasse des Orfèvres, dont une maison possède un beau chaînage d'angle et qui se termine par le porche ogival de la cour domaniale de l'abbaye d'Eschau ; la rue du Maréchal-Lefebvre et sa **maison des Trois-Dames** (n°15), ainsi nommée à cause des trois piliers qui soutiennent le premier étage. Ombragée, l'allée piétonne des Remparts offre un beau point de vue sur la ville. Elle mène au parc à cigognes qui participe au programme de réintroduction de l'échassier en Alsace.

Église Notre-Dame-de-l'Assomption Roman et gothique

Au XIe siècle, Rouffach, capitale du Mundat supérieur, voulut se doter d'une église à l'allure de cathédrale, digne de son rang. Ainsi fut érigée Notre-Dame-de-l'Assomption, en grès jaune du Strangenberg, dans un style roman ogival, transition vers l'art gothique. Mais la construction se poursuivit des années durant et déclina plusieurs styles. C'est Woelfelin de Rouffach qui créa une nouvelle façade au XIIIe siècle, dont on peut admirer la magnifique rosace à vingt pétales surmontés d'une loggia gothique en trois parties. Dans le riche décor sculpté de l'église demeure, dans le chœur, les beaux visages sculptés d'une jeune fille et d'un jeune garçon qui encadrent la porte de la sacristie : ce “sourire de Rouffach”, est caractéristique du XIIIe siècle.

Château d'Isenbourg XIXe siècle

Sur une colline surplombant le centre historique se dresse le château d'Isenbourg, aujourd'hui hôtel de luxe. L'édifice actuel résulte d'une construction du début du XIXe siècle entièrement restaurée vers 1885.

Colline du Bollenberg Site naturel

La colline calcaire du Bollenberg est l'un des espaces naturels les plus connus de la région. Il est classé en réserve naturelle régionale. Sur cette pelouse sèche, anciennement pâturée, une flore d'origine continentale côtoie une flore méditerranéenne. La recette : une roche calcaire, un ensoleillement optimal et une très faible pluviométrie. En suivant un sentier balisé par le Club vosgien, vous aurez peut-être la chance de voir des oiseaux (huppe fasciée, bruant jaune, linote mélodieuse, alouette des champs...), des lézards, un petit escargot (le bulime radié).

Où se restaurer

La Table Saisonnière Winstub €

(03 89 49 36 82 ; 7 rue de la Poterne ; menu du jour 12,50 €, menus 28-35 €, plats 15 € environ ; fermé lun, mer soir et dim soir). Ce restaurant qui possède un caveau et une petite terrasse sur rue venait de changer de chef lors de nos recherches, mais en gardant exactement la recette de ce qui a toujours fait son succès. L'accueil est chaleureux, les spécialités alsaciennes (ou non) sont faites maison, à base de produits frais, et les portions sont généreuses. Au menu, blanquette de poissons aux petits légumes, cuisse de lapin confit à l'huile d'olive... Une winstub d'un très bon rapport qualité/prix. Réservation conseillée.

Les Trois Colonnes Gastronomique €€€

(03 89 27 04 85 ; www.3colonnes.fr ; 3 rue du Marché ; menu 42 €, plats 28-32 € ; lun-sam soir uniquement, dim midi et soir). Le restaurant qui fait parler de lui. Le chef concocte une cuisine raffinée, moderne, à base de produits de qualité issus de la région – tous les fournisseurs sont indiqués sur la carte, qui change au moins tous les deux mois. Au menu, noix de St-Jacques mi-cuites et taboulé de chou-fleur, dorade sauvage en croûte d'anchois, selle d'agneau en deux façons... Décor sobre mais chaleureux, et accueil souriant. Recommandé !

Renseignements

Office du tourisme du canton de Rouffach

(03 89 78 53 15 ; www.ot-rouffach.com ; 12a pl. de la République). Visites guidées (1 heure 30) gratuites de Rouffach l'été. Le dépliant du circuit des remparts permet de découvrir le centre historique.

Rouffach

PACKSHOT / FOTOLIA ©

Sentier du Hohneck (p. 223)

LES BALLONS DES VOSGES ALSACIENS

Les Ballons des Vosges alsaciens

Sommets herbeux et vallées verdoyantes, lacs glaciaires et forêts épaisses, la partie alsacienne du parc naturel régional des Ballons des Vosges mérite à elle seule le voyage. En arrivant de la plaine d'Alsace, sur les contreforts du massif, il n'est question que de forêts et parfois de vignes. Mais il suffit de pénétrer dans l'une des vallées qui l'entaillent pour découvrir un autre monde, rural et religieux, industriel et bucolique à la fois. Les vallées sont des refuges mais, souvent étroites, elles donnent envie d'aller voir plus haut et d'embrasser d'un regard des horizons de sommets. De découvrir l'univers si particulier des hautes chaumes, les prairies d'altitude. De partir se balader sur les sentiers, de s'arrêter pour un repas marcaire dans une ferme-auberge authentique, puis, quand la lumière baisse, de s'allonger dans l'herbe épaisse, bercé par le tintement des cloches...

☑ Dans ce chapitre

À gauche : route des Crêtes (p. 222). À droite : lac de Sewen (p. 251)

BAS-RHIN
VOSGES
HAUT-RHIN
Saint-Dié-des-Vosges
Mines du Val d'argent (p. 228)
Liepvre
N59
Sainte-Croix-aux-Mines
Sainte-Marie-aux-Mines
Échery
Taintrux
Conches
Liepvrette
D23
D48
D416
Le Brézouard (1 228 m)
Col des Bagenelles
Fraize
D148
Fréland
Corcieux
Col du Bonhomme (949 m)
Lapoutroie
D415
Réserve naturelle du Tanet-Gazon du Faing
D48
Orbey
D10
Lac Blanc
D48II
Les Trois-Épis
Lac Noir
Labaroche
Route des Crêtes
Le Valtin
Lac du Forlet
D10
Fecht
Xonrupt-Longemer
D148
Le Linge
Lac Vert
Geradmer
Le collet du Linge
D417
Soultzeren
D417
Col de la Schlucht
Jardin d'altitude du Haut Chitelet
Munster
Gunsbach
Gaschney
Hohneck (1 362 m)
Breitenbach-Haut-Rhin
D430
Mulbach-sur-Munster
Metzeral
D10
Sondernach
Mittlach
D430
La Bresse
Petit Ballon (p. 241)
D83
Schnepfenried
Route des Crêtes entre le Hohneck et le Grand Ballon (p. 222)
Parc naturel régional des Ballons des Vosges
(1 267 m)
D27
Cornimont
Lac de Kruth Wildenstein
D430
Lautenbach
Le Frenz
Kruth
Le Markstein
Murbach
Guebwiller
Merxheim
Col d'Oderen (884 m)
D13B
D431
Grand Ballon (p. 225)
(1 424 m)
Bussang
Soultz-Haut-Rhin
Husseren-Wesserling
Saint-Amarin
Le Vieil Armand (956 m)
Site-mémorial du Vieil-Armand (p. 224)
Tête des Perches (1 222 m)
Thur
N66
D431
Route des Crêtes
Ballon d'Alsace (p. 252)
Willer-sur-Thur
Wattwiller
Lacs de Neuweiher
Thanner Hubel (1 183 m)
D83
Thur
1 247 m)
Lac d'Alfeld
Lac de Sewen
Col du Hundsruck (748 m)
Thann
Cernay
Wittelsheim
Sewen
Dolleren
Bourbach-le-Haut
Masevaux
Doller
0
10 km

ROUTE DES CRÊTES

Long ruban de 70 km environ serpentant sur la crête du massif vosgien, dans le parc naturel régional des Ballons des Vosges, cette route emblématique relie Sainte-Marie-aux-Mines au nord à Cernay au sud. Créée par l'armée française pendant la Première Guerre mondiale afin de faciliter le ravitaillement et les communications entre le nord et le sud du massif vosgien, elle s'ouvre au tourisme à partir des années 1930 – s'ouvrent, en parallèle, les premières fermes-auberges.

Elle évolue entre 800 et 1 200 m d'altitude et permet d'accéder facilement à la vingtaine de sites incontournables des Hautes Vosges (col du Bonhomme, massif du Hohneck, lacs glaciaires, Grand Ballon...) qui s'explorent facilement à pied.

Elle se parcourt dans un sens ou dans l'autre mais, en partant du nord – comme nous le présentons dans les pages suivantes –, vous garderez le plus beau panorama à la fin, comme une cerise sur le gâteau. Premiers et derniers tronçons traversent de vastes forêts de conifères, de chênes ou de hêtres, tandis que la partie centrale, la plus élevée, est constituée d'espaces ouverts (hautes chaumes) qui offrent des vues à couper le souffle sur la plaine d'Alsace, les vallées vosgiennes, les massifs de la Forêt-Noire et des alpes Suisses. Entre le Hohneck et le Grand Ballon, la route rebondit entre sommets arrondis, lacs glaciaires et vastes zones de pâturage où la petite vache vosgienne, à la robe tâchée de noir et de blanc, broute.

Le climat dans cette région est rude. Température et végétation sont celles que l'on trouve dans les Alpes à 1 800 m : le thermomètre dépasse tout juste 10° en juillet et en août et il passe sous le zéro 160 jours par an, alors que la pluie s'invite un jour sur deux. Les routes entre le col de la Schlucht et le Grand Ballon, et entre le col des Bagenelles et le col du Bonhomme ferment dès les premières chutes de neige (en octobre) jusqu'au printemps. Informations auprès des offices du tourisme et sur le site www.inforoute68.fr.

Étroite et sinueuse, la route n'autorise que rarement les déplacements et il n'est

Mémorial franco-allemand pour la Paix (p. 224)

pas rare de croiser des conducteurs qui s'offrent des accélérations imprudentes. Évitez l'été et les week-ends d'avril à octobre, lorsque la circulation est la plus dense et attendez de mettre pied à terre pour admirer les paysages.

À voir

Cet itinéraire routier, du nord au sud, débute au **col du Bonhomme**. La route (D148) traverse d'épais massifs d'épineux parfois troués par des ouvertures (col de Louschbach). Au Km 6, une bifurcation rejoint le **lac Blanc** (par la D48.2 ; p. 234). Au Km 8, on quitte le Haut-Rhin pour le département des Vosges (D61). C'est également l'entrée dans la **réserve naturelle du Tanet-Gazon du Faing**. Sa définition est dans son nom : "tanet" évoque la forêt (de l'allemand *Tannenbaum*, sapin), "gazon" les pelouses d'altitude (hautes chaumes) et "faing" est le nom local pour les tourbières. Le site, avec son tapis herbeux et son climat, a un petit air d'Islande. De nombreux sentiers permettent de sillonner la réserve. Avant d'en sortir, arrêtez-vous au parking sur le bord de route (Km 14), d'où un sentier permet de gagner le **lac Vert** (p. 236).

Avec des enfants, pensez à visiter la **Ferme aux rennes du Tanet** (03 89 77 99 10 ; www.lafermeauxrennes.com ; tarif plein/3-10 ans 6/4 € ; 10h-18h, fermé mar-mer et mi-nov à mi-déc), qui propose un amusant parcours pédagogique permettant de voir une trentaine de rennes en semi-liberté dans la forêt. Ils sont nourrit tous les jours à 16h. Pour trouver la ferme, prenez la direction de la station de ski du Tanet puis suivez le fléchage.

Au Km 20, le **col de la Schlucht** (ravin en allemand) surgit. Réaménagé en 2019, le site accueille maintenant un grand parking ainsi qu'un bâtiment censé devenir la porte d'entrée des Vosges pour les visiteurs (accueil, service d'informations et boutiques). Après quelques mètres sur la D417, la route des Crêtes reprend par la D430. À l'est, la D417 redescend vers la vallée de Munster (p. 237).

Arnica montana, l'or du Markstein

Surnommée l'herbe aux chutes – et localement le tabac des Vosges –, cette cousine de la marguerite pousse en quantité sur le site du Markstein (encadré p. 224). Cette plante, connue depuis l'Antiquité pour ses vertus anti-inflammatoires, a besoin de terres acides et pauvres qui ne doivent subir aucun traitement comme celles des chaumes des Hautes-Vosges. La récolte de la fleur jaune (capitule sec) débute mi-juillet et elle est réglementée (comme ailleurs en France). L'essentiel de la récolte prend la route des laboratoires pharmaceutiques mais on peut également en trouver localement en pharmacie et sur les marchés. Près de 90% de l'arnica française provient du secteur.

Au Km 22, le **jardin d'altitude du Haut Chitelet** (www.jardinbotaniquedenancy.eu ; tarif plein/réduit 5/3 €, gratuit 1er dim du mois ; juin 10h-12h et 14-18h, juil-août 10h-18h, sept 10h-12h et 13h30-17h) propose, sur une douzaine d'hectares, la découverte des écosystèmes des régions montagneuses. Ouvert en 1968, le site dépend de l'université de Lorraine. La meilleure période pour le visiter est fin juin-début juillet, lorsque les plantes sont en fleurs. Brouillard et pluie sont courants, il est donc recommandé de vérifier la météo dans le cas d'un projet de visite. Plus loin, la forêt s'ouvre enfin et on peut profiter de la vue.

Au Km 23, le **massif du Hohneck** (1 363 m) marque l'entrée dans le pays des hautes chaumes, de vastes prairies à la végétation rabattue par le vent. Le sommet se rejoint en voiture (4 km) mais on aura mieux fait de laisser son véhicule le long de la route des Crêtes. Depuis le sommet, les sentiers sont autant d'invitations à parcourir ce territoire majestueux. Pour mieux appréhender ce milieu des hautes chaumes, rendez-vous au petit **centre d'initiation à la nature**

Étape sportive au Markstein

Sur la route des Crêtes, le Markstein accueille la grande station de ski des Hautes-Vosges. Le **domaine skiable** (03 89 82 14 46 ; www.lemarkstein.net ; forfait journée adulte/enfant 20/17 € ; tlj), entre 1 040 et 1 265 m d'altitude, dispose de 13 pistes de ski alpin et de 8 téléskis. Le domaine nordique Markstein Grand Ballon s'étend sur 40 km de pistes, avec en particulier la haute route nordique qui fait le lien avec le Grand Ballon. École de ski et location de matériel sur place (Speck-Sports). En hiver, on peut accéder au Markstein par 2 routes : la vallée de Guebwiller (D430) et le lac de Kruth-Wildenstein (D27), et grâce à la **navette des Neiges** (aller-retour tarif plein/réduit 8/6 € ; fin déc-fin fév sur réservation) depuis Cernay, Thann et Saint-Amarin.

Le site s'apprécie aussi l'été. Depuis le parking, quatre itinéraires pédestres partent à travers les crêtes. Le circuit du Hohfried (5 km, 2 heures) offre des panoramas vers le Florival, le Grand Ballon, la vallée de la Thur et le sud du massif des Vosges. Le circuit du Lac (2 heures 30) rejoint le plan d'eau de la Lauch avec de belles traversées de forêts de résineux. Le circuit du Treh (2 heures) parcourt les prairies d'altitude des Chaumes. Enfin le circuit du Markstein (1 heure 30) rejoint la ferme du Steinlebach à travers le domaine skiable. Si vous êtes plus VTT que randonnée, sachez que le domaine skiable se transforme l'été en **Bikepark** (www.alsacefreerideacademy.fr ; forfait journée adulte/enfant 20/15 €).

Le site est aussi l'un des plus beaux d'Europe pour le parapente : le **centre d'école du Markstein** (03 89 82 17 16 ; www.centreecolemarkstein.com ; départ au chalet Le Point, Markstein ; découverte/initiation/voltige 90/120/290 € ; tlj avr à mi-sept) propose des vols en biplace et des stages.

et à l'environnement (03 89 82 20 12 ; Rothenbach ; 10h-18h été tlj, mi-mai à fin juin et sept à mi-oct sam-dim uniquement) situé un peu plus au sud, au croisement de la route des Crêtes et de la route des Américains (D34A, km 28) et qui organise en été balades, ateliers et animations.

La route, ensuite, offre d'admirables panoramas sur le **lac de Kruth-Wildenstein** (p. 250), la **vallée de la Thur** (p. 245) et **Thann** (p. 246 et, au loin, la **vallée de la Doller** (p. 251). Plus loin, une route (D27) rejoint la vallée de Munster (p. 237). Au Km 40, c'est l'arrivée au **Markstein** (encadré ci-contre).

On quitte alors la D430 (qui rejoint la vallée du Florival et Guebwiller, p. 242), pour suivre la D431 vers le **Grand Ballon** (Km 48 ; encadré p. 225), aux confins de la région Alsace. Passé le col du Grand Ballon, la route redescend vers la vallée avec toujours de magnifiques panoramas.

Dernier site avant l'arrivée sur la vallée, l'**Hartmannswillerkopf** rebaptisé Vieil-Armand (ou la "montagne mangeuse d'hommes") qui fut le champ de bataille alsacien le plus meurtrier de la Grande Guerre. Quelque 30 000 hommes y périrent lors d'une interminable guerre de position entre décembre 1914 et janvier 1916. Il abrite aujourd'hui un **mémorial** (avr-13 nov tlj 9h30-12h30 et 13h45-17h45) GRATUIT, l'**Historial franco-allemand de la Grande Guerre** (www.memorial-hwk.eu/index.php ; 5 €, gratuit -10 ans ; mêmes horaires), une nécropole (1 264 tombes), 6 ossuaires, une croix au sommet de la montagne et une crypte mémorielle où reposent des milliers de soldats non identifiés. Le champ de bataille, l'un des mieux conservés de France se parcourt à travers un itinéraire de 4,5 km, près de 150 points d'intérêt (abris, vestiges de tranchées, ouvrages) et 45 panneaux d'informations sur l'histoire et la nature. L'Historial franco-allemand, inauguré en novembre 2017, est le premier lieu d'histoire et de mémoire conçu conjointement par les deux nations. Il décrit la guerre en Alsace et revient sur les origines du premier conflit mondial.

À NE PAS MANQUER

Grand Ballon

Du haut de ses 1 424 m, le sommet des Vosges, appelé aussi Ballon de Guebwiller (Soultz par les Allemands), offre une vision incomparable de la plaine d'Alsace (Mulhouse, Bâle, Colmar...), de la Forêt-Noire et du Jura, jusqu'aux Alpes. Par temps clair, on peut apercevoir le mont Blanc, à 229 km à vol d'oiseau. Depuis le parking, le sommet du Grand Ballon se rejoint par trois sentiers (15 minutes pour le plus court). Au sommet, l'étrange radôme, édifié en 1997 en forme de pyramide pentagonale, sert à la gestion du trafic aérien et ne se visite pas. Juste en contrebas, un monument rend hommage aux diables bleus, surnom donné par les Allemands aux chasseurs alpins français qui réussirent à conserver le Grand Ballon de 1914 à 1918.

Outre l'ascension jusqu'au sommet, une multitude de sentiers (encadré p.240) vous permettront de profiter du panorama et d'une pause dans une ferme-auberge. Ainsi, une grande boucle de 13 km permet de passer par le lac naturel du Ballon et l'auberge du Grand Ballon. Au niveau de l'hôtel-restaurant du Sommet (propriété du Club Vosgien), une amusante piste de luge franchement rustique amusera les enfants (1/5 remontées 2,40/11 €). L'environnement du Grand Ballon est fragile (gel, dégel et vent fréquent) mais riche, avec plus de 200 espèces floristiques et de nombreux mammifères (on trouve même des lynx). Il est recommandé de ne pas s'aventurer en dehors des sentiers balisés.

Infos pratiques

Point d'accueil (☎ 03 89 77 90 35 ; www.parc-ballons-vosges.fr ; ⌚ tlj de juin et sept). Petit centre de documentation et espace d'exposition thématique. Une boutique sur le bord de la route vend des produits artisanaux confectionnés à base de miel (pain d'épice en particulier).

Activités

La route des Crêtes est émaillée de départs de courts sentiers vers les principaux sites naturels des Hautes-Vosges – et les chemins balisés par le Club vosgien multiplient les propositions de balades vers une ferme-auberge, un sommet, un lac glaciaire... ou l'une des vallées alsaciennes. Le GR®5 (rectangle rouge), qui traverse du nord au sud le massif des Vosges, suit à peu près la crête. On peut le suivre par exemple au départ de la station Lac Blanc 1 200 ou du col de la Schlucht (3 heures aller-retour). Autres options : du Tanet à la Schlucht par la ferme aux Rennes (7 km, 3 heures) ; du Rothenbach au Markstein (13 km, 3 heures 30) ; du Markstein à la vallée du Florival et Linthal (15 km, 5 heures)... Munissez-vous de la carte du Club vosgien n°6/8 (Colmar, Munster, Hohneck, Gérardmer, Les Ballons des Vosges) ou celle de l'IGN Top 75 (Vosges du Sud, Ballon d'Alsace et Hohneck).

Les cyclistes sont de plus en plus nombreux à suivre la route des Crêtes. Les plus courageux partent de la vallée (Sainte-Marie-aux-Mines ou Cernay) et reviennent par la véloroute des Vignobles – soit une rude boucle de quelque 140 km. L'assistance électrique permettra aux moins sportifs de s'attaquer au dénivelé : une dizaine de **bornes de recharge** (www.bosch-ebike.com/fr/service/powerstations) jalonnent l'itinéraire.

Où se loger et se restaurer

Col de la Schlucht

Hôtel-restaurant du Chalet Confortable **€€**

(03 89 77 04 06 ; www.hotel-du-chalet.com ; col de la Schlucht ; d/tr 79-85/124 €, petit-déj 10,80 €). Une solide maison au toit en ardoise dorénavant un peu cernée par le bâtiment d'accueil des visiteurs. Chambres vastes et rénovées avec de grandes salles de bains. Restaurant de qualité (et paniers-repas pour les randonneurs). En hiver, demi-pension possible.

Massif du Hohneck

Ferme-auberge du Hahnenbrunnen Vie rurale **€**

(03 89 77 68 99 ; www.fermeauberge-hahnenbrunnen.fr ; Lautenbach ; menu marcaire 19 €, plats 3-11 € ; mai à mi-oct tlj). À 150 m en contrebas de la route des Crêtes, cette ferme-auberge dévoile une vue superbe sur la vallée de Thann, Kruth et son lac (accessible à pied en 2 heures 30 environ). À équidistance du Hohneck et du Grand Ballon, elle peut être une halte opportune le long d'un itinéraire pédestre. Salle fonctionnelle ; quelques places à l'extérieur le long du bâtiment. Fromages bio.

Hôtel-restaurant du sommet du Hohneck Sommital **€€**

(03 29 63 11 47 ; www.hotel-hohneck.com ; d 75-84 €, demi-pension 62-67 €, petit-déj 6,60 € ; été tlj, mai-juin et sept ven-dim uniquement). Solidement planté au sommet du Hohneck, le bâtiment résiste aux conditions météo souvent extrêmes (torrides ou sibériennes selon l'heure et la saison) grâce à son bardage métallique. Les chambres sont très simples. Qu'importe, si vous ne craignez pas la solitude, soir et matin, le sommet est à vous. Pendant la journée, c'est un flux continu de touristes et de randonneurs qui prennent d'assaut sa terrasse extérieure.

Markstein

Ferme-auberge du Treh Tradition **€€**

(03 89 39 16 79 ; www.fermeauberge-treh.fr ; menu marcaire 24 €, menu fromager soir 24,80 €, plats 7,50-15 € ; Pâques-11 nov mer-dim, Noël-Pâques sam-dim et vac. scol., fermé 11 nov-Noël). Ne manquez pas cette ferme-auberge située à 1 km du Markstein. La salle de restaurant, ancienne étable d'estive, avec sa charpente apparente, ses murs de pierre habillés de bois et sa collection de cloches, mérite à elle seule le détour. Après votre repas et par temps clair, vous pourrez admirer les parapentes, qui prennent le départ en contre-haut de la ferme et font l'ascenseur entre sommet et vallée. Quelques cochons se prélassent dans l'étable.

Grand Ballon

Hôtel-restaurant du Sommet Mythique **€**
(03 84 29 30 60 ; www.hotelrestaurantdusommet.com ; s-d/tr/qua 60/65/70 €, demi-pension 63 €/pers, petit-déj 9 € ; menus 15-34 € ; fermé mi-nov à mi-déc). Ouvert en 1906, le bâtiment d'origine fut détruit pendant la Première Guerre mondiale et reconstruit en 1922. Après maints rebondissements, il appartient toujours au Club vosgien, avec une gérance privée mais des tarifs raisonnables surtout pour les randonneurs. La construction habillée de bois héberge 24 chambres et une belle salle de restaurant dotée d'un panorama incomparable. En été et pendant les week-ends, la terrasse extérieure est squattée par les visiteurs de passage – optez pour la salle, plus reposante.

Ferme du Haag De la hauteur **€€**
(03 89 48 95 85 ; Geishouse ; plats 9-19 €, menu 20 € ; tlj sauf mar soir et mer, fermé mi-déc à mi-jan et 2 sem avant Pâques). Au pied du Grand Ballon, cette ferme tenue par un jeune couple est posée à 1 230 m d'altitude, ce qui en fait la plus haute dans sa catégorie. Voilà des années que la cuisine y est toujours aussi délicieuse : tarte au munster et poireaux, tourte à la viande, nombreux fromages... En hiver, la route qui passe devant la ferme est fermée et lui assure la tranquillité. À pied, elle se rejoint facilement depuis le parking du Grand Ballon (25 min, 1,5 km environ).

Comment circuler

Navette des Crêtes (2 € ; 1/heure ; 10h-17h) Relie la station Lac Blanc 1200 au Markstein de mi-juillet à mi-août, avec des arrêts au Gazon du Faing, Tanet, col de la Schlucht et au pied du Hohneck. Cette ligne est reliée à d'autres itinéraires qui partent des vallées alsaciennes et vosgiennes (Thann, Cernay, Guebwiller, Munster (TER), Colmar (TER), Mulhouse (TER) et Orbey (pass journée 6 €, gratuit -12 ans). Le transport des vélos y est gratuit, dans la limite des places disponibles.

INSOLITE !

Le bout du tunnel

À l'entrée nord de Sainte-Marie-aux-Mines, la N159 s'enfonce dans la montagne. Parmi les plus longs de France, le tunnel Maurice-Lemaire traverse le massif vosgien en 6 950 m jusqu'à la commune de Lusse, dans le département des Vosges. Construit dans les années 1930 pour faire circuler des trains de marchandises, il fut affecté au seul trafic routier en 1976.

VAL D'ARGENT

Frontière entre les moyennes et les Hautes-Vosges, le Val d'Argent s'étend sur 23 km entre Lièpvre et le col des Bagenelles. Large et industrieux jusqu'à Sainte-Marie-aux-Mines, il se rétrécit puis s'élève en lacets jusqu'au col. Cette région a été façonnée par l'exploitation minière millénaire et une industrie textile dynamique. Une histoire riche et dense qui fait du Val d'Argent une destination insolite.

Sainte-Marie-aux-Mines

Sur les rives de la Lièpvrette, la petite cité fut, pendant près de 4 siècles, scindée en deux : la rive gauche, catholique, appartenait aux ducs de Lorraine ; la rive droite, protestante et de langue allemande, était sous domination des seigneurs de Ribeaupierre – une situation qui perdura jusqu'à la Révolution. La "ville aux cent fabriques", comme elle aime à se nommer, a été modelée par une activité textile florissante durant trois siècles. Maisons ouvrières et châteaux de maîtres, anciennes filatures et mines d'argent... les témoignages de ce passé prospère ne manquent pas.

À voir

Tour de l'horloge Monument historique
(Échery). Petit donjon carré surmonté d'un clocheton, cette tour fut construite

À NE PAS MANQUER

Mines du Val d'Argent

Argent, cuivre, zinc, cobalt, arsenic et antimoine : Sainte-Marie-aux-Mines et ses environs furent le théâtre d'une intense activité minière qui débuta au Xe siècle, lorsque les moines de l'abbaye d'Échery s'intéressèrent aux filons argentifères. Les techniques rudimentaires employées en limitèrent l'exploitation, qui s'arrêta au XIVe siècle. Deux siècles plus tard, l'arrivée de procédés issus d'Europe centrale créa une petite révolution. On passa alors des puits verticaux à des galeries horizontales et la région compta jusqu'à 3 000 mineurs, pour la plupart venus de Suisse et d'Allemagne. La chute du cours de l'argent et l'amenuisement des filons amorcèrent le déclin de l'activité, que la découverte du cobalt au XVIIIe siècle ne parvint pas à relancer. Elle cessa à la fin du XIXe siècle.

Des 300 km de galeries creusées en 10 siècles d'exploitation, une soixantaine sont accessibles. La **mine d'argent Saint-Louis-Eisenthür** (tarif plein/5-12 ans 12/5 €) fut creusée au milieu du XVIe siècle. Elle se visite sur 750 m avec un guide – comptez 3 heures, dont une sous terre. La **mine Gabe-Gottes** (www.gabe-gottes.fr ; tarif plein/5-12 ans 9/4 €), ouverte au XVIe siècle et exploitée jusqu'au début du XXe siècle, offre une visite idéale pour comprendre les différentes phases d'exploitation du minerai (1 heure 30 dont 40 min sous terre). Dans le centre de Sainte-Marie, la **mine Saint-Barthélemy** propose un modeste parcours de 100 m de galerie. Le **centre Tellure** (03 89 49 98 39 ; www.tellure.fr ; lieu-dit Tellure ; musée et mine tarif plein/5-18 ans 12/9 €, musée seul 10/8 € ; été tlj 10h-19h, avr-oct mar-dim 10h-18h) inclut un espace muséographique et la visite de la mine Saint-Jean-Engelsbourg. Des explorations plus immersives sont aussi proposées : spéléologie minière (25 €), puits du fond (42 €) ou visite intégrale (55 €). Boutique et restaurant sur place.

Infos pratiques

Adressez-vous à l'office du tourisme de Sainte-Marie (p. 231) ou à l'**association Asepam** (03 89 58 62 11 ; www.asepam.org ; 4 rue Weisgerber ; tte l'année, sur rdv) qui réhabilite ce patrimoine et organise les visites des mines citées précédemment. Prévoyez des vêtements chauds et usagés. Casque avec lampe, bottes et imperméable sont fournis.

au milieu du XVIe siècle et abrita le tribunal pour les ouvriers des mines. Dès 1550, les mineurs étaient en effet soumis à une juridiction spécifique, chargée de régler les affaires du quotidien. La tour ne se visite pas, sauf pendant les Journées du patrimoine. Dans le hameau d'Échery, à l'extrémité sud-ouest de Sainte-Marie.

Musée de l'École d'Échery — Histoire

(☎ 03 89 58 35 91 ; 48 rue d'Untergrombach, Échery ; tarif plein/-12 ans 2/1,50 € ; ⏲ sur rdv uniquement). À deux pas de la tour de l'horloge, ce musée est une reconstitution d'une classe des années 1930. Vous apprendrez que l'Alsace a changé 6 fois de langue officielle en 150. L'obligation scolaire en Alsace date de 1871, soit près de 10 ans avant la loi nationale de Jules Ferry.

Église de Saint-Pierre-sur-l'Hâte — Simultanée

(Échery). Élevée au début du XVIe siècle, cette église a la particularité d'avoir accueilli trois cultes différents. D'abord catholique, elle est, en 1561, attribuée à la communauté réformée. En 1685, Louis XIV affecte le chœur aux catholiques tandis que les protestants luthériens et les protestants réformés se partagent la nef. L'édifice devient ainsi une église "simultanée". Dans le cimetière autour, on peut voir des pierres tombales de mineurs. À l'Ascension, un **festival de musique classique** (www.festivalauxchandelles.fr) s'y déroule à la lueur des chandelles. L'église se trouve près du hameau d'Échery, en direction de Saint-Pierre-sur-l'Hâte.

Sainte-Croix-aux-Mines

En aval de Sainte-Marie-aux-Mines, cette petite commune recèle un petit patrimoine qui mérite une halte. Construite en 1935 pour André Burrus, un industriel du tabac, la villa éponyme abrite un **parc** (www.un-jardin-passionnement.org ; 11 rue Maurice-Burrus ; ⏲ 24h/24) GRATUIT de plus de 3 ha. Ce féru d'arboriculture y fit planter des essences rares. Des parcelles à thèmes (zone humide, roseraie, potager) ainsi qu'un jardin du patchwork ont été ajoutés depuis. La maison de maître abrite aujourd'hui la médiathèque du Val d'Argent.

Le travail du bois fut omniprésent dans cette vallée forestière, comme en témoigne le **Musée de la scierie Vincent** (☎ 03 89 58 78 18 ; scieriemuseevincent.com ; 2b rue Maurice-Burrus ; adulte/6-10 ans 5/3 € ; ⏲ mai-sept tlj 10h-19h, reste de l'année sur rdv), ancienne usine qui compta jusqu'à 60 ouvriers. On peut y voir un parc de machines unique en Alsace, dont une machine à vapeur datant de 1893.

Activités

Randonnée

Quatre circuits d'interprétation permettent de se cultiver tout en marchant. L'un, au départ du centre Tellure (encadré p.228), a été balisé par les apprentis bûcherons du lycée agricole de Sainte-Marie-aux-Mines. Il propose de découvrir en 10 panneaux explicatifs 80 essences d'arbres locaux (2 heures). Les randonneurs aguerris opteront pour le circuit de 2 jours autour du Val d'Argent, par les crêtes. Renseignements auprès de l'office du tourisme.

VTT

Labellisé station VTT, le Val d'Argent dispose de 320 km de sentiers balisés répartis sur 18 circuits, dont une belle boucle sur les crêtes (83 km). L'office du tourisme vend une brochure avec l'ensemble de ces parcours (5 €). Pour un itinéraire sur mesure, contactez **Nicolas Dumoulin** (dumoulin.nicolas@hotmail.fr), l'un des guides de la vallée, également coach sportif. Location de VTT électrique dans le centre de Sainte-Marie-aux-Mines chez **Mountain E-motion** (☎ 03 89 58 86 49, 06 16 99 37 64 ; www.moutain-e-motion.com ; 44 rue Wilson ; 3 heures/journée 30/40 € selon modèle).

Vue depuis le col des Bagenelles

Où se loger et se restaurer

Aux Mines d'argent Hôtel et winstub €
(03 89 58 55 75 ; www.auxminesdargent.fr ; 8 rue du Dr-Weisgerber ; d 65-85 €, petit-déj 9,50 € ; menus 17-35 €, plats 10-22 € ; wifi). À l'origine, ce bâtiment servait de logement aux dirigeants de la mine et aux représentants de la famille des Ribeaupierre. L'hôtel compte 9 chambres dont les plus grandes, au 1er étage, arborent de larges fenêtres. Cuisine savoureuse de spécialités régionales dans le restaurant, dont la décoration traditionnelle affiche assiettes aux murs et poutres apparentes. Lit supplémentaire gratuit.

Auberge du Tunnel Auberge €
(03 89 58 74 25 ; 23 les Petites-Halles ; plats 15-18 €, menu midi 11,50 €, menus 25-28-32 € ; fermé ven soir, sam midi et soir et dim soir ; wifi). Une maison sur deux étages adossée à la roche qui sent bon l'auberge familiale. Au rez-de-chaussée, le restaurant décoré de patchwork concote des assiettes de saison savoureuses (cuisses de grenouille, carpaccio de filet d'agneau, tête de veau vinaigrette...).

La Calèche Auberge paysanne €€
(03 89 58 73 92 ; la-caleche-auberge.com ; 2A Lieu-dit Bourgonde ; menu du jour 15 €, plats 12-17 € ; fermé lun-mar). Logé dans un hameau à 4 km environ de la ville, ce restaurant est la belle surprise de Sainte-Marie. Si l'extérieur ne paye pas de mine, la salle est rénovée et on mange dans une vaisselle joyeuse une cuisine savoureuse parfaitement maîtrisée. Les desserts sont excellents et l'ensemble laisse un agréable sentiment de légèreté. Service convivial.

Achats

Deux magasins de tissus en ville vendent occasionnellement des patchworks d'artisans. Plus intéressant, le **Carrefour européen du patchwork** (www.patchwork-europe.eu ; mi-septembre) draine chaque année des milliers de visiteurs autour d'expositions, des cours et des rencontres.

Troisième bourse mondiale par sa taille consacrée aux minéraux, le **salon Mineral & Gem** (www.sainte-marie-mineral.com ; fin juin) permet d'admirer et d'acheter les minéraux les plus rares.

Renseignements

Office du tourisme du Val d'Argent (☎ 03 89 58 80 50 ; www.valdargent-tourisme.fr ; pl. du Prensureux). Visite guidée (1 heure 30) gratuite du patrimoine de la ville. Boutique de minéraux.

Depuis/vers Sainte-Marie-aux-Mines

Les bus TER Grand Est desservent Sainte-Marie depuis Sélestat et Saint-Dié-des-Vosges (38 minutes depuis Sélestat).

Col des Bagenelles

Point de passage entre Alsace et Lorraine, le col (903 m) dévoile une très belle vue sur la vallée de Sainte-Marie-aux-Mines.

À voir et à faire

Le parking du col est le point de départ de plusieurs sentiers de randonnée. L'un d'eux rejoint le **Grand Brézouard** (1 229 m), quatrième sommet des Vosges alsaciennes qui marque le début des Hautes-Vosges, grâce à une boucle via l'auberge du Haycot et le Petit Brézouard (1 203 m). Depuis le sommet, la vue embrasse les vallées alsaciennes, les sommets des Hautes-Vosges dont le Grand Ballon et, par temps clair, la flèche de la cathédrale de Strasbourg. Comptez 3 heures 30 et 12 km environ. On peut réduire le temps de l'ascension en garant sa voiture près de l'auberge du Haycot.

La liliputienne **station de ski** (journée adulte/-14 ans 11/8 € ; sam-dim) du col des Bagenelles compte 3 pistes de ski alpin et 6 de ski de fond, soit l'équivalent de 50 km d'itinéraires balisés. Pas de location de matériel sur place. Le snowboardeur Sylvain Dufour, multiple médaillé en coupe du monde, est licencié ici.

Où se restaurer

La Graine Johé Ferme-auberge €
(☎ 03 89 47 51 55 ; www.la-graine-johe.fr ; col des Bagenelles ; plats 7-10 € ; tlj sauf mar, fermé le soir nov-mars, fermé 1er oct à mi-nov, 25 déc et 1er jan). Visible depuis le parking du col, cette ferme-auberge tenue par la famille Didierjean produit surtout du fromage (en patois, une "graine" est la grange où l'on fabrique le fromage). On s'installe dans l'une des deux grandes salles ou sur la petite terrasse extérieure en profitant toujours d'une vue agréable sur la vallée de la Lièpvrette. Dans les assiettes, omelette et soupe paysannes, jambon cru et lard fumé maison, ainsi que d'excellents yaourts aux fruits et des fromages maison. Vente de munster cumin et de crème de munster.

La naissance des amish

Au milieu du XVIe siècle, des communautés anabaptistes chassées de Suisse arrivèrent par vagues successives en Alsace. Un groupe s'installa en 1693 à Sainte-Marie-aux-Mines avec, à leur tête, Jakob Amman. Surnommé Amy, il fonda le mouvement amish qui prône un respect strict de leur religion. L'un des principes en est : "Tu ne te conformeras point à ce monde qui t'entoure." À force de travail, le groupe devint grand propriétaire terrien et contrôla la production du bois, tandis que les femmes se lancèrent dans la confection de patchwork. Jalousés par d'autres communautés, ils furent expulsés d'Alsace par un édit royal en 1712. Les amish se dispersèrent alors avant d'émigrer et de s'installer aux États-Unis au XIXe siècle, tout particulièrement dans le Nord-Est.

VAL D'ORBEY

Au cœur des Hautes-Vosges alsaciennes, le val d'Orbey appartient au pays welche. C'est une succession de hameaux, le long d'une vallée et de vallons verdoyants. L'habitat dispersé et l'ambiance rurale caractérisent ce petit territoire attachant. Le lac Blanc et le lac Noir raviront les marcheurs et les adeptes de grands espaces.

Bienvenue au pays welche

Dialecte d'origine latine parlé dans les vallées et les montagnes vosgiennes jusqu'au milieu du XXe siècle, le welsch doit son nom à ce terme allemand, qui désigne un étranger parlant une langue non-germanique. Probablement originaires de Lorraine, ces populations se sont installées au Moyen Âge et en particulier autour du château du Hohnack (p. 236), à Labaroche. À Fréland, la **Maison du pays welche** (03 89 71 90 52, horaires 06 62 13 89 87 ; 2 rue de la Rochette, Fréland ; adulte/enfant 5/3 € ; avr-oct ven-dim 15h-17h) est un habitat typique, avec mobilier et expositions sur les métiers d'autrefois. Le territoire welche s'étend aujourd'hui sur la vallée de la Bruche, le val d'Argent et le val d'Orbey.

Orbey

S'étirant le long d'une vallée verdoyante, ce bourg est une base agréable pour explorer le pays welche et ses alentours.

Activités

Plusieurs sentiers pédestres sillonnent les environs dont celui, facile, menant à la **tour du Faudé**, perchée à 773 m d'altitude sur le mont éponyme. Détruite en 1915 par les Français et en 1944 par les Allemands, elle a été reconstruite en 2002 par une association de bénévoles.

L'office du tourisme (ci-contre) vend des topoguides rando (4 €) et VTT (7,50 €), ainsi que des fiches à l'unité (0,50 €). Munissez-vous de la carte IGN 3718 OT.

Où se loger et se restaurer

Chocola'Thé Salon de thé €

(03 89 72 54 31 ; 19 pl. du Marché ; sandwichs 2,90-6 €, plats salades et tartes 4-6 € ; sept-mai mar-sam 8h30-18h, juin-août mar-sam 9h30-19h). Une petite adresse locavore dans le centre du bourg, idéale pour se restaurer sur le pouce : en-cas, pâtisseries... tout provient de la vallée de Kaysersberg, à accompagner d'un sirop ou d'un jus de fruits. On peut également se confectionner un sandwich pour la randonnée, à base de fromage bio ou de charcuterie. Quelques tables en devanture ; expos de peinture à l'intérieur.

Ferme-auberge du Rain des Chênes Ferme-auberge €

(03 89 71 30 42 ; www.ferme-auberge-alsace.com ; 215 Basses-Huttes ; plats 12-16 €, tartes flambées 8/10 € ; jeu-dim 11h-minuit, fermé jan). Sur les hauteurs d'Orbey, cette adresse mérite une visite, tant pour le bâti que pour la cuisine... sans oublier le panorama et l'ambiance ! Entièrement construite avec des grumes (troncs d'arbre), la salle de restaurant est splendide, dotée de grandes baies vitrées qui ouvrent sur la vallée en contrebas. Le tout est surmonté d'un toit végétal. Côté cuisine, mélange de décontraction (planchette de viandes séchées, hamburger façon maison) et de tradition dictée par le rythme des saison. L'ambiance est familiale et le service souriant. Demandez à voir les yaks !

Au Bois le Sire Hôtel-restaurant €€

(03 89 71 25 25 ; www.bois-le-sire.fr ; 20 rue Charles-de-Gaulle ; d 77-108 € selon confort, petit-déj 12 € ; plats 21-25 €, formule déj 13,20 €, menus 26/33/56 € ; tlj ; P). Ne vous arrêtez pas à la grande salle, souvent occupée par des groupes, que l'on aperçoit depuis la rue : il y a une autre pièce, plus intimiste. Les assiettes, bien équilibrées, sont convaincantes, avec notamment des salades composées pour les petites faims, dont les toasts de chèvre frais se parent de miel des Vosges. Excellente formule déjeuner à petit prix et belle carte des vins. Côté chambres, rien que du très standard mais elles sont fonctionnelles et la literie tient ses promessses. Tarifs dégressifs à partir de la 3e nuit. Piscine intérieure ouverte toute l'année.

CHRISTOPHE CORBEL ©

Val d'Orbey

Aux Bruyères Hôtel-restaurant **€€**
(03 89 71 20 36 ; www.auxbruyeres.com ; 35 rue Charles-de-Gaulle ; d 51-99 €, appart 4 pers à partir de 120 €, petit-déj 10 € ; plats 12-16 €, menus 20/25/32 € ; restaurant fermé mer et jeu midi en juil-août, sept-juin fermé le midi lun-jeu ;). Face au bâtiment en grès rouge de la mairie, cet hôtel propose, sur trois étages, une trentaine de chambres. Les plus économiques n'ont pas de balcon, de petites salles de bains et donnent sur la rue. Un jardin en escalier permet de se mettre au vert pour une sieste ou après un passage au sauna. Le restaurant propose une belle carte de spécialités locales, dont une déclinaison de la truite du val d'Orbey (meunière, au riesling, aux amandines...). Accueil familial.

Le Chat rouge Chambres d'hôtes **€€€**
(03 89 27 33 41 ; www.lechatrouge-alsace.fr ; Les Champs-Simon, N46 ; ste à partir de 200 €, 2 nuits minimum, petit-déj inclus ; tte l'année ;). Entre vergers et pâturages, voici une adresse rare dans une ancienne ferme rénovée avec de très beaux matériaux et décorée de mobilier contemporain. Les trois suites avec entrée indépendante sont équipées d'une cuisine et d'un salon privé avec de grandes baies vitrées qui ouvrent sur un charmant jardin-terrasse. Du fait des escaliers intérieurs, les propriétaires conseillent de venir sans enfant. À la sortie d'Orbey, en direction de Labaroche (D11), grimpez la petite route sur la gauche vers les Champs-Simon. La maison se trouve à la deuxième intersection. Prêt de vélos, électriques ou non.

Renseignements

Office du tourisme (03 89 78 22 78 ; 48 rue Charles-de-Gaulle)

Lapoutroie

Lapoutroie est située le long de la D415 qui mène au col du Bonhomme où débute la route des Crêtes (p. 222). Une multitude de point de départ pour de jolies boucles pédestres dont la **tour du Faudé** (773 m), la **Tête des Faux** (1 209 m) ainsi que l'**étang du Devin**, tourbière en fin d'évolution.

Lac Blanc

À voir

Haxaire – La Graine au lait Fromagerie
(03 89 47 55 50 ; 333a La Croix-d'Orbey ; 9h30-12h30 et 14h-18h mar-sam, sauf jours fériés). GRATUIT Pour tout savoir sur la fabrication du munster. Visite libre, démonstration, dégustation et boutique.

Musée des Eaux-de-Vie Distillerie
(03 89 47 50 26 ; www.musee-eaux-de-vie.com ; 85 rue du Général-Dufieux ; tlj 9h-12h et 14h-18h). GRATUIT La distillation n'aura plus de secrets après la visite de ce musée situé dans un ancien relais de poste du XVIIIe siècle. À la fin du parcours, dégustation et vente de produits.

Lac Blanc et lac Noir

Ces deux lacs glaciaires sont distants de 1 km environ. Enchâssé entre des parois rocheuses granitiques, le **lac Blanc** (1 054 m d'altitude) doit son nom au sable quartzeux qui tapisse son sol. C'est le plus profond des Vosges (72 m). Sur les hauteurs, remarquez le bloc rocheux du "château Hans", coiffé d'une statue de la Vierge. Le **lac Noir** (954 m d'altitude) est appelé ainsi pour son fond de tourbières. Les deux lacs sont reliés par un système hydroélectrique : grâce à leur différence d'altitude, un système de conduite forcée et de pompage faisait circuler l'eau entre les deux lacs jusqu'en 2010. Sur le flanc est du lac Noir, la centrale qui datait de 1930 a été détruite et la construction d'un nouvel équipement est en discussion entre EDF, la région et l'État.

Activités

Été

Une boucle pédestre de 4 heures (12 km) circule entre le lac Blanc, le lac Vert et le lac des Truites, offrant de belles vues sur les hautes chaumes et la plaine d'Alsace. Plusieurs fermes-auberges sur le parcours et un restaurant au lac Blanc. Près de l'auberge du Blancrupt, départs d'itinéraires à vélo (location au centre VTT de l'auberge adulte/enfant/VAE à la journée 20/13/44 €) et piste d'initiation à la lecture de carte et à la découverte de la faune des environs (2 km).

Lac Blanc Parc Aventures — Parcours aventure
(03 89 71 28 72 ; www.lacblancparcdaventures.com ; 11-21 € selon âge et parcours ; été tlj, mai-juin et sept mer et sam-dim). Neuf parcours dans les arbres pour s'activer en s'amusant. Enfant à partir de 90 cm.

Bike Park — VTT
(03 89 71 35 45 ; www.lacblanc-bikepark.com ; demi-journée/journée 21/26 € sans le matériel ; été sam-mar, mai-juin et sept sam-dim). Sept pistes pour tous, du débutant à l'expert.

Sentier pieds nus du lac Blanc — Parcours sensitif
(03 89 71 28 72 ; www.sentier-pieds-nus-lac-blanc.com ; tarif plein/3-16 ans/famille 6,50/5/18 € ; 10h-17h tlj en été, mer et sam mai-juin et sept). Un parcours de 1 km environ (1 heure 30 à 2 heures 30) pour piétiner sable, graviers, pierres, écorces... Nombreux ateliers ludiques, sensitifs et pédagogiques tout au long de ce parcours qui ravira petits et grands pieds !

Hiver

Station du Lac Blanc 1200 — Glisse
(03 89 78 22 78 ; www.lac-blanc.com ; forfait jour tarif plein/14-25 ans/-14 ans lun-ven 20,50/19/18 €, am-dim et vac. scol. 24,50/22,50/21,50 €). C'est la station la plus importante de la partie alsacienne du massif des Vosges. Il y en a pour tous les niveaux et tous les goûts : 5 sentiers pour les raquettes, 77 km de pistes de ski de fond, 14 km de pistes de ski alpin, luge, snowpark et cours. Location de matériel et forfaits au col du Calvaire ou sur www.lac-blanc.fr. Ski nocturne mar-mer et ven-sam jusqu'à 21h45.

SI VOUS AIMEZ...

Les petites stations de ski

Familiales, paisibles, bon marché... Les petites stations du parc des Ballons des Vosges attirent les habitués et quelques touristes.

- **Le Gaschney** (03 89 77 61 54 ; www.gaschney360.alsace ; forfait journée adulte/enfant 17/15 € ; mer et sam-dim). 3 remonte-pentes et 8 pistes, dont une de luge. Accès par Munster ; location de matériel au magasin **La Godille** (03 89 77 22 25) à Munster.
- **La Schlucht** (03 29 63 11 38 ; laschlucht.labellemontagne.com ; forfait adulte/enfant 15,10/13,10 € ; tlj). La plus ancienne station des Vosges (1905) possède 2 pistes de ski alpin et une piste de ski nordique (liaison avec la station du Lac Blanc, ci-contre). Location de matériel et école de ski.
- **Le Tanet** (03 89 30 31 01 ; www.letanet.fr ; forfait journée adulte/enfant 18/15 € ; mer et sam-dim). 4 téléskis et une dizaine de pistes dont 1 noire. Accès par le col de la Schlucht, direction Soultzeren-Munster, puis direction Le Tanet-La Vert. Matériel sur place.
- **Le Schnepfenried** (03 89 21 09 84 ; www.leschnepf.com ; forfait journée tarif plein/-14 ans 16/19 € ; tlj). équipée de 13 pistes et de 5 téléskis. Accès routier et navette par Munster (20 km par la D10). Location de matériel sur place.
- **Le Frenz** (03 89 82 25 78 ; lefrenz.free.fr ; forfait journée 12 € ; sam-dim et vac. scol.). Dispose d'un téléski pour l'initiation au ski alpin. Accès par Kruth.

Où se loger et se restaurer

Auberge du Blancrupt — Hôtel-restaurant €
(03 89 71 27 11 ; www.blancrupt.com ; Lac Blanc 1200 ; lit avec petit-déj +12 ans/12-5 ans/-5 ans 30/26/18,50 €, demi-pension 44,50/34/26,50 €, pension 61/43/32,50 €, drap/serviette 5/3 €/pers ; fermé avr et nov ; P). Une douzaine de chambres gaies et lumineuses de 2, 3 ou 4 personnes avec salle de bain et WC communs à l'étage. Grand restaurant et belle terrasse panoramique. Location de VTT en été et de raquettes en hiver. À proximité du départ du sentier pieds nus et du parc aventures.

SI VOUS AIMEZ...
Les lacs d'altitude

Les lacs Blanc et Noir (p. 234) vous ont plu ? Chaussez-vous bien et partez à la découverte des suivants :

- **Lac de l'Altenweiher (926 m)** Entouré des sommets du Kastelberg et du Rainkopf, ce lac s'étend sur 7,5 ha avec une profondeur de 14 m. Accès à pied depuis Mittlach (1 heure de marche) ou la route des Crêtes (45 minutes de descente).
- **Lac du Fischboedle (794 m)** Le plus petit des lacs vosgiens (0,5 ha). Un pierrier s'y déverse et lui donne un joli caractère alpestre. Le lac est interdit aux véhicules. Accès à pied depuis les chalets de la Wormsa à Metzeral.
- **Lac du Forlet (1 061 m)** Également appelé lac des Truites, il est situé à côté de la réserve naturelle du Tanet-Gazon du Faing. Le plus élevé des lacs des Vosges, il est entouré par deux sommets, le Tanet (1 292 m) et le Gazon de Faîte (1 306 m). Sur les rives du lac, une **ferme-auberge** (mai-nov) sert aux randonneurs un repas marcaire. Accès à pied depuis Soultzeren (2 heures 15) ou la route des Crêtes (50 minutes).
- **Lac du Schiessrothried (930 m)** Petit lac de 6 ha situé entre les Spitzkoepfe et le pied du Hohneck. Accès à pied depuis les chalets de la Wormsa à Metzeral (4 heures).
- **Lac Vert (1 053 m)** Aussi appelé lac de Soultzeren, son nom provient du reflet des sapins qui l'entourent et d'une algue verte qui y prolifère lorsque le thermomètre grimpe. Accès à pied depuis la route des Crêtes.

Labaroche

Le village de Labaroche, sur les hauteurs du val d'Orbey, abrite un intéressant musée du bois. Non loin se dressent les ruines de la forteresse du Hohnack, propices à la balade.

À voir

Espace des Métiers du bois et du patrimoine Pédagogique
(03 89 78 94 18 ; www.musee-bois-labaroche.com ; centre du bourg ; tarif plein/6-18 ans/famille 6/3,50/13,50 € ; mar-dim 9h-12h et 14h-18h avr-sept). La visite guidée (1 heure 30/2 heures), menée par des bénévoles passionnés, s'avère captivante. On traverse les époques et surtout les évolutions techniques qui permirent de passer de l'artisanat aux prémices d'une production industrielle. Les premières machines automatisées sont remises en route devant les visiteurs (fabrication de sabots en particulier). Le second étage, plus classique, reconstitue les ateliers et les savoir-faire de la paysannerie.

Activités

Une bonne dizaine d'itinéraires de balades courtes (de 45 minutes à 3 heures) partent de Labaroche et de Trois-Épis (p. 237). On peut notamment rejoindre l'ancienne **forteresse du Hohnack**, perchée à 927 m d'altitude. Ces ruines, les plus hautes d'Alsace, laissent voir l'enceinte qui protégeait un donjon carré, dont ne subsite que la base. Beau panorama.

Où se loger et se restaurer

La Rochette Hôtel-restaurant €€
(03 89 49 80 40 ; www.larochette-hotel.fr ; 500 lieu-dit La Rochette ; d 82-98 €, demi-pension à partir de 80 € par pers ; plats 21-32 €, menus 33/45 €, formule déj sem 18 € ; restaurant fermé lun-mar ; P). Travailler en famille amène parfois du très bon. C'est le cas à La Rochette, où père et fils pianotent à 4 mains dans les cuisines de cet hôtel-restaurant élégant. Poissons, foie gras, viandes... mais aussi des desserts originaux. Même réussite côté hébergement, avec un design chaleureux et intimiste : parquet en chêne, terrasse en tek, fauteuils confortables... Une vingtaine de chambres dont une dizaine, un peu plus chères, ouvertes début 2020 avec un accès à un spa.

CHRISTOPHE CORBEL ©

Espace des Métiers du bois et du patrimoine, Labaroche

Les Trois-Épis

Labellisée station climatique grâce à son centre de santé, les Trois-Épis est aussi sanctuaire et attire quelques pèlerins ou curistes. De belles randonnées sont possibles depuis le centre.

Où se loger et se restaurer

Hôtel Villa Rosa Écolo et bio **€€**
(☎07 83 68 32 30 ; www.villarosa.fr ; rte des Trois-Épis, D11 ; d/tr/q 79-91/91/99 €, lit supp 20 €, table d'hôtes 28 € ; ⏱fermé 2 sem en nov ;). Cette adresse atypique est un petit cocon pour les amateurs de bio. Aux commandes, Céline et Mickaël, qui s'occupent des 5 chambres décorées avec goût, de l'adorable jardin et de la savoureuse table d'hôtes. Les chambres ont des noms d'écrivains-voyageurs. Également un adorable gîte pour 5. Vos hôtes, bons connaisseurs des itinéraires de marche, vous aideront à organiser vos sorties. Panier randonnée bio sur demande. Petite piscine à l'abri de la route.

Renseignements

Sivom Les Trois-Épis (☎03 89 49 80 56 ; les-trois-epis.fr ; 16 rue Thierry-Schoeré)

VALLÉE DE MUNSTER

Aussi connue sous le nom de vallée de la Fecht, ce territoire est pittoresque. À partir de Munster, lorsque l'on vient de Colmar, la vallée se sépare en deux. La verdoyante Fecht de Sondernach remonte sur la route des Crêtes (20 km par la D10 et D27), la seconde, appelée Petite Fecht, rejoint les sommets, à proximité du massif du Hohneck (D417). C'est dire la multitude d'excursions qui vous attend sur ce territoire.

Depuis/vers la vallée de Munster

Accès par le **TER** (☎01 84 90 90 90 ; www.ter.sncf.com/grand-est), ligne Colmar-Metzeral, arrêt Munster (25 min), Luttenbach-près-Munster, Breitenbach et Metzeral.

Gunsbach

Gunsbach, en aval de Munster, est étroitement liée à Albert Schweitzer (p. 206). Bien que né à Kaysersberg, il passa ici une partie de son enfance et y fit construire une maison. Elle abrite aujourd'hui le **musée Schweitzer** (☎ 03 89 77 31 42 ; 8 rue de Munster ; tarif plein/-14 ans 5 €/gratuit avec visite guidée 1 heure ; ⏲ mar-sam 9h-11h30 et 14h-16h30, fermé Noël-jan) , dont les pièces reconstituées exposent de nombreux souvenirs. Vous y verrez notamment un piano à pédalier d'orgue, spécialement conçu pour résister au climat de l'Afrique équatoriale. Un itinéraire fléché parcourt les ruelles du hameau et s'arrête devant sa maison d'enfance, un ancien presbytère, transformée en **maison d'hôtes** (☎ 06 48 61 75 00 ; ancien-presbytere@schweitzer.org ; 3 rue Albert-Schweitzer ; s/d/tr 55-60/70-75/85-80€ ; table d'hôte sur réservation min 6 pers 30 €).

Munster

Au cœur du massif des Hautes-Vosges, Munster est une ville animée où siègent les bureaux du parc naturel régional des Ballons des Vosges. Elle offre tous les services et les prestations utiles pour les randonneurs itinérants ou d'un jour. Plusieurs édifices, dont l'église protestante, méritent un coup d'œil. Des cigognes ont été réintroduites dans la ville et nichent sur les toits des bâtiments les plus hauts. Ayez l'œil ! Munster a donné son nom au seul fromage AOC d'Alsace (p. 321), protégé depuis 1969, mais son aire de production dépasse largement les frontières de la ville.

Où se loger

Le Tulipier Chambres d'hôtes €

(☎ 03 89 77 32 16 ; www.letulipiermunster.com ; 46 Grand'Rue ; s/d/tr 55/60/70 €, +10 € en décembre, réduction après 2 nuits ; ⏲ fermé jan ; 📶). Cette adresse tenue par Marie-Françoise et Frédéric est un havre de paix dans le centre de Munster. Deux chambres sont doubles et la troisième dispose de 3 lits simples, le tout dans une jolie maison à la décoration authentique. Le jardin naturel est un refuge pour les chats.

Église protestante de Munster

GUITOU60/ADOBE STOCK ©

Hôtel Deybach Confortable €€
(☎ 03 89 77 32 71 ; www.hotel-deybach.com ; 4 ch. du Badischhof ; s/d/tr 52-70/60-80/84-95 € selon saison, petit déj 11 € ; ⏲ tte l'année ; P Wi-Fi). Une vingtaine de chambres occupent cet hôtel pratique, à l'entrée est de Munster (D417). Perpendiculaires à la route, elles sont épargnées par le bruit de la circulation. Le petit-déjeuner peut se prendre dans le jardinet quand le temps le permet. Excellent accueil des propriétaires, qui connaissent bien la région et vous aideront à programmer votre journée.

Grand Hôtel Familial €€
(☎ 03 89 77 30 37 ; www.grand-hotel-munster.fr ; 1 rue de la Gare ; s/d 62/71 €, petit déj 10 €, plats 13,50-25 € ; piscine Wi-Fi P). Cette adresse à deux pas de la gare ferroviaire occupe un grand bâtiment du XIXe siècle et dispose d'une cinquantaine de chambres aux tarifs plus que raisonnables. Si l'élégante façade et le parc arboré avec piscine distillent un certain charme, l'intérieur est beaucoup plus classique et fonctionnelle. Quelques grands studios avec kitchenette (non équipées) sont proposés. Le restaurant propose de nombreuses spécialités alsaciennes ainsi qu'un grand choix de fondues de fromage et de fondues alsacienne.

Où se restaurer

L'Abbaye d'Anny Cuisine et détente €€
(☎ 03 89 30 58 51 ; www.abbaye-anny.fr ; 1 cour de l'Abbaye ; plats 6,50-205€,; ⏲ fermé lun soir, mer et dim soir). Ancien logement du prélat, puis hôpital militaire et finalement bureaux de la filature Lehmann, cette adresse est idéale pour vous sustenter en toute sérénité. La grande salle à l'entresol meublée de canapés en cuir et de tables basses incitent à déguster galettes, crêpes, salades ou plats traditionnels alsaciens. C'est copieux, frais et joliment servi. Pour le déjeuner ou en plein été, profitez des grands fauteuils en osier dans le jardinet. Service rapide et souriant. L'office de tourisme de Munster se trouve à l'autre angle de ce même bâtiment.

CLAIRE ANGOT ©

VAUT LE DÉTOUR
Le Collet du Linge

Entre Orbey et Munster, le **mémorial du Linge** (☎ 03 89 77 29 97 ; www.linge1915.com ; Collet du Linge ; 5 € en espèces, gratuit -16 ans ; ⏲ tlj 9h-12h30 et 14h-18h avr à mi-nov) témoigne de la bataille où périrent 17 000 soldats français et allemands entre le 20 juillet et le 15 octobre 1915. Il abrite un musée où sont exposés des objets trouvés sur place et des éléments pour comprendre les spécificités de ces combats dont la tactique consistait à surprendre l'adversaire depuis les crêtes. Plusieurs circuits de difficulté variables (plan 2 €) permettent de parcourir le site, en particulier les ouvrages défensifs allemands et les tranchées côté français. Pour prolonger la visite, on peut rejoindre l'un des cimetières militaires, allemand au col de Baerenstall, français, à celui de Wettstein.

La Table des Malker Alsacien €€
(☎ 03 89 77 06 17 ; 4 Grand'Rue ; plats 12-16 €, menu midi 13 € ; ⏲ fermé soir dim-mar). Tourte, *fischschnackas* à la truite, cordon bleu de porc au barikaas (fromage), joue de bœuf au Pinot noir et service tout sourire font le succès de cette agréable adresse qui semble ne jamais désemplir. Même les enfants trouveront leur compte avec le hamburger version munster. En été, on s'installe à l'extérieur sous une tonnelle et le regard des lapins dans leur clapier. Tout est fait maison en particulier dans la charcuterie attenante, le magasin Dischinger (p. 240).

SI VOUS AIMEZ...

Manger et marcher

Trois fermes-auberges pour bien commencer (ou finir) une randonnée sur les hauteurs de la Fecht de Sondernach...

o Ferme-auberge du Christlesgut (03 89 77 51 11 ; www.christlesgut.com ; Breitenbach-Haut-Rhin ; nuit avec petit-déj adulte/3-10 ans 39/36 € par pers, demi-pension 56/45 € par pers ; table d'hôte adulte/enfant 17/9 €, repas marcaire 21 € ; Pâques-oct). À 850 m d'altitude, dans une ambiance bucolique, cette ferme aux tarifs raisonnables propose une cuisine authentique (produits de la maison Dischinger). Depuis Munster, direction Metzeral. À Breitenbach, à gauche sur 8 km, route de Stemlisberg. Accès à pied : Ried (30 min), Breitenbach (40 min) ou Luttenbach (50 min). Randonnée : sommet du Petit Ballon (1 heure 30).

o Ferme-auberge du Gaschney (03 89 77 63 73 ; Muhlbach-sur-Munster ; menus 19-21 €, plats 5-15 € ; fermé mer et mi-nov à mi-déc). Au pied du massif du Hohneck, elle propose des plats de viandes rôties et du *roïgrabrageldis*. Terrasse à l'abri du vent. Depuis Munster, direction Metzeral. À Muhlbach, à droite jusqu'à la station du Gaschney. Accès à pied : Muhlbach (1 heure), Metzeral (1 heure 30) ou Munster (2 heures 30). Randonnées : miniboucle du Gaschney (1 heure 30), lac de Schiessrot (45 min), tour du Petit Hohneck (1 heure 30).

o Ferme-auberge du Rothenbrunnen (03 89 77 33 08 ; www.rothenbrunnen.fr ; Sondernach ; plats 5-10 €, demi-pension ch/dortoir 48/39 € par pers, gratuit -18 ans ; fermé lun et jan). À 1 139 m, cette ferme est plantée au milieu des prés. Depuis Munster, direction Metzeral, puis Sondernach (ou Wasserbourg et Breitenbach). Accès à pied : Metzeral (2 heures 30). Randonnées : Petit Ballon (15 min), tour du Petit Ballon (1 heure 30) et Markstein et Klintzkopf (3 heures).

Achats

Rendez-vous chez **F'Utile** (3 Grand'Rue) pour des souvenirs alsaciens (arts de la table, textiles, bibelots...) et à la **maison Dischinger** (2 Grand'Rue) pour des produits alimentaires : choucroute, saucisses, lard conditionnés sous vide et faciles à transporter. Également foie gras d'Alsace, munster, eaux-de-vie. Pour les associations insolites, goûtez les macarons au munster de la **pâtisserie Fritsch** (4 av. de la République).

Ferme Versant du Soleil Munster
(06 30 97 29 28 ; ferme-versant-du-soleil.fr ; 9a rue Principale, Hohrod ; visite de la ferme 1 heure, mar, jeu, ven 10h en été, mar et jeu le reste de l'année, vente tous les jours). Ici, vous serez certain d'acheter du munster fermier AOC, produit à partir du lait de cette ferme et affiné de 3 à 5 semaines. À la sortie de Munster en direction de Soultzeren, prendre à droite la D5bis1 vers Hohrod et guettez la ferme, sur le côté gauche de la route.

Renseignements

L'**office du tourisme de la vallée de Munster** (03 89 77 31 80 ; www.vallee-munster.eu ; 1 rue du Couvent) est la porte d'entrée pour organiser ses activités dans le parc national régional des Ballons des Vosges (bureaux à l'étage mais pas d'accueil du public). Vente de nombreux topoguides dont 20 randonnées dans la vallée (13 €) et plusieurs sorties thématiques toute l'année avec le Club vosgien de Munster. Location et livraison de vélo chez Cycle Hop Evasion (06 07 16 56 35).

VALLÉE DU FLORIVAL

La Lauch, l'autre nom de la vallée du Florival, s'étend sur une vingtaine de kilomètres entre Guebwiller et le Markstein. Les paysages alternent entre forêt et vignes sur les coteaux bas. C'est une voie d'accès facile pour rejoindre la route des Crêtes (p. 222) et le Grand Ballon (p. 225). Outre sa multitude de sentiers pédestres

CHRISTOPHE CORBEL ©

À NE PAS MANQUER

Petit Ballon

Petit par la taille, mais certainement pas par la beauté des paysages, le Petit Ballon veille sur la vallée de Munster. Il est un peu oublié des itinéraires touristiques en comparaison avec le Grand Ballon et le Ballon d'Alsace, sans que l'on s'explique vraiment pourquoi… Du haut de ses 1 272 m, les paysages de hautes chaumes peuplés de chèvres, de moutons et de vaches et les vues sur la vallée sont bucoliques et apaisants, et donnent jusqu'aux Alpes suisses et autrichiennes par beau temps. Depuis le parking, il vous faudra seulement un quart d'heure pour vous hisser à son sommet, coiffé d'une statue de la Vierge. Vous y verrez de nombreux modélistes profiter des différents courants d'air pour faire voler leurs bolides : le site est un des plus réputés de France pour la pratique de l'aéromodélisme en vol de pente. Pour les possibilités de randonnée, comptez 1 heure 15 pour le tour du Petit Ballon (jolie balade familiale), 1 heure 30 pour gagner le sommet du Steinberg (planté de menhirs et passant pour être un haut-lieu énergétique), et 6 heures pour l'aller-retour depuis Munster.

Infos pratiques

Plusieurs **fermes-auberges** se trouvent dans les environs proches du Petit Ballon : Rothenbrunnen (p. 240), la ferme du Hilsen (p. 245), Kahlenwasen à Luttenbach-près-Munster, ainsi que Buchwald et Strohberg à Wasserbourg.

Accès en voiture à partir des communes de Wasserbourg, Luttenbach et Sondernach.

(le long des vignobles en particulier) et ses possibilités de balades à pied ou à VTT en forêt, la vallée du Florival abrite une pépite de l'art roman, l'abbatiale de Murbach et l'ancien monastère de Lautenbach. Tout au long de la vallée, des bâtiments témoignent de l'industrialisation textile qui a débuté fin du XVIIIe siècle.

À vélo ou à pied autour de Guebwiller

Envie de vous élancer à grands coups de pédale à travers les forêts de pins ? De lacer vos chaussures de randonnée et de partir pour de fabuleuses balades au fil des paysages de hautes chaumes ? Géré par l'office de tourisme de Guebwiller, www.rando-grandballon.fr est le site officiel de la randonnée et du cyclisme (VTT et route) dans la région : traces GPS, fiches rando à télécharger au format PDF, conseils pratiques... Deux circuits dans le parc naturel régional des Ballons des Vosges (3 ou 5 jours) y sont détaillés, pour les amateurs de randonnées itinérantes.

Activités

De nombreux sentiers parcourent la vallée. Pour une belle journée de marche, on peut faire l'ascension vers le Grand Ballon (1 000 m de dénivelé) au départ de Rimbach (près de Guebwiller) avec une halte à l'abbatiale de Murbach (6-8 heures).

Procurez-vous auprès de l'office du tourisme de Guebwiller le topoguide consacré aux balades dans les pays de Florival (18 circuits, 14 €) et le topoguide *Sentiers des châteaux forts* (3 €). Également disponible, un topoguide VTT sur la région de Guebwiller (20 circuits, 14 €). Location de vélos à l'office du tourisme (classique/électrique 20/15 €/jour). En VTT, la route du Grand Ballon est un itinéraire recherché de 17 km qui part de Soultz (au parc à cigognes) pour s'élever jusqu'au sommet (1 424 m) en passant par le col Amic. Un dénivelé de plus de 1 200 m ! Pour les cyclosportifs ou les adeptes de l'assistance électrique, une belle boucle (n°11) de 126 km part de Guebwiller pour franchir les cols de la route des Crêtes et revenir par la véloroute du vignoble d'Alsace.

L'ensemble des propositions pédestres et cyclables sont répertoriées sur rando-grandballon.fr (tracé GPX et descriptif à télécharger).

En hiver, des randonnées à raquettes ou des promenades sont encadrées par un guide. Renseignements et réservation à l'office du tourisme.

Guebwiller

Petite ville dynamique, Guebwiller s'est enrichie grâce à son vignoble et son industrie textile. Elle fut même au XIXe siècle, la deuxième ville industrielle d'Alsace après Mulhouse. Victime collatérale des combats du Hartmannswillerkopf (p. 224), la cité, labellisée Ville et Pays d'art et d'histoire, a tout de même conservé de nombreux témoignages de son passé industriel, en particulier des grandes maisons des entrepreneurs, des cités ouvrières, et des manufactures. L'**église Saint-Léger** mérite une visite pour sa belle architecture romane. L'**église Notre-Dame**, superbe réalisation néoclassique du XVIIIe siècle, vient d'entamer une nécessaire rénovation.

La vigne est bien présente à Guebwiller, où elle habille les coteaux sud à l'entrée de la ville. Elle couvre 200 ha (domaine Schlumberger) et la raideur des pentes a imposé la construction de terrasses soutenues par des murs de pierres. Mis bout à bout, cela représente 50 km. Un sentier pédestre parcourt le vignoble sur 5 km environ et offre de belles vues sur la vallée du Florival.

À voir

Musée Théodore Deck et des Pays du Florival Art et histoire

(03 89 74 22 89 ; musee.deck@ville-guebwiller.fr ; 1 rue du 4-Février ; adulte/enfant 5/1,50 € ; jeu-ven 14h-18h, sam-dim et jours fériés 10h-12h et 14h-18h). Logé dans une demeure canoniale du XVIIIe siècle, ce musée abrite 500 pièces de Théodore Deck (1823-1891). L'enfant du pays, devenu l'un des plus célèbres céramistes du XIXe siècle, termina sa carrière comme administrateur de la manufacture nationale de Sèvres. D'autres salles du musée présentent

l'histoire de Guebwiller, s'attachant tout particulièrement à son passé industriel.

Les Dominicains de Haute-Alsace Couvent
(☎ 03 89 62 21 82 ; www.les-dominicains.com ; 34 rue des Dominicains ; audioguide 2 € ; ⏲ visite juil-août mar-dim 14h-17h). Découvrez l'histoire de cet ancien couvent du XIVe siècle, abandonné par les dominicains à la Révolution, à travers un parcours audioguidé (une version pour enfants est également proposée) détaillant sa superbe architecture bien conservée. C'est aujourd'hui un centre culturel de premier plan, tout entier dédié à la musique – son acoustique est exceptionnelle – et aux arts numériques, en particulier le *mapping* vidéo. Chaque vendredi en juillet (adulte/enfant 12/5 €), le couvent sert de cadre à un spectacle son et lumière. Attention : de septembre à juin, le lieu ne se visite pas en raison de son intense et très éclectique (jazz, punk, classique...) programmation.

Bourcart, un industriel humaniste

Entrepreneur philanthrope, Jean-Jacques Bourcart (1801-1855) est l'une des figures de Guebwiller. À l'origine de la première cité ouvrière (1850), il travailla également à l'amélioration des conditions de travail des enfants, nombreux à cette époque dans les usines. Ses luttes sociales furent reprises par ses fils après sa mort, et aboutirent au vote de la loi du 22 mars 1841, qui fixa l'âge minimum d'embauche à 8 ans (13 ans pour le travail de nuit), une proposition qu'il avait formulée dès 1827. Ne concernant pas les entreprises de moins de 20 ouvriers, l'application de cette loi fut toutefois très inégale. Il fallut attendre 1870 et des évolutions techniques majeures pour que l'âge d'entrée dans le monde du travail recule réellement en France.

Où se loger et se restaurer

Le Domaine du lac Moderne et paysager **€€**
(☎ 03 89 76 15 00 ; www.domainedulac-alsace.com ; 244 rue de la République ; s/d 76-90/89-199 € selon confort et saison avec petit déjeuner ; 📶 🅿). Implanté sur un site qui regroupe deux hôtels se partageant un restaurant, cet établissement propose des chambres assez passe-partout, décorées dans un style contemporain, mais qui ne manquent pas de confort. Préférez celles orientées vers le sud : elles offrent une jolie vue sur le lac qui jouxte l'établissement. Le restaurant **Les Terrasses** (plats 19-23 €, menu midi 16,90 €, autres menus 30-60€ ; ⏲ fermé sam midi) sert une cuisine traditionnelle fine appréciée des locaux.

La Taverne du Vigneron Conviviale **€€**
(☎ 03 89 76 81 89 ; p.grunenberger@wanadoo.fr ; 7 pl. Saint-Léger ; plats 15-22 €, menu 27 € ; ⏲ fermé mar soir et mer). Situé aux abords de l'église Saint-Léger, ce restaurant très apprécié des locaux propose une cuisine traditionnelle dans des proportions généreuses et joliment présentées. On se régale tant pour les spécialités alsaciennes que pour les desserts. En été et le week-end, service en continu de 12h à 23h. Les vendredis et samedis soir, sans réservation il faut patienter jusqu'au dernier service (22 heures) pour s'attabler. Très belle carte des vins d'Alsace et d'ailleurs. Quelques tables sur le trottoir, à l'ombre du tilleul et du clocher de l'église. Sans doute l'adresse la plus conviviale de la vallée du Florival.

Renseignements

Office du tourisme (☎ 03 89 76 10 63 ; www.tourisme-guebwiller.fr ; 71 rue de la République). Sur réservation en été, visites guidées de la ville (ven 10h) et du vignoble (mer 10h). Location de vélos (13/20 € demi-journée/journée pour un VAE, 5/8 € vélo classique).

SI VOUS AIMEZ...
Les hébergements insolites

Les environs de Guebwiller comptent quelques options pour des nuits réparatrices.

- **Kota-Alsace** (06 15 39 75 28, 06 72 87 98 71 ; kota-alsace.com ; 7 rue René-Flory, Bergholtz ; d 80-220 €). À 5 km de Guebwiller, au pied des vignes, Véro et Erwan ont créé de toutes pièces un village de *kotas* finlandais. Possibilité de cuisiner soi-même sur place.
- **Camping d'Osenbach** (03 89 47 05 22 ; www.camping-osenbach.com ; 31 rue du Stade, Osenbach). Lodges, huttes, et bientôt une cabane de trappeur : on trouve de tout dans ce camping situé en bordure de forêt. À 11 km de Lautenbach.
- **Gîte panda du Belchenbach** (06 87 20 09 56 ; belchenbach.free.fr ; Belchenbach, Linthal ; nuitée 26 €/pers, dîner 19 €/pers, loc de draps 7 €). À Linthal, près du Petit Ballon, un gîte (2 chambres 6/7 pers et 4/5 pers) écologique coupé de tout (accès à pied, aide possible pour le transport des bagages), qui se double d'une excellente table d'hôtes végétarienne. Idéal pour observer faune et flore.

Murbach

Posée au fond d'un vallon, l'**abbaye de Murbach** (tlj 9h-18h en visite libre, visite guidée adulte/réduit 4,50/3 €, jeu 10h en été, sur rdv reste de l'année), fondée en 728, fut l'une des plus prospères du Rhin supérieur, étendant son influence jusqu'en Allemagne et en Suisse. Mais ne vous attendez pas à découvrir d'opulentes constructions : ne demeure qu'une partie de l'église abbatiale, construite dans le style roman au XIIe siècle, et partiellement détruite au XVIIIe siècle en vue d'une reconstruction dans le style baroque qui ne se fit jamais. Outre les deux hautes tours de grès rose, il reste ainsi le chevet et le transept. Mais le site, agrémenté de vergers et d'un jardin médiéval, permet une très agréable pause bucolique. Pour profiter au mieux de la perspective, prenez un peu de hauteur et rejoignez la **chapelle Notre-Dame-de-Lorette** (chemin à droite), qui offre une vue idéale sur le vallon et l'abbaye.

Où se loger

Le Schaeferhof Romantique **€€€**
(03 89 74 98 98 ; www.schaeferhof.fr ; 6 rue de Guebwiller ; s/d/tr/qua 190/210-250/260-280/310 € avec petit-déj ; fermé jan ; P). En vous rendant vers l'abbatiale de Murbach, vous ne manquerez pas de remarquer cette magnifique maison du XVIIIe siècle, ancienne ferme et grange dîmière des princes-abbés. Elle trône au milieu d'un parc-verger de 2 hectares. L'aménagement et la décoration des trois chambres d'hôtes et de la suite frôlent la perfection, avec une touche de romantisme. Également spa, salle de fitness et salon de jeux avec billard. Une adresse rare.

Lautenbach

Ce village vaut le détour pour son élégante **collégiale Saint-Michel-et-Saint-Gangolphe** (49 rue de la Lauch) des XIIe et XIIIe siècles, bel exemple d'architecture romane dans la vallée. Jouxtant la commune, Lautenbachzell dispose d'un site de choix pour les familles à la recherche de distractions pour les enfants.

À voir

Vivarium du Moulin Insectes
(03 89 74 02 48 ; www.vivariumdumoulin.org ; 6 rue du Moulin, Lautenbach-Zell ; adulte/5-16 ans 8/4 € ; juil-août tlj 10h-18h, sept-juin mar-dim 14h-18h). Ce vivarium s'est installé dans un ancien moulin reconnaissable à sa roue à eau qui fonctionne encore. Sur plusieurs étages, araignées, mille-pattes, fourmilière et autres insectes vous attendent. À l'entrée, une imposante mante religieuse garde l'accès de ce lieu à la fois pédagogique et bucolique.

Abbaye de Murbach

Où se loger et se restaurer

Chambres d'hôtes Luxhof Convivial €
(03 89 76 39 21, 06 60 16 45 35 ; www.luxhof.eu ; 44 rue Principale, Lautenbach ; d 41-49 €, pers supp 12 € ;). Cette adresse dans le bourg doit beaucoup à ses propriétaires, mine d'informations sur la région. On apprécie également la convivialité du petit-déjeuner, le romantique jardinet et l'atmosphère familiale de la maison. Les chambres sont équipées soit d'un réfrigérateur, soit d'un espace cuisine.

Ferme-auberge Hilsen Pâturage €
(03 89 74 03 15 ; 181 rue du Hilsen, Linthal ; plats 5-12 €, repas marcaire 17,50 € ; tlj sauf mar). Glissez l'adresse de cette ferme-auberge, authentique et aux dimensions modestes, dans vos petits papiers. À 900 m d'altitude, elle sera votre point de départ pour de belles balades (sommet du Petit Ballon 1 heure, lac de la Lauch 2 heures 15, Markstein 2 heures 45). La salle est un peu tristounette ; aussi, quand le soleil est au rendez-vous, on préfère les grandes tables à l'extérieur pour déguster rôti de veau ou de bœuf, lapin et légumes de saison. De Lautenbach, suivez la D430 en direction du Markstein jusqu'à Linthal, et prenez à droite une route étroite sur 4 km. Accessible à pied depuis Linthal (1 heure).

VALLÉE DE LA THUR

Industrielle et étroite entre Thann et Saint-Amarin, la vallée s'élargit ensuite et devient franchement bucolique. Sa portion entre Wesserling et le lac de Kruth-Wildenstein, tout comme le vallon d'Urbès, sont un ravissement. Du lac, une route grimpe vers le Markstein et la route des Crêtes.

Activités

Été

Avec plus de 200 km de sentiers, la vallée attire les marcheurs, qui choisiront leur parcours sur la carte IGN 3620 ET (Thann/Masevaux/Ballon d'Alsace). L'office du tourisme de Thann (p. 248) distribue une brochure gratuite détaillant une dizaine d'itinéraires (de 1 heure 30 à 4 heures).

Un label pour la bonne cause

Créé en 1974, le **label ferme-auberge** regroupe une quarantaine d'établissements répartis dans les Hautes-Vosges du Haut-Rhin. Ces fermes, parfois d'estive, doivent avoir une double activité : agricole et restauration. Pour certaines, cette seconde activité est devenue importante, voire primordiale pour assurer la viabilité de l'exploitation. Sans touriste, il n'en subsisterait probablement qu'une poignée.

La véloroute de la vallée de la Thur (VV33, 25 km) relie sans dénivelé le Vieux-Thann au lac de Kruth-Wildenstein. À Thann, elle est connectée avec la véloroute des berges de la Doller (VV23) via la véloroute du Vignoble. Location de vélos électriques au **Parc Arbre Aventure** (03 89 82 25 17 ; été et week-end), sur les rives du lac de Kruth ou chez **Culture Vélo** (03 89 38 45 45 ; zone d'activité ; lun-sam tte l'année) à Cernay.

À 800 m d'altitude, la **station du Frenz** (à la sortie de Kruth, direction le col d'Oderen), revendique la position de premier parc de marche nordique en France. Il est constitué de 32 km répartis sur 5 circuits de niveaux différents.

Hiver

La liliputienne **station du Thanner-Hubel** (refuge du Club vosgien 03 89 82 37 22 ; scvt.thannski.com), à 1 183 m, sur la commune de Bitschwiller-lès-Thann, est accessible en voiture à partir de Willer-sur-Thur. Le dernier kilomètre se fait à pied, ce qui assure la tranquillité du site. Une seule piste, mais une vue imprenable sur les Vosges.

La petite **station de ski alpin du Frenz** propose une initiation pour les débutants grâce à ses deux pistes (verte et bleue). Également une piste de luge et trois circuits de raquettes.

Renseignements

Office du tourisme de la vallée de Saint-Amarin (03 89 82 13 90 ; hautes-vosges-alsace.fr ; 81 rue Charles-de-Gaulle, Saint-Amarin)

Depuis/vers la vallée de la Thur

Le **TER** (01 84 90 90 90 ; www.ter.sncf.com/grand-est) dessert depuis/vers Mulhouse les villes de Vieux-Thann, Thann, Saint-Amarin, Wesserling, Oderen et Kruth.

Thann

La ville de Thann s'organise autour de la collégiale Saint-Thiébaut, dont la haute flèche domine les environs. Quelques beaux bâtiments témoignent du passé de la ville, enrichie par les vignobles de Rangen, qui ont fait sa réputation depuis des siècles.

À voir

Collégiale Saint-Thiébaut Gothique
(visites guidées 03 89 37 96 20 ; 8h30-17h30, jusqu'à 18h30 avr-oct). Avec sa flèche en pierre de 78 m de haut, visible à plusieurs kilomètres à la ronde, cette église est l'une des étapes essentielles de la diffusion de l'art gothique en Alsace. Construite sur deux siècles (de la fin du XIIIe siècle à 1516), elle permet d'admirer les trois formes du gothique : primitif, rayonnant et flamboyant. Sa façade ouest est ornée d'un remarquable portail à triple tympan, unique en France, relatant, grâce à 150 scènes et 500 personnages, l'Ancien et le Nouveau Testament. Sur la droite du bâtiment, un panneau détaille les différentes scènes qui s'apprécient surtout avec des jumelles. À l'intérieur de l'édifice, le chœur abrite des stalles en bois sculpté. Certaines sont équipées de miséricordes, sortes de petites consoles qui permettaient aux moines de reposer leur séant tout en donnant l'impression d'être debout. Les miséricordes sont sculptées de masques monstrueux et fantastiques : sirène, ange ou démon,

ou, plus prosaïquement, de gros moines endormis. L'intérieur de l'édifice est éclairé par huit verrières de 15 m de haut datant du XVe siècle. Visite guidée via l'office de tourisme. Le 30 juin, la crémation de 3 grands sapins rend hommage à Saint-Thibaut.

En 2017, l'intérieur de l'édifice a été rouvert en totalité à la visite, tandis que les façades extérieures et le portail seront masqués en alternance jusqu'en 2022 dans le cadre d'un vaste chantier de rénovation.

Musée des Amis de Thann — Patrimoine rural

(☎ 03 89 37 14 54 ; www.les-amis-de-thann.com ; 24 rue Saint-Thiébaut ; adulte/enfant 2,50/1 € ; ⏲ juil-août mar-dim 14h-18h, juin et sept ven-dim 14h-18h, oct-mai sur rdv ☎ 03 89 37 92 74). Pour explorer l'histoire locale, rendez-vous dans ce musée situé dans l'ancienne halle aux blés, édifiée en 1519 mais détruite plusieurs fois. Parmi les curiosités, un vélocipède de Galloux – qui fit des adeptes car Thann accueillit la première course cycliste alsacienne en 1869.

Tour des Sorcières — Fortification

Cette tour, coiffée d'un toit en forme de bulbe, doit son nom aux hérétiques qui y étaient enfermés avant d'être conduits au bûcher. Selon la comptabilité locale, entre 1572 et 1620, 125 personnes dont 118 femmes ont ainsi été suppliciées. Aujourd'hui la tour abrite un petit **espace muséographique** (gratuit ; ⏲ juil-août sam et lun 14h-18h, dim et jours fériés 14h-17h, juin et sept se renseigner, fermé oct-mai) sur le patrimoine viticole thannois.

Vignoble du Rangen — Grand Cru

Sur 18 ha, le vignoble du Rangen est le seul à être classé Grand Cru sur l'ensemble de son territoire. C'est le plus méridional d'Alsace et il doit sa réputation à un sol volcanique et à une humidité qui l'enveloppe jusqu'aux premières heures du matin et le protège du froid et des fortes chaleurs. Lors de l'entretien des vignes et les vendanges, les vignerons sont encordés en raison de la pente qui va jusqu'à 55°.

CHRISTOPHE CORBEL ©

VAUT LE DÉTOUR

La fondation François Schneider

À 9 km au nord de Thann, ce **centre d'art contemporain** (☎ 03 89 82 10 10 ; www.fondationfrancoisschneider.org ; 27 rue de la 1re Armée, Wattwiller ; tarif plein/réduit 5/3 € ; ⏲ mer-dim 10h-18h, jusqu'à 17h oct-fév) expose le travail de jeunes créateurs autour du thème de l'eau (Wattwiller signifie "le village de l'eau"). Le bâtiment, ancien atelier des sources thermales de la commune, a laissé la place à un bel espace muséographique qui propose deux expositions thématiques par an. François Schneider, l'initiateur de ce lieu est l'ancien propriétaire des Grandes Sources de Wattwiller. Petite restauration et jolie terrasse au Bistr'eau.

Activités

Près de la tour des Sorcières se trouve le point de départ de trois circuits (2,2 km, 3 km et 5 km) qui vous feront arpenter le vignoble et vous raconteront l'histoire des "bangards", les gardes-champêtres chargés de veiller sur les vignes.

Du centre de Thann, prenez de la hauteur et rejoignez à pied (30 minutes) les ruines de l'Engelbourg. Ce château construit vers 1224 servait de péage sur la vallée de Thur. Sa destruction sur ordre de Louis XIV a laissé quelques pierres apparentes dont "l'Œil de la sorcière". La grande croix du Rangen, visible du centre de Thann, se situe à la lisière de la forêt et se rejoint par le sentier viticole (30 minutes).

VAUT LE DÉTOUR
La route Joffre

Du nom du général en chef de l'armée française jusqu'en 1916, cette route sinueuse a été aménagée pour ravitailler Thann, ville prise aux Allemands par l'armée française dès 1914. Elle relie les vallées de Thann et de la Doller sur une quinzaine de kilomètres à travers une belle nature variée. Au col du Hundsrück se situent de nombreux départs de sentiers pédestres, en particulier vers les sommets du Thanner-Hubel (1 183 m) et du Rossberg (1 191 m) accessibles uniquement aux marcheurs.

Où se loger

Aux Sapins Hôtel familial **€€**
(03 89 37 10 96 ; www.hotelrestaurantauxsapins.com ; 3 rue Jeanne-d'Arc ; s/d 55-61/64-71 €, demi-pension 63-69 €/pers, petit-déj 9 € ; wifi, P). À 10 minutes à pied du centre, cet hôtel logé dans un bâtiment à l'architecture des années 1970 est une étape confortable. Les chambres, une vingtaine, sont spacieuses et joyeuses pour la plupart, même si certaines salles de bain sont un peu exiguës. Quartier résidentiel, pour des nuits calmes. Le restaurant (ci-contre) est l'une des bonnes tables de la ville.

Au Floridor Hôtel-restaurant **€€**
(03 89 37 09 52 ; www.hotel-floridor.com ; 54 rue Floridor ; d/tr 58-80/95 € ; wifi, P). Les amateurs de calme et de nature retiendront cette adresse en bordure de forêt, rénovée récemment. Certaines chambres disposent d'un balcon plein sud et d'une belle vue sur le massif forestier. De l'hôtel, on part facilement en balade dans la forêt ; les courts de tennis du club de Thann, face à l'établissement, sont ouverts aux clients.

Le Castel Saint-Georges Chambres d'hôtes **€€**
(06 19 82 62 63 ; castel.thann.org ; 8 rue Saint-Georges ; s/d/tr 50/55-60/80 € ; wifi, P). Trois belles chambres en rez-de-chaussée avec entrée indépendante d'une grande bâtisse, qui abrita autrefois la gendarmerie de Thann. Les chambres sont spacieuses, simples mais confortables avec un élégant parquet en pin aux teintes ocre. À l'arrière de la maison, un agréable jardin ombragé offre l'occasion d'une sieste ou d'une pause lecture, sous le regard des chats de la maison. Accueil charmant des propriétaires qui vous conseilleront pour vos sorties en forêt. À 5 minutes à pied du centre-ville.

Où se restaurer

Aux Sapins Hôtel-restaurant **€€**
(ci-contre ; menus 39 €, plats 14-28 € ; fermé sam). Vous aurez le choix entre l'ambiance feutrée de la salle à manger rehaussée de rouge ou la convivialité de la salle du bar. La carte fait la part belle aux spécialités régionales, servies en quantité. Viandes, tartes flambées (à volonté le dimanche soir), poissons, choucroute, salades… il y en a pour tous les goûts, végétariens compris.

Le Caséus Viandes et fromages **€€**
(03 89 37 10 68 ; lecaseus.fr ; 100 rue de la 1re-Armée ; plats 10-20 €, menu du jour 12 € ; tlj). Tartiflettes, fondues, raclettes, hamburgers, mais aussi des planches végétariennes ou de fromages, le tout à savourer dans un décor montagnard un peu forcé. Ce restaurant toujours animé, situé dans la rue principale de Thann, ne donne certes pas dans la fine gastronomie. Mais on est assuré d'y passer un bon moment.

Renseignements

Office du tourisme du pays de Thann
(03 89 37 96 20 ; hautes-vosges-alsace.fr ; 7 rue de la 1re-Armée). Fiches rando à l'unité et infos sur le réseau de gîtes d'étape sur l'ensemble du territoire des Hautes-Vosges.

Parc de Wesserling

Occupant le site d'une ancienne manufacture royale de tissu imprimé (1762), ce **parc** (03 89 38 28 08 ; www.parc-wesserling.fr ; rue du Parc ; adulte/6-17 ans/fam haute-saison 10/3,5/28 €, basse saison

CHRISTOPHE CORBEL ©

Vue sur Thann depuis le sentier viticole (p. 246)

7/3,50/20 € ; avr-mai lun-sam 13h-18h dim 10h-18h, juin et sept tlj 10h-18h, juil-août tlj 10h-18h30, oct-déc tlj 13h-18h, fermé jan-mars ; jardins mêmes horaires mais fermés oct-avr) de plusieurs hectares à l'entrée du bourg d'Husseren-Wesserling est dédié à l'aventure textile dans la vallée. Son bel **Écomusée textile**, installé dans un bâtiment du début du XIXe siècle, détaille l'histoire et le fonctionnement de la manufacture, l'une des plus importantes de France, et en fait revivre les métiers. Autour, cinq jardins (potager, régulier, terrasses méditerranéennes, parc à l'anglaise et parc rural) sont redessinés chaque année par des artistes autour d'un thème imposé. Vous pourrez également visiter la **Grande Chaufferie** (visite guidée uniquement, renseignements 03 89 38 28 08), l'ancienne centrale thermique de l'usine. En été, un spectacle son et lumière y est organisé et les jardins sont parfois accessibles en nocturne.

On peut facilement passer une demi-journée sur le site, qui accueille également une pépinière d'entreprises textiles – surtout avec des enfants, qui apprécieront l'espace et les activités ludiques. Deux restaurants et une buvette dans l'un des jardins permettent de se restaurer dans une ambiance végétale et sans voiture.

Un chantier de rénovation du site est programmé jusqu'en 2023 et verra le transfert de l'écomusée vers l'ancien château des patrons réhabilité à cette occasion. Les collections devraient être visibles pendant les travaux mais il est préférable de passer un coup de fil pour vérifier l'accessibilité des salles.

Où se restaurer

Cuisines et Jardins — Gastronomique €€

(03 69 07 37 12 ; 24 rue du Parc, Husseren ; menus 40-60 €, formule déj 25 € ; midi jeu-dim). En surplomb des jardins de Wesserling dans un élégant édifice du XIXe siècle, une cuisine de saison relevée d'accents des quatre coins du globe, à l'image des sushis revisités ou du "Bibelacho" au bouillon de morilles, un plat unique en son genre qu'on vous laisse le soin de découvrir. Réservez votre table sur la jolie terrasse ombragée par des tilleuls.

MELLOWIO/ADOBE STOCK ©

Lac de Kruth-Wildenstein

Lac de Kruth-Wildenstein

Une dizaine de kilomètres après Husseren-Wesserling, ce lac d'environ 80 ha fera le bonheur des amateurs de canoë et de pédalo. La baignade est autorisée sur les rives mais non surveillée. Un bel itinéraire (6 km) ombragé en fait le tour. La D27 rejoint le Markstein et la route des Crêtes.

Sur la rive, le **Parc Arbre Aventure** (03 89 82 25 17 ; www.parcarbreaventure.com ; parcours 4 heures adulte/junior 25/20 € ; tlj 9h-19h juil-août, certains mer et sam-dim 13h30-18h avr-juin et sept-oct) permet de prendre un peu d'altitude et de jouer dans la végétation. Location de canoës ou de pédalos (10 €/heure/pers) ainsi que de VTT électriques (40 €/journée, accès à la véloroute de la Thur).

Où se loger et se restaurer

La Moraine du Lac — Chambres d'hôtes €€

(06 07 96 29 06 ; auberge-chambresdhotes-kruth.fr ; Kruth ; s/d/tr 55/75/100 € avec petit-déj). Cinq belles et vastes chambres dans un chalet à 50 m du lac. Les randonneurs apprécieront le sauna (10 €). Juste à côté, un restaurant propose des plats revigorants (16-25 €).

Au Bram's — Auberge €€

(03 89 74 12 02 ; www.au-bram-s.fr ; 2 rte du Bramont, Wildenstein ; plats 16,50-22€ ; s/d/tr 54/64/74 €, petit-déj inclus). *Fleischnakas* revisités façon Rossini, grenadin de veau sauce champignons, bouchées à la reine, truite aux amandes... La carte de cette auberge a de quoi mettre l'eau à la bouche, et la grande salle, habillée de bois et ouverte sur la vallée boisée, donne envie de s'attarder. Les deux chambres proposées à la nuitée sont simples mais spacieuses, avec une literie correcte.

Chambres et table d'hôtes des Cascades — Pleine nature €€

(03 89 82 28 26 ; www.chambres-vosges.com ; rte du Ventron, Kruth ; s/d 67/72 €, table d'hôtes boissons comprises 29 € ; fermé 2 sem en oct). Cette jolie maison de type chalet, comprenant 4 chambres à l'ambiance

alsacienne, est plantée au milieu de la forêt, sur la route qui serpente de Kruth vers le col d'Oderen. L'adresse comblera les amateurs de vert et d'air pur. Aux manettes, la famille Bach, et Serge, en particulier, reconverti en cuisinier, pour la table d'hôtes (sur réservation). Accès aux cascades Saint-Nicolas et de nombreuses boucles pédestres à suivre.

VALLÉE DE LA DOLLER

Au pied du Ballon d'Alsace, la plus méridionale des vallées alsaciennes est un univers sauvage, sillonné de quelque 325 km de sentiers balisés. Certains sites ne se rejoignent qu'à pied.

De Masevaux à Sewen en passant par Rimbach-près-Masevaux, on compte une bonne dizaine d'églises joliment rénovées qui disposent pour la plupart d'un orgue et qui sont recensées dans une "route des orgues et des églises".

Les lacs glaciaires constituent les temps forts de la découverte de la vallée, parmi lesquels celui de **Sewen**, l'un des mieux préservés des Vosges alsaciennes. Bordé par la tourbe, il s'étend sur 6 ha dont on peut faire le tour à pied. Avec un peu de chance, vous pourrez apercevoir des castors et croiser la timide vache écossaise réintroduits sur le site. Par temps chaud et humide, des feux follets s'allument parfois sur les abords tourbeux.

Surplombant la vallée de la Doller, le **lac d'Alfeld** est aussi le résultat de l'érosion glaciaire mais sa digue impressionnante, longue de 30 m, construite par les Allemands à la fin du XIXe siècle, a élevé la hauteur de l'eau. Un sentier pédestre contourne le plan d'eau à partir de la digue.

Activités

Typiques de la région mais construits d'après le savoir-faire canadien, les 10 **chalets de la Doller** sont l'excuse de belles balades dans la vallée, ne dépassant pas les 2 heures de marche. Édifiés en mélèze et en épicéa par le **Club vosgien** (club-vosgien-masevaux.fr), ils servent d'abri aux randonneurs mais il est interdit d'y camper. Brochure avec les itinéraires à l'office du tourisme de Sewen.

Pour une exploration de la vallée de la Doller à vélo, optez pour la **véloroute** du même nom qui court de la gare de Burnhaupt à Sewen (20 km), sur le tracé d'une ancienne voie ferrée.

Spécialisée dans la culture de plantes médicinales et aromatiques, la **ferme Reitzer** (03 89 38 03 84 ; 15 rue de Bruckenwald, Niederbruck ; visites sur rdv, magasin ouvert jeu-sam matin) se visite avec un guide.

VAUT LE DÉTOUR

Le circuit des trois lacs

Trois lacs plus sauvages encore se rejoignent à pied depuis Rimbach-près-Masevaux : les **deux lacs de Neuweiher** – le grand (photo ci-dessus) et le petit – et le **lac des Perches**. Cette boucle de 5 heures (difficulté moyenne) permet de les admirer à loisir et offre une vue imprenable du col des Perches, avec en contrebas le lac du même nom. Départ du parking face à l'église. Plusieurs variantes sont possibles : munissez-vous de la carte IGN 3620 ET.

En chemin, pour une pause-déjeuner, ou bien pour une nuit au calme au bord du grand lac de Neuweiher, vous pourrez compter sur la délicieuse **auberge-refuge de Neuweiher** (03 89 82 02 09 ; demi-pension ch/dortoir 49/42 € par pers, pique-nique 7,50 €, menu 18,50 € ; fermé déc à mi-mars, et mer hors juil-août) qui compte 5 chambres et 2 dortoirs.

CHRISTOPHE CORBEL ©

À NE PAS MANQUER

Ballon d'Alsace

À 1 247 m d'altitude, le Ballon d'Alsace est le sommet le plus au sud du massif des Vosges. Il offre un panorama grandiose sur la plaine, les Jura français et suisse et les Alpes. Le sommet est couvert de chaumes avec une lisière de forêts en contrebas, sur son flanc sud. Le site rayonne surtout le matin et le soir lorsque la lumière descend et modifie les tonalités et les couleurs. Un sentier de découverte de 4 km fait le tour du sommet. Une dizaine de tables d'orientation (climat, géologie, histoire...) sont réparties sur le parcours.

Une petite **station de ski** est installée sur le Ballon d'Alsace. Elle est équipée d'une dizaine de téléskis et de pistes. Une quarantaine de kilomètres de pistes de ski de fond et de raquettes sont également aménagés. Location de matériel et école de ski sur place.

Infos pratiques

Pour des sorties encadrées (été comme hiver), contactez **Regards Insolites** (☎06 80 02 84 18 ; www.regardsinsolites.fr). Forfait ski alpin adulte/enfant 19/16 €, hors vacances scolaires et en semaine 14,50 €. Renseignements sur www.ballondalsace.fr

Où se loger et se restaurer

Vallée de la Doller

Les Buissonnets Ferme-auberge €

(☎03 89 38 85 87 ; ferme-auberge-buissonnets.jimdo.com ; Bourbach-le-Haut ; demi-pension 50 €/pers, 57 € avec casse-croûte du midi ; ⌚variables, téléphonez). Située à l'écart de la route Joffre (encadré p. 248), cette ferme-auberge qui dispose de 6 chambres propres est un havre de paix dans le massif du Rossberg (entre Masevaux et Thann). On vient ici pour trouver la tranquillité au milieu des prairies à vaches. Le parking en retrait des bâtiments préserve l'environnement 100% naturel du site. Au menu du restaurant, repas marcaire, grillades au feu de bois, omelettes et salades... Il est possible de venir à pied depuis Masevaux (1 heure 30) ou Rossberg (1 heure).

Hôtel-restaurant des Vosges Centenaire **€€**
(☎ 03 89 82 00 43 ; www.hoteldesvosges.com ; 38 Grande-Rue, Sewen ; d rue-jardin 90-130 €, demi-pension 85-135 €/pers, petit déj 12 €, menus 35/54/68 €, plats 15-28 € ; restau fermé midi le week-end, soir mer et dim ; wifi). Ouvert dans les années 1920, cet hôtel joliment situé sur les rives de la Doller propose une quinzaine de chambres rénovées. Les salles communes et en particulier le restaurant sont plus traditionnelles mais plairont à ceux qui cherchent un lieu avec un peu de caractère. Spa extérieur, hammam et sauna et très agréable jardin. Les chambres les plus économiques donnent sur la route.

Ballon d'Alsace

Ne confondez pas les deux adresses qui suivent, aux noms très proches.

Auberge du Langenberg Pension **€**
(☎ 03 89 48 96 37 ; www.langenberg.fr ; rte du Ballon d'Alsace, D466 ; demi-pension 60-65 €/pers, plats 10-17 € ; fermé lun soir et mar sept-nov et mars-juin, fermé mi-oct à début nov). Une belle bâtisse plantée juste au-dessus de la route qui mène au Ballon depuis Sewen. Idéal pour les marcheurs et les skieurs : un départ de remonte-pente se trouve à quelques mètres du bâtiment. Chaleureuses salle de restaurant, terrasse extérieure et carte à base de produits locaux, parfois issus du potager de l'auberge.

Ferme-auberge du Grand Langenberg Intimité **€**
(☎ 03 89 48 96 98 ; rte du ballon d'Alsace, D446 ; plats 9-12 €, menu marcaire 16 € ; tte l'année tlj sauf mer). Pas plus de 30 couverts dans la petite salle accolée à la maison des propriétaires et un accès difficile pour les véhicules : voici des modalités qui assurent la tranquillité à cette ferme-auberge. On s'installera au choix à l'intérieur ou sur la petite terrasse qui offre une vue splendide. Repas marcaire classique mais servi avec le sourire et le sentiment d'être attendu... même par le chien rondouillard de la maison. C'est la ferme-auberge la plus au sud du massif des Vosges. Accès à pied depuis Sewen (1 heure 30). Randonnées vers le Ballon d'Alsace (1 heure) et le lac d'Alfeld (1 heure 30).

CHRISTOPHE CORBEL ©

VAUT LE DÉTOUR
Du théâtre au cœur des Vosges

Créé en 1895, le **théâtre du Peuple de Bussang** (☎ 03 29 61 62 47 ; www.theatredupeuple.com ; 40 rue du Théâtre, Bussang) n'était à l'origine qu'une scène en pleine nature où les spectateurs se tenaient debout dans la prairie. Tout au long du XXe siècle, ce lieu, précurseur du théâtre populaire en France, a accueilli troupes bénévoles et professionnelles. Aujourd'hui, le bâtiment construit en bois, sorte de coque de bateau renversée, possède toujours une scène dont le fond s'ouvre sur une forêt de hêtres. Programmation toute l'année. À 15 km de Husseren-Wesserling par la N66.

Renseignements

Office du tourisme de Masevaux et la vallée de la Doller (☎ 03 89 82 41 99 ; www.hautes-vosges-alsace.fr ; 9 pl. des Alliés, Masevaux)

Depuis/vers la vallée de la Doller

Un bus **TER** (☎ 01 84 90 90 90 ; ter.sncf.com/grand-est) relie Sewen à Cernay en 50 minutes.

VIANNEY MULLER ©

Ferrette, Jura alsacien (p. 282)

MULHOUSE ET LE SUD DE L'ALSACE

Mulhouse et le sud de l'Alsace

Bien des Alsaciens considèrent l'extrémité méridionale de leur région, le Sundgau (le "comté du Sud") comme une contrée "sauvage". Passé Mulhouse, qui brille par ses musées et son patrimoine industriel à défaut de belles pierres, cette région affiche pourtant tous les signes d'appartenance à l'Alsace : maisons à colombages et géraniums, cigognes, belles tablées et goût de la fête. Ne manque plus que le vignoble ! Sauf qu'ici, tout est plus ancien, plus naturel... plus authentique et moins touristique aussi. Une vie passionnante s'y déroule, à découvrir dans les petits villages lors d'étapes culturelles ou gourmandes. Prenez le temps de musarder sur les petites routes de campagne pour apprécier le riche héritage de cette zone frontière, ou longez paisiblement les cours de l'Ill ou de la Largue avant de vous attabler dans une auberge centenaire. Parmi les plus beaux villages du Sundgau, celui de Ferrette, porte ouverte vers le Jura alsacien, est à ne pas manquer. Vous voici enfin dans le cœur profond et l'âme sauvage du sud de l'Alsace, le jardin secret du Haut-Rhin.

☑ Dans ce chapitre

À gauche : Petite Camargue alsacienne (p. 272). À droite : Un atelier de l'écomusée d'Alsace (p. 269)

Gundolsheim
Meyenheim
Hirtefelden
Fesenheim
Guebwiller
Blodelsheim
Soultz-Haut-Rhin
Ungersheim
Ensisheim
Rumersheim-le-Haut
Rhin
Écomusée d'Alsace (p. 269)
D411
A35
Forêt de la Harth nord
D201
D83
Canal d'Alsace
D39
Cernay
Wittelsheim
Ill
Baldersheim
Thann
Ottmarsheim
Bois de Nonnenbruch
Grand
MULHOUSE
Canal du Rhône au Rhin
Cité de l'automobile (p. 259)
Rixheim
Riedisheim
Habsheim
Forêt de la Harth sud
ALLEMAGNE
A36
A35
D432
Kembs
Diefmatten
Landser
Schlierbach
D466
HAUT-RHIN
Illfurth
Eglingen
Petite Camargue alsacienne (p. 272)
Obermorschwiller
D201
Walheim
Wolfersdorf
D419
Altkirch
EuroAirport Bâle-Mulhouse
Huningue
Hausgauen
Altenach
D419
Saint-Louis
Hirtzbach
Hirsingue
Heimersdorf
BÂLE
Grentzingen
D463
Friesen
Folgensbourg
Waldighoffen
Feldbach
D9B
D463
D473
D432
Ill
TERRITOIRE DE BELFORT
Bettlach
Vieux-Ferrette
Leymen
Château du Landskron (p. 287)
Oltingue
Pfetterhouse
Ferrette (p. 282)
D41
SUISSE
Oberlarg
Winkel
Morimont
SUISSE
D432
Lucelle
Laufen
Porrentruy
Breitenbah
18
N
0
40 km

MULHOUSE

Deuxième ville d'Alsace après Strasbourg, Mulhouse (110 000 habitants) ne jouit pas toujours d'une bonne réputation. Ici, point de maisons à colombages croulant sous les géraniums ni de ruelles pittoresques, mais une histoire singulière qui en fait une ville attachante, métissée, bouillonnante culturellement. Mulhouse n'a été rattachée à la France qu'en 1798 : de 1347 jusqu'à cette date, elle jouissait du statut très particulier de cité-État, ou de ville libre. Berceau industriel de l'activité textile en France, la cité ne jouit pas d'un centre historique particulièrement agréable – hormis la place de Réunion. Victime d'une désorganisation urbanistique certaine, traumatisée par la désindustrialisation, Mulhouse sort peu à peu de la sinistrose : la Filature est devenue une scène nationale ; la Fonderie accueille une extension de l'université de Haute-Alsace et un lieu d'exposition ; les friches de DMC (la grande entreprise textile, créée en 1746) accueillent des ateliers d'artistes... Nombre de nouveaux commerces ont ouvert ces dernières années dans le centre-ville ou aux abords de la gare, quartier d'affaires en pleine restructuration. Pour comprendre cette ville complexe, il faut visiter ses merveilleux musées techniques, témoignages du riche passé industriel qui lui valut, au XIXe siècle, le surnom de "Manchester français".

À voir

Vestige des années 1970 labellisé Patrimoine du XXe siècle, la **tour de l'Europe** domine le centre-ville du haut de ses 100 m de béton armé. À ses pieds, la rue du Sauvage, piétonne, rejoint le petit centre historique. Hormis la place de la Réunion, il n'a que peu d'intérêt pour le visiteur : les musées qui font la renommée de la ville occupent d'anciennes usines ou des halles en périphérie. Seuls le Musée historique, le musée des Beaux-Arts et le musée de l'Impression sur étoffes sont en plein centre ou près de la gare. La **maison du patrimoine Edouard-Boeglin** (03 69 77 76 61 ; 5 pl Lambert; mar-dim 13h-18h30) GRATUIT présente une intéressante exposition sur l'histoire de Mulhouse et organise des visites guidées de la ville.

Ancien hôtel de ville (p. 260)

VINCENT FROEHLY ©

VINCENT FROEHLY ©

À NE PAS MANQUER

Cité de l'automobile

Tout simplement le plus grand musée automobile au monde, avec plus de 400 modèles présentés dans divers espaces, dont la plus grande salle, de 17 000 m^2, est ornée de 800 lampadaires à la façon du pont Alexandre-III à Paris ! Passé l'entrée de cette ancienne usine textile, le visiteur est absorbé par le gigantisme de cette collection rassemblée par les industriels du textile Fritz et Hans Schlumpf, qui achetèrent des dizaines de voitures dans le monde, se concentrant sur les modèles européens de la grande époque et sur la marque alsacienne Bugatti. En 1976, au moment où l'industrie textile entre en crise, le luxe de cette collection devient insupportable aux centaines d'ouvriers qui perdent leur travail. Les frères Schlumpf, poursuivis pour abus de biens sociaux et fraude fiscale, fuient en Suisse et ne reviendront jamais. Leur collection est confisquée et dès 1978, sous l'impulsion de Jean Panhard, grande figure de l'industrie automobile, elle est classée aux monuments historiques. Le musée national de l'Automobile ouvre ses portes au public en 1982.

Incontournable, ce musée ne raconte pas seulement une histoire de la mécanique de 1878 à nos jours. Chaque voiture exposée est une œuvre d'art, une poésie où la ligne relève souvent de la haute couture – voire de la fantaisie la plus déroutante.

La scénographie est minimaliste : sans audioguide (gratuit), on passe bien souvent à côté de merveilles d'invention et d'anecdotes extraordinaires. Pour prolonger la visite, des animations interactives permettent de faire l'expérience d'un tonneau en voiture ou encore de démarrer un moteur à la manivelle. Un prestataire propose aussi d'effectuer sur l'autodrome du musée quelques tours de pistes à bord de voiture de collections (7 tours à partir de 40 €).

Infos pratiques

Musée (☎ 03 89 33 23 23 ; www.citedelautomobile.com ; 15 rue de l'Épée ; tarif plein/réduit 14/10 €, gratuit -7 ans ; ⏲ mi-avr à début nov tlj 10h-18h, mi-nov à début jan et mi-fév à mi-avr tlj 10h-17h, début jan à mi-fév lun-ven 13h-17h, sam-dim 10h-17h). L'accès est facile par le tramway (ligne 1, arrêt Musée-de-l'Auto). Possibilité de restauration sur place.

Vieille ville Patrimoine

La très belle **place de la Réunion** est le centre névralgique de Mulhouse. Son nom évoque le rattachement de la République de Mulhouse à la République française le 15 mars 1798. Elle offre un ensemble architectural typiquement rhénan d'une grande homogénéité, avec ses belles façades colorées – la plupart datant des XVe et XVIe siècles . La place est bordée par l'**ancien hôtel de ville**, transformé en musée historique (p. 263), original avec ses fresques extérieures, ses trompe-l'œil et sa coloration rose. Construit en 1432, il fut détruit par un incendie puis reconstruit en 1552 et baptisé Rothüss (maison rouge). Son allure helvétique rappelle l'alliance entre Mulhouse et la Suisse... Ses fresques sont remplies de symboles, dont vous découvrirez le sens en entrant dans le bâtiment. Le **temple Saint-Étienne**, également sur la place, est, lui, le plus haut bâtiment protestant de France. L'édifice actuel, néogothique, date de 1866, mais il a été érigé à l'emplacement d'une église de style roman du XIIe siècle – le culte catholique n'y était plus pratiqué depuis 1523. Les vitraux datant du XIVe siècle ont été réinstallés dans le nouveau temple et constituent un ensemble exceptionnel en la matière. Autour de la place, quelques **ruelles historiques** méritent la flânerie, comme la rue Henriette (du nom de la première mulhousienne née française), la rue des Franciscains, ou la rue de la Justice qui conserve la **tour du Bollwerk**, un donjon du XIVe siècle, vestige de l'enceinte médiévale. La rue de la Loi est importante dans l'histoire de la ville : c'est ici que quatre jeunes Mulhousiens fondèrent en 1746 la première manufacture d'impression sur étoffes : le succès de leurs indiennes (tissus peints de couleurs vives, initialement importés d'Inde) est immédiat et marque le début de l'aventure industrielle de Mulhouse. Ne manquez pas, hors de la cité médiévale, la **place de la Bourse**, triangulaire, construite pour les industriels au XIXe siècle : son architecture néoclassique, avec colonnades et arcades, s'inspire de la rue de Rivoli à Paris.

Mulhouse

Mulhouse

À voir

1	Ancien hôtel de ville	E3
2	Cité de l'automobile	D2
3	Cité du train	B3
4	Cité-jardin	D3
5	Kunsthalle	D4
6	Musée de l'Impression sur étoffe	E3
7	Musée des Beaux-Arts	E3
8	Musée Électropolis	B3
	Musée historique	(voir 1)
9	Parc zoologique et botanique	F4
10	Rebberg	E4
11	Temple Saint-Étienne	E3

Où se loger

12	Hôtel de Bâle	E3

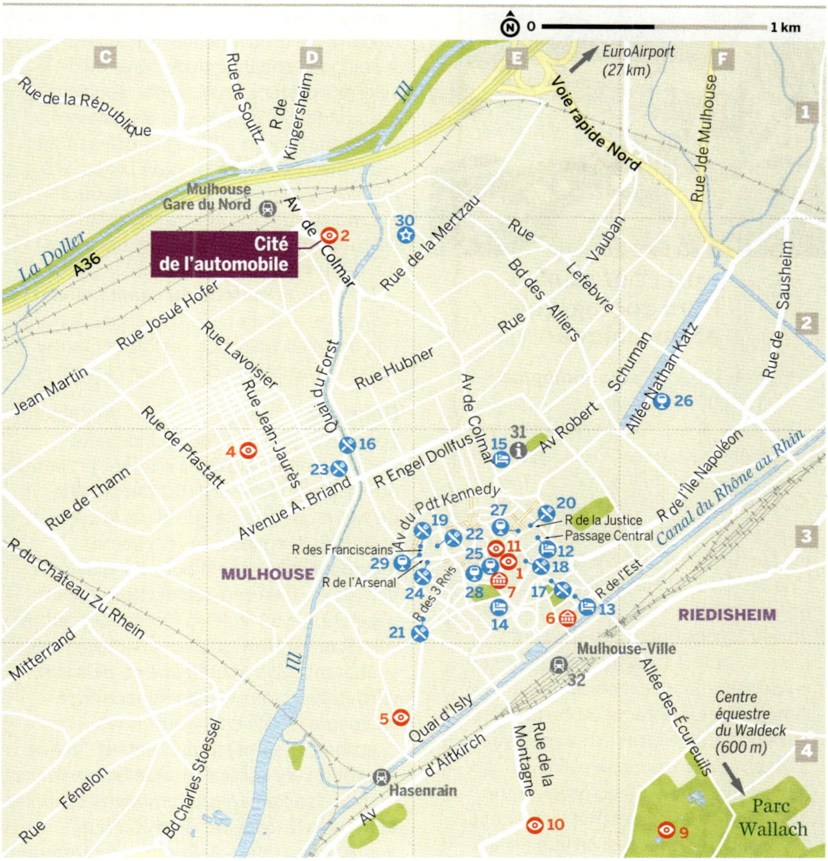

13 Hôtel de la Bourse E3
14 Hôtel du Parc E3
15 Hôtel Le Bristol E3

Où se restaurer

16 Aux Halles du Marché D3
17 Chez Auguste.. E3
18 Hug E3
19 Il Cortile E3
20 La Cant'In E3
21 Le Cellier... E3
22 Le 4 .... E3
23 Le P'tit Marché de Poupous...................D3
24 Zum Sauwadala E3

Où prendre un verre et sortir

25 Café Mozart.. E3
26 La Filature.. F2
27 La Quille E3
28 La Taverne des Chevaliers teutoniques................. E3
Le Charlie's Bar.............................(voir 14)
29 Le Gambrinus.. E3
30 Le Noumatrouff D2

Renseignements

31 Office du tourisme E3

Transports

32 Gare de Mulhouse................................... E4

VINCENT FROEHLY ©

VAUT LE DÉTOUR
Parc zoologique et botanique

Fondé en 1868, ce **parc zoologique** (03 89 69 77 65 65 ; www.zoo-mulhouse.com ; 111 av. de la 1re-Division-Blindée ; tarif plein haute saison/réduit haute saison et pour tous basse saison 16/10 €, gratuit -4 ans ; tlj mai-août 9h-19h, avr et sept 9h-18h, mars, oct et nov 9h-17h, déc-fév 10h-16h) est l'un des plus anciens de France. Charles-Thierry Mieg, initiateur du projet, voulut un parc pour le peuple, un lieu "où les ouvriers pouvaient joindre l'utile à l'agréable, l'instruction au délassement, le développement de l'intelligence à la santé du corps." Cette mission semble être restée présente à l'esprit des responsables du lieu, qui adhère aujourd'hui à un programme d'élevage européen et met l'accent sur les espèces menacées, en vue de leur réintroduction dans leur milieu naturel. Il s'est spécialisé dans les lémuriens, développant un partenariat privilégié avec Madagascar, où il travaille même sur le biotope de réintroduction. Il a aussi participé à la réintroduction de la tortue cistude d'Europe, du vautour fauve et du vautour moine, et mène un programme de sauvetage de plantes menacées. Il héberge depuis 2019 un okapi et un takin du Sichuan tout en participant à 87 programmes de reproductions d'espèces en danger. Le personnel propose régulièrement des animations et des visites guidées gratuites, le mercredi et le dimanche.

Cité-jardin — Quartier historique

(accès rue de Pfastatt ou rue Jean-Jaurès). À quelques encablures du cœur de ville, des patrons protestants, soucieux des conditions de vie de leurs ouvriers, élaborèrent ici vers 1850 l'une des toutes premières cités ouvrières d'Europe. Les milliers de maisonnettes ont depuis été agrandies, mais ce petit village en pleine ville, quadrillé de passages, est plaisant à arpenter aux beaux jours.

Non loin, le **marché du canal couvert** (26 quai de la Cloche ; mar, jeu, sam 7h-17h), l'un des plus vastes de l'est de la France, ravira les amateurs de produits locaux.

Rebberg — Architecture

Les plus belles villas de Mulhouse se dissimulent au sud de la ville, sur les pentes du Rebberg. Cette colline était plantée de vignes jusqu'à ce que, dans la seconde moitié du XIXe siècle, les capitaines d'industrie s'y fassent bâtir de luxueuses demeures, bien souvent cachées par la végétation, pour fuir les fumées du centre-ville. Rue Ventron, on peut apercevoir une exubérante villa mauresque et, plus loin, l'Ermitage, dans un style Renaissance, ou encore la villa Éden (devenue chambres d'hôtes). Rue Élisabeth, la villa Bourdonnière est une grande bâtisse dans le style alsacien avec colombages, tourelles et toiture de tuiles vernissées. Pour apprécier au mieux le Rebberg, optez pour la visite guidée de l'office de tourisme (5 €).

Musée de l'Impression sur étoffes — Art et histoire

(03 89 46 83 00 ; www.musee-impression.com ; 14 rue Jean-Jacques-Henner ; tarif plein/réduit 10/5 € ; mar-dim 13h-18h). Ce musée rend hommage aux manufactures qui firent de Mulhouse, au XIXe siècle, la capitale mondiale du tissu imprimé. Aux collections permanentes, qui font une large part aux indiennes (p. 260) des débuts, s'ajoutent régulièrement de très belles expositions temporaires, souvent en collaboration avec de grands noms de la mode. L'intérêt du musée est autant historique qu'esthétique, dans la lignée de la vocation initiale du

lieu : conserver les créations passées pour inspirer celles du futur.

Musée historique — Histoire

(☎ 03 89 45 43 20 ; www.musees-mulhouse.fr ; 4 rue des Archives ; ⌚ tlj sauf mar 13h-18h30, juil-août tlj 10h-12h et 13h-18h30). GRATUIT Le seul musée de France où l'on peut se marier ! Installé dans le bel ancien hôtel de ville (XVIe siècle), qui abrite toujours des services municipaux et la salle des mariages, il restitue l'histoire complexe de cette ville membre de la Décapole alsacienne, et la manière dont on y a vécu : intérieurs bourgeois, meubles, peintures et sculptures, vitraux, plafonds peints de la salle du Grand Conseil... Une pièce est consacrée à Alfred Dreyfus, né à Mulhouse en 1859.

Musée des Beaux-Arts — Peinture

(☎ 03 89 33 78 11 ; www.musees-mulhouse.fr ; 4 pl. Guillaume-Tell ; ⌚ lun, mer-dim 13h-18h30, juil-août tlj 10h-12h et 13h-18h30). GRATUIT Installé dans la villa Steinbach, bel hôtel particulier du XVIIIe siècle à deux pas de la place de la Réunion, ce musée municipal fondé en 1864 met en avant les œuvres de Jean-Jacques Henner, Brueghel le Jeune et William Bouguereau. On y admirera aussi le retable de Rheinfelden (XVe siècle) et des œuvres de Boudin et Courbet. Expositions d'artistes régionaux contemporains.

Cité du train — Patrimoine SNCF

(☎ 03 89 42 83 33 ; www.citedutrain.com ; 2 rue Alfred-de-Glehn ; tarif plein/réduit 13/9,50-11 € ; ⌚ avr-fin oct tlj 10h-18h, nov-mars tlj 10h-17h). Impossible de rater ce bâtiment peint de mille couleurs. Situé dans le quartier de Dornach, près de l'A36 et de la voie ferrée, ce musée créé en 1969 abrite la plus belle collection de trains d'Europe (sur ces terres de haut savoir-faire ferroviaire, ce n'était que justice), dans une scénographie récente réussie. Les locomotives, mises en valeur comme autant d'œuvres d'art, témoignent de l'ingéniosité de pionniers et de techniciens toujours à la recherche d'innovations. C'est toute l'histoire du chemin de fer français et mondial qui se dévoile. Restauration sur place, au restaurant Le Mistral. Billet combiné avec le musée Électropolis (p. 264) possible (tarif plein 18 €).

Place de la Réunion (p. 260)

Port de plaisance de Mulhouse

Musée Électropolis Technique et ludique

(03 89 32 48 50 ; www.musee-electropolis.fr ; 55 rue du Pâturage ; tarif plein/4-17 ans 9/4 € ; mar-dim 10h-18h). Tout ce que vous avez toujours rêvé de savoir sur la fée Électricité, ses applications industrielles et la formidable aventure humaine qu'a été sa découverte. C'est une collection unique en Europe, où l'on découvre entre autres que l'électricité statique et le magnétisme sont des phénomènes observés déjà en 600 av. J.-C. Des machines en tous genres, certaines en fonction, racontent une histoire de la modernisation de notre civilisation. Nombreuses animations au programme. Un espace de 350 m² dédié à la transition énergétique et numérique a récemment ouvert. À proximité immédiate de la Cité du train.

Kunsthalle Art contemporain

(03 89 69 77 66 47 ; www.kunsthallemulhouse.com ; 16 rue de la Fonderie ; seulement pendant les expos). GRATUIT 700 m² d'art contemporain dans une ancienne fonderie du début du XIXe siècle ! Surnommé "la cathédrale" en raison de sa grande nef métallique, ce bâtiment superbement reconverti en 2007 expose des œuvres, certes, mais provoque aussi la création grâce à des résidences d'artistes visiblement inspirés par le lieu. La programmation s'inscrit dans le champ d'échanges transfrontaliers avec la Suisse et l'Allemagne. Consciente du côté abstrait et parfois élitiste de l'art contemporain, l'équipe en charge de la gestion du lieu propose des ateliers d'initiation et des visites commentées. Le bâtiment accueille également l'un des départements de l'université de Haute-Alsace.

Où se loger

Hôtel de Bâle Central et économique €

(03 89 46 19 87 ; www.hoteldebale.fr ; 19-21 passage Central ; s/d/tr 45-60/55-70/62-80 €, lit supp 5 €). Un couple dynamique tient cet établissement ultra-central orienté petits budgets. La vingtaine de chambres, pour la plupart rénovées, ne présentent pas de charme particulier. Certaines peuvent être petites. Les plus calmes donnent sur la cour. Petit-déjeuner à 9 €.

Hôtel de la Bourse Traditionnel €€
(03 89 56 18 44 ; www.bourse-hotel.com ; 14 rue de la Bourse ; s/d/ste 59-166/68-220/80-220 € selon confort et période ;). Très bien situé, à proximité de la gare et du centre-ville (mais sans parking...), cet hôtel Best Western très propre fait montre d'une certaine recherche dans la décoration des chambres (une petite quarantaine), toutes bien équipées. Celles du dernier étage sont les plus romantiques ; les plus calmes donnent sur le jardin intérieur. Pour les soirées étapes (à partir de 98 €), l'hôtel s'arrange avec un très bon restaurateur du coin. Salon-bar.

Hôtel Bristol Central €€€
(03 89 42 12 31 ; www.hotelbristol.com/fr/ ; 18 av. de Colmar ; s/d/tr/qua 80-125/100-150/150-180/180-210 € selon confort, ste 250-300 €, petit-déj 9,50 € ; P 4 €/jour). Presque au pied de la tour de l'Europe, c'est l'un des grands et beaux hôtels de la ville, aux chambres soignées, pour la plupart rénovées. On se plonge avec bonheur dans la baignoire hydromassante après une journée dans les musées. Bar détente dans le hall. Un établissement familial, au personnel accueillant. Ceux qui voyagent en voiture apprécieront le parking : il n'est pas simple de se garer dans le quartier.

Hôtel du Parc Tout confort €€€
(03 89 66 12 22 ; www.hotelduparc-mulhouse.com ; 26 rue de la Sinne ; ch 85-120 €, ste à partir de 265 €, petit-déj 18 € ; P 18 €/jour). Face au théâtre de la Sinne et au parc Steinbach, dans un quartier plutôt huppé du cœur de ville, cet hôtel ouvert en 1926 est immanquable avec sa monumentale façade néoclassique derrière laquelle les 70 chambres tout confort, très bien équipées, affichent un style années 1920. Chic, luxueux et élégant, jusque dans le bar-restaurant.

Où se restaurer

La Cant'in Tapas et brunch €€
(03 89 51 13 64 ; www.la-cantin.com ; 13 rue de la Justice ; plats 10-25 €, formule déj 14,70 € ; mai-sept fermé lun soir et dim, oct-avr fermé lun soir et dim soir). Cette adresse sans prétention du centre-ville est très appréciée des habitants tant le rapport qualité/prix est excellent et l'ambiance sympathique. On y vient le midi pour un déjeuner rapide ou le soir entre amis, pour siroter des cocktails en grignotant des tapas (beignets de mozzarella, poêlée de crevettes...), ou pour les burgers maison accompagnés de *potatoes*. Généreuses salades, bruschettas et succulentes planchettes de fromages. Brunch à volonté le dimanche (23,90 €) sauf mai-sept.

Aux Halles du Marché Animé €€
(03 89 51 13 64 ; 26 quai de la Cloche ; plats 14-17 € ; mar, jeu et sam jusqu'à 17h). À l'origine (il y a plus de soixante dix ans !), c'était la cantine des maraîchers du marché. Le temps a passé et cette adresse nichée à l'intérieur même des halles s'est certes institutionnalisée, mais a conservé son atmosphère populaire et familiale. Trois jours par semaine, on y vient pour déguster des plats traditionnels alsaciens, toujours savoureux. La carte est courte : selon les jours, on trouve *pfluttas* maison (quenelles alsaciennes), *surlawerla* (émincé de foie) ou encore *mounischalas* (rognons blancs). À l'étage, une terrasse dominant les étals permet de profiter de l'ambiance du marché. On peut aussi déguster sur le pouce, au comptoir, une mauricette au jambon, une soupe de légumes ou un bretzel.

Le P'tit Marché de Poupous Populaire €€
(03 89 42 61 52 ; 5 quai de la Cloche ; plats 14-19 € ; lun soir, mar midi, mer-sam midi et soir. Tout près du grand marché, un restaurant convivial apprécié, qui doit beaucoup à la personnalité chaleureuse de son patron, Poupous. On y déguste des spécialités alsaciennes, mais pas que, à prix corrects (gambas sautées à l'ail, brochettes de porc thaïes, *fleischnackas* maison...). Clientèle d'habitués dans une ambiance bon enfant. Réservation recommandée.

Hug Brasserie **€€**
(03 89 45 33 86 ; restaurant-hug.zenchef.com ; 11 rue du Sauvage ; plats 12-30 €, menus 26-32 €, formules déj semaine 9,50-12,50 € ; fermé dim midi). Une institution du centre qui ravit les amateurs de viande et particulièrement de steak tartare, décliné en d'innombrables recettes. Également au menu : jarret braisé au munster, *baeckeoffe* en cocotte ou encore de généreuses salades. Cette brasserie discrète, à l'étage d'une demeure offrant une belle vue sur la rue depuis ses baies vitrées, a en outre l'avantage de fermer tard – la cuisine est ouverte jusqu'à 1h du matin. Service efficace.

Le 4 Semi-gastronomique **€€**
(03 89 44 94 11 ; restaurantle4.com ; 5 rue Bonbonnière ; plats 25-27 €, formules déj semaine 17-20 € ; fermé dim midi). Cette adresse du Vieux Mulhouse s'est rapidement imposée avec sa cuisine française mâtinée d'influences exotiques, rapportées dans leurs valises par les propriétaires, grands amateurs de voyage. Dans un cadre de bistrot moderne et chaleureux, on déguste un "filet de bœuf Simmenthal, polenta croustillante, *enoki*, patate douce fumée, condiment ail noir, jus corsé au hoisin" ou, en entrée, un "sandwich de homard, tartare d'avocats, salade d'herbes au vinaigre *kalamansi*"... Cette excellente table, qui propose chaque semaine de nouvelles saveurs, est souvent prise d'assaut : réservez.

Le Cellier Chaleureux **€€**
(03 89 66 04 84 ; restaurant-lecellier.fr ; 4 rue des Trois-Rois ; menus 17-30,50 €, plats 12-27 €, formules déj 13-14 € ; fermé lun midi, sam midi et dim). On s'y sent parfois un peu à l'étroit, mais l'adresse dégage beaucoup de chaleur ! La patronne, souriante, est virevoltante : elle vous trouve toujours un petit coin pour vous installer et vous faire goûter aux plats mijotés par son mari. À la carte, rien que des spécialités alsaciennes ou presque : un excellent *baeckeoffe*, gratin au munster ou truite au riesling, quenelles de foie/choucroute... C'est très bien cuisiné et les prix sont convenables.

Zum Sauwadala Taverne alsacienne **€€**
(03 89 45 18 19 ; www.zum-sauwadala.fr ; 13 rue de l'Arsenal ; menus 26-29 €, plats 15-30 € ; mar-sam midi). Impossible de manquer cette adresse à l'enseigne présentant un couple de cochons en habits traditionnels. "À la petite queue de cochon" est l'un des rares restaurants à Mulhouse où l'on peut déguster, dans un cadre traditionnel avec poutres en bois et nappes à carreaux, quelques plats 100% alsaciens réussis – choucroute, *späetzle*, civet de lièvre, coq au riesling... Bons et abordables, les vins au pichet sont sélectionnés dans la région. Beau choix de schnaps pour faire passer la richesse des mets.

Chez Auguste Bistronomique **€€**
(03 89 46 62 71 ; www.chez-auguste.fr ; 11 rue Poincaré ; menus 20-25 €, plats 15-22 € ; mar-sam midi et soir). Chic et raffiné, Chez Auguste est l'une des tables les plus en vogue de Mulhouse. Le chef Luc Chervy prend plaisir à travailler des produits frais, de la mer et de la terre. Se côtoient ainsi sur la carte des noix de Saint-Jacques rôties, des huîtres, un veau cocotte à la provençale ou un bavarois d'avocat au magret fumé et sauce au curcuma. La carte des desserts, originale, et celle des vins, très complète, ne peuvent que faire le bonheur de tous. Mieux vaut réserver bien en amont !

Il Cortile Étoilé **€€€**
(03 89 66 39 79 ; ilcortile-mulhouse.fr ; 11 rue des Franciscains ; menu midi 34 €, menus 59-110 €, plats 28-39 € ; mar-sam midi et soir). Intérieur contemporain classieux, délicieuse terrasse ombragée dans une cour intérieure du vieux Mulhouse... le plus beau, pourtant, se trouve dans l'assiette. La cuisine créative du chef étoilé Jean-Michel Feger se mâtine d'influences méridionales pour une dolce vita version mulhousienne des plus réussies. Quelques exemples pour vous mettre en appétit : tagliatelles de homard bleu, truffe noire et foie gras, *saltimbocca* de lapin à la sauge, gnocchis de pommes de terre, potimarron et champignons des bois... La réservation est obligatoire.

Où prendre un verre

Café Mozart — Salon de thé

(03 89 66 48 48 ; 25 pl. de la Réunion ; lun 11h30-18h30, mar-ven 8h45-18h30, sam 8h-19h). Un élégant salon de thé, idéal pour une pause gourmande à toute heure de la journée. On y sirote un chocolat chaud maison, accompagné des succulentes pâtisseries de chez Jacques, maître-pâtissier renommé à Mulhouse, qui a également pignon sur la place. Mais surtout, l'établissement, à l'étage, offre à travers ses baies vitrées un beau panorama de la place de la Réunion avec le temple Saint-Étienne. Petite restauration le midi.

La Quille — Bar à vins

(03 89 44 41 30 ; www.laquille-mulhouse.com ; 10 rue de la Moselle ; lun-jeu 18h-minuit, ven-sam 18h-1h30). En quelques années, cette adresse, dans une rue animée du centre (on y trouve aussi la Maison Engelmann, une "halle gourmande" plutôt chic), s'est imposée comme un rendez-vous incontournable des amateurs de vin, d'Alsace ou d'ailleurs. Cadre élégant, mais pas guindé. Possibilité de grignoter une planche de fromage ou de charcuterie.

Le Gambrinus — Bar à bières

(03 89 36 96 75 ; www.legambrinus.com ; 5 rue des Franciscains ; lun-sam 17h-1h). Niché dans une rue piétonne du vieux Mulhouse, c'est l'un des bars les plus en vogue de la ville, avec une clientèle d'habitués, étudiants et artistes. L'ambiance y est conviviale et le choix de bières impressionnant (dont une blonde maison). Concerts réguliers. Terrasse sur la rue. Restauration également.

Charlies' Bar — Jazz

(03 89 66 12 22 ; www.hotelduparc-mulhouse.com ; 26 rue de la Sinne). Le bar chic et feutré de l'Hôtel du parc (p. 265) propose chaque vendredi et samedi soir des concerts de jazz, à apprécier dans un décor années 1920, tout en dégustant un cocktail sophistiqué. Piano-bar aussi le soir du lundi au jeudi. Programmation sur Internet.

VAUT LE DÉTOUR

La route de la potasse

Berceau de l'industrie textile en France, la région de Mulhouse fut aussi un grand centre d'extraction de la potasse, matière première utilisée dans la production des engrais. Tout a commencé à la fin du XIXe siècle, lorsqu'une certaine Amélie Zurcher, propriétaire d'une grande ferme près de Cernay, cherche de nouvelles sources de revenus après la grande sécheresse de 1893. Persuadée que les sous-sols de la région sont riches en houille, elle parvient à force d'insistance à convaincre des industriels de la région de faire des sondages à Wittelsheim… qui révèlent la présence d'un bassin de potasse en 1906. Un premier puits est foncé en 1908 : c'est le début d'une épopée industrielle qui durera jusqu'au début du XXIe siècle et verra le fameux logo à la cigogne des mines s'exporter dans le monde entier. Au plus fort de l'activité, à la fin des années 1940, on comptait 14 puits sur le site, qui employait près de 14 000 mineurs. Quelque 560 millions de tonnes de potasse en seront extraits. Autour d'Ensisheim, le paysage est encore très marqué par cette exploitation minière avec ses puits, chevalements, terrils et cités ouvrières. Plusieurs associations préservent ce patrimoine industriel et la mémoire des mineurs. Inaugurée en 2017, une route de la potasse (18 km) court de Wittenheim, juste au nord de Mulhouse, à Wittelsheim, où l'association **Kalivie** (03 89 55 13 26 ; kalivie.free.fr) ouvre les portes du carreau Joseph-Else. À Pulversheim, tout près de l'écomusée d'Alsace, le **carreau Rodolphe** (03 89 48 86 54 ; www.carreau-rodolphe.com), en activité de 1911 à 1976, est sans doute le plus impressionnant et le mieux conservé (machines d'extraction d'origine). Les visites sont encore plus captivantes lorsqu'elles sont menées par d'anciens mineurs.

Mulhouse City Pass

Valable trois jours, ce **pass** (adulte/enfant 18/14 €) permet d'entrer gratuitement dans un des musées de la ville et de bénéficier du tarif réduit dans les autres. Il inclut également une visite guidée de la ville et une carte de transports illimitée. En vente à l'office de tourisme (ci-dessous).

La Taverne des Chevaliers teutoniques Pub

(☎03 89 59 16 10 ; 10 passage Teutonique ; ⊙lun-sam 16h-1h30). À deux minutes de la place de la Réunion, un repaire local pour regarder un match de foot tout en dégustant une des 300 bières du monde entier proposées à la carte.

Où sortir

La Filature Scène nationale

(☎03 89 36 28 28 ; www.lafilature.org ; 20 allée Nathan-Katz ; ⊙mar-sam 11h-18h30, dim 14h-18h, juil-août fermé dim). Depuis 20 ans, c'est l'une des grandes scènes culturelles dont l'alléchante programmation explore les différents domaines du spectacle vivant : théâtre, danse, opéra, concert, cirque… Une salle d'expositions temporaires (entrée libre) présente le travail de photographes et de plasticiens.

Le Noumatrouff Musiques actuelles

(☎03 89 32 94 10 ; www.noumatrouff.fr ; 57 rue de la Metzau). Rock, électro, rap… Le "Nouma", haut lieu de la vie musicale mulhousienne, accueille dans ses deux salles artistes internationaux et étoiles montantes. Bar à prix doux lors des concerts.

Renseignements

Office du tourisme et des Congrès de Mulhouse et sa région (☎03 89 35 48 48 ; www.tourisme-mulhouse.com ; 1 av. Robert-Schuman ; ⊙juil-août lun-sam 9h30-18h30, dim et jours fériés 10h-13h, mars-juin et sept-déc lun-sam 10h-13h et 14h-18h, dim 10h-13h, jan-fév lun-sam 10h-13h et 14h-17h)

Depuis/vers Mulhouse

Mulhouse est une grande porte d'entrée en Alsace, en Suisse ou en Allemagne grâce à l'**EuroAirport** (☎03 89 90 31 11 ; www.euroairport.com), septième aéroport français et troisième aéroport suisse. Situé près de Saint-Louis, en France, il n'est qu'à 5 minutes de Bâle, en Suisse, ou de Weil-am-Rhein, en Allemagne, mais à 30 minutes de Mulhouse en voiture. Depuis la gare, prendre le TER jusqu'à Saint-Louis, puis la navette **Distribus ligne 11** (10 min ; 2,50 €).

La **gare de Mulhouse** est très bien desservie car sur deux lignes à grande vitesse : est-européenne et Rhin-Rhône. Strasbourg (45 min), Lyon (3 heures), Paris (3 heures), Marseille (4 heures 45), Zurich (1 heure 30) sont ainsi accessibles en TGV, et Bâle (30 min) en TER.

Comment circuler

Dans Mulhouse, outre le réseau de **bus** fourni, 3 lignes de **tram** sont en service, qui permettent de se rendre dans les endroits stratégiques de la ville, notamment jusqu'aux musées excentrés. Ticket 1 heure : 1,40 €.

Une ligne de **tram-train** permet de gagner rapidement Thann et Kruth, au pied des Vosges.

ENVIRONS DE MULHOUSE

Mulhouse concentre une bonne partie des curiosités touristiques de la région, mais, d'un point de vue paysager, sortir de la ville pour découvrir les environs est absolument nécessaire. La campagne, située entre Vosges, Jura et Forêt-Noire, offre des panoramas inhabituels sur l'Alsace mais aussi sur l'Allemagne et la Suisse. Quelques beaux villages et bourgs, qui semblent avoir été fort heureusement oubliés par un urbanisme parfois dévastateur, sont à parcourir à vélo ou à pied de préférence : Eschentzwiller, Habsheim, Landser, Ensisheim méritent un petit passage…

VINCENT FROEHLY ©

À NE PAS MANQUER

Écomusée d'Alsace

Dans ce musée pas comme les autres, la météo et les saisons jouent aussi leur rôle : qu'il pleuve, qu'il vente, que le soleil brille ou qu'il neige, de nuit comme de jour, c'est un vrai village dans lequel vous déambulez entre 73 bâtiments (maisons, granges, fermes, garages, remises, huttes...) tous sauvés d'une destruction certaine et déplacés ici. Plus de 40 000 objets du quotidien sont exposés ou encore utilisés pour faire revivre un passé pas si lointain, mais où la vie était tellement différente de celle d'aujourd'hui. Ce n'est pas de la nostalgie, mais un véritable hommage au monde rural du XIXe siècle et du début du XXe. Des centaines de bénévoles jouent, travaillent et finalement habitent ce village extraordinaire... certes, aux heures d'ouverture ! En costumes d'époque, ils côtoient les nombreux touristes et leur font vivre un voyage dans le temps, en sourires, en chansons, en parfums ou en sons. Les grandes fêtes de l'année sont célébrées dans les rues de ce bourg, de jour ou de nuit selon la nécessité. Les travaux des champs ou de la ferme sont rythmés par les saisons, de sorte que l'on n'y verra jamais tout à fait la même chose. Événements, spectacles et animations sont constamment proposés aux visiteurs de passage, au milieu des animaux et des tracteurs !

Infos pratiques

Écomusée (☎ 03 89 74 44 74 ; www.ecomusee-alsace.fr ; à une vingtaine de kilomètres au nord de Mulhouse, près du village d'Ungersheim (suivre les panneaux) ; adulte/enfant 4-17 ans 15/10 €, famille 2 adultes + 2 enfants 46 € ; ⏲ presque toute l'année avec des horaires variables, consulter le site Internet). On peut se loger et se restaurer sur place. De nombreux lieux de pique-nique sont à disposition. Prévoyez au moins une demi-journée pour faire le tour de ce musée qui s'étale sur plus de 10 ha.

Rixheim

Aux portes de Mulhouse, ce gros bourg, sans grand intérêt par ailleurs, abrite un musée historique qui mérite une visite.

À voir

Musée du Papier peint Savoir-faire

(☎ 03 89 64 24 56 ; www.museepapierpeint.org ; La Commanderie, 28 rue Zuber ; tarif plein/réduit/4-17 ans 8,50/5/3 € ; ⏲ mai-oct tlj 10h-12h et 14h-18h, nov-avr fermé mar). Il n'existe que trois musées du papier peint dans le monde, et celui de Rixheim est sans conteste le plus complet : il présente des réalisations artistiques mais aussi toute la panoplie des outillages complexes pour la plupart inventés et mis au point ici, dans ce qui fut la manufacture de Jean Zuber. Installée en 1797 dans une ancienne commanderie de l'ordre des chevaliers teutoniques, elle avait pour vocation d'imprimer des vues panoramiques sur du papier à coller sur les murs des salons. Cette nouveauté pour l'époque rencontra un grand succès et assura la fortune de Zuber. Toutes les créations et les inventions de l'usine de Rixheim ont été conservées et augmentées d'œuvres venues du monde entier : l'histoire du papier peint est ainsi retracée depuis les débuts. Le fonds particulièrement riche permet de proposer deux expositions différentes par an, qui sont complétées par la salle des machines. La taille des impressions panoramiques donne une idée de la taille des salons d'autrefois...

Où se restaurer

La Table de Louise Traditionnel revisité €€

(☎ 03 89 31 93 19 ; tabledelouise.fr ; 76 av. du Général-de-Gaulle, Habsheim ; formules déj 14-18 €, menus 25-45 €, plats 14-26 € ; ch s/d/tr/qua 70-84/80-94/114/124 €, petit-déj 15 € ; ⏲ lun-sam midi et soir). Un excellent compromis entre tradition culinaire alsacienne, innovation gastronomique et produits du monde. Dans cette pimpante bâtisse du cœur d'Habsheim, à la façade décorée de motifs peints, on peut savourer un jarret de porc braisé à la bière, avec choucroute et *spaëtzles*, comme déguster une noix de Saint-Jacques à la plancha, avec écrevisses de Louisiane et risotto de pâtes... Chaque midi, un plat est mis à l'honneur (bouillabaisse, pot au feu ou homard). Ambiance chaleureuse et service pro. Une très bonne adresse à 3 km au sud de Rixheim qui dispose aussi, 100 m plus loin, d'une maison d'hôtes.

Le 7e Continent Gastronomique €€€

(☎ 03 89 64 24 85 ; www.le7emecontinent.com ; 35 av. du Général-de-Gaulle, Rixheim ; menu midi semaine 35 €, menus 74-98 €, plats 29-39 € ; ⏲ fermé sam midi, dim soir et lun). L'endroit, tout d'abord, est étonnant. En plein cœur de Rixheim, l'établissement, recouvert à l'extérieur d'extravagants motifs peints, décline deux atmosphères différentes : une salle dédiée aux épices, avec vitres ouvrant sur la cuisine, et une "salle aux étoiles", avec plafond ouvrant sur le ciel. Côté papilles, le chef Laurent Haller et son équipe font des miracles, jouant avec les textures, mariant les saveurs du monde entier tout en faisant la part belle aux produits de saison. Exemples de la carte : "bœuf et Saint-Jacques pochés et grillés, dans un bouillon de queues de bœuf, faux tofu et lamelles fines et crues de champignons bruns", "compression de lotte cuite vapeur servie dans un bouillon d'oignons, ragoût de blé fumé aux trompettes"... Une gastronomie inventive, résolument contemporaine, souvent surprenante, récompensée en 2015 par une étoile au guide Michelin.

Ensisheim

Situé à une vingtaine de kilomètres au nord de Mulhouse, en bordure de l'Ill, Ensisheim est une petite ville animée (7 500 habitants) qui compte de belles et nobles demeures historiques, des XVIe et XVIIe siècles notamment, qui rappellent que la cité fut longtemps la capitale des possessions des Habsbourg en Alsace. Elle abrite en outre un musée qui peut faire l'objet d'une visite.

À voir et à faire

Musée de la Régence — Hétéroclite

(☎ 03 89 26 49 54 ; www.musees-alsace.org ; 6 pl. de l'Église ; tarif plein/réduit 2/1 €, gratuit -18 ans ; ⏲ mai-sept lun, mer-ven 10h-12h et 14h-17h30, sam-dim 14h-17h30, oct-avr lun, jeu-ven et 1er et 3e sam de chaque mois 14h-17h30, mer 10h-12h et 14h-17h30). Le palais de la Régence, construit à la Renaissance, abrite ce petit musée qui vaut le détour. Divisé en trois sections, il tient une pièce maîtresse avec la météorite d'Ensisheim, tombée en 1492. Première à avoir été recensée, elle fit rêver, à l'époque, Sébastien Brant ou Albrecht Dürer, mais aussi plus tard Jules Verne, qui l'a célébrée dans sa *Chasse au météore*. La section archéologique regroupe les pièces mises au jour dans la région : bijoux, poteries, objets en tous genres témoignent d'une présence humaine très ancienne. La dernière section rend hommage à une activité aujourd'hui disparue et qui fut importante en Alsace : l'exploitation de la potasse (encadré p. 267). L'exposition montre bien sûr du matériel, mais elle s'attache aussi aux conditions de vie des mineurs. Avec votre smartphone (ou une tablette prêtée par le musée), vous obtiendrez davantage d'informations en parcourant ce musée qui en dit beaucoup sur l'histoire de la région.

Parc du Petit Prince — Attractions

(☎ 03 89 62 43 00 ; www.parcdupetitprince.com ; Ungersheim ; tarif plein/-12 ans/-1 m/fam 21/17 €/gratuit/69 € ; ⏲ juil-août tlj 10h-18h, avr-juin et sept-oct consultez le site Internet). Tout près de l'écomusée d'Alsace (p.269), ce parc d'attractions aérien est construit autour du héros de Saint-Exupéry. Ludique et pédagogique, il compte une trentaine de jeux avant tout destinés aux plus jeunes (grand trampoline pour toucher les étoiles, manèges de chaises volantes, spectacles de pigeons, films 3D...) qui occupent agréablement la journée entière. Deux ballons captifs, qui montent à 150 m, offrent un beau point de vue sur les environs. Un "aérobar" permet de siroter un verre en altitude, les pieds dans le vide !

VINCENT FROEHLY ©

VAUT LE DÉTOUR

Abbatiale d'Ottmarsheim

Sans aucun doute, cette **abbatiale** (mairie ☎ 03 89 26 06 42, 20 rue du Général-de-Gaulle ; tarif plein/-12 ans 5 €/gratuit ; ⏲ tlj 9h-19h en dehors des offices religieux ; visites guidées théâtralisées dim 14h30 mai à mi-oct, sur réservation le reste de l'année pour les groupes) est l'un des joyaux de l'art roman en Alsace. Édifiée par le comte Rodolphe d'Altenbourg vers 1030, en même temps qu'une abbaye bénédictine, l'église Saint-Pierre-et-Saint-Paul a la particularité de cerner un chœur octogonal à étage, une copie presque conforme de la chapelle palatine d'Aix-la-Chapelle. Cette forme, mais aussi sa consécration par le pape Léon IX (originaire d'Alsace) en 1049, font de cette abbatiale l'un des monuments religieux les plus célèbres de la vallée du Rhin. Les guerres et les occupations ont mis le bâtiment à mal bien des fois, mais c'est en 1991 que l'abbatiale a subi sa plus grande épreuve lorsqu'elle a été ravagée par un incendie. Le magnifique orgue de style baroque datant du XVIIIe siècle et provenant de l'abbaye de Lucelle (p. 290) est alors parti en fumée. Le bâtiment a depuis été restauré et l'intérieur est d'une rare beauté. Des pierres tombales datées du XVe au XVIIIe siècle ont été scellées dans les murs. Depuis 1991, des moines occupent à nouveau le prieuré et donnent une nouvelle vie à cet imposant édifice religieux.

Où se loger et se restaurer

La Couronne Hôtel-restaurant **€€-€€€**
(03 89 28 20 20 ; 47 rue de la 1re-Armée-Française ; couronne-ensisheim.com ; formules déj semaine 16,50-22 €, menus 26-59 €, plats 25-32 € ; s-d/ste 115-140/160-250 €, petit-déj 20 € ; restaurant fermé dim soir et lun). Installé dans un très beau bâtiment du début du XVIIe siècle, avec tourelle, pignon à volutes et oriel sculpté, cet hôtel-restaurant dans le centre d'Ensisheim a rouvert fin 2017, après une minutieuse restauration. Ses seize chambres très confortables, de la double à la suite, marient harmonieusement ancien et moderne. Idéale pour un dîner romantique, la table joue la carte des classiques bien mijotés, relevés de touches originales – Saint-Jacques snackées au sel de caviar, cappuccino de topinambour... – avec option végétarienne. Personnel efficace, presque trop !

Domaine du Moulin Hôtel-restaurant-spa **€€€**
(03 89 83 42 39 ; www.hotel-domainedumoulin-alsace.com ; 44 rue de la 1re-Armée ; plats 18-40 €, formules déj 16,50 €, menus 23,50-66,50 € ; s/d 115-149/132-160 € selon confort, suites 180-240 € selon confort et nombre de personnes ; tte l'année, resto tlj sauf sam midi). Si vous souhaitez loger dans un hôtel chic où prendre soin de votre corps, mettez le cap sur cette adresse renommée pour ses soins du visages et ces messages revigorants. Le cadre de cette grande villa à colombages, dominant un plan d'eau, est idyllique et la décoration intérieure est dominée de bois clair et châtain de toute beauté. La table gastronomique (La Villa du Meunier, aménagée dans un ancien moulin) jouit d'une belle réputation. Sauna, piscine et parking gratuits.

Saint-Louis

Toute proche des frontières suisse et allemande, Saint-Louis, nommée ainsi par Louis XIV, est surtout connue pour abriter l'EuroAirport (p. 268). Même si vous n'arrivez pas en avion dans la région, la ville, "porte de France", qui était jusqu'au XVIIe siècle un simple hameau avec relais de poste, mérite une étape.

À voir et à faire

Fondation Fernet-Branca Art contemporain
(03 89 69 10 77 ; www.fondationfernet-branca.org ; 2 rue du Ballon ; tarif plein/réduit/-18 ans 8/6 €/gratuit ; mer-dim 13h-18h). De ce lieu ouvert en 1907 sortaient chaque année 300 000 bouteilles de liqueur, avant d'être transformée, en 2004, en un lieu consacré à l'art contemporain par l'architecte Jean-Michel Wilmotte. Peut-être reste-t-il des effluves éthyliques expliquant l'excentricité de certaines toiles, sculptures et objets parfois non identifiés qu'on y rencontre ? Les expositions sont toujours de grande qualité (Paul Rebeyrolle, Georges Mathieu, Serge Poliakoff, Olivier Debré, Walter Niedermayr...) et leur mise en scène spectaculaire dans ces grands volumes.

Parc des Eaux Vives Sports nautiques
(03 89 89 70 20 ; www.ville-huningue.fr ; La Timonerie, Huningue ; session de 2 heures avec accès et location tarif plein/réduit 19,40/17,40 €). Une rivière artificielle dédiée aux sports d'eaux vives a été aménagée le long du canal de Huningue, commune limitrophe de Saint-Louis. C'est le royaume du rafting, du kayak, de l'*hydrospeed* et autres spécialités aquatiques de remous et d'obstacles. Un mur d'escalade de 162 m² installé sur place propose 15 voies cotées de 5 à 8 c. Il est obligatoire de s'équiper pour pratiquer un sport dans le parc, mais on peut louer tout le matériel adéquat sur place.

Petite Camargue Alsacienne Réserve naturelle
(03 89 89 78 59 ; www.petitecamarguealsacienne.com ; 1 rue de la Pisciculture ; Maison de la réserve mars-oct tlj 9h-17h). Créée en 1982, cette réserve naturelle est la plus ancienne de la région. Sur 904 ha s'étale cette relique de la jungle rhénane qui témoigne d'une

richesse incroyable, tant par sa faune que par sa flore : 40 espèces de libellules se posent sur 15 variétés d'orchidées ! On y rencontre des espèces protégées au niveau national : l'iris de Sibérie, l'œillet superbe ou la marguerite de la Saint-Michel. Et on y dénombre pas moins de 237 vertébrés dont 16 sortes d'amphibiens ou 174 espèces d'oiseaux. On peut les admirer tout au long des sentiers au milieu des roselières ou depuis des cabanes d'observation (jumelles bienvenues !). On peut aussi voir dans cette réserve la première pisciculture industrielle, établie en 1852. À la sortie nord de Saint-Louis.

Où se loger et se restaurer

Hôtel de l'Europe Vintage **€€€**

(03 89 69 73 55 ; www.hotel-deleurope.com ; 2 rue de Huningue ; d/familiale/105/165 €, petit-déj 12 € ; tlj). Situé en plein centre-ville dans un bel immeuble aux allures de manoir anglais, ce deux-étoiles séduit par son chic un brin suranné. Les chambres au style ancien sont spacieuses et lumineuses, et équipées de tout le confort moderne. Il y a même une salle de billard.

La Diligence Winstub du Sud **€€**

(03 89 69 38 14 ; www.ladiligence.fr ; 8 rue de Mulhouse ; plat du jour 11 €, formules midi 14-21 €, menus 23-39 € ; mar-sam midi et soir). En plein cœur de Saint-Louis, l'établissement des frères Morand se présente comme "la winstub la plus méridionale d'Alsace". Le cadre y est en effet rustique, avec boiseries apparentes, affiches rétros, et même, le soir, des serveuses en costumes traditionnels alsaciens ! On vient ici pour le vaste choix de tartes flambées, mais aussi pour un filet de sandre sur lit de choucroute ou un jambonneau braisé, le tout arrosé de la bière blonde fabriquée à Saint-Louis. Bar également.

La Cave Bistrot-bar à vins **€€-€€€**

(03 89 70 93 45 ; www.bistrotlacave.com ; 1 rue de Lectoure ; menu du jour 24 €, plats 20-39 € ; tlj jusqu'à minuit). Dans une très belle demeure du début du XXe siècle, récemment restaurée, une adresse conviviale où le chef revisite avec créativité la cuisine de bistrot – on y déguste, entre autres, un succulent hamburger de homard. On y vient aussi pour sa carte des vins qui propose des pépites à prix relativement doux. Terrasse tranquille nichée dans la cour de l'hôtel-spa attenant, la Villa K.

> VAUT LE DÉTOUR
> ### Fondation Beyeler
> De Saint-Louis, il est tentant d'aller voir ce qui se passe en Suisse, toute proche. En l'occurrence, on ne saurait trop vous conseiller de visiter la **Fondation Beyeler** (+41 (0)61 645 97 00 ; www.fondationbeyeler.ch ; Baselstrasse 101, Riehen ; tarif plein/-25 ans 25 €/gratuit ; tlj 10h-18h, jusqu'à 20h mer), à la périphérie de Bâle. Célèbre galeriste et cofondateur de la foire internationale Art Basel, Ernst Beyeler (1921-2010) a, sa vie durant, rassemblé une importante et très inspirée collection d'art moderne, exposée depuis 1997 dans ce vaste musée construit par Renzo Piano. L'avant-gardiste n'y néglige jamais les "anciens" : Wahrol tend les bras à Van Gogh, Kandinsky et Braque se souviennent de Cézanne, Miró et Christo s'amusent avec Giacometti et Brancusi, tandis que Monet admire les reflets de ses *Nymphéas* dans la *Forest Cathedral* de Mark Tobey. Le bâtiment et le parc qui l'entourent sont en eux-mêmes un temps fort de la visite. Expositions temporaires d'envergure internationales plusieurs fois dans l'année.

Renseignements

Office du tourisme du pays de Saint-Louis

(03 89 70 04 49 ; www.saintlouis-tourisme.fr ; 81 rue Vauban, Village-Neuf ; lun et mer-sam 10h-12h et 14h-17h)

SI VOUS AIMEZ...

Les biefs et les écluses

Des aménagements hydroélectriques importants ont été réalisés sur le Rhin au XXe siècle : les 10 centrales installées le long du Grand Canal d'Alsace assurent aujourd'hui 12% de la production d'énergie renouvelable en France. Gagnez le canal qui coule de Kembs à Vogelgrun, près de Neuf-Brisach, 50 km plus loin, pour voir le fonctionnement des écluses gigantesques ou les passes à poissons installées dans les centrales. À vélo ou en voiture, on peut rejoindre la route de service EDF (D52), ouverte au public, dès Village-Neuf près de Saint-Louis.

- **Bief de Kembs** La première des centrales fut construite à Kembs en 1932, là où le Grand Canal et le Rhin se séparent. L'écluse de Kembs a été dessinée par Le Corbusier, dont c'était une des premières commandes publiques. On peut visiter cet édifice classé monument historique et doté d'une double écluse de navigation.
- **Usine hydroélectrique d'Ottmarsheim** Ottmarsheim a vu son destin changer en 1947 avec le creusement du Grand Canal d'Alsace et la construction d'une usine hydroélectrique l'année suivante. Le bief d'Ottmarsheim est long de 14,3 km : l'écluse est composée de deux sas accolés, l'un de 23 m de large, l'autre de 12 m.
- **Écluse de Vogelgrun** Installée en 1959, cette écluse longue de 180 m comporte, comme celle d'Ottmarsheim, deux sas : l'un de 23 m, l'autre de 12 m. Elle doit pouvoir absorber chaque année 20 000 bateaux et péniches... Sur la façade de la centrale, la nymphe en bronze *Électricité* est l'œuvre du sculpteur Raymond Couvègnes (1893-1985), invité entre 1956 et 1973 à embellir 7 ouvrages EDF dans la région.

Kembs

Le petit village de Kembs est surtout connu pour être le point de départ du Grand Canal d'Alsace (encadré ci-contre). Amateurs de tourisme fluvial, courez-y.

À voir et à faire

Alsace Plaisance Tourisme fluvial

(☎03 89 62 99 85 ; www.alsace-plaisance.com ; 8 bis rue Paul-Bader ; bateau 5 pers 120 € la demi-journée). À la demi-journée ou à la journée, on embarque sur un bateau sans permis (jusqu'à 7 personnes) pour un tour depuis l'écluse Le Corbusier jusqu'au centre de Mulhouse et son petit port de plaisance à côté de la gare centrale : une belle manière de découvrir l'ancien et le nouveau canal du Rhône au Rhin avant qu'il se jette dans le Grand Canal d'Alsace à Niffer. D'autres tronçons sont possibles : prévoir alors un supplément pour le déplacement du bateau.

Où se loger et se restaurer

Au Relais de la poste aux chevaux Chambres d'hôtes **€€**

(☎03 89 48 33 98 ; www.aurelaisdelaposteauxchevaux.fr ; 45 rue du Maréchal-Foch ; s/d 96/105 € avec petit-déj, 32 € pers supp). Cette très belle étape dans un ancien relais de poste transformé en gîte luxueux propose trois chambres. À disposition : un Jacuzzi, un spa, des massages et un très beau jardin qui vous enchantera au printemps. Esther et Gilbert sont toujours de très bon conseil : ils aiment leur région et savent donner envie d'aller la découvrir par monts et par vaux...

Le Petit Kembs Semi-gastronomique et chambres d'hôtes **€€**

(☎03 89 48 17 94 ; www.lepetitkembs.fr ; 49 rue du Maréchal-Foch ; menus midi semaine 18-48 €, menus 48-60 €, plats 18-30 € ; s/d/tr 78/84/108 € petit-déj inclus ; restaurant fermé sam midi, lun et mer). Dans une belle demeure alsacienne à la déco raffinée, une valeur sûre pour déguster des produits de saison mijotés avec talent et subtilité par le maître-restaurateur Cyril Girard, que ce soit pour un déjeuner rapide ou un dîner plus gastronomique ("ravioles de cèpes et bufflonne au foie gras, émulsion crémeuse au foie gras"). L'établissement dispose par ailleurs de deux chambres d'hôtes modernes, spacieuses et très confortables. Jardin-terrasse idyllique aux beaux jours.

À Côté... Winstub moderne **€€**
(09 83 37 16 80 ; www.auberge-saintlaurent.fr ; 2 rue Rogg-Haas, Sierentz ; formule déj sem 20 €, plats 18-28 € ; fermé mar-mer). La célèbre auberge Saint-Laurent (une étoile au Michelin) dispose désormais de sa propre winstub, aménagée à 100 m dans un ancien café. On y savoure une cuisine de bistrot alsacien créative, dans un cadre contemporain soigné : truite fumée avec vinaigrette au Melfor et œufs de truite, tarte flambée comme une raclette au munster, avec pommes de terre et ciboulette, sandre poêlé sur lit de choucroute... Accueil parfait et rapport qualité/prix excellent. Terrasse aux beaux jours. À Sierentz, à 6 km de Kembs par la D19B.

ALTKIRCH ET LE SUNDGAU

Sundgau. Ce nom, qui évoque la partie la plus méridionale de l'Alsace, celle où les Vosges laissent place au Jura, sonne déjà comme une promesse d'exotisme. Entre territoire de Belfort et frontière suisse, de nouveaux paysages se déploient : les plaines ondulent de plus en plus pour épouser l'orographie des premiers mamelons jurassiens. Ici, sur les terres où la petite paysannerie a si longtemps résisté aux tentations de la modernité, la ruralité a encore un sens, à quelques encablures seulement de l'agglomération mulhousienne. Un petit coin de paradis, même, pour nombre d'Alsaciens, qui adorent y venir passer une journée pour le dépaysement ou pour déguster la carpe frite, *la* spécialité locale, dans une des si pittoresques auberges sundgauviennes.

INSOLITE !
La stammtisch

Autrefois, chaque village français avait son bistrot, principal lieu de sociabilisation où l'on se retrouvait après une journée de labeur pour prendre des nouvelles et discuter. L'Alsace ne faisait pas exception, où les habitués avaient une table réservée, la *stammtisch*. Une coutume qui perdure dans le sud de l'Alsace : gare à l'étranger qui oserait s'asseoir là ! Les autres sont ouvertes à tous : de parfaites excuses pour s'arrêter siroter un verre d'un des excellents blancs d'Alsace, ou le fameux Amer-Bière, avec ou sans pointe de citron. Envie un schnaps ? Demandez au patron à goûter la spécialité locale. Enfin, tendez l'oreille : les bistrots sont parmi les rares lieux où la langue alsacienne, qui a tendance à disparaître, se fait encore parfois entendre.

Altkirch

Altkirch, 6 000 habitants, est la capitale autoproclamée du Sundgau, mais elle n'en est finalement que la porte d'entrée. De belles peintures de *street art* dissimulent bien quelques façades décrépies, mais il faut reconnaître que ce n'est pas une cité où l'on veut s'éterniser.

Pour voir le bourg sous son aspect le plus séduisant, venez un jeudi matin, jour de marché, ou le samedi matin, pour son beau marché paysan, où vous trouverez, place de la Halle-au-Blé, le meilleur du terroir sundgauvien.

Le charme de la ville, bâtie dès le XIe siècle sur un éperon dominant l'Ill, se résume à sa rue principale située en hauteur près de l'hôtel de ville, bordée de quelques bâtiments remarquables, mais assez mal mis en valeur.

Altkirch s'anime toutefois lors de la grande **foire Sainte-Catherine** (autour du 25 novembre, depuis l'an 1505 !) et au mois de décembre pour les festivités de Noël.

À voir

Une brève flânerie à Altkirch permet d'admirer des bâtiments intéressants. La **tour du Schlaghaus**, située boulevard Clemenceau, est un vestige du XVe siècle flanqué aux remparts de la ville. De l'autre côté du cinéma, la **Vieille Porte**, aussi appelée porte de Belfort, était l'une des trois entrées taillées dans les remparts. Un bâtiment en pans de bois, datant du XVIIIe siècle, vient compléter ce bel ensemble. Au n°1 de la rue de la Vieille-Porte, vous admirerez une **maison Renaissance** (1693), avec fenêtres sculptées d'arcs en accolades, et, au n°5 de la rue de la Cure, une autre demeure Renaissance qui abrite le **presbytère**. Il suffit de se retourner pour voir un bel **immeuble** lui aussi édifié à la Renaissance (n°13 rue du Château) et qui s'enorgueillit d'une cage d'escalier monumentale placée dans une tourelle. Quelques belles demeures sont à admirer en remontant la rue du Château, comme celle des frères Gilardoni (qui inventèrent le procédé des tuiles industrielles) ou du peintre Lehmann, avant d'atteindre la petite place devant le Musée sundgauvien (ci-dessous) et le très bel **hôtel de ville**. Érigé en 1778, il est remarquable par son fronton avancé, en forme triangulaire où figure les armes de la ville. Juste en face, vous pouvez admirer la **fontaine de la Vierge** : elle est ornée d'un clocheton gothique récupéré d'une église détruite à cet emplacement en 1845. Dans ce bref inventaire, il convient de ne pas oublier, bijou d'Altkirch, la **maison à la Pomme**, ou maison à l'Oriel, située place des Trois-Rois, au n°10. Le magnifique oriel qui l'orne date de 1586.

Musée sundgauvien — Hétéroclite

(03 89 40 01 94 ; www.sundgau-sudalsace.fr ; 1 rue de l'Hôtel-de-Ville ; 3 €, gratuit -18 ans ; juil-août mar-dim 14h30-17h30, sept-déc et mars-juin dim 14h30-17h30). Il fait partie de ces petits musées charmants qui vous font faire un tour d'horizon de la région où vous êtes : il n'y a pas de logique, pas de thèmes, pas de scénographie, mais des témoignages disparates. On trouve de tout dans ce bazar muséographique, mais attardez-vous un peu plus sur les peintres exposés, dont le plus fameux est Jean-Jacques Henner, enfant du pays qui connut son heure de gloire à la fin du XIXe siècle. Autre élément intéressant, la bibliothèque du poète sundgauvien Nathan Katz (1892-1981). Le musée est abrité sous les pans d'une demeure Renaissance du XVIe siècle construite pour héberger le bailli de la seigneurie des Habsbourg. Admirez la toiture en tuiles vernissées.

Centre rhénan d'Art contemporain — CRAC

(03 89 08 82 59 ; www.cracalsace.com ; 18 rue du Château ; mar-dim 14h-18h). GRATUIT On se demande si c'est par inadvertance que l'on a installé ce temple de la modernité culturelle dans l'ancien lycée d'Altkirch, si classique. On peut regretter que les expositions temporaires, qui piochent dans le fonds régional d'art contemporain, n'offrent pas plus souvent la tribune aux artistes locaux.

Où se loger

Hotel Kuentz-Bix — Bien situé €€

(03 89 40 95 01 ; kuentz-hotel.fr ; 13 rue d'Altkirch, Wittersdorf ; s/d/qua 55/75-85/105 € ; menus 28-42 €, plats 17-30 € ; restaurant tlj midi et soir). Situé le long de la très passante D419 aux portes d'Altkirch, à proximité de plusieurs routes menant à Mulhouse, Ferrette ou Saint-Louis, l'établissement constitue un endroit stratégique pour explorer facilement le sud du Haut-Rhin. Les chambres, récemment rénovées, sont très confortables, d'une propreté impeccable, et bien insonorisées. Certaines disposent d'un petit balcon. Un excellent rapport qualité/prix. Si vous ne souhaitez pas vous attabler au restaurant qui propose des spécialités alsaciennes, vous pourrez opter pour d'excellentes pizzas (à partir de 9 €) ou tartes flambées (à partir de 7 €) cuites au feu de bois, à déguster en soirée au rez-de-chaussée.

Où se restaurer

Au Coq
Traditionnel €€

(☎03 89 25 42 38 ; 3 rte d'Altkirch, Illfurth ; menu du jour 10,50 €, menus 23-43 €, plats 14-27 € ; ⏲jan à mi-avr lun midi, jeu-dim midi et soir, mi-avr à déc lun midi et soir, jeu-dim midi et soir). S'il ne paie pas de mine, cet établissement tenu depuis plusieurs générations par la famille Nico, face à l'hôtel de ville d'Illfurth, est l'une des bonnes adresses aux alentours d'Altkirch. Dans un décor désuet mais chaleureux (deux salles tapissées de vieux tableaux alsaciens), ouvriers du coin et touristes se régalent de rognons de veau, de cuisses de grenouille, de truite au riesling, de *surlawerla* et de bien d'autres spécialités alsaciennes. Les formules déjeuner, en semaine, sont imbattables. À 6 km au nord d'Altkirch.

Auberge Sundgovienne
Hôtel-restaurant €€/€€€

(☎03 89 40 97 18 ; auberge-sundgovienne.fr ; 1 rte de Belfort, Carspach ; plats 19-35 €, menu du jour 17,50 €, menus 27,50-65 € ; s/d/tr/qua 71/92-103/115-143/159 €, ste 2 pers 130 € ; ⏲restaurant fermé lun soir et mer). Aux portes d'Altkirch, une maison familiale réputée pour son professionnalisme de longue date. L'endroit, aux teintes chaudes et boisées, entouré par la verdure, est idéal pour se ressourcer. "Carré d'agneau rôti, légumes en cocottes, condiment au citron, pomme Anna", "rognons de veaux au sautoir, sauce porto liée à la purée d'échalotes confites, accompagnement de *spaëtzles*"... : la cuisine du chef Bernard Hermann, inspirée par le terroir et la saison, est toujours réjouissante.

L'Orchidée
Thaï gastronomique €€€

(☎03 89 88 50 39; orchidee-altkirch.com ; 33 rue Gilardoni ; menus 65-80 €, plats 37-39 € ; ⏲mar-sam midi et soir). À peine ouverte, cette table du centre-ville est déjà étoilée au guide Michelin. Il faut dire que la famille Kanklong y élabore avec passion et talent une cuisine thaïe moderne, pleine de saveurs et d'épices, tout en faisant appel aux meilleurs producteurs locaux. Les assiettes – "noix d'entrecôte au veau, pleurote *eryngii*, *espuma* de pomme de terre, jus corsé au combava", "dos de faon, salsifis, betterave, ail noir, jus corsé au *massaman*"... – sont un régal tant pour les pupilles que les papilles.

La Largue (p. 288)

VINCENT FROEHLY ©

Sundgau, le paradis du vélo

Le Sundgau, avec son doux relief, semble idéal pour les cyclotouristes, mais les routes étroites qui le sillonnent ne sont pas sans dangers. Heureusement, plus de 300 km de pistes cyclables ont été mises en place sur les anciens chemins de halage ou sur d'anciennes voies ferrées. Ainsi, les rives du canal du Rhône au Rhin ont été transformées en pistes qui, dans le calme le plus complet, vous mènent vers des paradis de verdure, de fleurs et de roseaux. De Dannemarie à Mulhouse, vous pouvez faire du vélo sans croiser une seule voiture ! Un pur bonheur, d'autant plus que batraciens et oiseaux sont au rendez-vous... Une charte "Sundgau paradis du vélo" a été mise en place pour assurer le bon accueil des cyclistes de passage auprès des restaurateurs, des hôteliers et des vendeurs-loueurs de vélo. Renseignez-vous auprès des offices du tourisme d'Altkirch (p. 278) ou de Ferrette (p. 285).

Où sortir

Cinéma Palace Lumière 2D et 3D

(03 89 40 27 24 ; www.cinema-altkirch.com ; 4 rue de la Vieille-Porte ; place tarif plein 7,30 €). Ce complexe de quatre salles est l'une des rares animations nocturnes de la région. Programmation de qualité, mêlant films en VO et soirées thématiques. Le petit bar à l'entrée permet de boire un verre après une projection le soir, car en ville tout est bien souvent fermé depuis longtemps...

Renseignements

Office du tourisme du Sundgau (03 89 40 02 90 ; www.sundgau-sudalsace.fr ; 30 rue Charles-de-Gaulle ; Pâques-sept lun, mer-ven 10h-12h et 14h-17h30, mar 14h-17h30, sam 9h30-12h30, oct-nov et jan-fév mar-ven 10h-12h et 14h-17h30, déc lun 14h-17h30, mar-ven 10h-12h et 14h-17h30, sam-dim 15h-18h)

Le Sundgau

Dès que l'on quitte Altkirch, des dizaines de lieux très hospitaliers offrent de vous loger ou vous nourrir – il y a une vraie tradition gastronomique dans le Sundgau. Surtout, à vélo, à VTT, à pied, à cheval – ou éventuellement en voiture –, il faut s'aventurer dans les vallées autour d'Altkirch pour découvrir le Sundgau. Le Thalbach, la Largue, mais surtout l'Ill, qui est la plus grande rivière alsacienne, offrent des promenades enchanteresses pour qui veut découvrir l'architecture des maisons alsaciennes et sundgauviennes. Le Sundgau, c'est un magnifique espace, sauvage, mystérieux, constellé d'étangs, et... tout petit !

Obermorschwiller

Le fait d'être un peu à l'écart des grandes voies de communication, sur la D68, au nord-est d'Altkirch, a préservé le village d'Obermorschwiller. Nombre de ses 430 habitants ont la chance de vivre dans de vieilles demeures du XVIe ou du XVIIe siècle, de magnifiques maisons à colombages qui donnent fière allure à ce bourg. Son église Saint-Sébastien, un ancien donjon fortifié, date de 1267 !

La mairie (www.obermorschwiller.fr) a mis en place un petit **sentier du patrimoine** qu'il vous suffit de suivre pour découvrir toutes ses merveilles.

Hirtzbach

Le village est très fier de son fleurissement (il est classé 4 fleurs depuis 1981 !). Le petit ruisseau qui le traverse est un fil d'Ariane à suivre pour découvrir une multitude de maisons à colombages. Le bourg abritait une famille de noblions originaire d'Allemagne qui sut changer de camp au lendemain du traité de Westphalie en 1648. Leur demeure, le **château de Reinach**, est toujours visible, mais de l'extérieur seulement. En revanche, on peut flâner dans le parc attenant qui est de toute splendeur. Depuis Altkirch, suivez la D432 vers le sud.

Où se restaurer

Restaurant de la Gare Terroir €
(03 89 40 93 27 ; www.restaurantdelagaremunzenberger.fr ; 16 rue Principale ; formule midi 11 € ; plats 17-30 €, menus 28-40 € ; fermé lun, mar soir et jeu soir). On s'arrête dans ce vaste établissement chaleureux en plein cœur du village en priorité pour déguster une succulente carpe frite, spécialité sundgauvienne par excellence, dont le chef propose différentes variantes. Mais on y retrouve également les grands classiques de la cuisine alsacienne, bien préparés, dont d'excellents *fleischnakas* maison. Équipe jeune et dynamique. Terrasse agréable aux beaux jours.

Auberge des Trois Vallées Gastronomique €€/€€€
(09 74 56 15 49 ; www.aubergedestroisvallees.fr ; 16 rue d'Altkirch, Hirsingue ; plats 16-22 € ; formule déj 12 €, menus 28,90-36,70 € ; fermé lun soir et mer). Tombé amoureux de la région il y a une trentaine d'années, le chef néerlandais Pieter Arens est aujourd'hui l'un des meilleurs ambassadeurs de la cuisine sundgauvienne. Son établissement, situé au bord de l'Ill à Hirsingue, un petit village aux portes d'Altkirch, propose une divine carpe frite, mais aussi un feuilleté de poissons sur fondue de poireaux, une truite farcie aux légumes et braisée au Riesling, des rognons de veau à la moutarde, des *knepfla* maison… Beau choix de viandes et de poissons. On s'y sent tout de suite à l'aise. On recommande chaudement !

Friesen

En poursuivant dans la vallée de la Largue vers le sud (le long de la D78), arrêtez-vous dans ce pittoresque village (650 habitants) qui abrite en son centre, au 49 rue Principale, la maison considérée comme la plus ancienne construction à colombages d'Alsace. Vieille de plus de 500 ans, elle a subi quelques modifications au cours de son histoire, mais a conservé son aspect d'origine, et même certaines pièces de bois de sa construction (dont la charpente).

SI VOUS AIMEZ…

Les vieilles pierres chargées d'histoire

Le Sundgau est riche d'un petit patrimoine qui porte la trace de son passé. Il faut se perdre sur les routes de campagne pour le dénicher au détour d'un virage.

- **Église de Burnkirch** (visite 03 89 25 54 24 ou 03 89 40 02 90 ; Illfurth). À l'écart d'Illfurth (entre Altkirch et Mulhouse), cet édifice était pourtant à l'origine l'église paroissiale du village. La tour qui abrite le chœur date de 1300 et ses peintures sont datées du XVe siècle. Le tout est classé, ainsi que *La Vierge de Pitié*, en bois polychrome du XVIe siècle.
- **Chapelle Saint-Brice** (mairie 03 89 07 86 91 ; rue de la Vallée, Hausgauen). Dans la vallée du Thalbach, entre Schwoben et Hausgauen, à l'écart de la route (D16), cette chapelle de toute beauté est peut-être le dernier vestige du village disparu de Dennach. Une inscription sur une pierre la date de 1695, mais elle est sans doute beaucoup plus ancienne et certains historiens la soupçonnent même de remonter à l'an mille, lorsque le village s'était installé à flanc de coteau, avant d'être détruit par des soldats perdus au XVe siècle.
- **Moulin de Walheim** (renseignements 03 89 40 98 46 ; 26 rue du Stade, Walheim ; visite libre ; mars-oct). Ce moulin du XVIe siècle a traversé les âges comme par miracle. Le système hydraulique avec sa roue à aubes est maintenu en état et le système de meunerie ainsi que l'huilerie fonctionnent toujours. Walheim est juste au nord d'Altkirch.
- **Chapelle Notre-Dame-de-Grünenwald** (03 89 25 62 00 ; rue Notre-Dame-de-Grünenwald, Ueberstrass ; entrée libre, demander la clé au restaurant à côté ; tte l'année). Cette chapelle perchée sur un petit promontoire remonterait au XVe siècle. C'est un lieu de pèlerinage pour la petite vierge couronnée qu'elle abrite.

La route de la carpe frite

Beaucoup d'Alsaciens viennent dans le Sundgau pour déguster la spécialité culinaire locale : la carpe frite – un plat particulièrement difficile à réaliser soi-même. À la carte de la plupart des auberges du sud de l'Alsace, il s'agit d'une carpe panée à la semoule de blé, baignée dans l'huile bouillante, et servie en darnes ou en filets. Certains restaurateurs la servent avec ou sans arêtes – dans ce dernier cas, il faut le préciser quelquefois la veille. On la déguste le plus souvent avec un zeste de citron, une pointe de mayonnaise, accompagnée de frites et d'une salade, le tout arrosé de riesling ! Pour mettre en valeur et transmettre cette tradition culinaire, une **Route de la carpe frite** (www.carpe-frite.fr), labellisée site remarquable du goût, a été mise en place, regroupant une vingtaine de restaurateurs. Ce mets remonterait au Moyen Âge, lorsque les moines, soucieux d'avoir une réserve suffisante de poissons durant le carême, créèrent de nombreux étangs et carpières.

Où se restaurer

Restaurant de la Carpe Spécialités locales **€€**
(03 89 68 95 69 ; www.restaurant-de-la-carpe.com ; 60 rue Principale ; formule déj 12 € ; menus 23-40 € ; mer-dim midi et soir). On vient avant tout dans cette belle maison bleue du cœur de Friesen pour savourer la spécialité locale, l'incontournable carpe, mais ici cuisinée à toutes les sauces. On peut la déguster sans gluten, ou encore en triade, mijotée et mixée avec du pavot, de la semoule et du sésame, ou même, sur commande, en beignet ! Que les allergiques au poisson se rassurent, le chef prépare aussi d'excellents cordons-bleus. Accueil sans chichis très sympathique et nombreuses soirées thématiques.

Altenach

Dans la vallée de la Largue, à une quinzaine de kilomètres au sud-est d'Altkirch, Altenach abrite la **Maison de la nature** (03 89 08 07 50 ; www.maison-nature-sundgau.org ; rue Sainte-Barbe ; juil-août lun-ven 9h-12h et 14h-18h, dim 14h-18h) GRATUIT qui propose de nombreuses animations et activités pour mieux appréhender les milieux naturels du Sundgau. Deux maisons alsaciennes venues de Buethwiller et de Gommersdorf ont été remontées au bord de la Largue pour l'accueillir. Elle ouvre au public seulement en été, mais son site Internet est riche en informations.

Wolfersdorf

Ce village à une dizaine de kilomètres à l'ouest d'Altkirch, juste à côté de Dannemarie, est surtout connu pour être une étape importante le long du canal du Rhône au Rhin. Ainsi, les jours d'affluence, la base nautique ferait presque penser à un petit port breton... Même si vous ne souhaitez rallier ni la mer du Nord ni la Méditerranée, le canal offre une possibilité originale de découvrir le Sundgau. Adressez-vous à **Alsace Plaisance** (06 80 75 56 15), basé dans le village voisin d'Hagenbach, si l'aventure vous intéresse. Ce prestataire est aussi basé à Kembs (p. 274).

Que vous embarquiez ou non, ne manquez pas l'échelle d'écluses entre Valdieu et Wolfersdorf : 12 se succèdent sur 3 km pour franchir un seuil de 30 m, correspondant à la ligne de partage des eaux entre les bassins rhodanien et rhénan – c'est également la frontière linguistique entre langues germaniques et romanes.

Juste à côté, dans le bourg de Dannemarie, vous pourrez admirer un **pont-canal** (1834) qui permet aux bateaux d'enjamber la Largue.

Grentzingen

Ses maisons à colombages en enfilade justifient le détour dans ce village. Datant des XVIIIe et XIXe siècles, elles ne sont pas les plus anciennes du Sundgau,

Port de plaisance de Wolfersdorf

mais leur état exceptionnel est une belle compensation. Lorsqu'au printemps, le village est rempli de géraniums en fleurs, le spectacle est tout simplement magique ! Depuis Altkirch, suivez la D432 vers le sud, puis à Hirsingue la D98.

Les villages voisins d'**Oberdorf**, **Waldighoffen** et **Riespach** sont assez bien conservés. Les amateurs de café à l'ancienne ne manqueront pas de faire halte **chez Stemmelen** (1 rue de Ferrette, Riespach), également connu sous le nom de bar-tabac Aux Deux Clefs.

Feldbach

On vient dans ce petit village au nord de Ferrette pour visiter son **église Saint-Jacques-le-Majeur**, superbe témoignage du style roman, dominée par un puissant clocher. Située en plein cœur de Feldbach, elle date de 1144 et, à l'origine, était rattachée à un couvent de bénédictines de l'obédience de Cluny. Les plus beaux traits de l'art roman ont pris corps dans cette église réputée pour sa finesse, son élégance et sa sobriété. Cet édifice, qui a inspiré l'architecture de bien d'autres églises dans le Sundgau, compte de nombreux trésors dont les pierres tombales de plusieurs membres de la famille des comtes de Ferrette. À voir également, le **prieuré** voisin, daté de 1542, une vaste demeure de toute beauté.

Où se restaurer

Au Cheval Blanc Valeur sûre **€€-€€€**
(☎ 03 89 25 81 86 ; cheval-blanc-feldbach.fr ; 1 rue de Bisel ; plat du jour 8,50 €, formules déj semaine 12-23 €, menus 30-46 €, plats 15-29 € ; ⏲ fermé lun soir et mar-mer). À deux pas de l'église, ce restaurant au cadre élégant et chaleureux est très apprécié des familles sundgauviennes qui adore venir y passer un dimanche, mais aussi des travailleurs du coin pour les excellentes formules en semaine. Le maître-restaurateur Éric Ispa revisite ici de manière raffinée la cuisine d'Alsace ou d'ailleurs. Quelques exemples pour vous mettre en bouche : saumon fumé/mousse au raifort, gambas au curry rouge, filet de bœuf aux morilles... Les assiettes sont joliment présentées et le service pro. Joli choix de vins. Terrasse.

INSOLITE !

La légende de la grotte des Nains

Parsemé d'étangs, de sombres forêts et de châteaux en ruine, le Sundgau fourmille de légendes ! Depuis Ferrette, un joli sentier boisé et escarpé mène, en quarante minutes, à l'un des lieux les plus mystérieux de la région : la grotte des Nains, creusée dans les hautes falaises calcaires de la gorge aux Loups. La légende raconte que des nains habitaient ces cavités étroites et profondes, et aidaient les paysans de la région dans leurs travaux aux champs... Mais un jour, des jeunes filles découvrirent que les nains, qui portaient toujours de longues robes tombant à terre, avaient des pieds de chèvre – ou des pattes palmées, selon les versions – et se moquèrent d'eux. On ne revit plus jamais les nains, qui se retranchèrent dans les entrailles de la falaise.

Pfetterhouse

Entre 1871 et 1914, Pfetterhouse était l'un de ces villages posés sur trois frontières (Suisse, Allemagne, France) : la **Borne des Trois Puissances** devint même un site touristique. Mais à l'automne 1914, la France fixa à cette borne le Kilomètre Zéro du front de l'Ouest. Un parcours de 7,5 km, le **sentier du Kilomètre Zéro**, permet de découvrir les vestiges de cette ligne de front (tranchées, casemates, ouvrages en béton réhabilités...) et de ces trois frontières. Entre Pfetterhouse et Mooslargue, à 13 km à l'ouest de Ferrette.

FERRETTE ET LE JURA ALSACIEN

Ferrette

Entre les collines du Rossberg et du Schlossberg, c'est sans doute le plus célèbre et le plus beau des villages du sud de l'Alsace – il fut même, au début du XXe siècle, un haut lieu de villégiature pour citadins en mal d'air pur. Accrochée sur un éperon rocheux, cernée par la végétation, cette perle médiévale, chef-lieu de canton de 800 habitants, constitue le cœur historique du Sundgau et sa partie la plus sauvage. C'est aussi le début du Jura alsacien. La cité, qui fut le fief des puissants comtes de Ferrette, est dominée par les ruines d'un château fort. Dans le village du "bas" se blottissent de puissantes demeures alsaciennes, en pierre ou, plus rarement, à colombages. À droite de l'église, la rue du Château mène à la ville haute.

Chaque année paire fin juin, les **Fêtes médiévales** (www.ferrette-medievale.org ; 12 €) de Ferrette font revivre le passé.

À voir

Église Saint-Bernard-de-Menthon — Église fortifiée

Avec le château de Ferrette, qui surplombe la ville, l'église est l'autre bâtiment qui frappe d'emblée le visiteur. Elle a des allures d'église fortifiée et semble avoir traversé le temps, mais elle est en réalité le produit de différents remaniements. Cela n'enlève rien à son charme : une tour du XIIe siècle, un chœur du XIIIe, des statues du XVIIIe (récupérées au château), une nef de style gothique reprise au XVIIIe, un maître-autel du XIXe... La liste des beautés à admirer est suffisamment éloquente.

Ville haute — Voyage dans le temps

En remontant la seule rue qui part de l'église vers la ville haute (la rue du Château), on croit remonter le temps. Les maisons remarquables se succèdent dans ces anciens faubourgs non fortifiés de la ville. La maison du notaire Desgrandchamps (n°10), l'ancienne Maison des impôts (n°12-14), la maison du ferblantier (n°34), l'hôtel de ville du XVIe siècle (n°38) et l'ancien tribunal (n°46) en constituent les fleurons, mais presque chaque maison a une histoire à raconter, comme celle qui abrita un temps le poète breton Eugène Guillevic. De la place des Comtes, ornée d'une vieille fontaine, bifurquez à gauche pour rejoindre le château.

MELLOWIO / FOTOLIA ©

Ferrette

Château Ruines

Mentionné pour la première fois en 1105, ce verrou militaire n'a cessé de prendre de l'importance au service de l'une des seigneuries territoriales les plus puissantes d'Alsace. Il devint en effet la résidence principale de Frédéric Ier, fils du comte de Montbéliard et descendant, dit-on, de Charlemagne, qui y fonda une puissante dynastie : les comtes de Ferrette règneront sans partage sur le Sundgau jusqu'au début du XIVe siècle, avant que leur territoire ne passe sous la tutelle des Habsbourg. En réalité, ce sont les ruines de deux châteaux qui sont à voir, dressés sur la colline du Schlossberg (612 m), reliés entre eux par des travaux de fortification réalisés au XVIe siècle. C'est ainsi que l'on parle du château haut et du château bas, chacun livrant des vestiges architecturaux particulièrement saisissants. Le donjon d'habitation, taillé dans le roc avant d'être élevé par de grosses pierres façonnées, surplombe la ville et les vallées environnantes. L'incroyable panorama qui s'offre à vous est celui que voyaient les seigneurs de Ferrette depuis le premier étage de leur demeure ! À noter que l'actuel comte de Ferrette n'est autre que le prince Albert II de Monaco – un mariage en 1777 a lié le destin du comté à celui de la Principauté.

Rossberg Colline

Face au Schlossberg, dominé par le château, le Rossberg est plus modestement couronné par une tour d'observation. Cette dernière, haute de 17 m, permet de s'élever au-dessus de la canopée et offre un paysage époustouflant. Une table d'orientation aide à se repérer.

Activités

Gorge aux loups Escalade

(renseignements FFME du Haut Rhin ✆ 03 89 49 03 14, ou office du tourisme). Dans la gorge aux Loups, juste au-dessus de la grotte des Nains (encadré p. 282), les falaises montent à 25 m et offrent des voies entièrement équipées. C'est le seul site d'escalade du Jura alsacien. Le lieu est idéal mais très technique (difficultés de 6b à 8a).

Piscine Jeux d'eau
(☎03 89 40 45 98 ; 20 rue des Habsbourg, Ferrette, tarif adulte/-3 ans 4,60/2,10 € ; ⏲tte l'année). Une piscine tournesol au toit escamotable, équipée de deux toboggans.

Où se loger et se restaurer

Ferrette

Hôtel-restaurant Collin Incontournable €€
(☎03 89 40 40 72 ; www.hotelcollin.fr ; 4 rue du Château ; s-d/tr/qua 57/72/87 €, petit-déj 9,50 € ; menus 23,50-42,50 €, plats 15-29 €). Institution locale tenue depuis quatre générations par la famille Collin, l'hôtel, une imposante bâtisse rouge en plein cœur du village, est idéal pour rayonner dans les parages. Les chambres disposent toutes du confort de base avec TV, douche ou bain, W.C., téléphone et Internet. La déco, elle, a su garder une chaleureuse austérité… Côté table, de grands classiques de la cuisine sundgauvienne (carpe frite, choucroute, filet de sandre aux morilles…), bien cuisinés, à déguster dans une ambiance familiale parfois bruyante, mais très attachante. Tartes flambées à partir de 7,90 €.

Caveau Saint-Bernard Bon plan €€
(☎03 67 24 68 00 ; 10 rue du Château ; formules déj 11,50-14,50 €, plats 10-25 € ; ⏲fermé lun-mar, jeu soir et dim soir). Face à l'église Saint-Bernard, cet établissement a l'intérêt de proposer, outre quelques spécialités culinaires incontournables du Sundgau, quelques mets que l'on ne retrouve pas à la carte des restaurants voisins : vastes choix de burgers (y compris d'autruche du Sundgau !), scampi à l'indienne, pâtes *ai gamberetti*, pizzas ou encore, l'hiver, fondue bourguignonne… Le cadre ? Un caveau du XVIIe siècle chaleureux, mais aussi une agréable terrasse aux beaux jours, où l'on peut simplement prendre un verre et profiter tranquillement de la vue sur Ferrette.

Au Cheval Blanc Traditionnel €
(☎03 89 40 41 30 ; 3 rue Léon-Lehmann ; plats 11-22 €, menus 29-32 € ; ⏲mer-dim midi et soir).

Ruines du château de Ferrette (p. 283)

Une bonne option pour déguster, dans un cadre de bistrot plutôt moderne, un vaste choix de mets alsaciens. Carpe frite, langue de bœuf sauce piquante, tête de veau vinaigrette et *surlawerla* sont au nombre des spécialités de la maison. La choucroute garnie maison est excellente ! Tarte flambée à partir de 7,50 €. Service continu le dimanche.

Vieux-Ferrette

Au Chaudron Convivial **€€**

(03 89 40 10 88 ; 15 pl. de l'Ancienne-Forge ; formule déj 12,50 €, plats 18-28 € ; jeu-dim midi et soir). En plein cœur de Vieux-Ferrette, le Chaudron propose des spécialités tant françaises qu'alsaciennes. Grâce au sympathique patron, Raphaël, l'ambiance est décontractée… voire parfois rock'n roll. À la carte, on retrouve bien sûr la carpe frite, mais aussi de grosses pièces de viande (entrecôte, carré d'agneau, tartare) ou le chaudron-bleu, spécialité de la maison (une poitrine de poulet jaune panée aux bretzels). Le chef, qui va lui-même pêcher en Alaska, propose aussi d'excellents plats à base de saumon. L'une des rares adresses des environs où l'on peut dîner après 22h.

Fromagerie Antony Fromages **€€€**

(03 89 40 42 22 ; www.fromagerieantony.fr ; 5 rue de la Montagne ; cérémonie des fromages 75 €, repas 110-150 € selon vins choisis ; repas ven-sam soir sur réservation, boutique lun-ven 10h-12h et 14h-17h, sam 10h-15h). C'est sans doute le plus célèbre des fromagers français : Bernard Antony, "éleveur de fromages", alimente les plus grandes tables dans le monde entier. Étonnant de voir que sa fromagerie, aujourd'hui gérée principalement par son fils, et ses caves d'affinages sont installées dans une maison somme toute assez quelconque de Vieux-Ferrette ! En plus d'y acheter des fromages, vous pouvez venir déguster les produits. Mais, dans son chaleureux caveau, on ne déjeune pas, on ne dîne pas : on assiste à un rituel où chaque fromage est invité à table comme un prince ! Au cours de cette "cérémonie des fromages" – réservation (bien en amont) obligatoire –, vous découvrirez des saveurs dont vous ne soupçonniez même pas l'existence. Les vins sont bien sûr en accord. Durant les horaires d'ouverture de la boutique, possibilité d'opter pour une assiette de neuf fromages (18 €).

Mooslargue

À l'Ange Bohème **€€**

(03 89 25 64 34 ; 14 rue Principale ; formule déj semaine 12 €, plat du jour 8 €, plats 20-30 € ; mar-ven midi et soir, sam soir, dim midi). Des livres qui s'empilent sur les étagères, une musique jazzy ou pop en fond sonore… Au cœur du petit village de Mooslargue, ce petit restaurant est tenu dans une ambiance un brin bohème par Laurent et Raymonde Bérard qui ont su redonner une âme à cette auberge centenaire, en bousculant gentiment la gastronomie locale. La carte varie constamment, mais on peut y trouver, selon la saison, filet de saint-pierre au feu de bois, ravioles de langoustine, lapin fermier à la sauge ou grenouilles au curry. Souvent surprenant pour les papilles. Accueil très agréable.

Moernach

Aux Deux Clefs Institution **€€**

(03 89 40 80 56 ; aux2clefs.com ; 218 rue Hennin-Blenner ; formules déj 18,50 €, plat du jour 13,50 €, menus 27-55 € ; s/d 48-55/65-85 €, petit-déj 9 € ; fermé mer-jeu). Installée dans une belle demeure à colombages, ancien bâtiment principal d'un corps de ferme, cette institution locale joue la (bonne) carte du repas gastronomique dans un cadre ancien, chaleureusement décoré. La cuisine, généreuse, y est raffinée (filet de caille, risotto de Saint-Jacques), l'ambiance cosy, et le service soigné. Dispose aussi de sept chambres.

Renseignements

Office du tourisme du Sundgau Sud Alsace

(03 89 08 23 88 ; www.sundgau-sudalsace.fr ; 1a rue de la 1ère-Armée, Ferrette)

Le Jura alsacien

Le Jura alsacien est pour ses habitants et les visiteurs un véritable enchantement. Le Jura, c'est l'autre montagne d'Alsace : moins douce que les collines vosgiennes, moins connue aussi, elle propose des paysages différents. Ferrette en est sans aucun doute son joyau, mais tous les villages des environs ont leur charme et leurs richesses patrimoniales. L'habitat se distingue du reste de l'Alsace : de grandes bâtisses en pierre taillée – issue des carrières de calcaire des environs – remplacent bien souvent les maisons à colombages. Zone montagneuse oblige, le Jura alsacien était le royaume de la petite paysannerie et sa disparition est un drame pour sa culture. De belles fermes subsistent encore dans les villages et on imagine très bien quelle a été la vie paisible menée ici. La richesse aujourd'hui ne vient plus de la terre, mais de la Suisse voisine qui procure du travail aux frontaliers. L'argent qui en découle a changé les choses, l'âme du lieu est mise à mal, assurément. Mais c'est encore un paradis fait de prairies et de forêts.

Oltingue

On pourrait citer tous les villages du canton de Ferrette, mais Oltingue, à une dizaine de kilomètres à l'est de Ferrette, possède sur son ban un patrimoine exceptionnel. Il est agréable de se promener le long de l'Ill qui traverse le village dans des rues calmes, et d'admirer les maisons à colombages typiques. Au cœur du bourg, on peut prendre le pouls de ce qu'était la vie du village il y a quelques années encore : le **Musée paysan** (☎ 03 89 40 79 24 ; musee.paysan.free.fr ; 10 rue Principale ; tarif plein/-16 ans 2,50/1 € ; 🕑 mi-juin à sept mar, jeu, sam-dim 15h-18h, reste de l'année dim 14h-17h, fermé jan-fév), créé dans les années 1970 par l'ancien curé du village dans une bâtisse typiquement sundgauvienne, présente les objets familiers et quotidiens d'une ferme de la région à la fin du XIXe siècle.

À l'écart du village, en direction de Raedersdorf, on aperçoit, en plein milieu des champs, le clocher de l'**église Saint-Martin-des-Champs** (renseignements ☎ 03 89 40 70 11 ; www.oltingue.fr) entourée d'un cimetière. L'édifice actuel date du XIIIe siècle et a été remanié en 1868. Un sarcophage monolithique du VIIe siècle mis au jour lors de fouilles est visible à côté d'une autre tombe du VIIIe siècle qui contient un squelette entier. Les archéologues ont découvert une multitude d'objets d'époques variées : des outils préhistoriques, de la céramique romaine, des pièces frappées à Strasbourg en 840. Sur la colline, les restes d'une fortification gallo-romaine ont été mis au jour.

En quittant Oltingue par la D98 en direction de Liebenswiller, vous pourrez voir, en pleine forêt, la **chapelle Saint-Brice** (☎ 03 89 07 35 86 ; www.oltingue.fr). C'était un haut lieu de pèlerinage mais c'est au Musée archéologique de Strasbourg (p. 95) que l'on peut admirer les 55 ex-voto du XVIe siècle découverts dans son grenier.

Où se loger et se restaurer

Auberge et hostellerie paysanne Table et lit **€€**
(☎ 03 89 40 71 67 ; www.auberge-hostellerie-paysanne.com ; 1 rue de Wolschwiller, Lutter ; s-d 68-92 € selon confort, lit supp 15 €, petit-déj 10 € ; menu du jour 12-13,50 €, menus 24-49,50 € ; 🕑 auberge fermée lun et mar midi). Ce restaurant figure parmi les valeurs sûres du Sundgau et son hôtel, 100 m plus loin, offre un cadre originale à vos nuits, dans une vieille ferme alsacienne du XVIIe siècle démontée dans un village pour être remontée et transformée à Lutter (à 3 km au sud d'Oltingue par la D23.1). Sur la carte, en automne, le civet de chevreuil voisine avec le filet mignon de porc sauce aux champignons ou encore la salade au munster tiède. Les chambres à la décoration boisée ne sont pas dénuées de charme avec leur mobilier rustique qui se marie bien à l'esprit familial du lieu.

HUGUES DEROUARD ©

À NE PAS MANQUER

Château du Landskron

Juché sur une colline boisée dominant le village de Leymen, à proximité immédiate de la frontière suisse, ce château en ruine est l'un des plus spectaculaires du sud de l'Alsace. Ses vestiges, dominés par un puissant donjon carré, des pans de muraille et une façade aux fenêtres Renaissance ouvrant sur le vide, sont encore saisissants. La forteresse fut vraisemblablement érigée en 1297 et devint la propriété d'une puissante famille épiscopale bâloise – les Münch – qui pouvaient y surveiller la vallée de Leimental. Elle fut reconstruite en partie à la suite d'un tremblement de terre en 1356. Après la guerre de Trente Ans, le Landskron devint la possession du roi de France et fut agrandi par Vauban pour garder la frontière et servir de prison royale. Durant les guerres napoléoniennes, le château fut pris après trois jours de combat par les Autrichiens et les Bavarois, qui le démantelèrent en 1814. Il servit de carrière de pierre jusqu'à son rachat en 1857 par un particulier. Classé monument historique, il appartient aujourd'hui à une association franco-suisse qui l'entretient et le restaure pour l'ouvrir gratuitement au public. Depuis les belvédères aménagés, notamment au sommet du donjon, vous attend un panorama formidable : d'un côté Bâle et la Suisse, de l'autre, le Sundgau alsacien.

Infos pratiques

Accès en 20 minutes de marche via un sentier boisé depuis le parking de la petite gare de Leymen. Visite libre tous les jours jusqu'à 22h. Pour en savoir plus : www.prolandskron.fr

Marche et rêve

Très actif dans le Sundgau et dans le Jura alsacien, le Club vosgien propose des balades de toute beauté qui permettent de découvrir une faune et une flore riches et très diversifiées. Les sentiers traversent souvent des lieux inaccessibles autrement qu'à pied. On part ainsi à la rencontre d'une Alsace plus secrète et plus discrète, cachée au cœur des forêts. Une multitude de cartes et de topoguides ont été réalisés par les marcheurs du club. Sur le site Internet de l'**office du tourisme du Sundgau** (www.sundgau-sudalsace.fr), on peut télécharger des fiches de randonnées pédestres à la portée de tous. Le **Club vosgien du Jura alsacien** (☎06 07 38 45 55 ; clubvosgienferrette.jimdo.com) pourra également vous renseigner.

Bettlach

À 2 km à l'est d'Oltingue, le village de Bettlach propose un **circuit des Casemates** intéressant et complémentaire au sentier des Marocains (ci-contre). Cet itinéraire de près de 2 km vous mène, à travers une nature merveilleuse, auprès de trois imposants fortins de la célèbre ligne Maginot. Les panneaux explicatifs sont bien faits et les points de vue sur le Jura Alsacien remarquables.

Winkel

Dans ce petit village, situé à moins d'une dizaine de kilomètres au sud-ouest de Ferrette, se trouve la **source de l'Ill**, en un lieu connu sous le nom d'Illensprung, à la sortie du village vers le Glaserberg. La plus longue rivière d'Alsace se cache aussitôt pour ressurgir à Ligsdorf, quelques kilomètres plus loin. Un petit espace a été aménagé autour de la première source par l'artiste Anne Roquette. On retiendra surtout le calme, la verdure et la douceur qui marque le lieu, propice aux pique-niques.

L'**église Saint-Laurent**, datant de 1786 et consacrée en 1788 par le puissant évêque de Bâle, mérite le coup d'œil. Les autels et retables de l'église proviennent de l'ancienne abbaye de Lucelle (p. 290) et datent de la même époque.

En se rendant vers le Petit Kohlberg par la route forestière, on croise un chemin qui porte le nom de **sentier des Marocains**. Tandis que la France s'équipait de fortifications tant onéreuses qu'inutiles, à la veille de la Seconde Guerre mondiale, un régiment de tirailleurs marocains surveillait en effet les travaux en cours à Winkel. Ligne Maginot inachevée, défense antichars, casemates... les vestiges à découvrir en suivant ce sentier pédestre (2,6 à 5,6 km) sont nombreux dans ce secteur frontalier. Départ au lieu-dit La Charrière.

Activités

Sur les hauteurs de Winkel, des pistes de **ski de fond** ont été balisées et permettent, l'hiver venu, de se promener librement dans un décor d'arbres enneigés, où tout est blancheur et silence. Le point de départ de ces 5 pistes, longues de 2,5 à 8 km, se fait au lieu-dit La Charrière. Deux autres circuits sans difficulté sont plutôt réservés à la raquette (3 et 6,5 km) en famille. La descente du parking au village peut se faire en luge. Renseignements auprès de l'office du tourisme de Ferrette (p. 285).

Oberlarg

Non loin de Winkel, le petit village d'Oberlarg est connu pour abriter la **source de la Largue**. Celle-ci jaillit à quelques pas de la fameuse **grotte du Mannlefelsen** où l'on a découvert dans les années 1970 les vestiges d'un campement de chasseurs du paléolithique... Un crâne y a été trouvé : le plus vieil Alsacien connu dormait et chassait près de la Largue ! Malheureusement, pour des raisons de sécurité, la grotte a été fermée et rebouchée partiellement. Au sommet de la colline entre Oberlarg et Winkel, on peut aussi admirer la **Hohen Muttergottes** (*Notre-Dame-du-Haut*) dans sa chapelle.

HUGUES DEROUARD ©

Château du Morimont

Cette statue date de 1746 et représente la Mère de Dieu en Sundgauvienne.

Mais le principal site de la commune est situé à 2,5 km au sud-ouest du bourg, en pleine nature. Il s'agit du **château du Morimont**. Son isolement et sa cave gigantesque lui valent une aura mystérieuse. Construit sur un rocher au XIIe siècle, le château montre fièrement ses sept tours qui lui donnent une allure altière. En son centre, la tour hexagonale qui servait de cage d'escalier est remarquable. Quant à la cave voûtée, elle mesure près de 51 m de longueur, pour 7,50 m de largeur et 3,60 m de hauteur, et elle est objet de bien des légendes… On ne peut que regretter que le manque d'entretien de ces ruines interdise l'accès à de nombreuses parties et à des vues magistrales.

Liebsdorf

Le petit village de Liebsdorf (le village de l'amour) est situé au pied de la première chaîne du Jura alsacien et possède sur son ban le premier sommet de ce rempart : l'**Obererberg** (666 m). On raconte que le fils du comte de Ferrette vint un jour chasser sur ces hauteurs où il rencontra une charmante vachère dont il tomba éperdument amoureux. Pour lui déclarer sa flamme, il grava de la pointe de son épée un "L" sur la pierre où elle était assise (*Lieben Stein*, pierre d'amour). Le comte de Ferrette s'opposa à l'union de son fils avec cette roturière, sauf si elle parvenait à réaliser quelque chose d'extraordinaire. La vachère proposa au comte de goûter à ses mystérieux "poissons d'or". Le comte, intrigué, accepta et découvrit ainsi ces carpes frites et dorées à l'huile que l'on déguste encore aujourd'hui dans tout le Sundgau. Conquis, le comte fit construire une demeure aux tourtereaux.

Les ruines médiévales du **château du Liebenstein** (☎ 03 89 40 80 11 ; rue de la Montagne, www.chateauxforts-alsace.org) GRATUIT sont toujours visibles, notamment l'imposante tour ronde. Quant à la pierre d'amour… à vous d'essayer de la retrouver ! Pour rejoindre le château, lorsque vous arrivez à Liebsdorf par la D473, direction Courtavon, prenez à gauche à la sortie du village, près du cimetière, et suivez les panneaux.

VINCENT FROEHLY ©

Liebsdorf

Où se loger et se restaurer

Au Soleil Valeur sûre **€€-€€€**

(☎ 03 89 40 80 24 ; www.restaurant-au-soleil68.fr ; 17 rue du Général-Giraud ; menus 14-21 €, plats 14-18 € ; s/d 38/45 € ; restaurant et hôtels fermés jeu soir et ven soir). Ouvert en 1930, ce restaurant au cœur de Liebsdorf est tenu depuis six générations par la famille Willig, qui se fait un devoir de proposer des carpes frites parmi les meilleures de la région. Un chaleureux établissement, très apprécié des Sundgauviens, où l'on vous sert également une belle entrecôte, un énorme cordon bleu (de veau ou de porc) ou des cuisses de grenouilles à la provençale. Chaque semaine, de nouveaux plats sont proposés et préparés de manière originale. Mention spéciale pour les desserts, souvent surprenants (crème brûlée au vin de paille et au miel, maïs et thé matcha...). L'établissement dispose aussi de six chambres, également proposées en formules demi-pension et pension complète.

Lucelle

Dans cette commune de 40 habitants posée sur la frontière suisse se dressent les vestiges de ce qui fut l'un des plus importants centres religieux cisterciens de la région. L'**abbaye de Lucelle**, dont la première pierre fut posée par saint Bernard lui-même, vers 1124, comptait environ 200 moines et rayonnait sur sept autres abbayes. Les religieux quittèrent l'abbaye à la Révolution et ses éléments les plus importants (cloches, autels, orgue...) furent transférés dans les villages alentour. Il reste sur place quelques pans de mur et des morceaux de l'enceinte, flanqués de calices et de symboles religieux. La Lucelle, petit ruisseau local très apprécié des pêcheur à la mouche, marque la frontière avec la Suisse. Elle est longée par une départementale qui s'amuse parfois à franchir la frontière, sans douanier méticuleux dans les parages ! La commune est aussi renommée pour son festival de musiques actuelles, **Lucelle Sonore** (www.lucellesonore.com), qui s'y tient tous les deux ans en été et attire de grands noms de la pop ou de la chanson.

Où se loger et se restaurer

Hôtel-restaurant du Petit Kohlberg Montagnard €€

(03 89 40 85 30 ; www.petitkohlberg.com ; Petit Kohlberg ; d 75-105 € selon confort et période, ste 102-240 €, petit-déj adulte/enfant 13/6 € ; menus 34,50-43,50 € ; mer-dim). Isolé en pleine campagne entre Winkel et Lucelle, ce vaste chalet moderne, dans la même famille depuis quarante ans, figure parmi les belles adresses du Sundgau. On s'y sent déjà à la montagne : à 700 m d'altitude, la vue sur la Suisse voisine est imprenable et le lieu constitue une étape idéale pour les randonneurs ou, en hiver, pour les amateurs de ski de fond. Un grand choix de chambres (une trentaine, de la double classique à la grande suite) permet aux couples ou aux familles de trouver leur bonheur. Dans un pavillon indépendant au chaleureux et élégant décor boisé, le maître-restaurateur Fabrice Arlin élabore une courte carte de plats traditionnels raffinés (émincé de foie de veau au vin rouge, *kougelhopf* glacé...).

Centre européen de rencontres culturelles – Relais de l'Abbaye Pension €-€€

(03 89 08 13 13 ; www.cerl-lucelle.fr ; Maison Saint-Bernard, rte internationale ; nuit 31 €, tarif plein/5-15 ans pension complète 62/31 €, demi-pension 54/27 €, gratuit -5 ans ; plats 12-24 € ; restaurant ven-dim midi et soir, mer et jeu midi uniquement). À cheval sur la frontière franco-suisse et bâti sur les ruines de l'abbaye de Lucelle, le CERL est un organisme qui vise au rapprochement spirituel entre France et Suisse. Il dispose dans la Maison Saint-Bernard, un immense bâtiment, d'une quarantaine de chambres qui sont bien tenues, mais d'une sobriété... toute cistercienne (oubliez la télévision !). L'établissement fait face à une petite chapelle et à un lac idyllique, propice au repos et à la méditation, surtout en automne, lorsque les arbres se teintent de couleurs mélancoliques. Côté restaurant (le Relais de l'Abbaye, de l'autre côté de la rue), rien d'extravagant, mais la carte, 100% alsacienne, est tout à fait convenable et les prix raisonnables. Au menu : bouchée à la reine, truite à toutes les sauces, filet de carpes, collet de porc fumé... Possibilité, pour les petites faims, de grignoter à toute heure de la journée *knacks*, quiche lorraine, assiette de frites ou de fromages à prix doux. Les "cochonnailles" de novembre demeurent l'événement culinaire de l'année. Tartes flambées le dimanche soir et les jours fériés.

Musée alsacien, Strasbourg (p. 100)

En savoir plus

Parlement européen, Strasbourg (p. 109)

VINCENT FROEHLY ©

L'Alsace aujourd'hui

Regroupée en 2016 au sein de la région Grand Est, l'Alsace est perçue comme le territoire le plus oriental de l'Hexagone, mais c'est avant tout le cœur de l'Europe. Touristique, plutôt riche et dynamique, elle concilie aujourd'hui avec un certain succès la préservation de ses traditions et les innovations de demain.

Une population dense, urbanisée et... jeune !

Petit territoire, l'Alsace possède néanmoins une population dense (225 habitants au km^2), inégalement répartie (40% du territoire est occupé par la forêt !) et très urbanisée autour de 3 grandes métropoles : Strasbourg, Mulhouse et Colmar. Plus étonnant, la population alsacienne est plus jeune que la moyenne française. L'offre universitaire attire en effet nombre d'étudiants venus de toute la France et d'ailleurs. Mulhouse est aussi la ville de France métropolitaine de plus de 100 000 habitants à la plus forte proportion de jeunes.

Un secteur touristique dynamique

Hors Île-de-France, l'Alsace est au premier rang des régions touristiques françaises non littorales, c'est dire si ce secteur est important pour la région, qui reçoit plus de visiteurs venus de France que des pays limitrophes. Les touristes trouvent en Alsace une destination aux multiples qualités : patrimoine naturel et historique,

Population au km²

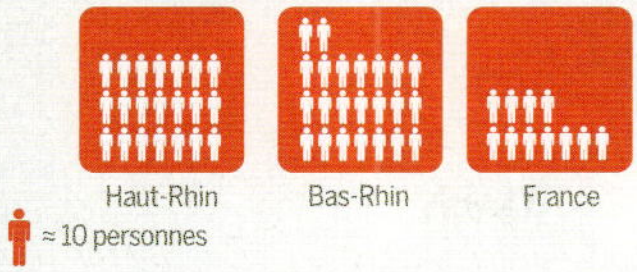

Sites les plus visités
(en milliers d'entrées)

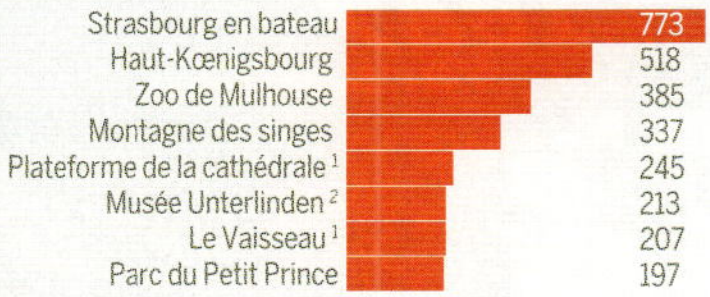

1. Strasbourg
2. Colmar
(Chiffres 2017, source : clicalsace.com)

Origine des touristes en Alsace

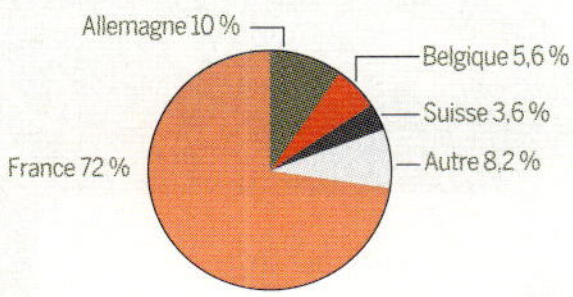

musées, randonnées, œnologie, véloroutes, gastronomie, folklore... et une offre d'hébergements de très bonne qualité. En 2008, le TGV Est a rapproché l'Alsace du reste de la France et a considérablement accru le nombre de visiteurs. Un chiffre encore en augmentation avec l'ouverture, en 2016, de la ligne TGV baptisée "l'Européenne", qui met désormais Strasbourg à moins de 2 heures de Paris, et à la faveur de laquelle des villes alsaciennes moyennes comme Saverne ou Sélestat ont vu leur attractivité renforcée grâce à l'arrêt quotidien de TGV.

Une économie souriante

En tant que région à part entière, l'Alsace se classait au 4e rang pour la richesse par habitant. Une place qui s'explique par un tissu industriel dense (3e région la plus industrialisée), même si elle a beaucoup souffert de la crise de 2008. L'Allemagne, son premier partenaire économique, absorbe une bonne partie de sa production. Autre facteur de richesse, près de 8% de sa population active traverse chaque jour la frontière pour travailler en Allemagne et en Suisse. Un chiffre multiplié par 9 depuis les années 1960. Le taux de chômage alsacien, même s'il a doublé en quinze ans, reste en dessous de la moyenne métropolitaine.

L'Alsace du Grand Est... et au cœur de l'Europe

Lors de la réforme territoriale des régions, des dizaines de milliers d'habitants, munis de pancartes "Touche pas à mon Alsace", ont manifesté à Strasbourg et à Paris contre le regroupement avec la Lorraine et la Champagne-Ardenne, craignant que la fusion des trois entités n'entraîne une perte des spécificités locales et la fin pour Strasbourg de son statut de capitale régionale. Regroupée finalement depuis le 1er janvier 2016 avec la Lorraine et la Champagne-Ardenne au sein de la nouvelle région baptisée Grand Est, l'Alsace a tiré son épingle du jeu grâce à la désignation de Strasbourg comme capitale régionale.

Ceux qui se désolaient de la disparition de l'Alsace en tant qu'entité administrative n'auront pas eu longtemps à attendre : en 2021, Haut-Rhin et Bas-Rhin doivent être officiellement regroupés dans la Collectivité européenne d'Alsace, dont les compétences étendues lui permettront d'améliorer la coopération transfrontalière. Il faut dire que la région bénéficie d'une attractivité particulière à l'échelle de l'Europe. Être le siège d'institutions européennes importantes (le Parlement européen, le Conseil de l'Europe et la Cour européenne des droits de l'Homme) confère à Strasbourg, aux portes de l'Allemagne, de la Suisse, et à moins de 2 heures de Paris, un statut de "capitale européenne", qui regarde fréquemment de l'autre côté du Rhin.

Musée historique, Strasbourg (p. 96)

Histoire

L'histoire de cette bande de terre qui s'étend entre le Rhin et les Vosges a donné naissance à une "région allemande de France". Si les Romains choisirent le Rhin comme limite de leur Empire, les Francs feront du fleuve un axe d'échange qui favorisera la prospérité économique de la région et son épanouissement culturel. Tout ne fut pourtant pas rose dans le Saint-Empire romain germanique et les guerres, dynastiques ou religieuses, ont laissé des traces durables. Tout comme le feront, à partir du XVIIe siècle, les guerres entre États, qui vont conduire peu à peu au rattachement définitif à la France.

5500 av. J.-C.

Les populations néolithiques de culture rubanée originaires du Danube s'installent dans la plaine rhénane.

58 av. J.-C.

Victoire de Jules César sur Arioviste lors de la bataille de l'Ochsenfeld, qui fixe de façon durable la limite orientale de l'Empire romain.

352

Les Alamans franchissent le Rhin et s'installent dans la province romaine de Germanie supérieure.

Les premiers occupants

"Il fait vraiment bon vivre en Alsace" vous auraient dit les premiers hommes préhistoriques, présents dès 200 000 av. J.-C. ! Dans cette plaine immense coincée entre la chaîne des Vosges et celle de la Forêt-Noire, ce fossé d'effondrement rhénan à la terre riche et fertile, le gibier abondait. Les mouvements des Néandertaliens suivaient le parcours des animaux, tant et si bien que l'on en trouve de nombreuses traces du nord au sud de l'Alsace. Dans la vallée de la Bruche essentiellement, mais aussi à Achenheim, Mutzig, Hangenbieten et Nideck. À Oberlarg, à quelques pas de la source de la Largue, on peut admirer de loin les magnifiques grottes du Mannlefelsen où l'on a retrouvé un abondant outillage de silex et d'importants vestiges de faune fossile. Les premiers Alsaciens étaient donc des chasseurs-cueilleurs très outillés, capables de parcourir de longues distances et qui déjà se jouaient des frontières, qu'elles soient d'eau comme le Rhin, ou minérales comme les Vosges.

Le Néolithique, à partir de 5500 av. J.-C., est caractérisé en Alsace par l'arrivée de populations de culture rubanée, d'origine danubienne, qui remontèrent le Rhin. C'est eux qui introduisirent l'agriculture et la sédentarisation dans la région. Ils y développèrent leurs céramiques à rubans caractéristiques, nécessaires pour conserver les fruits et légumes qu'ils cultivaient (sites de Dachstein et de Reichstett).

La période celte

De grands chantiers (routes, TGV, bâtiments, etc.) ont récemment mis au jour de magnifiques vestiges celtes, révélant que cette civilisation a joui d'un fort développement le long du Rhin à partir du VIIIe siècle av. J.-C. Il est certain que l'Alsace se trouvait, avec ses voisins du pays de Bade, au cœur de cette civilisation.

Ainsi un site essentiel du VIIIe siècle a-t-il été découvert près de Colmar. Des sépultures de chefs politiques et militaires attestent de la présence d'une société de type féodal dont la suprématie était basée sur la connaissance des techniques du fer et de l'équitation. Sur une sorte d'axe, entre Fribourg et Colmar, on découvre une série de tombes très riches. À Vieux-Brisach, par exemple, une dynastie de princes s'était installée et des traces importantes sont retrouvées un peu partout comme à Illfurth, dans le Sundgau, près de Mulhouse. Il semblerait que le célèbre mur païen du mont Saint-Odile soit également un témoignage de cette époque.

Autre caractéristique de cette culture, l'importance des échanges. Le bassin rhénan devient une sorte de prolongement du bassin rhodanien, ce qui facilite le commerce et les conquêtes. Nombre d'objets trouvés dans les sépultures en témoignent.

La conquête romaine

Au Ier siècle av. J.-C., dans le contexte d'un conflit triangulaire qui mettait aux prises des peuples celtes – Séquanes, Éduens et Suèves (l'origine de ces derniers, celte ou germaine,

357
Victoire du vice-empereur Julien lors de la bataille d'Argentoratum (Strasbourg).

496
Victoire de Clovis lors de la bataille de Tolbiac. La région prend le nom d'Alsatius.

800
Charlemagne est couronné empereur d'Occident.

★ Les meilleurs... musées d'histoire

Musée archéologique, Strasbourg (p. 95)

Maison de l'archéologie des Vosges du Nord (p. 57)

Musée Vauban, Neuf-Brisach (p. 189)

Musée historique, Strasbourg (p. 96)

Musée historique, Strasbourg (p. 96)

VINCENT FROEHLY ©

étant discutée) –, les Romains prirent prétexte de l'appel à l'aide des Éduens pour intervenir, avec l'idée de renforcer la sécurité de leurs récentes conquêtes dans le sud de la Gaule. C'est bien entendu Jules César qui fut désigné pour mener les légions romaines contre les troupes d'Arioviste, chef des Suèves, et c'est lui qui l'emporta, au cours d'une bataille décisive sur les bords du Rhin, en 58 av. J.-C., sans doute dans les environs de Cernay (Haut-Rhin).

La présence des Romains apporta la paix en Alsace. Le développement économique jusqu'au IIIe siècle fut considérable, les productions régionales s'exportant dans tout le monde romain. Les céramiques de Dinsheim, Heiligenberg et Ittenwiller sont réputées et, à Rome, on apprécie déjà le vin de la région. Mais l'Alsace est alors une zone frontière, et les risques d'incursion des peuples germains sont réels. Aussi, de nombreuses tours de guet surplombent les collines le long des voies romaines : certaines deviendront plus tard des châteaux et des demeures seigneuriales. Fondée en 12 av. J.-C., Argentoratum (Strasbourg) s'affirme comme une incontournable place militaire. Koenigshoffen (aujourd'hui un quartier à l'ouest de Strasbourg), a révélé plusieurs beaux vestiges romains : une stèle funéraire de 2 mètres de haut représentant un cavalier avec son bouclier et un homme en arrière-plan, et celle du légionnaire Largennius.

À partir du IIIe siècle, les incursions germaniques se multiplient. En 352, les Alamans venus de l'est franchissent le Rhin et ne sont chassés des provinces romaines qu'en 357, à la suite de la bataille de Strasbourg. Malgré la multiplication des ouvrages défensifs et la réorganisation des campagnes autour de grands domaines (villa de Gurtelbach, à Dehlingen), cette victoire ne permettra pas de stabiliser durablement la situation. Alamans et Francs finissent par prendre le dessus.

Des Alamans aux Francs

Alamans et Francs sont les principales populations germaniques à s'installer dans les anciennes provinces romaines du nord de la Gaule. Les seconds, avec Clovis à leur tête, finissent par supplanter les Alamans lors de la bataille de Tolbiac (vers 496, la date étant discutée). Mais quel que soit le maître de la région, elle va bientôt prendre

833

Louis le Pieux, fils et successeur de Charlemagne, est détrôné par ses fils Charles le Chauve, Louis le Germanique et Lothaire Ier.

842

Serment de Strasbourg en langues romane et germanique entre Charles le Chauve et Louis le Germanique.

843

Traité de Verdun qui entérine le partage de l'Empire carolingien entre les trois petits-fils de Charlemagne.

son nom définitif : Alsaciones ou Alsatius. Un document de 610 en atteste. C'est aussi à cette période qu'est institué le duché d'Alsace, à la tête duquel s'illustrera la famille des Étichonides, dont sainte Odile est issue.

Le royaume des Francs, qui ne cesse de s'étendre jusqu'à devenir empire en 800, sous l'impulsion de Charlemagne, n'a pas grand-chose à voir avec les limites territoriales telles qu'on les connaît aujourd'hui. Les régions qui deviendront des éléments de la Belgique, des Pays-Bas, de la France et de l'Allemagne font partie du même ensemble. Et dans celui-ci, héritage des Alamans, l'Alsace appartient aux régions de langue germanique.

Charlemagne affectionne particulièrement l'Alsace où il séjourne souvent : il développe des bibliothèques, et celle de l'abbaye de Murbach devient l'une des plus importantes de l'Empire. Il s'entoure d'abbés et de moines alsaciens qui le conseillent, et donne à ses fils des propriétés dans la région, comme à Hugues qui devient comte de Basse-Alsace. Durant son règne, les conflits n'ont lieu qu'aux frontières de l'Empire. L'Alsace, située en plein cœur de cet empire, peut à nouveau s'épanouir pleinement. L'agriculture s'y développe à merveille.

C'est pourtant dans cette Alsace calme et bucolique que l'Empire carolingien éclatera quelque temps après sa mort : dans le Haut-Rhin, au "Champ du Mensonge" situé près de Sigolsheim, le fils et successeur de Charlemagne, Louis le Pieux, doit combattre ses fils Charles le Chauve, Lothaire Ier et Louis le Germanique, hostiles à sa volonté d'inclure son dernier fils dans la répartition des territoires de l'Empire. Trahi par ses troupes qui se rangent du côté de ses ennemis, il est destitué.

Le 14 février 842 à Strasbourg, à l'emplacement de l'actuel stade de la Meinau, Louis le Germanique et Charles le Chauve scellent leur alliance contre Lothaire, par le fameux serment de Strasbourg. Ce document marque les débuts officiels des langues française et allemande. Au lieu de recourir au latin comme il se devait pour un texte officiel, celui-ci est rédigé dans les langues vernaculaires prépondérantes dans l'Empire : le roman d'un côté, le tudesque (ancêtre de l'allemand) de l'autre. L'année suivante, le traité de Verdun scelle la fin de l'empire unitaire de Charlemagne par son partage entre ses trois petits-fils. Ce document est d'une importance politique cruciale : il marquera le découpage de l'Europe pour les siècles prochains.

En 870, après la mort de leur frère Lothaire, Charles le Chauve et Louis le Germanique se retrouvent aux Pays-Bas pour sceller un nouveau traité qui prévoit la disparition de la Lotharingie, à laquelle appartenait l'Alsace. Il est décidé que la région ferait partie de la Francie orientale (la Germanie) ; elle reviendra donc dans l'escarcelle de Louis le Germanique et sera par la suite un élément essentiel du Saint-Empire romain germanique.

Naissance du Saint-Empire romain germanique

C'est au milieu du Xe siècle, avec l'idée de ressusciter l'Empire dont le mythe survit, qu'Otton se fait couronner par le pape, à Rome. Cette alliance originelle avec l'Église sera une marque tenace de la nouvelle entité politique avec le principe de l'élection

870

Lors du traité de Meerssen, la Lotharingie disparaît et l'Alsace intègre la partie germanique de l'ancien Empire carolingien.

962

Le couronnement d'Otton Ier marque la naissance du Saint-Empire romain germanique.

1273

Rodolphe Ier de Habsbourg est le premier membre de sa dynastie à être élu empereur.

des souverains hérité de la période mérovingienne. Lorsque Henri III arrive au pouvoir en 1046, il nomme un évêque alsacien au pouvoir à Rome. Ce nouveau pape, Léon IX, originaire d'Eguisheim dans le Haut-Rhin, marquera l'histoire de l'Église en étant à l'origine du schisme de 1054 qui entérine la séparation de l'Église d'Occident (catholique) et de l'Église d'Orient (orthodoxe).

À cette époque, les duchés épiscopaux sont puissants et les évêques, pour asseoir leur pouvoir, font dresser des cathédrales. Sur l'emplacement d'un ancien temple romain dédié à Mars, on érige la cathédrale de Strasbourg (qui ne sera achevée qu'en 1439). On trouve le long du Rhin de nombreuses autres cathédrales construites à cette époque (Bâle, Spire, Worms, Mayence...).

Vicissitudes d'un empire

Au XIIe siècle, l'Empire va être dominé par la famille des Hohenstaufen. Frédéric Ier de Hohenstaufen (Frédéric Barberousse) lie le destin de l'Alsace à celui de l'Empire : il fait de la ville de Haguenau une ville d'Empire avec des privilèges particuliers. C'est le temps où les cités s'affirment de plus en plus, grâce au commerce. Une petite noblesse apparaît, qui fonde son pouvoir sur ses richesses.

Après la disparition de la dynastie des Hohenstaufen, au milieu du XIIIe siècle, le pouvoir impérial se délite. Et comme à chaque fois où la poigne impériale se fait moins forte, les villes et les nobles cherchent à étendre leur autonomie. En Alsace, l'évêque de Strasbourg accroît son influence, alors que tous les comtes, ducs et autres petits chefs locaux se disputent des parcelles de l'Empire. Un peu partout, des châteaux sortent de terre, sans tenir compte des préceptes de l'empereur. Conflits et pillages rythment le quotidien.

À la fin du XIIIe siècle, une nouvelle famille s'affirme, celle des Habsbourg. Elle est étroitement liée à l'Alsace, par sa lignée, qui remonterait jusqu'à Odile de Hohenbourg (sainte Odile), mais surtout parce qu'elle possède nombre de fiefs et avoueries dans la région. Cette proximité explique peut-être l'engouement des bourgeois et des riches commerçants des villes pour le nouvel empereur, Rodolphe Ier (1273-1291). De leur côté, les empereurs savaient au besoin jouer sur ce nouveau pouvoir pour contrer celui de l'Église et des seigneurs. Ainsi, Strasbourg obtiendra le privilège de devenir une ville libre d'Empire au milieu du XIVe siècle.

En 1324, la comtesse Jeanne de Ferrette épouse Albert de Habsbourg, et lie ainsi le comté de Ferrette et le Sundgau (tout le sud de l'Alsace) à la maison d'Autriche pour des siècles, en devenant archiduchesse d'Autriche. Ensisheim devient alors capitale des propriétés alsaciennes des Habsbourg, qui séjournent très souvent dans la contrée. De nouvelles organisations voient le jour, notamment une nouvelle façon d'administrer les biens. Bon nombre de petits seigneurs qui avaient prêté de l'argent à la maison des Habsbourg se voient donner en gage les revenus issus de villages : on voit naître un peu partout des petits châteaux, des fermes fortifiées et des manoirs entourés d'eau.

1354
Fondation de la Décapole, une alliance de dix villes alsaciennes qui sont reconnues par l'empereur comme des villes libres.

1400
Retour au trône impérial des Habsbourg avec l'élection de Frédéric III. Ils y resteront jusqu'en 1740.

1439
La population juive de Strasbourg est victime du massacre de la Saint-Valentin.

Château du Morimont (p. 289)

VINCENT FROEHLY ©

★ Les meilleurs... châteaux et forteresses

Château du Haut-Kœnigsbourg (p. 149)

Château du Haut-Barr, Saverne (p. 75)

Château du Morimont, Oberlarg (p. 289)

Châteaux des Ribeaupierre, Ribeauvillé (p. 197)

C'est une période faste également pour l'Église, qui construit des couvents et des abbatiales dont de nombreux clochers à bâtière, typiques de l'art médiéval, sont encore visibles aujourd'hui (Feldbach, Ottmarsheim...).

En 1349, le bruit court de l'arrivée de la peste en Alsace et les juifs sont alors soupçonnés. À Strasbourg, on les accuse d'empoisonner les puits. Malgré l'intervention courageuse du maire Peter Schwarber, le 14 février 1349, des centaines de juifs sont brûlés vifs aux portes de la ville ; c'est le plus grand massacre perpétré dans la région (et la peste n'avait même pas encore fait son apparition). Les juifs quittent alors les villes et s'installent dans les villages, un phénomène plutôt rare mais qui leur permit de vivre plus paisiblement.

À cette époque, les villes sont rongées par des conflits internes entre noblesse traditionnelle, bourgeoisie d'affaires et gens de métiers. Le recours à la violence n'est pas rare pour régler les différends et les pouvoirs concurrents en profitent pour reprendre le dessus. Aussi, en 1354, dix villes s'organisent en une alliance, se promettant aide, coopération militaire et économique : Haguenau, qui est toujours le siège du Grand Bailliage d'Alsace, s'associe à Mulhouse initiatrice du mouvement, ainsi qu'à Colmar, Kaysersberg, Munster, Obernai, Rosheim, Sélestat, Turkheim et Wissembourg. L'empereur Charles IV ratifie la charte unissant ces villes. Déjà ville libre d'Empire, Strasbourg n'en fait pas partie. La Décapole tiendra jusqu'en 1679, avec quelques réaménagements comme le départ de la ville de Mulhouse, qui finalement, avec un statut de République libre, s'associera militairement en 1515 aux Confédérés suisses pour assurer plus efficacement sa protection.

La Renaissance pour les villes, la répression pour les campagnes

La nouvelle autonomie acquise par les villes va encourager leur développement économique. Spirituellement et intellectuellement, l'Alsace attire de toutes parts des étudiants, des professeurs, des érudits : l'école latine de Sélestat rayonne dans toute

1452

Fondation de la bibliothèque de l'école latine de Sélestat, l'un des symboles de l'humanisme rhénan.

1517

Publication des thèses de Luther à Wittemberg. Leur diffusion dans les régions de langue allemande sera rapide grâce à l'imprimerie.

1525

Nouvelle révolte paysanne qui fait vaciller le pouvoir local. Une guerre sans merci est livrée aux paysans insurgés.

Détails d'architecture, Strasbourg

l'Europe (la Bibliothèque humaniste de Sélestat en provient). En 1451, Gutenberg invente l'imprimerie à Strasbourg et à Mayence où il menait de front ses recherches. En imprimant la Bible, il retire à l'élite ecclésiastique le monopole de sa connaissance du texte, remettant ainsi en cause le pouvoir de l'Église. Les artistes Hans Baldung (Grien) à Strasbourg et Martin Schongauer à Colmar participent à l'éclosion d'un humanisme rhénan qui influencera profondément son époque.

Malheureusement, les campagnes ne profitent pas de cet essor. À partir de la fin du XVe siècle, un mouvement latent de révolte prend forme, contre les seigneurs laïques ou ecclésiastiques, contre les commerçants qui spéculent sur le cours des denrées, contre l'autorité impériale dont les troupes en guerre contre la Confédération suisse multiplient les exactions. L'année 1493 marque le début de cette révolte. Ce mouvement prend une ampleur inédite, car, au-delà des questions d'impôts et de prix des denrées, les paysans revendiquent le droit de s'organiser librement comme les villes. La répression ne fait pas disparaître le mécontentement général des campagnes et les soulèvements se reproduisent durant toute la fin du XVe siècle et le début du XVIe siècle.

Le 14 avril 1525, du nord au sud de l'Alsace, les paysans s'insurgent et surprennent les autorités. Le mouvement gagne très vite le duché de Lorraine ; les rebelles occupent

1547

L'empereur Charles Quint emporte une large victoire sur les princes protestants à Muehlberg, mais négocie pour mettre fin à la guerre.

1555

La paix d'Augsbourg affirme le principe du *cujus regio, ejus religio* (la religion du prince est celle de ses sujets).

1618

Début de la guerre de Trente Ans qui va mettre l'Europe à feu et à sang. L'Alsace est durement frappée.

des abbayes, des châteaux et surtout font entendre leurs revendications. Les victoires des paysans sont nombreuses. Mais à Saverne ou à Lupstein, les batailles sont rudes et font des centaines de morts. Le duc de Lorraine lève une armée avec des gens de métier pour venir à bout de l'insurrection paysanne. Erasmus Gerber, le chef des paysans, est arrêté à Saverne et pendu sur-le-champ. L'armée de Lorraine, dans laquelle on compte de très nombreux mercenaires suisses, massacre les paysans à Scherwiller le 12 mai 1525 : il y a plus de 6 000 tués. Battus en Moyenne et en Basse Alsace, les paysans se replient dans le Sundgau où leurs dernières troupes seront vaincues au mois d'août. La vengeance des autorités s'exerça de très nombreuses années au travers d'une nouvelle dîme qui fit plier un peu plus les paysans d'Alsace.

Parallèlement, un autre bouleversement a lieu dans les villes avec le développement des thèses de Luther à partir de 1517. L'imprimerie contribue à diffuser rapidement ces idées nouvelles. La Réforme est la grande affaire intellectuelle de ce temps : les villes choisissent leur camp. La cathédrale de Strasbourg servira d'abri pour tous les protestants persécutés en Europe : on y célèbre le culte des Réformés, comme à Colmar ou à Wissembourg. Mais les Habsbourg, toujours maîtres des lieux, sont restés catholiques. Charles Quint finit par déclarer la guerre aux princes et magistrats protestants et l'emporte à la bataille de Muehlberg, en 1547. Toutefois, le mouvement a pris trop d'ampleur au sein de l'Empire et son frère et successeur, Ferdinand Ier, préfère négocier la paix d'Augsbourg (1555), qui laisse à chaque autorité locale, noble ou civile, le soin de décider du culte pour sa population.

De l'âge d'or à la guerre de Trente Ans

La richesse de l'Alsace devient proverbiale. C'est l'une des régions les plus peuplées d'Europe avec 30 habitants au kilomètre carré. Une activité multiforme agite la contrée : champs de céréales, vignes, mines d'argent, tanneries, imprimeries... Les foires de la Saint-Jean et de Noël attirent des milliers de personnes venues de toute l'Europe. L'Alsace s'exporte partout et assure à ses habitants une opulence au point que l'on surnomme le XVIe siècle le "Siècle d'or". Mais ce sont surtout les bourgeois qui profitent de cette prospérité.

En 1592 toutefois, première alerte, la succession de l'évêque de Strasbourg débouche sur un violent conflit qui ne sera définitivement tranché qu'en 1604. L'opposition entre les candidats luthérien et catholique a tourné à la guerre civile. Mais en 1618, c'est un conflit d'une tout autre ampleur qui voit le jour à Prague. La guerre de Trente Ans va mettre aux prises toutes les puissances européennes, sauf l'Angleterre et la Russie. Là encore, c'est au nom de la religion que l'on combat, les princes protestants allemands s'opposant aux Habsbourg catholiques, mais c'est au nom d'intérêts nationaux bien sentis que les alliances se nouent, ainsi de la France qui cherche à affaiblir les Habsbourg.

L'Alsace est particulièrement frappée lors de ce conflit. La moitié de sa population est décimée. Les Lorrains, les Allemands, les Français et même les Suédois dévastent

1648

Les traités de Westphalie concluent la guerre de Trente Ans. Les possessions alsaciennes des Habsbourg sont cédées à Louis XIV.

1684

Un décret de Louis XIV instaure le *simultaneum* : les protestants doivent laisser l'usage du chœur de leurs églises aux catholiques.

1697

La guerre de la Ligue d'Augsbourg prend fin avec le traité de Ryswick qui confirme la mainmise de la France sur l'Alsace.

à tour de rôle la région. Aujourd'hui encore, de nombreux lieux-dits en Alsace rappellent des villages disparus. Et nombre des châteaux ruinés qui coiffent encore les sommets de la région ont été détruits lors de ce conflit.

L'incorporation au royaume de France

En 1648, le traité de Westphalie met enfin un terme à la guerre de Trente Ans. Il est fondamental pour l'Alsace, qui change ainsi de suzerain : la Haute-Alsace et la Décapole (sans Mulhouse) iront désormais au roi de France, Louis XIV. Après un millénaire d'appartenance à la culture germanique, l'Alsace fait alors son entrée dans l'espace politique et culturel français. C'est une véritable rupture historique, mais qui ne se fait pas ressentir immédiatement sur le terrain.

En 1675, à Turckheim, le maréchal de Turenne bat les troupes impériales qui voulaient récupérer l'Alsace. La Décapole est dissoute au profit des Français en 1679. Après une nouvelle guerre, le traité de Ryswick (1697) détermine la nouvelle frontière française sur le Rhin. Mais Louis XIV a l'intelligence de laisser les institutions alsaciennes traditionnelles en place (religieuses et politiques) et, surtout, de ne pas imposer la langue française. L'Alsace reste donc une authentique région germanique tombée dans l'escarcelle des Français.

L'Alsace connaît une nouvelle ère prospère. Vauban élève des places fortes le long du Rhin, parmi lesquelles la forteresse de Neuf-Brisach, qui peut être considérée comme son véritable chef-d'œuvre. La religion catholique est privilégiée et les évêques sont à nouveau couverts d'or. Le palais des Rohan, à Strasbourg, est d'ailleurs une belle preuve de leur richesse à cette époque. À partir de 1707, Louis XIV impose la simultanéité dans les églises protestantes : dans toute commune comptant plus de 7 familles catholiques, l'église doit être divisée (nef aux protestants, chœur aux catholiques).

Au XVIIIe siècle, l'Alsace conserve toujours sa réputation de région riche et prospère, continuant à attirer de nombreux migrants venus de Suisse, d'Autriche, d'Allemagne et des provinces françaises. L'agriculture, grâce aux céréales et à la vigne, assure l'essentiel de ce bien-être, mais ce sont les couvents, les bourgeois et les vieilles familles nobles qui en tirent le plus de profit. À cela vient s'ajouter une première révolution industrielle qui dynamise la production textile. La ville de Mulhouse développe une véritable industrie dans le domaine, et se voit ainsi promise à un bel avenir.

La Révolution comme catalyseur de l'intégration

En Alsace, la Révolution française a défait un peu plus les anciens modèles allemands qui étaient encore en vigueur : c'est la fin des corporations, la mise au ban de l'Église, l'égalité pour les juifs et pour les protestants, la fuite des seigneurs vers l'Allemagne et, pour un temps tout au moins, les terres pour les paysans ! L'Empire germanique a vécu et la France s'immisce de plus en plus dans la société alsacienne. La Révolution et la République imposent la langue française. L'alsacien est interdit. Dans les villes,

1789
La Révolution est fort bien accueillie en Alsace.

1798
Mulhouse est rattachée à la République française.

1801
Instauration du Concordat régissant les relations entre l'Église et l'État, toujours en vigueur en Alsace.

La Marseillaise est... strasbourgeoise

Claude Joseph Rouget de Lisle, capitaine du génie en garnison à Strasbourg, écrivit en avril 1792 des couplets patriotiques qu'il intitula *Les Enfants de la patrie* ou *Chant de guerre pour l'armée du Rhin*. Une affiche de la Société des amis de la Constitution, appelant à la mobilisation contre l'armée des émigrés, lui inspira le texte. C'est devant le maire de Strasbourg, à son domicile situé place Broglie (la maison a été détruite et remplacée par la Banque de France), qu'il le chanta pour la première fois. La scène a été immortalisée par le peintre Isidor Pils – le tableau est visible au Musée historique (voir p. 96).

Relayé ensuite par des voyageurs jusqu'à Lyon durant le mois de mai, le chant, porté par le mistral, arriva à Montpellier, où un étudiant en médecine, originaire du Var, se prit de passion pour cet hymne révolutionnaire et le chanta devant ses compagnons de bataillon, enrôlés de Provence. Comme une traînée de poudre, l'"hymne des Marseillais" gagna Paris où le bataillon se rendait. Galvanisant les troupes lors de l'insurrection du 10 août contre les gardes suisses, le chant fut spontanément baptisé *La Marseillaise* par les Parisiens ; son tour de France s'achevait dans la gloire ! Le 26 messidor de l'an III (14 juillet 1795), le chant fut proclamé hymne national.

on s'accommode très bien de ces nouvelles modes : à Strasbourg, chez De Dietrich, le maire, un certain Rouget de Lisle entonne en français ce chant composé pour l'armée du Rhin que l'on nommera plus tard *La Marseillaise* (ci-dessus). À la campagne, l'enthousiasme est vite retombé, les paysans qui avaient pris possession des terres étant contraints de les rendre. Certains Alsaciens se sentent trahis par la Révolution. Le clergé reprend du terrain avec en toile de fond les luttes entre catholiques et protestants. Ce qui n'empêche pas la ville de Mulhouse, jusque-là enclave protestante du royaume de France, d'être rattachée à la jeune République française en 1798 après un vote du conseil de la ville !

En 1801, le tout récent Consulat, dirigé par Napoléon, adopte le Concordat qui met un terme définitif aux luttes religieuses en Alsace. La nouvelle division administrative entre Haut et Bas-Rhin respecte aussi une logique locale et fait l'unanimité. L'intégration nationale est complète avec, en 1810, la création à Strasbourg de la première École normale d'instituteurs de France. Par les instituteurs, et par l'armée à laquelle l'Alsace donne 45 000 de ses hommes, la région devient plus française que jamais. La région fournit à l'empereur corse 70 généraux parmi les plus valeureux (Kellermann, Lefebvre, Rapp, Kléber...). Dans un autre registre, Catherine Hubscher, beaucoup plus connue sous le nom de madame Sans-Gêne pour avoir plus d'une fois remis à leur place l'Empereur et Talleyrand, était elle aussi alsacienne. C'est aussi un jeune député alsacien, Victor Schœlcher, originaire de Fessenheim, qui, en 1804, parviendra à faire voter une loi pour l'abolition complète et immédiate de l'esclavage.

1871

L'Alsace et la Moselle sont rattachées au nouvel Empire allemand après la cuisante défaite de la France lors de la guerre franco-prussienne.

1914

Déclenchement de la Première Guerre mondiale. L'Alsace va encore une fois être un champ de bataille.

1918

L'armistice signé le 11 novembre prévoit l'évacuation immédiate de l'Alsace et de la Moselle par les troupes allemandes.

★ Les plus émouvants... sites de l'histoire franco-allemande

Hartmannswillerkopf (p. 224)
Mémorial du Linge (p. 239)
Four à Chaux, Lembach (p. 62)
Mémorial Alsace-Moselle, Schirmeck (p. 163)
Fort de Mutzig (p. 132)

Ouvrage du Four à Chaux, Lembach (p. 62)

Un XIXe siècle industriel

La révolution, industrielle cette fois-ci, prend forme en Alsace au XIXe siècle. Les entreprises prolifèrent dans tous les domaines et demandent une main-d'œuvre de plus en plus importante. Une nouvelle classe sociale apparaît : les ouvriers, dont les conditions de vie sont souvent déplorables. En Alsace, des patrons créent les toutes premières cités ouvrières pour répondre à cette situation scandaleuse.

Mulhouse, où la révolution industrielle a commencé dès le milieu du XVIIIe siècle, joue un rôle de leader. Après le textile, une richesse en amenant une autre, la ville développe différents secteurs d'activité industriels, au point que la ville est surnommée la "Manchester française".

L'Alsace est toujours aussi riche, mais sa prospérité nouvelle est davantage due aux manufactures qu'aux ressources traditionnelles de la terre. C'est un changement de société profond qui s'opère.

L'Alsace entre France et Allemagne

En 1870, le Second Empire à bout de souffle se laisse entraîner par la Prusse dans un conflit que celle-ci désirait. En quelques semaines, la déroute de l'armée française est complète, l'empereur Napoléon III étant même fait prisonnier dès le 2 septembre, lors de la bataille de Sedan. Si la guerre ne s'achève pas tout de suite, pour l'Alsace en revanche, la partie est terminée. Le 10 mai 1871, le traité de Francfort entérine la cession de l'Alsace et de la Moselle au nouvel Empire allemand, ce que certains Alsaciens vivent comme un abandon. Près de 160 000 d'entre eux prennent d'ailleurs le parti de vivre en France comme ils en avaient la possibilité. Parmi les Alsaciens qui vivront en France, on compte Frédéric Auguste Bartholdi, le sculpteur de la *Statue de la Liberté* (de son vrai nom *La Liberté éclairant le monde*).

À partir de 1871, la langue allemande est à nouveau obligatoire dans les écoles et dans toutes les institutions bien que la langue alsacienne, très proche de l'allemand, n'ait jamais été abandonnée. Les Allemands imposent une restructuration de l'organisation régionale à travers une véritable dictature militaire. Strasbourg est transformée et germanisée :

1919

Le traité de Versailles entérine le rattachement de l'Alsace et de la Moselle à la France.

1940

Après la victoire éclair de l'armée allemande, l'Alsace et la Moselle sont intégrées au IIIe Reich.

1944

La 1re armée du général de Lattre de Tassigny participe activement à la libération de l'Alsace.

son quartier impérial en témoigne encore aujourd'hui. L'Alsace se replie sur elle-même pour survivre : son peuple prend de plus en plus conscience de ce qu'il partage, du nord au sud, et une sorte d'unité régionale forte se met en place face aux Allemands et aux Français. Tant et si bien que l'idée d'une Alsace autonome finit par faire son chemin. Les mouvements autonomistes obtiennent en 1911 une Constitution pour l'Alsace et la Moselle. Un parlement régional voit le jour, mais il possède davantage un avis consultatif qu'un pouvoir réel, et les rares élus osant élever la voix contre l'Empereur sont destitués. La Première Guerre mondiale mettra un terme à cette expérimentation.

Lorsque le conflit éclate, les Alsaciens refusent pour la plupart d'aller se battre contre les Français. En 1918, les marins alsaciens seront nombreux à participer à la mutinerie de la marine allemande à Kiel ; ce sera le catalyseur qui précipitera la chute de l'Empire. La même année, après que l'Allemagne a tenté par une dernière manœuvre de semi-autonomie de garder l'Alsace dans son giron, la libération apportée par les Français est chargée d'espoir. L'euphorie est pourtant de courte durée en Alsace.

Les désillusions sont en effet nombreuses face à la politique de la France. Si l'Alsace pensait "liberté", la France pense "intégration et soumission" : l'autonomie souhaitée ne sera pas donnée et, pire encore, ceux qui la voulaient sont accusés d'être des traîtres à la nation et emprisonnés. Les journaux autonomistes, pour la plupart pacifistes, sont interdits. La France impose le français à l'Alsace et veut supprimer l'alsacien, bien trop proche de l'allemand. Une vraie crise alsacienne naît entre les deux guerres, favorisant tous les mouvements autonomistes avec le soutien des communistes et du parti catholique UPR ! Aux élections législatives de 1928, les deux tiers des élus alsaciens soutiennent ces revendications. La France fait quelques concessions, mais ces conflits paraissent bientôt bien inutiles : c'est en effet la montée du nazisme, avec ses visées expansionnistes, et la possibilité d'un retour des Allemands qui effraient le plus les Alsaciens. Dans ce contexte, la région se tourne plus naturellement vers la France.

En 1939, l'ordre de mobilisation générale s'accompagne pour des dizaines de milliers d'Alsaciens d'un ordre d'évacuation. Plus de 150 villages le long du Rhin sont vidés de leurs habitants, relogés dans des départements du sud de la France. La défense s'organise le long de la ligne Maginot, réputée infranchissable mais finalement prise à revers dès les premiers jours de l'attaque allemande, en mai 1940. Malgré la résistance des points forts de la ligne Maginot, la déroute est totale. L'Alsace est à nouveau allemande.

Le IIIe Reich développe une violente politique d'intégration de l'Alsace. Le Gauleiter Robert Wagner, responsable régional nazi, met un zèle tout particulier à faire des Alsaciens de bons sujets allemands. À partir de 1942, les jeunes hommes sont incorporés de force dans l'armée allemande, la Wehrmacht, et parfois, selon les classes d'âge, directement dans les Waffen-SS. L'histoire retiendra ces incorporés de force sous le nom de "malgré-nous". De nombreux drames y sont liés en Alsace, sur le front russe, mais aussi dans le Limousin où quatorze "malgré-nous" ont participé au massacre d'Oradour-sur-Glane aux côtés des nazis. L'ambiguité de ce terme de "malgré-nous" crée encore aujourd'hui un malaise profond dans la région.

1949

Fondation du Conseil de l'Europe, dont le siège est installé à Strasbourg.

1951

Porté par Robert Schuman, le traité de Paris instaure la Communauté européenne du charbon et de l'acier, qui intègre l'Allemagne.

1957

Instauration de la CEE, ancêtre de l'Union européenne, qui dispose d'un parlement installé à Strasbourg.

La Libération et l'après-guerre

La libération de l'Alsace en 1944 est marquée par quelques temps forts. Tout d'abord, c'est l'arrivée de la 1re armée dirigée par de Lattre de Tassigny qui est la première à déboucher des Vosges par le sud pour libérer Mulhouse les 20 et 21 novembre. Le 23 novembre, c'est au tour de la ville de Strasbourg d'être libérée par les hommes de la 2e division blindée du général Leclerc qui arrivent par le nord. Lors de la contre-offensive des Ardennes durant l'hiver 1944-1945, alors que les Américains sont prêts à se replier, c'est la 1re armée qui assure seule la défense de la ville. Ne reste alors plus qu'à réduire la poche de Colmar, ce qui sera fait durant trois longues semaines de combats en janvier-février 1945.

Après la guerre, les instituteurs interdisent de parler alsacien dans la cour des écoles. Mais d'eux-mêmes, les Alsaciens, qui ont parfois changé cinq fois de nationalité sans même quitter leur village, et qui sortent d'une expérience particulièrement traumatisante, délaissent peu à peu leur langue. Il faudra attendre les années 1970 pour qu'une nouvelle génération redécouvre la richesse de la culture alsacienne alors en train de se perdre. Quelques mouvements culturels intéressants, dans la musique et dans la littérature essentiellement, verront le jour.

Mais plus encore, ce qui va caractériser l'Alsace à partir de l'après-guerre, c'est son intégration dans l'Europe communautaire et le développement de liens transfrontaliers pacifiques. Robert Schuman, Lorrain, qui a fait une partie de ses études à Strasbourg, qui a lui-même changé de nationalité, met tout en œuvre pour tourner la page des conflits franco-allemands. Le Conseil de l'Europe est ainsi fondé en 1949, et, symboliquement, son siège est installé à Strasbourg, comme le seront ceux de nombre d'institutions européennes par la suite. À un niveau plus local, une région rhénane transnationale voit le jour entre Allemagne, Suisse et France. L'un des symboles en est l'EuroAirport de Bâle, Mulhouse et Fribourg. L'autre est, plus prosaïquement, le flot de travailleurs alsaciens qui chaque jour vont rejoindre une entreprise en Suisse ou en Allemagne.

Détail d'une devanture de magasin, Kaysersberg (p. 205)

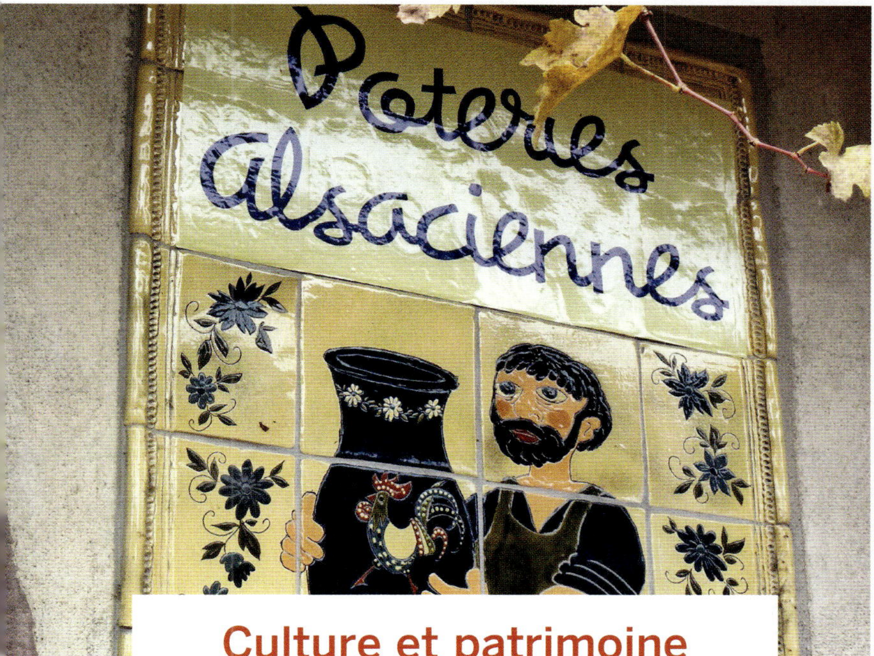

VINCENT FROEHLY ©

Culture et patrimoine

L'Alsace est parée d'un riche patrimoine. L'art roman, l'art gothique, la Renaissance germanique, le classicisme français ont tour à tour trouvé dans cette terre de passage et d'échange un lieu où s'exprimer. Que l'on parcoure ses villes ou ses villages, on découvre à chaque coin de rue, là un oriel, là une façade sculptée, ici un clocher insensé. Et lorsqu'on pénètre dans ces édifices, peintures, sculptures ou manuscrits précieux prennent le relais.

L'alsacien

Par sa géographie et son histoire, l'Alsace est étroitement liée à la culture rhénane germanique. La langue alsacienne ne date pas des annexions récentes par l'Allemagne, mais appartient aux langues germaniques qui existaient dès l'Antiquité et au nombre desquelles figurent le celte, l'italique, le franc, l'alaman et le rune. Les Romains, qui occupèrent longuement l'Alsace, utilisaient bien sûr leur propre langue. La région se trouvait ainsi à la frontière des langues germaines et romanes, ce qui lui apporta une richesse indéniable.

L'alsacien est marqué par des nuances phonétiques du nord au sud et englobe des emprunts à l'anglais, à l'allemand, au français, tous venus d'occupations diverses au fil des âges. Les habitants jouent volontiers avec ces mots venus d'ailleurs, en triturant leur consonance, ou leur sens parfois.

★ Les plus belles... maisons Renaissance

Maison des Têtes, Colmar (p. 173)

Metzig, Molsheim (p. 130)

Maison Kammerzell, Strasbourg (p. 90)

Corps de Garde, Turckheim (p. 211)

Maison Pfister, Colmar (p. 179)

Maison Pfister, Colmar (p. 179)

VINCENT FROEHLY ©

L'alsacien est encore largement pratiqué, même si les nouvelles générations ont tendance à le délaisser. La langue est une partie importante de l'identité alsacienne, qui rappelle qu'historiquement, les Alsaciens sont des Français de culture germanique.

Céramique

La céramique est introduite en Alsace dès le néolithique avec l'arrivée des peuples de culture rubanée, venus des plaines du Danube. Les archéologues ont mis au jour des dizaines de sites significatifs quant à la pratique de cet art. À Dachstein, à Reichstett ou à Lingolsheim, les pièces trouvées montrent une parfaite maîtrise des techniques du colombin (fabrication sans tour). Les décorations, réalisées au moyen de peignes en os ou de pointes bifacées, sont souvent des rubans. Le Musée archéologique de la ville de Strasbourg expose un grand nombre de ces découvertes.

Soufflenheim et Betschdorf (Bas-Rhin, au nord de Strasbourg), les deux villages où une activité de poterie est encore présente, ont une histoire moins ancienne. Bien que voisins, ils ont développé des techniques très différentes. Soufflenheim est citée dès 200 ans avant J.-C. pour ses activités de poterie, mais c'est sous l'impulsion de Frédéric Barberousse, au XIIe siècle, que les techniques se développent et que le nombre d'artisans augmente. Tous les potiers du village obtiennent le droit de prélever la glaise dont ils ont besoin dans la forêt de Haguenau. Soufflenheim est désormais devenu un nom commun désignant des poteries vernissées, idéales pour préparer les mets et très résistantes aux fortes chaleurs. Plus de vingt ateliers fonctionnent encore dans le village.

L'activité à Betschdorf s'est développée plus tardivement, avec l'arrivée d'un potier allemand en 1586, qui a amené au village le secret de fabrication de la poterie de grès avec projection de sel à la cuisson. Les poteries prennent une très jolie couleur bleu-gris et se prêtent volontiers à plus de décorum. De toute beauté, les pièces, fonctionnelles, sont en plus de magnifiques œuvres d'art. La "cruche de grès d'argent" fait partie du blason de Betschdorf où une douzaine d'artisans exercent cet art.

Autre particularité régionale, les *kachelofes*. Il s'agit de poêles en faïence, aux proportions impressionnantes et aux décors d'une grande richesse. On peut en voir dans les musées de la région.

Architecture

L'architecture traditionnelle est nettement distincte dans les plaines et dans les montagnes. Dans la plaine d'Alsace et jusque sur les collines vouées à la culture de la vigne, ce sont les maisons à colombages qui dominent. Leur construction repose sur une ossature en bois dont les vides sont comblés par un torchis, mélange fait de bouse de vache, de paille, de terre et d'eau. Nombre de ces demeures ont survécu au point de devenir l'un des symboles de la région. Les crépis colorés qui laissent les poutres apparentes, les volets, les encorbellements parfois, voire les sublimes sculptures (sur les poteaux corniers, c'est-à-dire les poteaux d'angle, notamment) donnent un charme fou aux vieux quartiers de Colmar ou de Strasbourg, et aux villages cossus de la route des Vins. Dans les montagnes (Vosges et Jura), on utilisait plus facilement les pierres issues des carrières voisines des villages pour construire des bâtisses massives où ferme et habitat se blottissaient sous un même toit.

L'architecture religieuse en Alsace a été durablement marquée par l'art roman. Un circuit intitulé "route romane d'Alsace" permet de découvrir plusieurs chefs-d'œuvre : d'Altenstadt, au nord, jusqu'à Feldbach dans le Sud, en passant bien sûr par Marmoutier, Strasbourg, Rosheim, Sélestat, Murbach et Ottmarsheim, les églises en parfait état permettent de se rendre compte de la maîtrise de cet art roman qui perdurera en Alsace bien plus longuement qu'ailleurs. Influencée par la chapelle palatine d'Aix-la-Chapelle, l'abbatiale d'Ottmarsheim représente le point d'orgue en la matière. Autre référence, la splendide abbaye de Murbach a rayonné aux XIe et XIIe siècles dans l'ensemble du royaume germanique.

À Strasbourg, la cathédrale est un chef-d'œuvre gothique (même si elle comprend des éléments romans). Avec ses 142,11 m de hauteur, elle fut jusqu'en 1874 l'édifice le plus haut du monde, représentative d'une absolue maîtrise, tant artistique que technique. Les tailleurs de pierre, au faîte de leur art, changent les pierres en dentelles et conservent néanmoins l'intégrité de leur solidité et de leur pouvoir porteur. Le style gothique de la cathédrale est le fruit d'influences diverses qui font sa particularité. On retrouve ces spécificités dans l'église Saint-Thomas (à Strasbourg également), ou l'église d'Ebersmunster.

La Renaissance se lit dans tous les centres historiques des villes d'Alsace : quelques chefs-d'œuvre très particuliers sont à ne pas manquer comme la maison Pfister ou encore la maison des Têtes, à Colmar.

Au nombre des édifices remarquables liés aux fonctions civiles et religieuses des grandes villes alsaciennes, le quartier impérial, ou quartier allemand, à Strasbourg, est sans doute le plus significatif. Les bâtiments officiels datant de la fin du XIXe siècle, de style néogothique, néo-Renaissance, ou néoclassique, répondaient à la demande expresse du Kaiser de germaniser Strasbourg et d'en faire une vitrine du savoir-faire architectural allemand. Strasbourg avait vocation à devenir la capitale du Reichland Elsass-Lothringen. Il en reste aujourd'hui un quartier complet, dans lequel le cinéma américain trouva plus d'une fois les décors d'une ville germanique nécessaire à ses productions ! Cette période allemande correspond à celle de l'Art nouveau (Jugendstil dans sa version allemande), et on croise à Strasbourg nombre de bâtiments construits dans ce style, soit sous influence allemande, soit sous influence française.

Ne manquez pas de visiter les châteaux et manoirs d'Alsace. Plus de 500 sont référencés dans la région, la plupart du temps à l'état de ruines majestueuses. Hohlandsbourg, La Petite-Pierre, Haut-Kœnigsbourg, Ferrette, les trois châteaux d'Eguisheim, Ribeaupierre, Girsberg, Haut-Barr, Engelbourg, Morimont… tous ont leurs spécificités, leur fonction, leur légende, leur style, leur histoire, leur âme reflétant un art spécifique à l'Alsace qui situait sa frontière plus sur les Vosges que sur le Rhin.

Peinture et sculpture

En Alsace, les bibliothèques figurent au nombre des principaux lieux à visiter pour admirer l'art des peintres. Dans cette région qui a vu naître l'imprimerie, les incunables sont souvent illustrés de remarquables planches gravées et peintes. La Bibliothèque humaniste de Sélestat avec sa prestigieuse collection Beatus Rhenanus, la bibliothèque patrimoniale

★ Les plus belles… œuvres d'art religieux

Retable d'Issenheim, Colmar (p. 177)

Retable de Jean Bongart, Kaysersberg (p. 207)

La Vierge au buisson de roses, Colmar (p. 178)

La collection du musée de l'Œuvre Notre-Dame, Strasbourg (p. 90)

Retable d'Issenheim, Colmar (p. 177)

des Dominicains à Colmar, la bibliothèque du Mont-Sainte-Odile, la bibliothèque du Grand Séminaire de Strasbourg sont autant de lieux où l'on peut admirer des œuvres de toute beauté. La *Chronique de Nuremberg* de Hartmann Schedel, richement illustrée, est un véritable chef-d'œuvre (tiré à environ 2 000 exemplaires), à la fois du point de vue de l'histoire de la peinture et de celle du livre. Michael Wohlgemuth, qui réalisa les gravures et la mise en couleur, était un élève d'Albrecht Dürer.

Mais avant même l'époque des premiers livres imprimés, les manuscrits constituaient de véritables galeries d'art. L'original de l'*Hortus Deliciarum* (*Le Jardin des délices*), réalisé par Herrade de Landsberg (vers 1125-1195) au XIIe siècle, a disparu en 1870 dans un bombardement de Strasbourg par les Allemands, mais il avait été copié préalablement et on peut admirer la qualité de ses illustrations dans diverses bibliothèques d'Alsace. Destiné à enseigner les connaissances sur le monde aux moniales, le manuscrit est connu pour la beauté de ses très nombreuses miniatures. *Le Jugement dernier*, l'*Échelle des vertus* ou *L'Allégorie de la Philosophie* sont de pures merveilles réalisées par l'abbesse du Mont-Sainte-Odile et ses consœurs.

L'importante communauté juive présente en Alsace pratiquait l'art de la Haggadah : ouvrage retraçant avec textes et illustrations la fuite d'Égypte et la libération du peuple hébreu. La Haggadah de Rosheim, richement illustrée de planches très colorées, est visible à la Bibliothèque nationale universitaire de Strasbourg.

Concernant les peintres proprement dits, c'est dans la seconde moitié du XVe siècle et dans la première du XVIe que leur production en Alsace fut la plus riche. Martin Schongauer (né à Colmar vers 1450 et mort en 1491), surtout connu par ses gravures et dessins, a eu une grande influence à l'époque, notamment sur Albrecht Dürer (1471-1528) qui tenta de le rencontrer lors de son premier voyage d'étude mais arriva après sa mort. Originaire de Nuremberg, Dürer, avant de se rendre en Italie, visita Colmar donc, mais aussi Strasbourg et Bâle, attestant de l'importance de l'espace du Rhin supérieur dans la production artistique de l'époque. De son côté, Hans Baldung (vers 1484-1545), qui sera actif à Strasbourg durant toute la première moitié du XVIe siècle, effectua une partie de sa formation auprès de Dürer à Nuremberg. Pour admirer des œuvres de ces artistes, un lieu s'impose : le cabinet des Estampes et des Dessins de Strasbourg (5 pl. du Château). Le musée Unterlinden à Colmar conserve également des œuvres éminentes de la Renaissance germanique, au nombre desquelles le retable d'Issenheim. Son auteur, pour la partie peinte (puisqu'il y a aussi une partie sculptée due à Nicolas de Haguenau), Matthias Grünewald (vers 1475-1528), illustre parfaitement les circulations de l'époque dans l'espace germanique. Actif à Aschaffenbourg, Francfort et Mayence, il répondit à une commande des antonins d'Issenheim, à une vingtaine de kilomètres au sud de Colmar. Quant à Hans Baldung, il se rendit à Fribourg-en-Brisgau pour peindre son fameux retable. Un autre très beau retable est facilement visible lorsqu'on visite l'Alsace, c'est celui du Maître H. L. à Breisach-am-Rhein (aussi appelée Vieux-Brisach), la ville qui fait

Manuscrit de la Bibliothèque humaniste, Sélestat (p. 152)

face à Neuf-Brisach de l'autre côté du Rhin. *La Vierge au buisson de roses* de Schongauer n'était pas destinée à un retable à l'origine, mais c'est ainsi qu'on peut la découvrir dans l'église des Dominicains à Colmar, suite à une modification au début du XXe siècle.

Après l'intégration de l'Alsace à la France, les artistes se tourneront plutôt vers Paris, qu'il s'agisse de choisir leurs modèles ou de trouver leur voie. Il en est ainsi de Gustave Doré, né à Strasbourg en 1832 et mort dans la capitale française en 1883. Ses gravures lui valurent une reconnaissance internationale à l'époque. Un fonds lui est consacré au musée d'Art moderne et contemporain de Strasbourg, qui apporte un éclairage passionnant sur son œuvre peinte. Contemporain de Doré, le peintre sundgauvien Jean-Jacques Henner (1829-1905) a lui aussi fait l'essentiel de sa carrière à Paris. S'il a eu une trajectoire tout ce qu'il y a de plus académique (prix de Rome, membre de l'Académie des beaux-arts), son œuvre est plus intéressante, notamment par l'influence romantique que l'on retrouve dans nombre de ses portraits. En 1871, il consacre un tableau à sa région natale : *L'Alsace, elle attend*. Si une grande partie de ses toiles sont conservées dans le musée qui lui est consacré à Paris, vous pourrez voir plus d'une quarantaine de ses créations au musée des Beaux-Arts de Mulhouse.

Autre artiste de la même époque, Auguste Bartholdi (né à Colmar en 1834 et mort à Paris en 1904) acquit une notoriété bien plus importante qui, après un relatif déclin au milieu du XXe siècle, ne semble plus prête de s'estomper. Il le doit à la fameuse *Statue de la Liberté* (*La Liberté éclairant le monde*) qui accueille les voyageurs et immigrants arrivant à New York par bateau depuis 1886. Il a livré d'autres œuvres célèbres : le *Lion*, à Belfort, qui rend hommage à la résistance de la ville lors de la guerre franco-prussienne, la fontaine de la place des Terreaux à Lyon, la sculpture de Vercingétorix à Clermont-Ferrand. Lors d'une visite à Colmar, vous pourrez voir plus d'une dizaine de ses sculptures dans différents coins de la ville. Un musée lui est aussi consacré dans sa maison natale.

Plus proche de nous, le peintre et sculpteur strasbourgeois Hans (Jean) Arp (1886-1966) a marqué son temps. Cofondateur du mouvement Dada à Zurich puis proche des

La Statue de la Liberté

En 2004, année du centenaire de la mort d'Auguste Bartholdi, la municipalité de Colmar a décidé de doter la ville d'une réplique de la célébrissime statue new-yorkaise. Classique. L'emplacement choisi l'est moins : un rond-point de la zone commerciale nord. Un endroit très passant puisque c'est l'accès privilégié vers le centre-ville pour tout automobiliste venant du nord (ou le quittant dans cette direction). Bref, comme *La Liberté éclairant le monde*, elle accueille ceux qui entrent dans la ville. Sa situation permet aussi de bien l'admirer sous toutes ses coutures, en faisant plusieurs fois le tour en voiture. Sans commune mesure avec l'original, l'œuvre mesure 12 m au flambeau. Elle a été réalisée en matériau composite teinté dans la masse, pour lui donner un aspect de cuivre patiné.

surréalistes, il avait fait ses premières armes aux Arts déco à Strasbourg avant de prolonger ses études à Paris puis à Weimar. Sa principale contribution à la ville de Strasbourg, l'aménagement de L'Aubette en 1928, avec son épouse Sophie Taeuber et l'artiste Theo Van Doesburg, avait été détruite en 1938 mais a été reconstituée depuis. Le musée d'Art moderne et contemporain de Strasbourg conserve une importante collection de ses toiles et sculptures.

Plus récemment, l'artiste Tomi Ungerer, entre expatriation et fidélité à sa région natale, a produit une œuvre polymorphe qui s'admire notamment dans le très beau musée qui lui est consacré à Strasbourg.

Littérature

L'Alsacien Otfried de Wissembourg est le plus ancien poète de langue allemande. Né vers l'an 800, il travaille durant 20 ans à l'écriture d'un ouvrage de 16 000 vers : le *Livre des Évangiles* est le premier livre écrit en vieux haut allemand (à une époque où la langue des lettrés est le latin), qui préfigure la langue allemande. Avant cela, le serment de Strasbourg, prononcé en 842 par Charles le Chauve et Louis le Germanique (deux des petits-fils de Charlemagne) dans la plaine de la Meinau, près de la capitale alsacienne, est le premier document bilingue écrit en français et en allemand. Préfiguration d'une destinée particulière pour une région qui s'est toujours trouvée à cheval entre deux mondes culturels.

Au XIIe siècle, Gottfried de Strasbourg donne une version de *Tristan et Iseult* en langue allemande qui fera date, tandis que l'Alsacien Heinrich der Glichesaere traduit en allemand le célèbre *Roman de Renart*. Mais c'est avec l'apparition de l'imprimerie à Mayence que la production de textes en langue allemande va se développer. Mentelin (Jean Mentel, 1410-1478) imprime en 1466 à Strasbourg une Bible en allemand qui est considérée comme la première version en langue vernaculaire du livre des livres. L'humanisme rhénan est alors en pleine effervescence et les écrits se multiplient. Beatus Rhenanus (1485-1547) fonde la Bibliothèque humaniste de Sélestat. Jacques Wimpfeling (1450-1528) vocifère et s'enflamme et gagne le surnom "d'éducateur de l'Allemagne" tandis que son ami Martin Bucer (1491-1551) pose les bases de la Réforme avant Calvin et Luther. Thomas Murner (1475-1537) tente à l'opposé de contrecarrer la pensée de la Réforme. Sébastien Brant (1458-1521) écrit en 1494 *La Nef des Fous* qui devient un véritable best-seller de la Renaissance, traduit en plusieurs langues et diffusé à travers toute l'Europe. Le livre rédigé en vers rimés, satirique et truculent, se trouve encore très facilement aujourd'hui auprès de tous les libraires en Alsace.

Après cette période d'effervescence, la région du Rhin Supérieur va peu à peu rentrer dans le rang, les guerres de religion n'étant guère propices au rayonnement intellectuel. Au sortir de celles-ci, l'Alsace sera rattachée à la France mais restera fortement liée aux régions germaniques. Goethe (1749-1832), Lenz (1751-1792) et, plus tard, Büchner

(1813-1837) séjournent en Alsace, y trouvent l'inspiration et parfois même l'amour (comme pour Goethe et Lenz, tombés amoureux de la fille du pasteur Oberlin). Chacun d'entre eux laissent des écrits sur la région.

On ne compte pas d'auteur alsacien notable qui s'exprime en français aux XVIIe et XVIIIe siècles. Au début du XIXe siècle, c'est plutôt une littérature dialectale qui se développe, à travers notamment les écrits de J. G. Daniel Arnold. Il faut toutefois citer les auteurs de langue française Émile Erckmann (1822-1899) et Alexandre Chatrian (1826-1890) qui ont écrit à quatre mains des ouvrages signés sous le nom d'Erckmann-Chatrian. Bien que Mosellans, nombre de leurs ouvrages prennent l'Alsace comme toile de fond. C'est d'ailleurs à Strasbourg qu'ils fondent un journal républicain après la révolution de 1848. Et c'est à Marlenheim que l'on donne en spectacle chaque année leur plus célèbre titre, *L'Ami Fritz* (1864).

Intrigue au col de la Schlucht

Le prolixe Georges Simenon a situé l'intrigue d'un de ses romans de jeunesse, *Le Relais d'Alsace*, au col de la Schlucht, dans les Ballons des Vosges alsaciens. C'est que les Vosges étaient au XIXe siècle et jusqu'au milieu du XXe siècle une destination de villégiature prisée de la bonne société. Un cadre mêlant ruralité et voyageurs, idéal pour tisser la trame d'un roman policier.

Durant la période tourmentée qui court de 1870 à 1945, René Schickelé (1883-1940) tentera de défendre la vision d'une Alsace médiatrice entre la France et l'Allemagne. Ses écrits, essentiellement en allemand, sont imprégnés de pacifisme. On peut relire avec intérêt sa grande trilogie, *L'Héritage du Rhin*. Son contemporain, avec lequel il travailla au quotidien alsacien *Strassburger neue Zeitung*, Gustave Stoskopf (1869-1944), est quant à lui le plus important auteur de langue alsacienne. Il renouvela le théâtre populaire alsacien et provoqua l'apparition de cercles de théâtre (le *bangalàtheater*, théâtre de pacotille) dans presque tous les villages alsaciens. Cette mode perdure encore aujourd'hui et permet de maintenir la langue alsacienne dans nombre de lieux. Sa comédie *D'r Herr Maire* (1898) connaîtra un succès immense.

Depuis le milieu du XXe siècle, la littérature alsacienne s'est plus nettement ancrée dans la langue française. Jean-Paul de Dadelsen (1913-1957) est d'abord connu pour ses poèmes et notamment son recueil paru à titre posthume *Goethe en Alsace* (1965). Jean Egen (1920-1995) rencontra un grand succès avec ses Mémoires, *Les Tilleuls de Lautenbach* (1980). Quant à Alfred Kern (1919-2001), il remporta le prix Renaudot avec *Le Bonheur fragile* (1960). Un peu plus proche de nous, René-Nicolas Ehni (né en 1935) est l'auteur de nombreuses pièces de théâtre, qui pour la plupart ont été adaptées à la radio par France Culture. L'un des plus grands poètes de langue française encore en activité est Claude Vigée, né en 1921 à Bischwiller, et qui a reçu en 2013 le grand prix national de la poésie. Il écrit également en alsacien. Quant à Louis Schittly (né en 1938), surtout connu pour être l'un des fondateurs de Médecins sans frontières, on lui doit un roman, véritable best-seller régional, *Nädsla* (1976), hymne à son Sundgau natal.

Enfin, n'oublions pas les enfants, qui trouvent une inspiration certaine dans les livres à la fois décalés et poétiques de Tomi Ungerer (1931-2019), dessinateur brillant également auteur de livres pour enfants. Il a reçu en 1998 le prix Hans Christian Andersen pour son œuvre, qui inclut les célèbres albums *Les Trois Brigands* et *Jean de la Lune*.

Musique

L'image de l'Alsace musicale est étroitement liée aux fanfares folkloriques, les "guggamusik", des groupes villageois dont le tuba marque le rythme avec une assurance toute militaire. On appelle cela le "humpapa", rythme d'une valse lourde et cuivrée.

★ Les plus belles...orgues

Abbaye de Marmoutier (p. 78)

Église Saint-Jacques-le-Majeur, Hunawihr (p. 198)

Église Saint-Guillaume, Strasbourg (p. 103)

Église Saint-Grégoire, Ribeauvillé (p. 194)

Abbatiale Saint-Maurice, Ebersmunster (p. 155)

Orgue de l'abbatiale Saint-Maurice, Ebersmunster (p. 155)

SONIA DE ARAUJO ©

On peut être sensible à son charme... ou pas, mais cela démontre qu'en Alsace la pratique instrumentale est très répandue. Dans le Sundgau, il n'y a pas une maison paysanne sans un instrument de musique : piano, accordéon, violon, harmonica ou guimbarde ! Chaque village a sa chorale Sainte-Cécile : les messes sont souvent l'occasion de miniconcerts ou du moins de démonstrations vocales et harmoniques.

On peut faire remonter cette tradition fort loin, car Charlemagne lui-même aurait fait noter les chants populaires de la région, dressant une sorte de relevé du patrimoine musical, malheureusement disparu. Depuis le XIVe siècle, les ménétriers ont leur fête à Ribeauvillé : près de 625 ans que les musiciens sont rois en Alsace à travers la fête du Pfifferdaj !

Mais comme partout en Europe, le chant était avant tout religieux et destiné aux louanges du Christ. Ainsi, l'un des plus vieux chants polyphoniques connus apparaît dans *Le Jardin des délices* (voir p. 312). Un manuscrit daté de 1411 a été retrouvé à Strasbourg avec plus de 200 compositions à 2, 3 et même 4 voix, écrit en partie par l'organiste de la cathédrale, Henri Hessmann. La présence d'églises et de monastères prestigieux qui transmettent le message divin en musique explique cette profusion d'œuvres. Tout comme elle permet de comprendre la qualité des orgues qui pour beaucoup ont été conservés dans les églises. La facture d'orgue a connu un grand rayonnement en Alsace et elle a atteint des sommets grâce à des facteurs tels que Silbermann.

Le prince-évêque de Saint-Blaise (près de Waldshut, dans la Forêt-Noire) en fait le constat en 1770 : "Il n'existe aucune région dans laquelle on chante, on danse, on musique autant qu'en Alsace" ! L'Alsace, réputée pour ses musiciens, attirera même Mozart à Strasbourg en 1778 ; il aurait envisagé d'occuper le prestigieux poste de maître de chapelle de la cathédrale.

Pour en revenir à la musique populaire, elle a connu un renouvellement important au XXe siècle. Dans les années 1970, de nombreux groupes alsaciens excellent dans la musique

Têtes d'affiche à Dambach-la-Ville

Il est un film dans lequel Michel Piccoli descend en gare de Dambach-la-Ville avant de grimper à bord d'une Bugatti Royale en compagnie de Marlène Jobert. Ils gagnent alors le domaine de la Leonardsau, entre Bœrsch et Obernai, sur lequel règne Orson Welles et où les attend également Anthony Perkins. Alors certes, *La Décade prodigieuse* n'est sans doute pas le chef-d'œuvre de Claude Chabrol, mais il mérite un visionnage ne serait-ce que pour voir ces acteurs hors du commun évoluer dans le cadre magique des contreforts vosgiens et dans l'incroyable demeure que se fit construire le baron Albert de Dietrich (celui-là même qui fit venir Bugatti en Alsace – la boucle est bouclée !).

folklorique de qualité. Le groupe Géranium remplit des salles de concert à Paris avec ses compositions en alsacien d'une très grande poésie. Roger Siffer (p. 118) surfe sur la vague régionaliste soixante-huitarde pour enchaîner les disques où l'on retrouve la qualité de son alsacien et de sa musique. Plus alambiquée, la musique du groupe Manivelle rencontrera du succès surtout en Allemagne. Tous ces groupes sont encore actifs aujourd'hui, et vous les entendrez peut-être sur une scène alsacienne à l'occasion d'un festival ou d'une fête.

En dehors de la musique folklorique ou en langue alsacienne, des chanteurs ont rencontré le succès à l'échelle nationale. Le plus emblématique d'entre eux est très certainement Alain Bashung qui grandit auprès de ses grands-parents à Wingersheim. Sa chanson *Elsass Blues* évoque cette enfance alsacienne. Rodolphe Burger, qui a notamment fait carrière avec le groupe Kat Onoma, a grandi à Sainte-Marie-aux-Mines et lui est resté fidèle puisqu'il y a fondé un festival de musique, C'est dans la vallée (www.cestdanslavallee.fr). L'occasion peut-être d'entendre un autre alsacien célèbre, Jacques Higelin (né dans la banlieue parisienne d'un père alsacien), ami de Rodolphe Burger et qui se produit très régulièrement lors du festival. Le rappeur Abd al Malik, né à Paris, a grandi en Alsace, et c'est à Strasbourg qu'il a fondé son premier groupe, N.A.P. Il est notamment l'auteur d'un *Conte alsacien* dans lequel il chante pour partie en alsacien.

Le kougelhopf ou kouglof

VINCENT FROEHLY ©

Saveurs alsaciennes

Plats emblématiques, produits réputés, traditions variées, la gastronomie alsacienne est l'une des plus savoureuses de France. Enrichie par ses voisins et par sa position de carrefour européen, elle s'appuie également sur la richesse de ses terroirs. Rejoindre l'Alsace pour savourer choucroute, riesling, munster, tarte aux fruits ne devrait pas vous empêcher de faire quantité d'autres découvertes, plus originales, qui ne cesseront de vous étonner.

Charcuterie à tous les étages

Influencée par son grand voisin allemand, la cuisine alsacienne fait la part belle à la charcuterie en général et à la saucisse en particulier. La plus connue est la knack. Elle se mange froide, chaude, grillée, à l'apéritif, en salade... Composée de viandes maigres de porc et/ou de veau, elle aime à se glisser sur un matelas de choucroute. Elle est déjà cuite, il suffit pour la réchauffer de la mettre dans l'eau à 80°C pendant quelques minutes (pas d'eau bouillante, au risque de faire éclater la peau). La recette de la knack est partout la même mais l'assaisonnement peut différer selon les charcutiers et les chefs. Elle change aussi de nom selon l'endroit : la knack à Strasbourg, tandis qu'à Mulhouse elle se fait appeler *groschewerschtla* et à Colmar, la colmarette. Son nom strasbourgeois est dérivé du verbe allemand *knacken*, qui décrit le bruit que fait la peau de la saucisse quand elle claque sous la dent. Une demande de certification régionale a été déposée il y a quelques années pour protéger la production alsacienne de la knack.

Autre type de saucisse très répandu, le cervelas est une sorte de petit saucisson de forme courbée fait d'une pâte de viandes embossée dans un boyau fermé avec une agrafe métallique ou une ficelle. Comme la saucisse de Strasbourg, il peut se manger froid, découpé en rondelles ou encore réchauffé dans l'eau ou frit avec des œufs.

Saucisses de Strasbourg ou de Francfort ?

L'une est jaune-orangé, l'autre rose-orangé. Sont-elles différentes sur le plan gustatif ? La Francfort ne supporte que le porc alors que la Strasbourgeoise s'accommode aussi de veau. Pour le reste, c'est une histoire de colorant et de marketing.

Parlons aussi du célèbre gendarme, longue saucisse à base de viande de bœuf et de porc. Elle est reconnaissable à sa forme légèrement carrée et à sa couleur brune presque rouge. Sa peau est croquante sous la dent et son goût un peu particulier provient du carvi moulu. Elle tire probablement son nom du fait qu'elle soit toujours par paire, comme la knack… et les représentants de la loi. Elle peut se manger chaude mais elle se consomme le plus souvent froide à l'apéritif. Elle se révèle bien pratique glissée dans un sac de randonneur. En Allemagne, on l'appelle “Landjäger” ce qui signifie garde-chasse.

Le vrai pays du foie gras ?

Avant d'être une spécialité produite dans le Sud-Ouest, c'est en Alsace que le foie gras surgit dans la cuisine française. Au XVIIIe siècle déjà, les juifs d'Alsace pratiquaient le gavage des oies pour produire la graisse utilisée en cuisine (l'usage du beurre leur était interdit). Plus tard, Jean-Pierre Clause, cuisinier lorrain du maréchal de Contades, gouverneur militaire de Strasbourg, eut l'idée d'un pâté en croûte rempli de farce, de lard et de foie gras. La recette fit son effet, jusqu'à la cour de Versailles. Après la Révolution, un cuisinier y ajouta une truffe du Périgord. Aujourd'hui, la production artisanale de foie gras d'oie ou de canard perdure. Le produit est très prisé pendant les périodes de fêtes.

Le poisson

Jadis, les eaux poissonneuses du Rhin et de ses affluents ont contribué à faire du poisson un aliment à part entière en Alsace. Saumons, carpes, perches, truites, brochets étaient cuisinés à l'eau ou frits avec quelques condiments ou encore proposés en gelée et en pâtés. Si la perche du Rhin a disparu, on peut encore apprécier les truites des Vosges et surtout les carpes du Sundgau. Dans cette région, la pisciculture existe depuis fort longtemps. À la table des restaurants, le filet de carpe est roulé dans un bain d'œufs battus, puis saupoudré de farine et de semoule et enfin plongé dans l'huile chaude pendant quelques minutes. Le tout est servi avec un peu de citron et de persil et accompagné de frites. Certains chefs ajoutent un peu de bière dans la recette ou un second bain d'huile pour rendre la chair du poisson plus fine.

Quelques plats typiques

Choucroute

Si la choucroute (de l'allemand “sauerkraut”, qui signifie chou aigre), est inévitablement associée à la région, son origine n'a rien de local. Le chou fermenté se consomme depuis longtemps de la mer Noire aux rives de l'Atlantique, de la Mongolie au Vietnam et sa recette

Du chou à la choucroute

Comment passer du chou à la choucroute ? Grâce à la lacto-fermentation. Après la récolte, le chou est finement râpé et mélangé avec du sel de Guérande, du poivre et des baies de genièvre. Le processus de fermentation naturelle, à l'abri de l'air, dure entre 3 et 6 semaines selon la température ambiante. À l'issue de la fermentation, le chou peut être cuit ou consommé cru. Pour la cuisson, on utilise les poteries du village de Soufflenheim dans le nord de l'Alsace. Dans ce cas, la choucroute est cuite au four. Depuis peu, la choucroute d'Alsace dispose d'un label IGP (Indication géographique protégée).

aurait été inventée en Chine. Alors, la choucroute alsacienne, c'est quoi ? En fait, c'est plutôt la garniture qui l'accompagne : des quenelles de foie aux divers boudins, du jarret à la saucisse à frire... tout ce que l'on produit à base de cochon est le bienvenu. On ajoute également un peu de pommes de terre pour diminuer l'amertume du chou. Certains remplacent l'huile de cuisson par du saindoux ou de la graisse d'oie. On peut remplacer le vin blanc par de la bière. D'autres ajoutent un peu d'eau-de-vie à la fin de la cuisson. Ceux qui n'aiment pas le porc choisiront de le remplacer par de la volaille ou du poisson (haddock, sandre, brochet, saumon, lotte...). Contrairement à ce que l'on pourrait penser, la choucroute au poisson remonte à une époque lointaine où les eaux du Rhin et de ses affluents étaient forts poissonneuses.

Flammeküche

Cette tarte, vraie spécialité alsacienne, est originaire du Kochersberg (nord-ouest de Strasbourg). Flammeküche signifie "tarte flammée". À l'origine, elle était cuite à l'allumage du feu quand le four était encore trop chaud pour cuire le pain. Composée de pâte à pain, de crème épaisse (ou de fromage banc), d'oignons et de lardons, elle se cuit en trois à quatre minutes seulement. Dans les restaurants, elle est présentée sur une planchette en bois, découpée en rectangle. Elle se mange avec les doigts, en roulant les parts encore brûlantes comme des petites crêpes. Vrai moment de convivialité, elle s'accompagne d'un verre de pinot blanc ou de pinot noir rosé. Bien entendu, comme la pizza, la flammeküche se cuit exclusivement dans un four à bois. Toutes les autres propositions seraient inacceptables. Dans les restaurants, elle se décline autour d'une spécificité ou d'un ingrédient : gratinée, au chèvre, au munster, forestière, ou même sucrée aux pommes et flambée. Une confrérie composée de chefs restaurateurs veille sur la tradition de ce plat réellement alsacien (confrerieduveritableflammekueche.fr). Une fête de la flammeküche se tient tous les ans à la mi-août à Bœsenbiesen (à une quinzaine de kilomètres à l'est de Sélestat).

Baeckeoffe

C'est une variante de la potée composée de trois viandes (bœuf, agneau, porc) qui mijotent longuement dans un vin blanc d'Alsace avec des pommes de terre, des poireaux, des carottes, des oignons et des épices. À l'origine, c'est un plat que l'on déposait dans le four du boulanger (en alsacien "baeckeoffe") et que l'on récupérait à la sortie de la messe ou après le travail au lavoir. Le baeckeoffe est traditionnellement cuit dans un plat qui porte son nom et qui est produit par les potiers de Soufflenheim. C'est un plat que l'on retrouve couramment au menu des fermes-auberges.

Spaetzles

Les spaetzles, sorte de pâtes en forme de minuscules quenelles, sont fabriquées à partir d'une pâte liquide, mélange d'œufs et de semoule de blé dur qui passe par une passoire

Grands crus d'Alsace

et tombe dans de l'eau bouillante pour être cuite. Au restaurant, elles sont servies en accompagnement des viandes en sauce, à la place des pommes de terre. Faciles à faire, elles sont toujours fraîches au restaurant. Réchauffer des spaetzles est bien entendu une technique à proscrire.

Fromage et desserts

Le pays du munster

Fromage à pâte molle, le munster, monastère en allemand (sa recette aurait été inventée par les moines), est fabriqué à partir de lait de vache des prairies vosgiennes. Détenteur d'une AOC depuis 1969, le munster doit être affiné durant 21 jours minimum et retourné et frotté à la main tous les deux jours. Sa caractéristique principale provient de son odeur assez relevée, tandis qu'en bouche il s'avère plus fin. Il se déguste parfois avec du cumin ou du carvi mais les Alsaciens préfèrent juste l'accompagner d'un verre de gewurztraminer ou de pinot gris. La marque "munster fermier" que l'on trouve sur les marchés signale que le produit a été conçu sur une exploitation laitière ou qu'un affineur n'a utilisé que le lait d'une seule exploitation.

Beaucoup moins connu, le *barikas* (appelé aussi saint-grégoire) est une variante vosgienne du gruyère. C'est un fromage à l'odeur et au goût plutôt discrets. Il peut être utilisé en fondue, pour la raclette, ou râpé pour les plats gratinés. Enfin le *bibbelskaas* est une sorte de fromage frais au lait de vache. On peut le tartiner, le sucrer ou le saler. Le *bibeleskas* est une préparation à base de *bibbelskaas*, d'ail, de ciboulette et de pommes de terre.

Kougelhopf et tartes

De toutes les douceurs alsaciennes, c'est bien évidemment le kougelhopf qui est la plus connue. Cette brioche aux raisins secs et aux amandes, saupoudrée de sucre, doit être

Le menu marcaire

Le repas marcaire que l'on retrouve dans la plupart des fermes-auberges vient du mot alsacien "Malker", celui qui trait les vaches. Par extension, la marcairie est devenu l'endroit où l'on fabriquait le fromage.

Le menu marcaire est généralement composé d'une soupe de légumes, d'une tourte à la viande, le plus souvent, d'un *roïgabrageldis-schiffala* (pommes de terre cuites avec des oignons et abondance de beurre et des tranches de porc fumé), servi avec une salade. En dessert, tarte aux fruits ou fromage frais et parfois munster. La plupart du temps, les produits fabriqués à la ferme sont aussi proposés à la vente à emporter.

soigneusement préparée et cuite pour garder toute sa légèreté et son moelleux. On peut le choisir pour le dessert, mais pour le savourer il vaut mieux le garder pour le petit-déjeuner ou le goûter. D'autres versions existent comme celle qui remplace les raisins secs par des lardons. Le kougelhopf glacé n'a gardé que la forme de la brioche qui est remplacée par de la glace et des biscuits de Savoie.

En dessert, les tartes aux fruits sont légion. Groseilles, mûres, prunes, mirabelles, rhubarbe ou myrtilles... sans oublier la strudel, tarte aux pommes parfumée à la cannelle et garnie de raisins secs et d'amandes.

Boissons

Le pays du vin blanc

L'Alsace compte sept cépages AOC qui se partagent inégalement le vignoble. Le riesling est certainement le vin d'Alsace le plus recherché et le plus subtil. Qu'il soit sec ou moelleux, il s'améliore avec le temps et ses vendanges tardives sont très recherchées. C'est le vin par excellence pour accompagner la choucroute mais aussi les poissons et les crustacés. Le gewurztraminer, qui couvre près d'un quart des vignes alsaciennes donne un vin épicé ("gewurz"). Il accompagne le foie gras et les plats relevés. Il est souvent servi en apéritif également. Le muscat se décline en deux versions : le muscat d'Alsace et le muscat ottonel, plus récent. Il en résulte un vin fruité qui se boit pour l'apéritif ou avec des asperges. Le pinot blanc donne un vin blanc proche de ce que l'on trouve en Bourgogne. La plupart des récoltes servent à produire le crémant d'Alsace qui accompagne parfaitement les poissons et les choucroutes. Anciennement appelé tokay d'Alsace, le pinot gris qui ne concerne que peu de vignes produit un vin riche et complexe que l'on sert avec les poissons et les volailles. Le pinot noir est le seul raisin noir d'Alsace qui produit un vin rouge de qualité. Le sylvaner aboutit à un vin du quotidien qui s'accommode avec tous les plats en général et la charcuterie en particulier. Grâce à un climat assez régulier, les millésimes alsaciens sont homogènes et réservent très rarement des mauvaises surprises.
Le vignoble alsacien compte 51 grands crus (dans les cépages riesling, gewurztraminer, muscat et pinot gris) dont on peut retrouver la liste sur le site www.vinsalsace.com.

Bières et eaux-de-vie

L'Alsace a une longue tradition de savoir-faire en matière de bière. D'abord artisanale, la production s'industrialise dans la seconde moitié du XIXe siècle. La mise en service de la ligne de chemin de fer Paris-Strasbourg ouvrira la porte des bistrots parisiens, et la production alsacienne décollera à partir de cette époque. Aujourd'hui, l'Alsace compte encore quelques grandes brasseries qui produisent environ 50% de la bière française. On trouve également quelques microbrasseries qui conçoivent un produit artisanal. Elles sont situées à Strasbourg et dans le nord de l'Alsace.

La winstub, un art de vivre alsacien

Symboles de l'art de vivre à l'alsacienne, les winstubs, autrefois cantonnées au commerce du vin (winstub signifie "pièce où l'on consomme du vin"), jouent aujourd'hui le rôle de tavernes gourmandes, spécialisées dans la cuisine de terroir. Allez-y pour déguster une choucroute, un *presskopf*, un *bibeleskas* ou encore un *waedele*, accompagnés d'un vin d'Alsace. Les intérieurs, extrêmement chaleureux, valent à eux seuls la visite : ils se composent de boiseries, de poutres, de bibelots, de fresques, de gravures, de mobilier ancien, de ferronneries, de vitraux, d'incontournables nappes à carreaux... Certaines winstubs occupent des demeures vieilles de plusieurs siècles. N'y allez pas pour un rendez-vous galant ; l'atmosphère, conviviale, limite bruyante, est plus propice aux agapes entre amis qu'à des confidences amoureuses. Les tables sont rapprochées (voire serrées), et certaines grandes tables sont complétées au fur et à mesure. Les meilleures winstubs, bien que touristiques, ont gardé leur cachet et conservent une clientèle d'habitués.

Comme ailleurs en Lorraine, en Allemagne, en Suisse ou en Autriche, l'Alsace produit une eau-de-vie transparente distillée à partir de fruits, de racines ou de céréales. La consommation d'eau-de-vie diminuant depuis une vingtaine d'années, il ne reste plus guère que quelques distillateurs artisanaux qui produisent cet alcool. Les fruits qui sont utilisés sont parfois cueillis dans la région mais de plus en plus souvent ils proviennent d'Europe centrale où le coût de la main-d'œuvre est moindre. Servie en digestif à la fin d'un repas, l'eau-de-vie est également utilisée en cuisine pour clore une cuisson et ajouter des arômes fruités.

Sur les chemins du Jura alsacien (p. 286)

VINCENT FROEHLY ©

Sports et activités

Reconnue comme un coin de paradis pour les amateurs de randonnée à pied ou à vélo, l'Alsace ne déçoit pas. Milieux naturels d'exception, réseau dense et interconnecté, prestations adaptées à tous les budgets, parcs à thèmes, réserves naturelles... les occasions de découvertes tranquilles ou plus sportives sont infinies. En Haute-Alsace et dans le Jura alsacien, les propositions sont variées entre ski alpin et ski de fond ou randonnées à raquettes.

Randonnée

Marche

Avec près de 20 000 km de sentiers balisés (la moitié de la circonférence de la terre), deux parcs naturels régionaux (parc des Vosges du Nord et parc des Ballons d'Alsace), une grande diversité de paysages, un balisage et une signalisation uniques en France, un réseau de fermes-auberges et d'hébergement collectif, l'Alsace est l'une des régions françaises incontournables pour les adeptes de la randonnée. Entre rives du Rhin et cols des Vosges, il suffit de quelques kilomètres pour se transporter d'un univers à l'autre et varier les plaisirs : marcher sur un chemin de halage, à travers les vignobles ou une forêt de pins, s'élever d'une vallée vers un col... Rançon du succès, certains sites voient affluer les groupes de randonneurs. Mais rassurez-vous, la plupart du temps, vous profiterez des plaisirs de la marche en toute tranquilité, même au cœur de la saison estivale. Vous serez étonné du nombre de sentiers qui sont proposés aux marcheurs et de la signalétique extrêmement claire.

Premier grand itinéraire, le GR®5 (rectangle rouge), appelé E2 au niveau européen, traverse une bonne partie de la région alsacienne (220 km). Il entre par le Donon (Schirmeck) et traverse le massif des Vosges du Sud en passant par Barr, Andlau, le château du Haut-Kœnigsbourg, Ribeauvillé, le Bonhomme, le Hohneck, le Grand Ballon et Thann. Il quitte la région au Ballon d'Alsace pour poursuivre vers le territoire de Belfort.

On peut ajouter à ce parcours le GR®5-53 qui le relie au nord de l'Alsace, de Lauterbourg jusqu'à la jonction au Donon. Ce parcours de 160 km environ traverse le parc naturel régional des Vosges du Nord. L'itinéraire passe par La Petite-Pierre, Saverne et Urmatt. Les deux sections (GR®5 et GR®5-53) constituent un superbe itinéraire de 410 km environ traversant l'Alsace du nord au sud.

D'autres itinéraires sont moins connus mais constituent également des parcours très variés :

- Le **GR®531** (rectangle bleu, 343 km) relie Soulz-sous-Forêts à Leymen (frontière suisse) en passant par Ingwiller, Munster et Masevaux.
- Le **GR®532** (rectangle jaune, 358 km) part de Wissembourg jusqu'à Mulhouse après un passage par les Vosges et une superbe boucle dans le Sundgau.
- Le **GR®533** (rectangle vert) est parallèle au GR®5 mais pour la partie occidentale des Vosges, de Sarrebourg à Belfort.

À cela s'ajoutent bien sûr des dizaines de propositions de quelques heures au départ du moindre village mais aussi des villes. Les itinéraires, même en Haute-Alsace et dans le Jura alsacien, sont pour la plupart praticables sans entraînement particulier.

Le Club vosgien

Créé il y a presque 150 ans (1872), le Club vosgien et ses bénévoles (34 000 membres) entretiennent 20 000 km de sentiers répartis sur 4 départements (Meurthe-et-Moselle, Moselle, Bas-Rhin et Haut-Rhin).

Il utilise un balisage spécifique – pas moins de 36 signes différents dans 4 couleurs, c'est dire si certains panneaux d'indication sont chargés ! – qui se révèle assez efficace. Voici les symboles que vous rencontrez les plus fréquemment :

- le chevalet, la croix et le triangle indiquent un sentier de petits itinéraires locaux ;
- l'anneau désigne les promenades en boucle d'une demi-journée de marche maximum, tandis que le disque désigne celles supérieures à la demi-journée ;
- le losange désigne les sentiers départementaux, transfrontaliers ou faisant le tour d'un pays ;
- enfin, le rectangle indique les grands parcours européens comme le GR 5.

Le Club vosgien édite également des guides et cartes (topoguide nature, topoguide ville, guide des fermes-auberges) ainsi que des hors-séries randonnées, vendus par l'intermédiaire des *Dernières Nouvelles d'Alsace* (*Passion Vosges*). Plus d'infos sur www.club-vosgien.eu.

Marche nordique

Cette pratique, que les skieurs de fond connaissent bien, rencontre de plus en plus d'adeptes en France et en Alsace particulièrement. C'est une pratique plus sportive

Quelques conseils pour randonner

Nombre de milieux naturels que vous traverserez sont fragiles, à l'instar des hautes chaumes du parc des Ballons ou des zones humides dans le Grand Ried. Évitez de quitter les sentiers balisés ou de cueillir des plantes et des fleurs. Des chalets ouverts sont mis à disposition des randonneurs pour se reposer ou s'abriter en cas de mauvais temps. Si vous les utilisez (pour faire du feu ou prendre un casse-croûte), n'oubliez pas d'emporter vos déchets et de remettre du bois pour les randonneurs suivants. Si vous partez pour quelques heures, coupez votre portable, ou vous risquez de ne plus avoir de batterie au moment où vous en aurez besoin. Avant de partir, vérifiez toujours la météo. Sur les hauteurs, le temps peut être beaucoup plus capricieux qu'en plaine ou dans les vallées. Partez tôt le matin pour éviter de marcher sous le soleil et sachez qu'en été, le temps vire rapidement à l'orage dès le début de l'après-midi. N'oubliez pas d'emporter un chapeau, de la crème solaire et au moins un litre et demi d'eau.

que la simple randonnée pédestre. Équipé de deux bâtons, le marcheur allonge sa foulée et fait travailler le buste et les avant-bras tout autant que les cuisses et les mollets. Sur les sentiers de randonnée, il n'est pas rare d'entendre le cliquetis des bâtons frappant le sol. La marche nordique se pratique sur terrain plat, mais elle est parfaitement adaptée également aux sols herbeux des hautes chaumes. Ce sport se pratique aussi en hiver quand la couche de neige ne dépasse pas quelques centimètres. La plupart des professionnels et des guides spécialisés de randonnée proposent des sorties de marche nordique. La petite station du Frenz (800 m d'altitude), dans la vallée de Saint-Amarin, a créé le premier parc de marche nordique de France. Une trentaine de kilomètres de circuits certifiés sont mis à disposition des marcheurs et l'on peut louer du matériel.

À vélo

Si Strasbourg est, depuis longtemps, en tête des villes françaises pour la pratique du vélo (15% des déplacements s'effectuent avec ce moyen de transport), l'Alsace est également l'une des régions les mieux dotées en matière de pistes cyclables.

Avec près de 2 000 km d'itinéraires balisés ou réservés aux cyclistes, le réseau alsacien regroupe une exceptionnelle variété de parcours. On peut sans interruption traverser la région du nord au sud, d'est en ouest, parcourir la plaine d'Alsace ou les vallées, sillonner les parcs régionaux, s'élever vers les sommets ou longer les crêtes... Les propositions sont multiples et alléchantes. On compte une vingtaine de circuits et d'itinéraires entre 80 et 200 km et des dizaines de boucles pour pédaler quelques heures.

Pour ceux qui veulent pratiquer cette activité sans suer, nombre d'offices de tourisme de la région proposent des vélos à assistance électrique à la location, tout comme plusieurs loueurs privés.

Certains parcours ne sont pas en zone protégée et il faut partager l'espace avec les véhicules à moteur. D'une manière générale, les automobilistes sont assez respectueux des vélos et ralentissent au moment de les dépasser ou de les croiser. Attention tout de même à la route des Crêtes, voie étroite, qui n'offre aucune sécurité aux cyclistes.

Une sélection de véloroutes à travers l'Alsace :

- **Véloroute du Rhin (226 km)** Cet itinéraire, qui fait partie de l'EuroVélo n°15, longe le Rhin de Huningue (sud) jusqu'à Lauterbourg (nord) en passant par Strasbourg. Les parties les plus agréables sont au nord de Strasbourg.

CLAIRE ANGOT ©

Cyclistes, Petit Ballon

- **Des Vosges du Nord à la route des Vins d'Alsace (131 km)** Un itinéraire qui part de Wissembourg (nord) jusqu'à Molsheim en passant par Saverne et qui traverse la totalité du parc régional naturel des Vosges du Nord.
- **Au fil de la ligne Maginot (80 km), de Seltz (est) à Dambach-Neunhoffen (ouest)** Le parcours suit la plupart des ouvrages de défense construits en Alsace (Leutenheim, Hatten, Oberrœdern, Schœnenbourg, Four à Chaux et Neunhoffen).
- **Le canal de la Marne au Rhin (57 km), de Stambach (ouest) à Strasbourg en passant par Saverne** Cet itinéraire traverse la plaine d'Alsace et se termine devant le Parlement européen.
- **Le long de la Bruche et de son canal (67 km)** Du col du Donon (ouest) à Strasbourg (est)
- **Du Val de Villé au Rhin (50 km)**
- **Le tour de Strasbourg (31 km)**
- **Les vallées des Vosges centrales (94 km)**
- **Entre le Mont-Sainte-Odile et Haut-Kœnigsbourg (101 km)**
- **De la route des Vins au Ried (99 km)**

Autre avantage, vous n'aurez aucune peine à faire quelques escapades chez les voisins suisses ou allemands dont les réseaux sont parfaitement interconnectés. Le parcours des trois pays (198 km dont 67 en France) permet d'effectuer une magnifique boucle entre le sud de l'Alsace, le nord de la Suisse et l'ouest de l'Allemagne. Les itinéraires les plus emblématiques sont consultables sur le site www.alsaceavelo.fr. Localement, les offices du tourisme mettent systématiquement à disposition un plan indiquant le réseau des pistes sur route et/ou VTT.

CHRISTOPHE CORBEL ©

Parapente au départ du Treh-Markstein (p. 224)

Les plus sportifs et les adeptes du VTT apprécieront de se confronter aux dénivelés des sommets des Vosges, à l'instar de la TMV (Traversée du massif vosgien ; www.tmv-alsace-vtt.com) qui permet en 14 étapes d'ajouter 400 km à son compteur, au départ de Wissembourg, jusqu'à la vallée de la Thur. L'Alsace compte une base VTT située à La Petite-Pierre dans le parc naturel régional des Vosges du Nord (renseignements à l'office du tourisme, www.ot-paysdelapetitepierre.com). Le territoire dispose de 8 itinéraires balisés pour un total de 150 km, visibles dans un topoguide.

À cheval

L'Alsace compte environ 2 000 km de sentiers équestres. Vous retrouverez les itinéraires sur le site du Comité régional du tourisme équestre d'Alsace (www.alsaceacheval.com), qui permet de télécharger des itinéraires au format GPX. Sur le site de Tourisme Alsace, vous pouvez télécharger la brochure qui répertorie l'ensemble des centres équestres mais également les hébergements qui acceptent les cavaliers et leur monture (centres équestres, relais et gîtes équestres) ainsi que les associations utiles (maréchaux-ferrants, sellerie...).

Parapente et vol libre

L'Alsace compte quelques sites d'envol de parapentes dont le plus fréquenté est le Treh, en contrebas du Markstein, dans le parc naturel régional des Ballons d'Alsace. Les jours de grand beau temps et de vent faible, les voiles décollent en file indienne, pour évoluer par dizaines dans le ciel entre vallées et sommets. L'atterrissage s'effectue dans la vallée de la Thur, entre le parc de Wesserling et le lac de Kruth. Toujours dans la région, on peut décoller de Sondernach-Schnepfenried, du Ballon d'Alsace ou des hauteurs de Sainte-Marie-aux-Mines. Dans le Bas-Rhin, le parc aventure de Breitenbach (www.parc-alsace-aventure.com), près d'Obernai, propose également des décollages. Plus d'informations sur le site de la ligue d'Alsace de vol libre (lavl.free.fr).

Ski alpin et ski de fond

On compte une bonne vingtaine de domaines skiables répartis pour la plupart dans le sud du massif des Vosges, à cheval entre les départements du Haut-Rhin et des Vosges. Les stations sont de taille très variable. Certaines se résument à un remonte-pente et quelques pistes, tandis que d'autres affichent une bonne cinquantaine de kilomètres de pistes et sont équipées de télésièges. Peu élevées, elles sont tributaires des conditions météo. Dans les bonnes années, elles peuvent ouvrir 100 jours en saison. On y pratique du ski alpin mais également du ski de fond et des randonnées en raquettes ou de la marche nordique. Les familles apprécient la possibilité d'alterner les pratiques et de varier les plaisirs. Dans le Jura alsacien, les domaines skiables sont réservés au ski de fond et aux randonnées. Le ski de randonnée, qui s'adresse aux amoureux des grands espaces, se pratique aussi dans les Vosges ou dans le Jura. Pour plus de renseignements, contactez le club alpin de Colmar Moyenne Alsace (club-alpin-colmar.ffcam.fr).

Activités nautiques

Les amateurs d'activités nautiques rejoindront la petite dizaine de bases nautiques réparties en Alsace, le plus souvent le long du Rhin. Au nord, on trouve la base de Lauterbourg (voile, planche à voile, canoë-kayak) à la frontière allemande, et la base de Bischwiller (canoë-kayak). Le long du Rhin se trouvent les bases de Boofzheim (location de bateaux à moteur), Marckolsheim (ski nautique), Niffer (aviron), Geiskopf et Village-Neuf (voile) et Huningue (canoë-kayak, rafting, hydrospeed). Enfin, sur la route des Vins, on compte également trois bases proches de Colmar (plage et voile). Près de Sélestat, on peut louer des canoës pour descendre les cours d'eau du Grand Ried. Plus de renseignements sur le site du club de canoë-kayak de l'Ill Sélestat (www.cakcis.com). Enfin, une dizaine de plans d'eau artificiels sont aménagés pour la baignade. C'est le cas par exemple aux lac de Kruth, Lembach ou Huttenheim.

Parcours aventure

L'Alsace compte une petite dizaine de parcs d'aventure dans les arbres. En général, ces parcs proposent également tout un panel d'activités sportives ou ludiques (location de vélos, randonnée à thème, rallye GPS, chasse au trésor). Ces parcs se trouvent au Ballon d'Alsace, à Kruth (vallée de Thur), Ostwald (près de Strasbourg), Breitenbach (près d'Obernai), Oberhaslach (vallée de la Bruche) et Brumath (près d'Haguenau).

Golf

L'Alsace dispose pour les golfeurs d'une dizaine de parcours 18 trous. Le terrain le plus septentrional est situé à Soufflenheim, près de la forêt d'Haguenau. Dans les environs de Strasbourg, on compte trois parcours : Wantzenau, Illkirch-Graffenstaden et Plobsheim. Sur la route des Vins entre Obernai et Colmar, on dénombre également trois terrains (Ammerschwihr-Trois-Épis, Rouffach et Wittelsheim). Le long du Rhin, au nord de Mulhouse, se trouvent les golfs de Chalampé et de Hombourg. Enfin au sud, près de la frontière suisse, les amateurs rejoindront le golf de Mooslargue.

Escalade

Retrouvez l'ensemble des sites d'escalade en Alsace sur www.escalade-alsace.com. Le plus connu est le rocher du Falkenstein (Vosges du Nord). Pour vous initier à ce sport, contactez l'association VT Sélestat www.vtselestat.fr.

La belle digitale pourpre, très répandue dans les Vosges, est également toxique

Environnement

Le nom Alsace, selon l'étymologie la plus répandue, viendrait de "El", qui correspond à Ill, la principale rivière de la région, et de "Sass", qui découle du verbe sitzen, être assis ou se trouver. L'Alsace serait donc "le pays de l'Ill". Une autre étymologie propose que le nom Alsace vienne du vieil haut allemand "Ali-sazzo" qui signifierait "habitant de l'autre rive". Dans les deux cas l'Alsace se définit en fonction des eaux qui la traversent : l'Ill ou le Rhin.

Le territoire

On trouve rarement à ce point, dans les caractéristiques d'une région, la géographie qui l'anime : l'Alsace apparaît au premier regard comme une bande longue et étroite. Il s'agissait à l'origine d'un haut plateau qui s'est effondré pour devenir plaine, entre les deux piliers qui le supportaient : les Vosges, côté ouest, et la Forêt-Noire, côté est. Au centre, le Rhin le coupe parfaitement en deux.

L'Alsace est ainsi une plaine bordée d'une longue montagne et baignée d'un fleuve gigantesque (aujourd'hui canalisé). Ce sont les reliefs aux forêts luxuriantes, des bosses de l'Alsace du Nord jusqu'au Jura au sud, en passant par les Vosges, qui l'habillent de la tête aux pieds, et forment un rempart contre les vents d'ouest.

L'Alsace est littéralement posée sur une mer souterraine, une nappe phréatique qui s'étend du nord au sud, et d'est en ouest. C'est la plus grande réserve d'eau en Europe :

35 milliards de mètres cubes, qui ont permis à la nature de se développer généreusement, mais aussi aux industries et à l'agriculture de prospérer. Cette dernière a aussi profité d'une terre d'une fertilité extraordinaire, riche des alluvions déposées par les cours d'eau.

La faune alsacienne

L'un des programmes de réintroduction les plus spectaculaires en Alsace concerne la cigogne, l'oiseau symbole de la région. On avait constaté le déclin de sa présence au début des années 1970 : de 130 couples nicheurs en 1950, la population était passée à 9 en 1974 ! L'Alsace tout entière s'est alors mobilisée pour contrecarrer ce qui semblait une disparition inéluctable. Un vaste programme de réintroduction a été mis en place : des dizaines de parcs ont été construits pour permettre la reproduction en captivité puis la réintroduction en pleine nature de cigognes. Ces dernières, de moins en moins migratrices et de plus en plus sédentaires, étaient nourries en hiver pour assurer leur survie... C'était peut-être moins traditionnel et moins romantique, mais ce programme radical a permis de sauver les cigognes en Alsace. Aujourd'hui, la région accueille plus de 600 couples dont plus de la moitié migre vers l'Espagne ou vers l'Afrique... avec beaucoup de risques !

Ce succès a encouragé d'autres initiatives. Entre 1983 et 1993, 21 lynx ont été relâchés dans les Vosges. Les spécialistes ont estimé qu'il était nécessaire de réintroduire un grand prédateur dans le massif boisé des Vosges, vaste de près de 4 000 km^2, où la faune est très riche. Ces lynx ont certainement rencontré d'autres spécimens réintroduits en Suisse, et venus en Alsace via le massif du Jura quelques années auparavant. Des lynx sont parfois abattus illégalement par des chasseurs, en toute impunité, mais malgré cela, la population augmente. Un lynx occupe un territoire entre 150 et 450 km^2 et ne tolère aucun congénère sur ce domaine. Cela rajoute à la complexité de cette réintroduction. Donc, si le lynx figure à nouveau au nombre de la faune vosgienne, sa présence reste fragile.

Il faut signaler aussi que depuis peu, de façon officielle, le loup y est répertorié à nouveau. Il serait arrivé dans les Vosges de façon naturelle depuis les Alpes en passant par le Jura où il a également été observé à plusieurs reprises. En Alsace, son retour est plutôt bien vécu, contrairement à ce qui se passe dans d'autres régions françaises.

Le grand tétras en revanche est considéré en voie de disparition, sans que l'on puisse pour l'instant inverser les courbes. On ne compte plus qu'une centaine d'oiseaux sur l'ensemble du massif des Vosges, un chiffre très faible et qui n'augmente pas malgré les efforts menés par des associations spécialisées. L'exploitation de la forêt disloque les parties anciennes au profit de nouvelles plantations, détruisant au passage le biotope du grand tétras.

Même sort pour le grand hamster d'Alsace, qui est considéré en voie de disparition alors qu'il trouvait dans la région son ultime habitat en France... Le grand contournement autoroutier de Strasbourg, qui est une sorte de serpent de mer politique, risque de faire disparaître la plus belle zone de reproduction du grand hamster d'Alsace qui, par ailleurs, est victime de la monoculture du maïs.

Les zones humides de la plaine, entre l'Ill et le Rhin, sont des réserves ornithologiques de premier ordre, où l'on dénombre près de 200 espèces différentes d'oiseaux. Elles constituent également un véritable paradis pour les sangliers, les renards, les blaireaux ou les chevreuils... La réserve de l'Illwald abrite ainsi la plus grande population de daims sauvages de France.

La flore alsacienne

Une plaine fortement urbanisée et cultivée, des contreforts vosgiens parsemés de villages et couverts de vigne, des montagnes fortement boisées, tel pourrait être un résumé sommaire de la géographie alsacienne. D'où l'on risquerait de conclure qu'en dehors des

★ **Les plus belles... réserves naturelles**

Île de Rhinau (p. 158)
Hautes chaumes du Rothenbach (p. 223)
Petite Camargue Alsacienne (p. 272)
Illwald (p. 152)
Tanet-Gazon du Faing (p. 223)
Colline du Bollenberg (p. 216)

Île de Rhinau (p. 158)

SONIA DE ARAUJO ©

Vosges, la flore a bien peu à offrir. Pourtant c'est dans la plaine, entre Strasbourg et Colmar précisément, que s'étend l'un des biotopes les plus exceptionnels de la région, le Grand Ried. Zone de débordement du Rhin et de l'Ill, et d'affleurement de la nappe phréatique, on peut y voir des prés inondables et des forêts alluviales. Par moment, notamment dans la réserve de l'île de Rhinau, on découvre des paysages dignes de l'Amazonie, où arbres et eau se mêlent étroitement. Ce territoire constitue le dernier exemple de "forêt galerie" tempérée en Europe occidentale (la canopée est jointive au-dessus d'une zone d'eau). L'influence de l'eau dans la plaine se retrouve au sud, près de Saint-Louis, où la Petite Camargue ponctue une zone rhénane ancienne, et au nord, où la Sauer se jette dans le Rhin, dans un delta sauvage.

En Alsace, il suffit de parcourir quelques kilomètres pour changer complètement d'atmosphère et de paysage... Ainsi, sur la commune viticole de Rouffach, à quelques kilomètres au sud de Colmar, on découvre cette fois un environnement de prairies sèches ! La colline du Bollenberg est un territoire que l'on pourrait qualifier de steppique, où poussent le géranium sanguin et une multitude d'orchidées. On peut y observer une faune rare : huppe fasciée (considérée comme un important indicateur écologique), bruant zizi et alouette lulu.

Autre élément original de la flore alsacienne, les hautes chaumes du massif vosgien, que l'on rencontre au-delà de 1 000 m d'altitude. Contrairement à ce que l'on pourrait croire, ces zones dénudées, domaine des plantes basses, ne sont pas le fruit du climat montagnard, mais sont le résultat du défrichement par la main de l'homme pour permettre le pâturage d'altitude. Sans cette activité agricole (qui se pratique depuis la fin du néolithique), les sommets vosgiens seraient recouverts par des hêtraies d'altitude.

Les parcs et les réserves naturelles

L'Alsace, pionnière en matière de protection de l'environnement, s'est dotée de pas moins de 21 réserves naturelles et de 2 parcs régionaux.

Un grand nombre de réserves concerne le Grand Ried, entre Strasbourg et Colmar. L'Illwald est la plus importante et sans doute la plus intéressante. Celle de l'île de Rhinau, une vaste île sur le Rhin à la frontière entre la France et l'Allemagne, permet de superbes balades en barque. L'île du Rohrschollen, sur le Rhin, n'est qu'à 10 km du centre de Strasbourg. Son pendant terrestre est le massif forestier de Strasbourg-Neuhof/Illkirch-Graffenstaden. On peut encore citer la forêt d'Erstein, beau morceau de forêt alluviale.

Deux autres réserves importantes sont consacrées à des biotopes humides. Celle de la Petite Camarge alsacienne, non loin de Mulhouse, et celle du delta de la Sauer, réputée pour ses saules blancs.

Les deux parcs régionaux ne sont pas en propre alsaciens. Ainsi, le parc naturel régional des Vosges du Nord est pour partie mosellan. De plus, s'il a été désigné réserve de biosphère par l'Unesco, c'est en association avec le parc de Pfälzerwald, de l'autre côté de la frontière franco-allemande. Il n'empêche que ce parc très boisé offre au visiteur se lançant sur les routes du Bas-Rhin de superbes paysages de hêtraie.

Le parc naturel régional des Ballons des Vosges s'étend dans le Haut-Rhin mais également dans les Vosges, la Haute-Saône et le Territoire de Belfort. Toutefois, c'est sur le territoire du Haut-Rhin que se trouve l'essentiel des Hautes-Vosges, avec le sommet du massif au Grand Ballon (1 424 m). C'est là que vous pourrez admirer les fameuses hautes chaumes. De plus, les vallées alsaciennes sont originales et se distinguent nettement de celles du département des Vosges. Les Ballons des Vosges alsaciens constituent vraiment une entité propre qui mérite une visite approfondie.

Un ballon bien ancien

Le terme de ballon ne provient nullement de l'arrondi des sommets vosgiens. Il tire sa racine de "Bel" ou "Belen", le dieu du soleil des Celtes. D'ailleurs, on dit qu'un temple dédié au dieu Bel aurait été édifié au sommet du Ballon, il y a des milliers d'années.

Les problèmes environnementaux

Avec 225 habitants au kilomètre carré, l'Alsace est l'une des régions les plus peuplées de France. Ces dernières années, près de 800 ha par an ont été urbanisés. Parallèlement, l'agriculture s'est concentrée essentiellement sur la production de maïs, fragilisant les ressources en eau de la région qui semblaient inépuisables. Les sociologues considèrent que le maïs est une culture qui fait partie intégrante de l'urbanisation de l'Alsace : bon nombre disent que "l'Alsace est désormais urbanisée du nord au sud, sans discontinuité, avec cette monoculture du maïs" ! Mais les choses heureusement sont un peu plus complexes...

De façon générale, il est vrai que les Alsaciens ont toujours entretenu un rapport particulier avec leur territoire. Ils ont été parmi les pionniers des luttes écologiques et, par exemple, ont été les premiers à adopter le tri sélectif. Des mouvements écologistes forts et déterminés, soutenus par une partie des élus et surtout par une large part de la population, ont réussi à assurer la protection de nombreux espaces. Les deux parcs naturels régionaux et les 21 réserves naturelles représentent 216 000 ha, soit plus du quart de son territoire. Et l'Alsace est encore recouverte de forêt à 40%.

Les sujets d'inquiétude ne manquent toutefois pas, comme la centrale nucléaire de Fessenheim, la plus ancienne de France, désormais promise au démantèlement... mais dans quelles conditions et avec quelle suite ?

CHRISTOPHE CORBEL ©

Carnet pratique

Infos utiles

Achats

Certains visiteurs aimeront rapporter quelques bouteilles de leur voyage en Alsace. Protégés des influences océaniques par les montagnes des Vosges, les vignobles d'Alsace, qui s'étendent de Kuttolsheim jusqu'à Thann, produisent des AOC Alsace, AOC Alsace grand cru et des AOC crémant d'Alsace. Les deux premières peuvent être complétées par la mention "vendanges tardives". Le vin d'Alsace est surtout réputé pour ses blancs, en particulier le riesling, son cépage vedette. Au nord de la région, les vignobles de Cleebourg produisent également d'excellentes bouteilles. Vous pourrez vous approvisionner directement dans les caves des producteurs indépendants ou dans les coopératives viticoles.

L'Alsace est également réputée pour sa production d'eaux-de-vie, même si elle est en baisse constante depuis plusieurs années. Des distilleries artisanales ou semi-industrielles proposent dégustation et vente de leurs produits que l'on retrouve dans les magasins de bouche.

Vous trouverez aussi dans chaque ville et village touristique des boutiques proposant des spécialités gourmandes emblématiques d'Alsace comme du pain d'épices, et des pièces d'artisanat comme le *kelsch*.

Pour acheter des poteries d'Alsace, rendez-vous dans les villages de Soufflenheim et de Betschdorf. Nombre d'artisans y produisent une poterie vernissée résistante à la chaleur utilisée pour la cuisson des aliments, ou une poterie dite dure, reconnaissable à sa couleur grise réhaussée de motifs bleu de cobalt. Fiez-vous au label "Potiers d'Alsace" pour être certain d'acheter un produit issu des ateliers de la région.

Dans les Vosges du Nord, côté mosellan, le musée du Cristal Saint-Louis et le Centre international d'Art verrier de Meisenthal vendent des articles fabriqués en atelier. À Saint-Louis, certains articles, avec de très légers défauts, sont proposés au magasin d'usine avec d'importantes remises. L'atelier de Meisenthal produit également depuis quelques années, avec succès, des boules de Noël en verre qui sont vendues avant la période des fêtes. On peut retrouver ces produits dans les magasins spécialisés de Strasbourg, Colmar ou Haguenau.

Argent

Vous trouverez des distributeurs automatiques de billets dans tous les centres urbains, grands ou petits. Les commerces sont tous équipés de terminaux de paiement par carte bancaire. Hormis dans les chambres d'hôtes, on peut régler chez tous les prestataires, hébergement ou restauration, avec ce mode de paiement.

Bénévolat

Si un séjour original, utile, et riche en apprentissages et en échanges vous attire, le **Wwoofing** (www.wwoof.fr) est fait pour vous. Né au Royaume-Uni dans les années 1970, ce système de bénévolat dans des fermes respectueuses de la préservation de la nature a gagné le monde entier. Une douzaine de fermes dans les départements du Bas-Rhin et du Haut-Rhin sont membres de ce réseau et accueillent des "wwoofers", censés participer 4 à 6 heures par jour aux tâches de l'exploitation en échange du gîte et du couvert. Nul besoin de connaissances particulières, seules la motivation et l'ouverture d'esprit sont requises. Plus d'informations sur le site.

Le **Centre régional information jeunesse d'Alsace** (www.crij-alsace.fr) propose à des jeunes de plus de 15 ans de participer à des chantiers de restauration pendant leurs vacances d'été. C'est le cas par exemple pour la rénovation du patrimoine minier à Sainte-Marie-aux-Mines ou de ruines moyenâgeuses dans le parc régional des Vosges du Nord.

Cartes et plans

La carte Michelin n°315 (1/150 000) réunit le Bas-Rhin, le Haut-Rhin et le territoire de Belfort. Chez le même éditeur, la carte indéchirable n°516 couvre l'Alsace et la Lorraine et la n°131 la Forêt-Noire, l'Alsace et la vallée du Rhin. L'**IGN** (www.ign.fr) édite une carte Alsace et massif des Vosges (1/200 000), une carte Bas-Rhin et Haut-Rhin (1/150 000) ainsi que plusieurs autres plus précises dont l'Alsace à vélo (1/110 000) et les Vosges du sud (1/75 000). La série IGN Top 25 (1/25 000) coéditée avec le Club vosgien conviendra aux randonneurs, avec 19 références couvrant toute la zone. Sur place, les offices du tourisme proposent parfois des cartes plus détaillées, éditées également avec le concours du Club vosgien.

Climat et saisons

La plaine d'Alsace est caractérisée par un climat semi-continental. En hiver, les températures moyennes dépassent difficilement le zéro, tandis qu'en été, la moyenne du thermomètre est de 20°C. Les épisodes de forte chaleur ou de gel durent parfois plusieurs semaines. Les cumuls de précipitations sont parmi les plus faibles de France et présentent un maximum au printemps-été et un minimum en automne-hiver. En Alsace bossue et sur le Sundgau, les précipitations sont plus importantes et plus régulières également. Dans les Vosges moyennes et hautes règne un climat alpin. Les hivers sont souvent glacials avec des chutes de neige qui peuvent arriver dès octobre, pour s'éterniser jusqu'à fin avril. Sur les crêtes, les étés sont tièdes, voire frais avec des orages fréquents.

Grâce à sa forte identité et à sa position centrale, l'Alsace attire des voyageurs tout au long de l'année. Seuls les mois de janvier et de février sont des périodes creuses et nombre d'établissements en profitent pour fermer. Décembre, avec les marchés de Noël, et août sont les mois les plus recherchés et les tarifs des hébergements, en particulier, sont à la hausse. La clientèle étrangère est nombreuse tout au long de l'année, et il n'est pas rare de partager une visite de musée ou une salle de restaurant avec des familles allemandes ou suisses, ou des retraités belges. Le tourisme d'affaires dans et autour des grandes villes est très dynamique. Les sessions du Parlement européen qui se tiennent tous les mois contribuent à remplir les hôtels dans Strasbourg et ses alentours.

Sur la route des Crêtes et dans le parc régional des Ballons des Vosges, l'affluence de mai à octobre, en fin de semaine et pendant l'été s'avère impressionnante. Les fermes-auberges sont pour la plupart prises d'assaut et, si vous n'avez pas réservé, vous risquez fort de ne pas trouver de table et encore moins de lit. En hiver, les stations de ski des Vosges sont en moyenne ouvertes 100 jours par an mais l'affluence dépend largement de l'enneigement et des conditions climatiques.

Désagréments et dangers

Comme dans toute région touristique, vous ne serez pas à l'abri des vols. De simples précautions suffiront à les éviter : ne laissez aucun objet de valeur dans votre voiture ou dans votre chambre d'hôtel, gardez votre sac à main près de vous et ne laissez pas votre portable aux terrasses de café ou de restaurant.

Le week-end et pendant les périodes de haute saison, soyez extrêmement prudent sur les routes des Hautes-Vosges et en particulier sur la route des Crêtes. La surfréquentation de cette route de montagne par toutes sortes de véhicules provoque de nombreux accidents.

Avant de partir en balade sur les sentiers pédestres, vérifiez les prévisions météorologiques pour ne pas être surpris par un changement de temps soudain. Les orages sont nombreux en été et parfois violents. Si vous partez seul, informez vos proches de votre itinéraire. Sur les sommets herbeux, méfiez-vous du soleil qui peut taper fort. En plein

Climat

Strasbourg

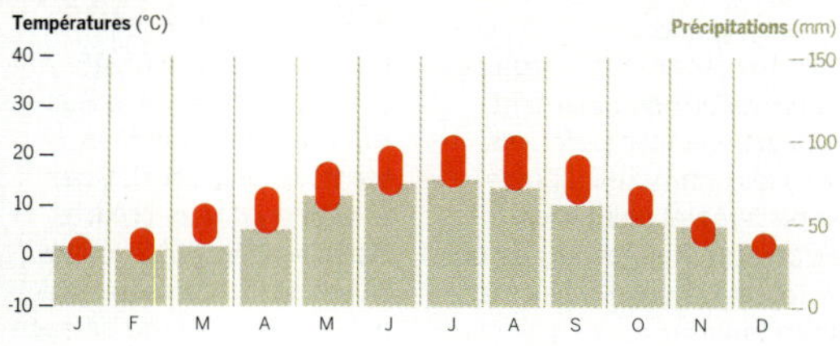

été, n'oubliez pas d'emporter de l'eau, des lunettes de soleil et de quoi vous couvrir la tête. Attention aux feux de forêt dans les massifs forestiers des parcs régionaux.

Météo

L'appli **Météo France** (www.meteofrance.com) fonctionne sur un grand nombre de smartphones ; vous pouvez également consulter le site Internet, qui fournit des prévisions précises jusqu'à 7 jours. Autre option, téléphoner au ☎08 99 71 02 + n° du département concerné (67 pour le Bas-Rhin, 68 pour le Haut-Rhin). Depuis un fixe, le prix de l'appel est de 2,99 €/appel + prix appel. Consultez votre opérateur pour connaître le tarif d'appel depuis votre portable.

Douane

Lors de vos déplacements au sein des pays membres de l'Union européenne, et dans le cas d'achat à usage personnel, vous n'aurez pas à remplir de déclaration, ni à payer de droits et de taxes à votre départ ou à votre retour dans votre pays. La limite pour les boissons alcoolisées est de 110 litres pour la bière, 90 litres pour le vin, 20 litres pour les apéritifs et 10 litres pour les alcools forts. Pour le tabac, la limite fixée est de 4 cartouches de cigarettes par personne.

Handicapés

Le label "tourisme et handicap" permet d'identifier les sites et les prestataires qui sont accessibles aux personnes handicapées. La liste complète pour les deux départements alsaciens est consultable sur le site d'**Alsace Destination Tourisme** (www.alsace-destination-tourisme.com/demarches-qualite/tourisme-et-handicap.htm) et celui de la **Direction générale des entreprises** (www.entreprises.gouv.fr/tourisme-handicap).

L'**APF** (Association des paralysés de France ; Paris ☎01 53 80 92 97 ; www.apf.asso.fr ; 13 place de Rungis, Paris) peut fournir des informations utiles sur les voyages accessibles. **Handiplanet** (handiplanet.com), **Yanous** (www.yanous.com), **Hizy** (hizy.org), **Tourisme et handicaps** (www.tourisme-handicaps.org) et **handicap.fr** (www.handicap.fr) constituent de bonnes sources de renseignements.

Les principales plateformes d'hébergement que sont **Abritel** (www.abritel.fr), **Airbnb** (www.airbnb.fr), **Booking** (www.booking.com) , **Gîtes de France** (www.gites-de-france.com) et **Hotels.com** (https://fr.hotels.com) ont intégré des critères d'accessibilité à leur moteur de recherche. **MobeeTravel** (www.mobeetravel.com) est une start-up qui regroupe des hébergements accessibles. Quelques agences spécialisées, dont **Access Tourisme Service** (☎02 38 74 28 40 ; www.access-tourisme.com ; 24 rue du 11-Novembre, Charsonville), organisent des séjours dans la région.

Hébergement

Vous trouverez toute la gamme d'hébergements en Alsace. En matière de tarifs, la haute saison se situe pendant les mois d'été et durant la période des marchés de Noël, c'est-à-dire dès la fin du mois de novembre et jusqu'au Nouvel An. Pendant ces périodes, la réservation est fortement recommandée. Dans le massif des Vosges, les week-ends de mai à octobre sont aussi très fréquentés, en particulier par les groupes de randonneurs mais aussi par les habitants qui viennent fêter un événement familial. De nombreux établissements sont fermés en janvier et parfois jusqu'au printemps dans les campagnes ou dans les vallées et les massifs vosgiens.

Auberges de jeunesse

Les voyageurs au budget très serré et les plus jeunes opteront pour des lits en dortoir ou en chambre collective dans des auberges de jeunesse du réseau **FUAJ** (www.fuaj.org) à Colmar, Lautenbach, Saverne et Strasbourg, ou celles gérées par un office du tourisme, comme à Mulhouse.

Campings

Sans être une grande région pour le camping, l'Alsace compte tout de même une bonne centaine de prestataires et cette formule peut être une alternative économique et agréable. La solution la plus rentable reste évidemment de venir avec sa tente mais la location à la semaine d'un mobile-home, entièrement

Pour les voyageurs étrangers

Comme pour tout séjour en France, Belges, Suisses et Canadiens n'ont pas besoin de visa pour une période maximale de 90 jours. Les citoyens canadiens doivent présenter un passeport en cours de validité ; une carte d'identité suffit pour les Belges et les Suisses.Pour plus de précisions, reportez-vous au site du **ministère des Affaires étrangères français** (www.diplomatie.gouv.fr).

L'Alsace vit au même rythme que le reste de la France. Il y a donc une heure (hiver) ou deux heures (été) d'avance par rapport à l'heure de Greenwich. Lorsqu'il est 14h à Strasbourg, il est 8h à Montréal. L'heure est la même qu'en Suisse ou en Belgique.

En France, les prises électriques ont deux fiches rondes (230 V, 50 Hz). Les Canadiens auront besoin d'un adaptateur.

ARGENT

Vous trouverez des bureaux de change dans les grandes villes (Strasbourg, Colmar et Mulhouse) ainsi que dans les deux aéroports.

AMBASSADES ET CONSULATS ÉTRANGERS EN FRANCE

- **Ambassade du Canada**
  (☎01 44 43 29 00 ; www.amb-canada.fr ; 130 rue du Faubourg Saint-Honoré, 75008 Paris)
- **Ambassade de Suisse**
  (☎01 49 55 67 00 ; www.eda.admin.ch/paris ; 142 rue de Grenelle, 75007 Paris)
- **Ambassade de Belgique**
  (☎01 44 09 39 39 ; france.diplomatie.belgium.be ; 9 rue de Tilsitt, 75008 Paris)

AMBASSADES ET CONSULATS DE FRANCE À L'ÉTRANGER

Belgique

- **Ambassade** (☎02 548 87 11 ; be.ambafrance.org ; 65 rue Ducale, 1000 Bruxelles)
- **Consulat** (☎02 548 88 11 ; bruxelles.consulfrance.org ; 42 bd du Régent, 1000 Bruxelles)

Canada

- **Ambassade**
  (☎0613 789 17 95 ; ca.ambafrance.org ; 42 promenade Sussex, Ottawa, Ontario K1M 2C9)
- **Consulats** Montréal (☎0514 878 43 85 ; montreal.consulfrance.org ; 1501 McGill Collège, 10e étage, bureau 1000, Montréal (QC) H3A 3M8) ; Québec (☎0418 266 25 00 ; quebec.consulfrance.org ; 500 Grande-Allée Est, Québec (QC) G1R 2J7)

Suisse

- **Ambassade** (☎031 359 21 11 ; ch.ambafrance.org ; Schosshaldenstrasse 46, 3006 Berne)
- **Consulat général** (☎022 319 00 00 ; geneve.consulfrance.org ; 2 cours des Bastions, 1205 Genève).

DOUANE

Si vous partez par avion vers un pays non membre de l'UE, vous ne pouvez pas emporter plus de 200 cigarettes, 2 litres de vin (ou autre boisson alcoolisée de moins de 22°) et un litre d'alcool (titrant plus de 22°).

TÉLÉPHONE

Pour appeler la France depuis l'étranger, composez le code d'accès international de votre pays (☎00 pour la Suisse et la Belgique, ☎011 pour le Canada) suivi de l'indicatif de la France ☎33.

Pour appeler l'étranger depuis la France, composez le code d'accès international ☎00, suivi de l'indicatif du pays (☎32 pour la Belgique, ☎41 pour la Suisse et ☎1 pour le Canada).

équipé, vous reviendra toujours moins cher qu'un hôtel, surtout si vous êtes en famille. Une dizaine d'agriculteurs proposent la formule originale, bon marché et conviviale de "camping à la ferme". On plante sa tente sur une parcelle d'une exploitation agricole en se ravitaillant directement auprès du producteur. Les adresses sont à retrouver sur www.bienvenue-a-la-ferme.com.

Chambres d'hôtes

Très appréciées des voyageurs, les chambres d'hôtes sont généralement de bonne qualité sur le territoire alsacien. La plupart se trouvent dans des maisons anciennes ou des fermes à pans de bois mais parfois il s'agit de maisons néoclassiques installées dans des zones pavillonnaires. Plus des deux tiers de ces chambres sont localisées le long de la route des Vins et dans le massif vosgien. Elles sont moins nombreuses en Alsace du Nord.

Certaines adresses proposent également la table d'hôtes. C'est l'occasion de faire plus ample connaissance avec les propriétaires et les autres hôtes. La cuisine est toujours composée avec des produits du terroir, achetés localement et parfois bio. Comptez 20-30 € par adulte, 15-20 € par enfant. Notez que la plupart des chambres d'hôtes n'acceptent que les paiements par chèque ou en espèces. Le tarif d'une chambre d'hôtes inclut toujours le petit-déjeuner. Si ce n'est pas le cas, le propriétaire doit le mentionner clairement.

Fermes-auberges

Parmi la quarantaine de fermes-auberges, une petite dizaine disposent d'hébergements. Il s'agit soit de chambres doubles, soit de lits en dortoir, parfois les deux. Le label ferme-auberge assure que vous serez dans une zone de montagne, même si quelques-unes sont situées au creux des vallées. Ces hébergements sont prisés des randonneurs qui effectuent leur réservation très tôt. Les fermes-auberges pratiquent le plus souvent la demi-pension obligatoire. Dans ce cas, le tarif de base est calculé par personne. D'autres auberges, non labellisées, proposent également le gîte. Elles n'ont plus forcément d'activité agricole et sont, dans ce cas, entièrement tributaires de la demande touristique.

Gîtes d'étape et refuges

Destinés en principe aux randonneurs, les gîtes d'étape font souvent le bonheur des voyageurs à petit budget qui y trouvent une excellente alternative au camping et à l'hôtel. Ces structures, privées ou gérées par les municipalités, se trouvent dans les villages et les bourgs traversés ou à proximité des sentiers de randonnée. Ils proposent un hébergement en dortoir, avec des sanitaires communs. La plupart des adresses proposent des chambres à partir de 4 personnes, bien commodes pour les familles. Leur niveau de confort est généralement très satisfaisant. Serviettes et draps ne sont pas fournis. Cependant, la location de draps est souvent possible. Parfois ces gîtes sont la propriété du Club vosgien et sont tenus par un gérant, sous contrat avec le club. Sans être obligatoire, la réservation est recommandée, ne serait-ce que pour vérifier les horaires d'accueil des visiteurs.

Gîtes ruraux et meublés de tourisme

Les meublés de tourisme désignent des studios, des appartements et des villas équipés, loués à la semaine – une excellente formule pour ceux qui privilégient l'indépendance. Les tarifs sont très variables selon le lieu et le bâtiment. Comptez une moyenne de 400 à 800 € la semaine en haute saison.

Hôtels

L'offre hôtelière est dense et variée. Si la plupart des établissements se classent dans les catégories 2 ou 3 étoiles, on trouve aussi, généralement dans les villes, une offre plus luxueuse avec des hôtels de catégories 4 et 5 étoiles. Les formules les plus économiques sont habituellement des établissements appartenant à des chaînes, situés à l'extérieur des centres urbains, dans les zones d'activité. La qualité de la prestation est bonne, voire excellente. Dans les zones très touristiques et en pleine saison, mais également dans les zones montagneuses, certains hôtels n'acceptent des clients qu'à la demi-pension. Dans ce cas, le tarif se calcule par personne. Sur la facture, le tarif du petit-déjeuner est compté en plus de celui de la chambre. Pour les hôtels de catégories 2 ou 3 étoiles, comptez de 7 à 15 €.

Homosexualité

C'est en 2002 que s'est tenue la première Gay Pride alsacienne à Strasbourg, après Paris, mais aussi d'autres villes de province comme Nantes, Toulouse, Lille ou Rennes. Organisée par **Festigays** (festigays.net), elle réunit chaque année plusieurs milliers de personnes qui se retrouvent ensuite dans les nombreux lieux *gay friendly* de la capitale alsacienne pour poursuivre la fête. Hormis Strasbourg, on compte des adresses gays à Colmar, Mulhouse ou Haguenau. En dehors de ces villes, la présence du drapeau arc-en-ciel est rare, pour ne pas dire inexistante. Les marcheurs et marcheuses qui veulent randonner en communauté s'adresseront à l'association **Alsarando** (www.alsarando.fr), affiliée à la Fédération de la randonnée pédestre, qui organise des sorties régulières.

Internet (accès)

Sauf à de très rares exceptions, les hébergements (chambres d'hôtes et hôtels) proposent tous le Wi-Fi gratuit. C'est le cas aussi dans les hébergements collectifs, même si parfois le réseau est capté difficilement dans les chambres et les dortoirs. Dans les restaurants, le Wi-Fi se généralise mais obtenir le code d'accès s'avère souvent compliqué pendant le service. Dans les offices du tourisme, un poste informatique connecté est parfois mis à la disposition du public.

Jours fériés

L'Alsace observe deux jours fériés de plus que les autres régions françaises – Lorraine exceptée : le Vendredi saint (précédant le dimanche de Pâques) et le 26 décembre (célébrant saint Étienne, premier martyr chrétien). Tous deux furent supprimés lors de la loi de séparation des Églises et de l'État en 1905 – l'Alsace était alors allemande.

Médias

La presse quotidienne alsacienne compte deux acteurs majeurs. **L'Alsace** (www.lalsace.fr), basée à Mulhouse, qui propose sept éditions locales et un cahier français-allemand, et les **Dernières Nouvelles d'Alsace**, appelé plus communément **DNA** (www.dna.fr), fondé en 1877 et situé à Strasbourg, qui publie une vingtaine d'éditions locales. Les deux titres font partie du même groupe, propriétaire de la plupart des quotidiens de l'est et du sud-est de la France. Les DNA publient aussi régulièrement des magazines de référence, disponibles dans les kiosques, sur l'histoire, le patrimoine et le terroir alsacien (*Les Saisons d'Alsace*, *Passion Vosges*, *Passion Vin*...).

France 3 Alsace (alsace.france3.fr) diffuse chaque matin et chaque soir un journal dans lequel on retrouve des chroniques sur les sorties en région ou des informations sur la gastronomie alsacienne. **Alsace 20** (www.alsace20.tv) est une chaîne d'actualité régionale en continu diffusée sur la TNT et Internet.

Le réseau **France Bleu** (www.francebleu.fr) de Radio France est un excellent moyen de se tenir informé de l'actualité des sorties en régions, de la météo et du trafic routier, tandis que **France Bleu Elsass**, désormais uniquement disponible sur Internet, propose une programmation musicale française, alsacienne et allemande.

L'office du tourisme de l'Alsace publie la revue **Alsace Tendances**, un trimestriel gratuit bourré d'infos sur les sorties et les événements à travers la région. Il est disponible dans les offices du tourisme ou en téléchargement sur le site Internet de l'**Observatoire du tourisme** (www.clicalsace.com, rubrique Attractivité).

Enfin, le **Journal des Spectacles** (www.jds.fr), un magazine mensuel gratuit très lu localement, recense toutes les sorties culturelles à effectuer dans le Haut-Rhin.

Offices du tourisme

La région dispose d'un réseau dense d'offices du tourisme. Même les petites localités ont ne serait-ce qu'un bureau ou un point d'informations.

Certains ouvrent toute l'année, d'autres seulement pendant la saison touristique. Ils distribuent des brochures en général d'excellente qualité. Seules exceptions à la gratuité, les itinéraires de marche sous forme de plans sont proposés à la vente, à l'unité ou par carnet.

La plupart des régions alsaciennes disposent de leur propre site Internet. En vous connectant sur le site officiel du **tourisme en Alsace** (www.visit.alsace), vous pourrez préparer votre séjour en téléchargeant la plupart des brochures que vous retrouverez sur place. Certains dépliants listent prestataires et activités par régions, tandis que d'autres couvrent toute l'Alsace autour d'un thème ou d'une activité (golf, randonnée, vélo, ville, Noël, festival, famille, camping, spa...). Ces brochures peuvent également être envoyées par la Poste si vous avez une préférence pour le papier. Le site Internet propose aussi de réserver des prestations de séjour (hébergement et visites), pour un week-end ou une semaine, autour de thèmes (Noël, Saint-Valentin, nature, bien-être...) ou d'une région.

Organismes à connaître

- **Alsace Destination Tourisme** (www.alsace-destination-tourisme.com) Bureaux à Colmar (☎03 89 20 10 68 ; 1 rue Camille-Schlumberger) et à Strasbourg (Hôtel du Département, 1 pl. du Quartier-Blanc)
- **Maison de l'Alsace à Paris** (☎01 53 83 10 10 ; maisonalsace.paris ; 39 av. des Champs-Élysées, Paris)
- **Fédération du Club vosgien** (☎03 88 32 57 96 ; www.club-vosgien.eu ; 7 rue du Travail, Strasbourg)
- **Comité de la randonnée pédestre d'Alsace** (☎03 88 90 76 06 ; alsace.ffrandonnee.fr ; 9 rue Meyer, Haguenau)
- **Parc naturel régional des Ballons des Vosges** (☎03 89 77 90 34 ; www.parc-ballons-vosges.fr ; 1 rue du Couvent, Munster)
- **Parc naturel régional des Vosges du Nord** (☎03 88 01 49 59 ; www.parc-vosges-nord.fr ; 21 rue du Château, La Petite-Pierre)

Voyager en solo

Les voyageurs solitaires devront s'attendre à quelques déconvenues, surtout en haute saison, où tout semble avoir été pensé pour les couples, et surtout pour les familles. La tarification en nuitée "simple" dans les hôtels n'est pas courante. En revanche, les prestataires habitués à la fréquentation des randonneurs facturent les nuitées par personne. Aucun danger particulier ne menace a priori les voyageuses seules. Observez simplement les règles de précaution élémentaire : ne partez pas seule en randonnée, évitez le stop et ne vous égarez pas dans les ruelles sombres et désertes la nuit.

Transports

Depuis/vers l'Alsace

Avion

L'**aéroport de Strasbourg** (p. 121 ; ☎03 88 64 67 67 ; www.strasbourg.aeroport.fr) est situé à Entzheim, à 10 km de Strasbourg – une navette-train (p. 121) relie l'aéroport à la gare, près du centre-ville. Les liaisons concernent une dizaine de villes en France et une vingtaine de villes en Europe (dont Bruxelles) ainsi que le bassin méditerranéen.

L'**EuroAirport Bâle-Mulhouse** (p. 268 ; ☎03 89 90 31 11 ; www.euroairport.com) est situé à proximité de la ville de Saint-Louis à la frontière avec la Suisse et à 30 minutes environ au sud de Mulhouse – TER jusqu'à Saint-Louis, puis la navette Distribus (p. 268). Il dessert une centaine de destinations en France, en Europe, en Afrique du Nord, au Moyen-Orient ou encore Montréal (uniquement en été).

Bus

Les deux compagnies de bus longue distance opérant en France relient les grandes villes d'Alsace (Strasbourg, Colmar, Mulhouse) à de nombreuses villes hexagonales mais aussi européennes à des tarifs attrayants.

BlaBlaBus (www.blablacar.fr/bus)

Flixbus (www.flixbus.fr). Dessert également Obernai.

Train

Le TGV direct place Mulhouse à environ 2 heures 40 de Paris et Strasbourg à 1 heure 45 (trajet le plus rapide). Strasbourg est reliée avec Lille (2 heures 50 au plus court), Bruxelles (3 heures 30 au plus court), Nantes (5 heures au pmus court) et Bordeaux (5 heures 10 au plus court). Grâce à la LGV Rhin-Rhône, Lyon n'est plus qu'à 2 heures 50 (au plus court) et Marseille à 4 heures 40 de Mulhouse. Informations et réservations sur **www.oui.sncf** (☎3636 et 0892 35 35 35 depuis l'étranger).

Vélo

L'Alsace est traversée par 3 routes **EuroVelo** (fr.eurovelo.com) qui permettent de rejoindre la région d'une façon écologique. L'EuroVelo n°5 relie Londres aux Pouilles en Italie et traverse l'Alsace du nord au sud en passant par Strasbourg et Mulhouse. L'EuroVelo n°15, la véloroute du Rhin, va de Rotterdam aux Pays-Bas jusqu'à Bâle et traverse également la plaine d'Alsace. Enfin, la plus longue et la plus ancienne, l'EuroVelo n°6, qui relie l'Atlantique à la mer Noire, effectue un petit crochet par le sud de l'Alsace en passant par Mulhouse. Le réseau alsacien des pistes cyclables est également bien connecté avec les départements voisins et les *länder* allemands.

Voiture

Depuis Paris, le plus court chemin pour rejoindre Strasbourg est d'emprunter l'A4, via Metz (448 km, 4 heures 30). Les visiteurs qui viennent du sud (ou les Parisiens qui veulent rejoindre Mulhouse) emprunteront l'A7, puis l'A5 vers Besançon et enfin l'A35 jusqu'à Mulhouse (depuis Paris 540 km, 4 heures 45 ; depuis Lyon 486 km, 4 heures 20). On peut aussi choisir de rejoindre les contreforts ouest des Vosges par l'A5, via Troyes et Langres, jusqu'à Gérardmer (depuis Paris, 438 km, 4 heures 20). De Lille (A1, A26 jusqu'à Reims, puis A4) et de Bruxelles (E411 jusqu'à Luxembourg, puis A4), le temps de parcours est équivalent pour rejoindre Strasbourg. Comptez environ 4 heures 30.

Voyages organisés

Voici quelques agences proposant des séjours itinérants à pied ou à vélo :

Alibert Trekking (☎04 76 45 84 84 ; www.allibert-trekking.com). Pas moins de sept propositions pour découvrir la région, dont la route des Vins avec un vélo électrique en 5 jours.

Chamina (☎04 66 69 00 44 ; www.chamina-voyages.com). Plusieurs séjours itinérants à pied ou à vélo, et la découverte des Vosges raquettes aux pieds.

Grand Angle (☎04 76 95 23 00 ; www.grandangle.fr). Randonnées libres ou guidées, avec service de portage.

Huwans - Club Aventure (☎01 70 82 90 00 ; www.huwans-clubaventure.fr). Trois séjours pour découvrir la région à pied (traversée de l'Alsace et boucle gastronomique à partir de Turckheim ; 7 jours chacun) ou à vélo (de Strasbourg à Mulhouse ; 8 jours.

La Balaguère (☎05 62 97 46 46 ; www.labalaguere.com). Six séjours à pied, de 4 à 8 jours.

Comment circuler

Bateau

Plusieurs voies navigables offrent la possibilité de découvrir une partie de l'Alsace au rythme de bateaux à cabine sans permis. Au nord, c'est le cas du **canal de la Marne au Rhin**, navigable sur 87 km et qui franchit les Vosges par l'impressionnant plan incliné de Saint-Louis-Arzviller (Moselle). Le **canal des houillères de la Sarre** chemine à travers l'Alsace bossue entre Moselle et Bas-Rhin. Au sud de l'Alsace, le **canal du Rhône au Rhin** propose deux itinéraires : au nord, de Strasbourg à Rhinau sur 38 km, et au sud, de Niffer jusqu'à Montreux-Jeune pour se prolonger en Franche-Comté et en Bourgogne.

Bus

Au niveau départemental, Fluo Grand Est 67 couvre le Bas-Rhin grâce à une cinquantaine

Sans voiture en Alsace

Depuis 2019, **Fluo Grand Est** (www.fluo.eu) réunit les réseaux de transports – trains et bus – de la région. Le site détaille l'offre et permet de prévoir et calculer son itinéraire. Fluo édite également une appli smartphone (Androïd et iOs) aux fonctionnalités similaires

de lignes (ticket 1 trajet 2,50 €) et le réseau Fluo Grand Est 68 couvre le Haut-Rhin avec une quarantaine de lignes (ticket 1 trajet 2,40-5 € selon distance et zone). Détails et trajets sur le site de **Fluo Grand Est** (www.fluo.eu).

Plusieurs villes ont mis en place un réseau de bus urbains : Cernay (Nav'Aide), Obernai (Pass'O), Sélestat (Tis), Haguenau (Ritmo), Saint-Louis (Distribus), Colmar (Trace), Mulhouse (Soléa) et Strasbourg (CTS).

Train

Assez dense avec ses 14 lignes et ses 161 gares, le réseau **TER** (www.ter.sncf.com/grand-est) permet de circuler aisément dans la région Alsace – à noter que certaines liaisons se font en autocar TER. Au départ de Strasbourg, on rejoint facilement la plupart des points d'intérêt : au nord, Lauterbourg, Wissembourg et Niederbronn-les-Bains ; à l'ouest, Saverne ; au sud Sélestat, Colmar, Mulhouse, Saint-Louis et jusqu'à Belfort. Les vallées vosgiennes sont également bien desservies avec Sewen, Cernay, Thann, Kruth, Munster, Metzeral ou Sainte-Marie-aux-Mines. Enfin, une liaison relie Sélestat à Molsheim via Obernai et Barr.

Deux cartes peuvent être intéressantes si vous voyagez essentiellement en train. Réservée aux -26 ans, la carte Primo (20 € pour un an) permet de bénéficier de 50% de réduction en semaine sur les billets TER de la région (70% le week-end). Même principe pour la carte Presto (30 €), réservée aux +26 ans, avec 30% de réduction en semaine (70% le week-end).

Se déplacer à petit prix

Déclinés en version individuelle (valable n'importe quel jour) ou groupe jusqu'à 5 personnes (uniquement samedi, dimanche ou jour férié), les **billets ALSA+** permettent de voyager en illimité pendant 24 heures sur l'ensemble du réseau de transports (train, bus, tram et car) de l'une des 6 zones urbaines d'Alsace (Haguenau, Strasbourg Sélestat, Colma, Mulhouse et Saint-Louis). Il est également possible d'opter pour un billet couvrant l'un des deux départements alsaciens (1/5 pers 23,10/24,20 €) voire l'Alsace entière (37,40/39,10 €). Plus d'informations sur le site de Fluo Grand Est (ci-contre).

Vélo

L'Alsace est une destination prisée des amateurs de vélo qui peuvent profiter de son excellent réseau. Vous trouverez beaucoup d'informations sur le site **Alsace à vélo** (www.alsaceavelo.fr).

Du nord au sud, la **véloroute n°15** relie Lauterbourg à Huningue sur 200 km dont 60% en site propre. L'itinéraire longe plus ou moins le Rhin. La **véloroute du Vignoble** relie Marlenheim à Thann sur 135 km. Même si moins de 10% de cet itinéraire s'effectuent en site propre, ce parcours est très prisé car il serpente à travers un paysage de carte postale, entre vignobles et flanc de montagne vosgienne. Cet itinéraire est relié au nord à Strasbourg par la **véloroute du canal de la Bruche** (19 km entièrement en site propre) et au sud par la route du canal de Colmar (14 km, 98% en site propre). Au nord, la **véloroute du canal de la Sarre** relie Sarreguemines à Gondrexange (52 km entièrement en site propre) en traversant l'est de l'Alsace bossue. On peut la prolonger en suivant la **véloroute du canal de la Marne au Rhin** d'Arzviller jusqu'à Strasbourg (69 km entièrement en site propre). Enfin Huningue est reliée à Montreux-Jeune par la **véloroute du canal du Rhône au Rhin** (69 km dont 80% en site propre).

Toujours sur la liste des grands itinéraires, citons la **TMV** (Traversée du massif des Vosges) pour les adeptes de VTT qui relie Wissembourg à Thann (420 km) ou l'itinéraire de la **ligne Maginot** (68 km).

À cela s'ajoute des dizaines d'autres parcours en boucle ou en itinérance. La **route des Crêtes** n'est pas sécurisée pour les cyclistes, et seuls les plus aguerris à la circulation pourront la suivre.

On peut emporter gratuitement son vélo dans les TER de la région... dans la limite des places du train. Attention, certains entre Strasbourg, Mulhouse et Bâle ne permettent pas de charger un vélo (horaires des trains concernés sur le site du réseau).

On peut louer des vélos dans les grandes villes ainsi que dans les centres VTT labellisés par la Fédération de cyclotourisme. Le site **Alsace à vélo** (ci-dessus) recense les différents loueurs de la région.

DISTANCES ROUTIÈRES (KM)

	Ballon d'Alsace	Colmar	Ferrette	Haguenau	Mulhouse	La Petite-Pierre	Saverne	Strasbourg
Colmar	82							
Ferrette	87	84						
Haguenau	188	104	186					
Mulhouse	62	44	38	147				
La Petite-Pierre	191	109	190	40	150			
Saverne	170	87	169	42	128	22		
Strasbourg	159	74	156	32	116	157	50	
Wissembourg	221	138	219	31	179	72	76	65

Voiture et moto

L'autoroute A35 assure la liaison nord-sud de l'Alsace de Lauterbourg à Saint-Louis (195 km), via Strasbourg, Colmar et Mulhouse. Appelée l'"autouroute des cigognes", cette voie gratuite est la véritable colonne vertébrale de l'Alsace. La plupart des agglomérations se trouvent à moins de 40 km de cet axe. Deux autoroutes transversales complètent le réseau. Au nord, venant de Paris et Metz, l'autoroute A4 rejoint Strasbourg et au sud l'A36 venant de Belfort rejoint Mulhouse. Le contournement des grandes villes (Strasbourg, Colmar et Mulhouse) engendre d'importants bouchons aux heures de pointe. Les péages de Burnhaupt (10 km à l'ouest de Mulhouse sur l'A36) et sur l'A4 à 20 km au nord-ouest de Strasbourg sont souvent des causes de ralentissement. Depuis plusieurs années, des élus alsaciens protestent contre l'absence d'écotaxe qui a attiré une partie du trafic des marchandises du réseau allemand vers son voisin alsacien.

La traversée du massif des Vosges du nord au sud s'effectue par la route des Crêtes. Cette route peut être rejointe par les départementales qui traversent les Vosges d'est en ouest, au départ des vallées. Les conditions climatiques sont souvent hivernales dans le massif des Vosges et la circulation peut devenir délicate en l'espace de quelques heures. Dans les parcs régionaux des Vosges du Nord et des Ballons des Vosges, l'utilisation de sel et de produits chimiques de déneigement est interdite. Dès les premières neiges jusqu'à l'arrivée du printemps, la route des Crêtes est partiellement fermée entre le col du Bonhomme et le Markstein. Des accès aux cols peuvent également être fermés et sont, pour le moins, interdits aux véhicules non équipés de chaînes ou de pneus neige. En été et pendant les week-ends radieux, la route des Crêtes est surfréquentée par tous types de véhicules : voitures, camping-cars, motos et vélos. Prudence et viligance, le taux d'accident sur cette route emblématique est particulièrement élevé !

Location

Vous trouverez sur place des sociétés de location, notamment à la gare TGV de Strasbourg. Renseignez-vous au préalable sur les prestations incluses dans le prix (kilométrage illimité ou non, taxes, assurance, rachat de franchise, etc.) et sur votre responsabilité en cas de problème.

Outre les loueurs cités ci-après, une autre solution consiste à contacter avant votre départ les agences en ligne **Autoescape** (www.autoescape.com), **Carigami** (www.carigami.fr) ou **Easycar** (www.easycar.fr), qui permettent de comparer les tarifs et de réserver en ligne.

Les sites Internet des agences citées ci-dessous répertorient les adresses installées en Alsace :

Ada (www.ada.fr)

Avis (www.avis.fr)

Budget (www.budget.fr)

Europcar (www.europcar.fr)

Hertz (www.hertz.fr)

Vous pouvez aussi essayer la location de voiture entre particuliers, notamment sur les sites **Ouicar** (www.ouicar.fr) et **Getaround** (fr.getaround.com) : les tarifs sont très avantageux et, la plupart du temps, une assurance complète est incluse.

En coulisses

Un mot des auteurs

Claire Angot

Un grand merci à toute l'équipe Lonely Planet, en particulier à Didier Férat et Frédérique Sarfati pour leur confiance renouvelée, ainsi qu'à Nicolas Benzoni pour sa relecture attentive. Merci aussi à tous les employés des offices de tourisme et à toutes les personnes rencontrées sur place pour avoir partagé avec moi leurs précieux coups de cœur. Merci enfin à Phoenix et à Alex pour leur soutien indéfectible.

Jean-Bernard Carillet

Un grand merci à toute l'équipe de Lonely Planet pour sa confiance renouvelée et son implication au quotidien dans la valorisation de notre belle France. Toute ma gratitude va à Didier, à Dominique ainsi qu'à Nicolas, l'éditeur à l'œil de lynx, qui transforme les coquilles en or... Coup de chapeau également aux maquettistes pour leur mise en valeur du texte et des images.

Christophe Corbel

Merci à l'équipe Lonely Planet, en particulier à Nicolas, qui corrige, commente et réorganise les manuscrits à la vitesse de l'éclair. Merci au ciel d'avoir été clément lors de mon travail sur le terrain pour cette édition qui s'est déroulé dans des conditions "normales". Ni chaleur, ni grisaille. Merci aux personnes croisées sur la route. Elles n'en savent rien, mais ce sont elles qui donnent une saveur différente à chaque édition.

Alice Kindmann-Martin

Un grand merci à Géraldine Amar de l'office du tourisme de Strasbourg, à Stéphanie, aux "filles du vendredi", à Kosma, à Anka, à toute l'équipe Lonely Planet, ainsi qu'à Lutz, Rudi, Wim et Pepa.

À propos de cet ouvrage

Cet ouvrage est la 3e édition du guide *L'Essentiel de l'Alsace*. Claire Angot, Sonia de Araujo, Christophe Corbel et Hugues Derouard avaient rédigé la précédente édition. Cette nouvelle édition a été actualisée et enrichie par Claire Angot, Jean-Bernard Carillet, Christophe Corbel, Hugues Derouard et Alice Kindmann-Martin. Vous trouverez leur biographie à la fin de ce guide.

Direction éditoriale Didier Férat
Coordination éditoriale Nicolas Benzoni
Responsable pré-presse Jean-Noël Doan
Maquette Christian Deloye
Cartographie Afdec (Martine Marmouget et Catherine Zacharopoulou)
Couverture Laure Wilmot
Fabrication Emmanuelle Laine
Photogravure Point 11
Merci à Julien Lannoy pour sa relecture attentive du texte, ainsi qu'à Vahagn Terzian pour son travail de référencement. Un grand merci à Dominique Spaety et à toute l'équipe Lonely Planet de Paris. Merci à Clare Mercer et Imogen Harrison du bureau de Londres, et à Glenn van der Knijff, Jacqui Saunders et Brad Smith du bureau australien.

Crédits photographiques

Photographie de couverture : Panorama de Strasbourg, aux maisons colorées à pans de bois typiques. Alsace, France
© symbiot / Shutterstock

Fond des pages 26 à 35 créé à partir d'une image Freepik.com

Vos réactions

Vos commentaires nous sont très précieux et nous permettent d'améliorer constamment nos guides. Notre équipe lit toutes vos lettres avec la plus grande attention. Nous ne pouvons pas répondre individuellement à tous ceux qui nous écrivent, mais vos commentaires sont transmis aux auteurs concernés. Tous les lecteurs qui prennent la peine de nous communiquer des informations sont remerciés dans l'édition suivante, et ceux qui nous fournissent les renseignements les plus utiles se voient offrir un guide.

Pour nous faire part de vos réactions, prendre connaissance de notre catalogue et vous abonner à notre newsletter, consultez notre site Internet : **www.lonelyplanet.fr**

Nous reprenons parfois des extraits de notre courrier pour les publier dans nos produits, guides ou sites web. Si vous ne souhaitez pas que vos commentaires soient repris ou que votre nom apparaisse, merci de nous le préciser. Notre politique en matière de confidentialité est disponible sur notre site Internet.

A—Z

Index

Symboles

A

B

Référence des cartes

C

D

E

Référence des cartes

M

Comment utiliser ce guide

Ces symboles vous aideront à identifier les différentes rubriques :

- À voir
- Activités
- Cours
- Circuits organisés
- Fêtes et festivals
- Où se restaurer
- Où prendre un verre
- Où sortir
- Achats
- Renseignements et transports

Ces symboles vous donneront des informations essentielles au sein de chaque rubrique :

- Adresse éco-responsable
- GRATUIT Entrée libre

- Numéro de téléphone
- Heures d'ouverture
- Parking
- Non-fumeur
- Climatisation
- Accès Internet
- Wi-Fi
- Piscine
- Bus
- Ferry
- Tramway
- Train
- Végétarien
- Familles bienvenues

Choisissez des lieux sur mesure grâce aux symboles suivants :

- Argent
- Gastronomie
- Prendre un verre
- Vélo
- Sports
- Art et culture
- Fêtes et festivals
- Sites photogéniques
- Paysages
- En famille
- Achats
- Vaut le détour
- Randonnée
- 100% local
- Histoire
- Sortir
- Plages
- Patrimoine
- Faune et flore
- Scène LGBT
- Hébergement
- Château
- Activités nautiques
- Infos pratiques

À voir

- Cave/vignoble
- Château
- Église
- Monument
- Mosquée
- Musée/galerie/édifice historique
- Plage
- Réserve ornithologique
- Ruines
- Synagogue
- Temple bouddhiste
- Temple confucéen
- Temple hindou
- Temple jaïn
- Temple shintoïste
- Temple sikh
- Temple taoïste
- Zoo/réserve animalière
- Autre site

Achats

- Magasin

Activités

- Bodysurfing
- Canoë/kayak
- Cours/circuits organisés
- Plongée/snorkeling
- Randonnée
- Sentô (bain public)
- Ski
- Snorkeling
- Surf
- Piscine/baignade
- Planche à voile
- Autres activités

Où se loger

- Camping
- Hébergement

Où se restaurer

- Restauration

Où prendre un verre

- Bar
- Café

Où sortir

- Salle de spectacle

Renseignements

- Accès Internet
- Ambassade/consulat
- Banque
- Bureau de poste
- Centre téléphonique
- Hôpital/centre médical
- Office du tourisme
- Police
- Toilettes
- Autre adresse pratique

Géographie

- Aire de pique-nique
- Cascade
- Col
- Montagne/volcan
- Oasis
- Parc
- Phare
- Plage
- Point de vue
- Portail
- Refuge/gîte

Transports

- Aéroport
- Bart
- Bus
- Ferry
- Gare/chemin de fer
- Métro/MRT/Tube Station
- Monorail
- Parking
- Piste cyclable
- Poste frontière
- Station-service
- Subway
- T/T-Bane
- Taxi
- Téléphérique/funiculaire
- Tramway
- U-Bahn
- Autre moyen de transport

Jean-Bernard Carillet

Journaliste et photographe spécialisé dans l'univers du voyage, Jean-Bernard travaille régulièrement pour Lonely Planet, en français et en anglais, et collabore au Figaro Voyages. Originaire de Lorraine, c'est avec plaisir qu'il a sillonné sa région voisine, dont il connaît bien des secrets. Il aime se ressourcer dans les vallées perdues des Vosges, entre deux voyages aux antipodes.

Christophe Corbel

De l'Alsace, il ne connaissait finalement que la choucroute qu'affectionnait tant sa mère ou encore ce week-end passé à La Petite-Pierre à la recherche d'une branche familiale dont le matronyme imprononçable lui paraissait déjà tout un voyage. C'est donc avec beaucoup de plaisir qu'il a pu enfin parcourir en long, en large et en travers, ce territoire attachant et riche de cultures et d'influences si originales pour la France, pour la première édition de ce guide, puis pour la deuxième... et la troisième. En plus d'être auteur pour Lonely Planet, Christophe voyage surtout dans des terres où soleil et nuages jouent à cache-cache, et où l'on peut se déplacer lentement, en train, à vélo ou à pied.

Hugues Derouard

Rédacteur free-lance, diplômé de l'école de journalisme de Tours, Hugues, 34 ans, explore la France pour la presse magazine. Normand d'origine, Alsacien de cœur, il a, pour cette édition, notamment redécouvert avec plaisir les routes tranquilles du Sundgau, l'un des territoires les plus secrets et les plus attachants de toute l'Alsace, selon lui. Pour Lonely Planet, Hugues a déjà marché sur les chemins de Compostelle, sillonné l'Hérault et la Dordogne ou encore gravi les montagnes de l'arrière-pays niçois.

Alice Kindmann-Martin

Née à Lyon, Alice a vécu de nombreuses années à Paris avant de déménager à Strasbourg il y a quatre ans. Elle s'y est sentie totalement dépaysée : dans ses yeux, la capitale européenne ressemblait plus à Stralsund ou à Prague qu'à une ville française comme Marseille, Nice ou Lyon ! Elle a peu à peu apprivoisé son nouveau "chez elle" grâce à la gastronomie et aux traditions autour des fêtes populaires comme le marché de Noël ou le carnaval. Journaliste free-lance, Alice travaille pour Lonely Planet depuis 2005.

Les guides lonely Planet

Une vieille voiture déglinguée, quelques dollars en poche et le goût de l'aventure, c'est tout ce dont Tony et Maureen Wheeler eurent besoin pour réaliser, en 1972, le voyage d'une vie : rallier l'Australie par voie terrestre via l'Europe et l'Asie. De retour après un périple harassant de plusieurs mois, et forts de cette expérience formatrice, ils rédigèrent sur un coin de table leur premier guide, *Across Asia on the Cheap*, qui se vendit à 1 500 exemplaires en l'espace d'une semaine. Ainsi naquit Lonely Planet, dont les guides sont aujourd'hui traduits en 13 langues.

Nos auteurs

Claire Angot

Née en Normandie, diplômée de l'École supérieure de Journalisme de Lille, Claire Angot vit près de Lyon et travaille comme journaliste et photographe. Elle a été reporter pour France 3, avant de devenir auteure pour Lonely Planet. Passionnée de nature et d'environnement, elle n'a d'yeux que pour les montagnes et les grands espaces restés sauvages (Haute-Savoie, Corse, Pyrénées, Suisse, Québec, Nouvelle-Calédonie...).

Sonia de Araujo

Sonia est tombée amoureuse de Strasbourg et de sa région il y a près de 15 ans. Venue pour un stage dans le quotidien régional les *Dernières Nouvelles d'Alsace*, cette journaliste free-lance n'a plus jamais quitté l'Alsace. Native de Bourgogne, passée par Paris, le Brésil et l'Afghanistan, cette urbaine globe-trotteuse sait apprécier le dernier resto à la mode comme une bonne choucroute, une séance de shopping intensif comme une belle randonnée dans les Vosges. Pour Lonely Planet, Sonia a également collaboré aux guides *Vendée Charente-Maritime* et *Strasbourg En quelques jours*.

Nos auteurs (suite)

Explorer la région Alsace
3e édition

92 avenue de France - 75013 Paris

Dépôt légal Avril 2020
ISBN 978-2-81617-718-3

Imprimé par ESTIMPRIM, Baume-les-Dames, France

En Voyage Éditions | un département édi8